长江经济带高质量
发展研究报告

2020

RESEARCH REPORT ON THE HIGH-QUALITY
DEVELOPMENT OF THE YANGTZE RIVER
ECONOMIC BELT（2020）

主　编　吴传清
副主编　范斐　孟晓倩　黄成　刘钒

中国社会科学出版社

目 录

习近平关于长江经济带高质量发展的战略思想
  研究报告 …………………………… 孙智君　李　萌（1）
长江经济带绿色发展指数研究报告 …………………… 夏晶晶（24）
技术进步和环境规制对长江经济带绿色全要素
  生产率的影响研究报告 …………………… 王　磊　王雪利（45）
长江经济带创新型绿色发展效率测度与时空
  演化研究报告 …………… 李雪松　龚晓倩　曾宇航（69）
长江经济带农村环境治理研究报告 …………………… 侯伟丽（96）
长江经济带农业绿色发展研究报告 …………………… 成德宁（121）
长江经济带环境规制对产业结构影响的
  研究报告 …………………………… 胡　晖　朱钰琦（150）
长江经济带环境规制对工业绿色转型效率的
  影响效应研究报告 ………………… 吴传清　黄　成（172）
湘江流域生态补偿研究报告 ………………… 李　浩　刘　陶（190）
长江经济带化工行业上市公司环境信息披露
  研究报告 ………………………………… 万　庆　勾　煜（218）
三峡库区流域生态系统服务评估研究报告 …………… 夏晶晶（237）
长江经济带科技型企业创新生态评价
  研究报告 ………………… 吴传清　孟晓倩　尹礼汇（264）
长江经济带数字经济发展研究报告 ………… 刘　钒　马　祎（284）
长江经济带创新主体协同发展研究
  报告 ……………………… 张司飞　何伶俐　王生玺（311）

环境异质性对长江经济带创新发展的影响
　　机制研究报告 ……………………… 范　斐　于海潮　连　欢（342）
长江经济带自贸区高质量发展研究报告 ……… 李　酣　张玲慧（369）
长江经济带文旅融合高质量发展研究
　　报告 ……………………………… 钟　晟　高　为　付文绮（403）
长江经济带"双一流"高校教育对外开放
　　研究报告 ………………………………… 刘晓黎　周　烨（424）

习近平关于长江经济带高质量发展的战略思想研究报告*

孙智君　李　萌**

摘　要：作为新时代中国特色社会主义思想的重要组成部分，习近平关于长江经济带高质量发展的战略思想包含科学的发展理念、精准的战略定位，以及区域、产业、生态和机制等分层面的思考与策略，有总有分，形成一个层次分明，有重大引领作用的战略体系，对于长江经济带中长期发展提供了有指导意义的重要遵循。从价值维度来看，习近平关于长江经济带高质量发展战略思想体现了系统性与多层面的统一、理论性与实践性的统一、前瞻性与时效性的统一。

关键词：长江经济带　高质量发展　战略思想

党的十八大以来，以习近平同志为核心的党中央以长江经济带发展为主题，基于马克思主义思想和相关经典理论，运用马克思主义分析方法，提出了一系列长江经济带发展的新观点、新思想和新举措。2013年7月21日，习近平同志在考察武汉期间，从发挥内河航运协同作用的视角，首次提出将长江全流域打造成黄金水道的观点；此后，习近平同志在2016年1月及2018年4月主持召开了两场关于"推动长江经济带发展"的座谈会，分别位于长江上游的重庆，以及长江中游的武汉，

---

* 基金项目：国家社科基金项目"习近平总书记的产业经济思想及其实践影响研究"（17BJL008）。

** 作者简介：孙智君，经济学博士，武汉大学经济思想史研究所/武汉大学经济与管理学院副教授；李萌，武汉大学经济与管理学院硕士研究生。

并提出了以创新、协调、绿色、开放和共享为理念的长江经济带高质量发展系统思想。在这一系列新观点、新思想的支撑和指引下,党中央、国务院出台多个重要规划和政策,提出系统的长江经济带发展战略,并将其发展方向定位为"生态文明建设的先行示范带、东中西互动合作的协调发展带、引领全国转型发展的创新驱动带、具有全球影响力的内河经济带",长江经济带升级为国家战略。习近平同志关于推动长江经济带高质量发展的论述,以及党中央和国务院构建的长江经济带高质量发展方略,是"关系国家发展全局的重大战略","对实现'两个一百年'奋斗目标、实现中华民族伟大复兴的中国梦具有重要意义"。

一 长江经济带高质量发展的理论逻辑与实践进程

(一)长江经济带高质量发展的理论逻辑

从经济地理学角度看,地理环境与区位布局对长江经济带发展的影响重大。长江经济带覆盖贵州省、云南省、四川省、重庆市、湖南省、湖北省、江西省、安徽省、浙江省、江苏省、上海市11个省市,横跨中国东中西三大区域,拥有全国21%的流域面积,拥有丰富的自然资源,拥有独特的生态系统,超过40%的人口聚集于此。"地理环境决定论"强调地理环境对人类生理机能、心理状态、社会组织和经济发展状况的重要影响,强调地理环境是农业、工业和旅游业等实践活动的天然前提,决定人类迁移、产业分布和经济发展。新经济地理学则强调地区经济发展既受到区内各要素及其积累水平的影响,也受到区外相邻地区经济发展的影响;该理论也强调交通条件的优化将改变区域离心力和向心力之间的均衡状况,进而对城市群规模和产业布局产生极大的影响。长江经济带沿岸11省市地形地貌资源特色各异,沿大河流域布局的地理特征决定流域内各地区在漫长的历史演化期内,经由自我发展、交互影响以及更广泛的外部区域要素的影响,将遵循"逐水而居的居住地—资源轴带(农牧业、矿业、水能)—交通轴带—工业产业带—城市密集轴带"的规律不断发展演变,该区域目前已形成具有较大规模的成渝城市群、长江中游城市群和长三角城市群三大城市群,未来的发展应保障流域水资源的可持续利用,推进流域保护性开发,并呈轴向向长江经济带沿岸各地区辐射，形成以水资源和立体交通为纽带，耦合人、地和其他一切资源的高效运作的经济社会系统，推动该地区产业结构创新性转型升级，打造世界级城市群。

马克思将分工视为"政治经济学的一切范畴的范畴"，马克思主义经济学理论的流域分工理论表明，流域内各地区自然条件的差异性使得流域内部"原来不同而又互不依赖的"各地域之间发生交换和社会分工，形成流域分工。2018年长江经济带GDP约40.3万亿元，占全国比重超过45%，在全国占据重要的战略地位。但是，该区域上中下游在资源、环境、交通和产业基础等方面发展极不平衡。差异与非均衡蕴含着分工的逻辑，即同一水系所涉及的各地域依据各自生产优势进行专业与协作生产。但是，"所有互相交往的个人的共同利益与单个人的利益或单个家庭的利益之间的矛盾在分工的进行中产生"。这意味着，在流域分工过程中，需要政府实施协调政策，以化解整个流域经济的共同利益与内部滋生的特殊利益之间的矛盾。流域分工理论以马克思主义经济学为理论基础，为长江经济带在流域分工新格局中打造协同发展的经济共同体和生态共同体，为国家制定并实施长江经济带高质量协同发展的政策体系提供了坚实的理论基础。

罗斯托的经济成长阶段理论认为，特定地区将随着资本积累水平的变动，主导产业发生更替，其经济发展将经历传统社会阶段、准备起飞阶段、起飞阶段、走向成熟阶段、大众消费阶段和超越大众消费阶段等过程。自唐朝以来，中国经济中心逐渐转移至南部地区，长江流域至明清时期发展成为全国农产物基地；至民国年间则成为中国手工业乃至于近代工业的发祥地；新中国成立后，长江沿线布局了水电开发、工业和交通等事业，为该区域向起飞阶段成长奠定了基础。改革开放以来，长江经济带以流域水资源为纽带，经历起飞阶段和走向成熟阶段，长江中游地区进入大众消费阶段，长江下游发达地区甚至进入超越大众消费阶段。在产业发展上，沿长江主轴和支线，形成了有重要影响力的大宗农产品集聚区、工业集聚区和商贸集聚区。当前和未来将依托长江黄金水道和沿岸密布的产业园区与经济开发区，利用各地区区位、产业、劳动力、市场和政策优势，打造世界级产业集群。

（二）长江经济带发展的实践进程

实践层面，长江经济带发展历程按照推进深度可以分为三个阶段，即早期构想阶段（20世纪80年代初至1992年）、中期探索阶段（1992—2013年）及全面推进阶段（2013年至今）。其实践进程见表1。

表1　长江经济带发展战略的实践进程

发展阶段	研究与实践		特点
早期构想阶段（20世纪80年代初至1992年）	"一线（沿海）一轴（长江）"区域发展战略构想（马洪，1980年）		1. 学术界推动；2. 长江沿岸轴建设总体处于规划构想和自我发展阶段
	"建设长江产业密集带"构想（孙尚清，1984年）		
	由海岸经济带和长江经济带构成的"T"形区域发展战略（陆大道，1984年）		
	《全国国土总体规划纲要（草案）》（1987年）、《全国国土总体规划纲要》（1990年）		
中期探索阶段（1992—2013年）	国务院《长江流域综合利用规划简要报告》（1990年）		1. 中央和地方政府缓慢推动；2. 部分政策流于形式；3. 高层对发展"瓶颈"的深刻认识
	国务院"长三角及长江沿江地区经济规划会议"（1992年）		
	党的十四大（1992年）和党的十四届五中全会（1995年）"建设以上海为龙头的长江三角洲及沿江地区经济带"		
	交通运输部牵头长江沿线七省二市签订《长江经济带合作协议》（2005年）		
	长江沿线七省二市呼吁"长江经济带发展上升为国家战略"（2009年）		
	打通长江"黄金水道"，培育建立统一大市场（李克强，2012年）		
全面推进阶段（2013年至今）	习近平重要讲话	"把全流域打造成黄金水道"（2013年7月）	1. 政策密集出台；2. 市场反应迅速
		"建设长江经济带要坚持一盘棋思想"（2014年12月）	
		"共抓大保护，不搞大开发"（2016年1月）	
		"加强改革创新、战略统筹、规划引导，以长江经济带发展推动经济高质量发展"（2018年4月）	
	区域	国务院《关于依托黄金水道推动长江经济带发展的指导意见》（2014年9月）	
		中共中央政治局《长江经济带发展规划纲要》（2016年9月）	

续表

发展阶段	研究与实践		特点
全面推进阶段（2013年至今）	产业	国家发展改革委《关于建设长江经济带国家级转型升级示范开发区的实施意见》（2015年7月）	1. 政策密集出台； 2. 市场反应迅速
		国家发展改革委《长江经济带创新驱动产业转型升级方案》（2016年3月）	
		国家发展改革委《长江经济带国家级转型升级示范开发区建设要求》（2016年6月）	
	生态	国家发展改革委、环境保护部《关于加强长江黄金水道环境污染防控治理的指导意见的通知》（2016年2月）	
		环境保护部、发展改革委、水利部《长江经济带生态环境保护规划》（2017年7月）	
		工业和信息化部、发展改革委、科技部《关于加强长江经济带工业绿色发展的指导意见》（2017年7月）	
		交通运输部《关于推进长江经济带绿色航运发展的指导意见》（2017年9月）	
		财政部《关于建立健全长江经济带生态补偿与保护长效机制的指导意见》（2018年2月）	
		农业农村部《关于支持长江经济带农业农村绿色发展的实施意见》（2018年11月）	
		生态环境部、发展改革委《长江保护修复攻坚战行动计划》（2018年12月）	
		交通运输部《深入推进长江经济带多式联运发展三年行动计划》（2018年8月）	

资料来源：笔者根据相关资料整理。

近40余年的发展过程中，学术界、市场和政府等多方力量对于长江经济带发展战略起到重要推动作用。尤其是2014年以来，推动长江经济带高质量发展的顶层政策不断完善，中央层面和地方层面的配套政策陆续出台（见表1），图1显示长江经济带11省市从2014年以来GDP总量上升幅度较快，可见政策与市场双重因素在培育长江经济带高质量发展的新动能上成效显著。

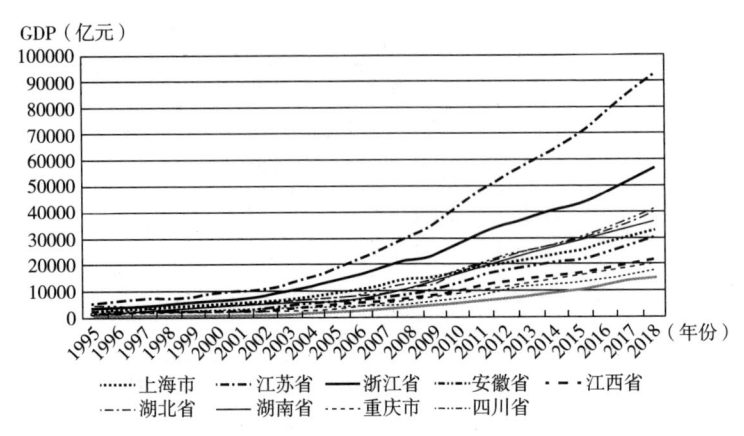

图 1　1995—2018 年长江经济带 11 省市经济发展水平变化

资料来源：笔者根据相关统计年鉴整理。

二　习近平关于长江经济带高质量发展战略思想的总体维度

经济高质量发展的本质是高效、公平和可持续发展，其根本目标是满足人民对日益增长的美好生活需要。习近平关于长江经济带高质量发展战略思想的总体构架见图2。

（一）习近平关于长江经济带高质量发展战略思想的总体构架

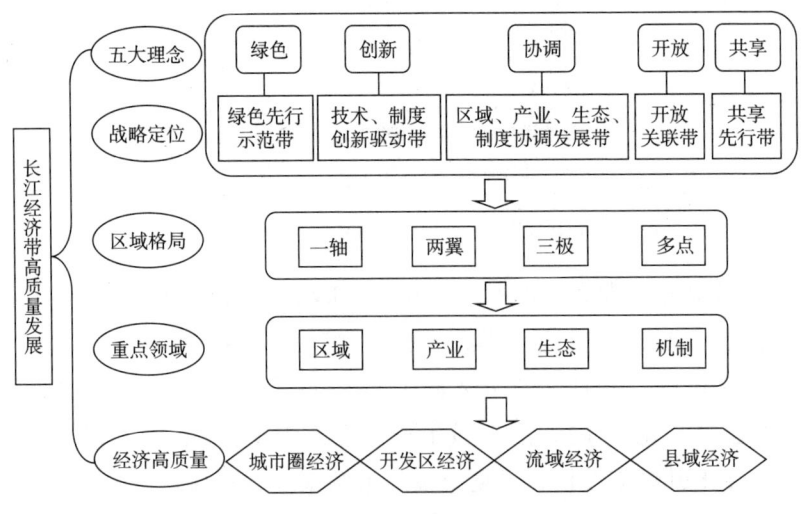

图 2　长江经济带高质量发展的总体构架

（二）长江经济带高质量发展的五大发展理念和战略定位

新时代背景下，中国经济高质量发展，就是要贯彻五大理念，并形成以五个维度为引领的全方位发展。长江经济带作为我国国土空间开发中最重要的东西轴线，在实现中国经济社会全面深刻转型的过程中、在国家全局发展中具有重要战略地位。"努力把长江经济带建设成为生态更优美、交通更顺畅、经济更协调、市场更统一、机制更科学的黄金经济带，探索出一条生态优先、绿色发展新路子。"探索"新路子"的原则和指导思想，就是贯彻"创新、协调、绿色、开放、共享"五大发展理念。结合习近平总书记2016年1月5日的重要讲话精神与2016年9月中共中央发布的《长江经济带发展规划纲要》，从学理上将习近平总书记关于长江经济带高质量发展的战略定位概括为绿色先行示范带、创新驱动带、协调发展带、开放关联带和共享先行区。

1. 构建绿色先行示范带——以绿色作为长江经济带高质量发展的根本前提

习近平认为，只有解决好自然与人类和谐共生问题才能实现绿色发展。他从理论和历史的角度深刻阐述绿色发展理念。他援引恩格斯的分析："我们并不能赞赏人类胜利自然界的例子。自然界一次次对人类的胜利进行了报复。"运用归纳法阐述了古今中外经济发展史上人类不顾一切地从自然界攫取财富后引致的负外部性，他指出，人与自然必须要和谐相处，人类对于自然的伤害究其根本是人类对自身的侵害。习近平基于环境伦理理念在重庆指出，应将长江经济带建成上中下游相协调、人与自然相和谐的绿色生态廊道，建成我国新时期生态文明建设的先行示范带，形成可复制、可推广的生态文明建设"长江经济带范本"。

2. 建设创新驱动带——以创新作为长江经济带高质量发展第一动力

习近平坚持始终把创新摆在第一位，以创新驱动发展，他指出："发展动力决定发展速度、效能、可持续性。"应以创新作为发展的基点，以创新培育动力，同时塑造更多发挥先发优势的引领型发展。"创新是一个复杂的社会系统工程，涉及经济社会各个领域。"他进一步指出，需要依靠理论创新、制度创新、科技创新和文化创新获得竞争优势。长江经济带有着丰富的自然资源，具有产业和智力密集的优势，在创新层面具有较大的比较优势和先行先试的条件，把发展基点放在长江经济带的各层面创新上，发挥科技创新在全面创新中的引领作用，深入实施长江经济带创新发展战略，将长江经济带建设成发挥率先作用，引领创新发展的创新示范带。

3. 建设协调发展带——以协同作为长江经济带高质量发展的重要手段

习近平引述《二程粹言》中的"有上则有下，有此则有彼"，论证事物之间及事物各要素之间的关联性，并指出要"着力增强发展的整体性、协调性"。长江流域是以长江为中心、由各条支流或分水岭包围而构成的自然地理单元，是一个拥有丰富的山水林田湖资源且相互关联的流域生态系统。当前，需要在战略协同、科技协同、组织协同、管理协同和政策协同等维度，推动长江经济带在区域、产业、生态和机制诸层面高质量发展、协调发展。

4. 建设开放关联带——以开放作为长江经济带高质量发展的外力

习近平援引马克思主义经典著作揭示的理论观点，结合中国同世界之间的关系演变过程，指出要顺应全球化趋势，大力倡导对外开放。由习近平主席提出的"一带一路"倡议，推动中国对外开放从"以东部沿海地区为龙头"转向"陆海内外联动、东西双向互济"的新格局，而长江经济带东西两端恰好连接着"丝绸之路经济带"和"21世纪海上丝绸之路"，成为中国推动沿江和内陆开放的最佳路径，成为中国内陆经济的开发关联带。

5. 建设共享先行区——以共享作为长江经济带高质量发展的终极目标

习近平引述《淮南子·汜论训》名句"国有常，而利民为本"，指出应把以人民为中心的发展思想贯彻到经济社会发展的每一处，止步于思想环节、停留在口头阶段是远远不够的。推进长江经济带高质量发展的终极目的是通过深化改革、创新引领，以市场和制度双轮驱动区域可持续发展，实现产业高质量发展，创造绿色共享的生活环境，建设先行先试的共享先行带。

三 习近平关于长江经济带高质量发展战略思想的分层面

(一) 长江经济带高质量发展战略的区域层面

1. 建立在开放格局上的长江经济带协调发展战略定位

习近平指出,区域协调发展在新格局下的总体思路:按照客观经济规律调整完善区域政策体系,发挥各地区比较优势,促进各类要素高效集聚和合理流动,增强创新发展动力,加快构建高质量发展的动力系统,增强中心城市和城市群等经济发展优势区域的经济和人口承载能力,增强其他地区在保障粮食安全、生态安全、边疆安全等方面的功能,形成优势互补、高质量发展的区域经济布局。从开放的角度考察区域经济,其外延从小至大包含县(市)域经济、省(自治区、直辖市)域经济、都市圈、经济圈以及与国际经济之间的关系等,由此,理论上,长江经济带高质量发展战略的区域层面应包含图3所示的三大层次。根据习近平同志的相关重要讲话精神,《长江经济带发展规划纲要》对上面三个层次的区域协调发展进行了明确定位(见图3)。长江流域既是长江经济带产业聚集的空间"主轴线",也是该区域生态多元化和可持续发展的承载带;既是中国国土空间开发的主骨架,也是内陆对外开放的"主通道",承载着绿色引导、产业集聚、区域协调和通道开放的独特的经济社会功能。

2. 以综合立体交通走廊为战略支撑,推动长江经济带区域协同发展

目前,长江经济带已形成水路、陆路和航空等多种运输网络。水运方面,武汉至安庆段"645"航道整治工程使得长江经济带水运较以前畅通;陆路方面,沪汉蓉高速铁路开通极大降低了长三角地区、长江中游和川渝地区之间的运输成本;航空方面,至2015年,该区域内共有77个已开通民航业务的机场。联运方面,四川宜宾港、泸州港采用铁水联运、水陆联运等综合交通方式,集装箱吞吐量规模增长。但总体上,长江经济带与其他区域之间、长江经济带11省市之间,交通基础设施存在空间差距和极化现象,区域之间仍然存在较多的交通瓶颈,导

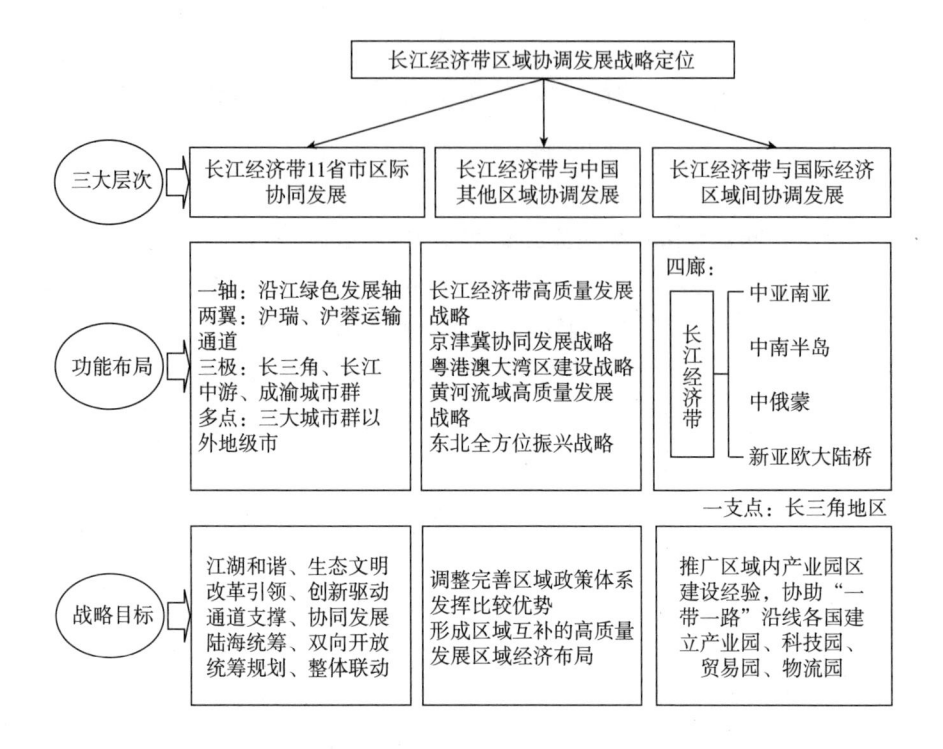

```
                    ┌─────────────────────────────┐
                    │  长江经济带区域协调发展战略定位  │
                    └─────────────────────────────┘
                        ↙           ↓           ↘
┌─────┐  ┌──────────────┐ ┌──────────────┐ ┌──────────────┐
│三大层次│ │长江经济带11省市│ │长江经济带与中国│ │长江经济带与国际│
│      │ │  区际协同发展  │ │ 其他区域协调发展│ │经济区域间协调发展│
└─────┘  └──────────────┘ └──────────────┘ └──────────────┘

┌─────┐  ┌──────────────┐ ┌──────────────┐ ┌──────────────┐
│     │  │一轴：沿江绿色发 │ │长江经济带高质量│ │四廊：─中亚南亚 │
│     │  │  展轴         │ │发展战略       │ │    ─中南半岛  │
│功能布局│ │两翼：沪瑞、沪蓉│ │京津冀协同发展战│ │长江  ─中俄蒙  │
│     │  │  运输通道     │ │略            │ │经济         │
│     │  │三极：长三角、长│ │粤港澳大湾区建设│ │带   ─新亚欧大 │
│     │  │  江中游、成渝城│ │战略          │ │      陆桥    │
│     │  │  市群         │ │黄河流域高质量发│ │             │
│     │  │多点：三大城市群│ │展战略        │ │             │
│     │  │  以外地级市    │ │东北全方位振兴战│ │一支点：长三角  │
│     │  │              │ │略            │ │地区          │
└─────┘  └──────────────┘ └──────────────┘ └──────────────┘

┌─────┐  ┌──────────────┐ ┌──────────────┐ ┌──────────────┐
│     │  │江湖和谐、生态文│ │调整完善区域政策│ │推广区域内产业园│
│     │  │明改革引领、创新│ │体系发挥比较优势│ │区建设经验，协助│
│战略目标│ │驱动通道支撑、协│ │形成区域互补的高│ │"一带一路"沿线各│
│     │  │同发展陆海统筹、│ │质量发展区域经济│ │国建立产业园、科│
│     │  │双向开放统筹规  │ │布局          │ │技园、贸易园、物│
│     │  │划、整体联动    │ │              │ │流园          │
└─────┘  └──────────────┘ └──────────────┘ └──────────────┘
```

图 3　长江经济带高质量发展战略的区域层面

致各种区际要素无法高效流通，阻碍区域间经济分工与协作。习近平指出："我们国家物流费用成本偏高，这其中就有运输效率不高的问题，究其原因，主要是各种运输方式各自为政发展，各种交通运输方式衔接协调不畅、彼此结构不平衡不合理导致的。"对于改善长江经济带交通困境，习近平提出自己的思考：各种交通运输方式怎样统筹协调发展、降低运输成本、提高综合运输效益，如何优化已有岸线使用效率、破解沿江工业和港口岸线无序发展问题。面对长江经济带下游"卡脖子"、中游"梗阻"、上游"瓶颈"等问题，习近平以三峡船闸为例，由点及面，敦促地方找思路，"沿长江通道集合了各种类型的交通运输方式，要注意加强衔接协调，提高整体效率。比如，一直以来严重制约长江航运的三峡船闸肠梗阻问题，能不能从综合交通运输体系全局出发找出解决问题的有效办法？有的专家提出以建设沿江重载铁路的办法一劳永逸破解这个问题，是否可行、能否实现，要抓紧论证确定"。

3. 实施跨区域协同发展战略，推动城市群协同发展

城市群协同发展战略是习近平长江经济带高质量发展战略思想的重要组成部分。该战略以长三角城市群、长江中游城市群和成渝城市群 3 个国家级城市群为主，以黔中城市群、滇中城市群 2 个区域性城市群为辅，以加强城市群之间的区域分工和协调发展为主要战略方向。三个主要城市群中，长三角城市群凭借区位和政策优势，经济总量最高但增速最低；成渝城市群受益于西部大开发政策和"一带一路"建设，经济高速增长；长江中游城市群城市虽数量众多，但发展相对缓慢，其总量上仅与成渝城市群接近，增速上却不及成渝城市群。各城市群内部差异而言，成渝城市群内部城市发展呈现高度不均衡，其余 2 个城市群内部城市发展相对均衡，但也存在一定差异。造成不均衡发展的主要因素是政府投资、市场发展水平、对外开放程度及各影响因素之间的交互作用。习近平对长江经济带城市群发展状况有深入了解：长江经济带横跨我国东中西部，地区发展水平参差不齐，在人民生活水平、公共服务质量、基础设施条件等方面有着很大的差别；长江经济带部分地区的脱贫攻坚任务还很繁重。区域合作虚多实少，城市群缺乏协同，带动力不足。如何化解困局？习近平在"重庆长江经济带发展座谈会"上表明，长江经济带是一个整体："要促进长江经济带实现上中下游协同发展、东中西部互动合作。"在武汉座谈会上，习近平再次强调："树立'一盘棋'思想，把自身发展放到协同发展的大局之中，实现错位发展、协调发展、有机融合，形成整体合力。"三大城市群之间应研究并建立科学的、操作性强的跨区域协同发展战略，其中，长三角城市群应合理运用产业梯度原理，一方面主动承接东部产业转移与经济辐射，另一方面推动各种资源要素向西转移，并辅以切实有效的创业、创新和就业补贴政策；长江中游城市群进一步扶持环鄱阳湖地区及长株潭城市群发展，增强武汉、长沙和南昌的辐射力，不断推进公共服务均等化；成渝城市群应以落后地区的综合交通建设为纽带，推动城市群之间的互联互通，在规划和政策的引领下积极融入"一带一路"与"长江经济带"建设。

（二）长江经济带发展战略的产业层面

新时代中国共产党长江经济带发展战略的重中之重是构建现代产业

体系。习近平总书记指出:"推动长江经济带高质量发展,推进现代化经济体系建设,要将质量、效率摆在首位,推动质量、效率、动力这三大变革,加快建设现代金融、实体经济、人力资源、科技创新协同发展的产业体系,构建宏观调控有度、微观主体有活力、市场机制有效的经济体制。"

区域发展的核心在产业,产业发展的平台在区域。长江经济带11省市各级开发区作为产业发展的主要载体,在探索绿色路径、引导产业集聚、形成创新集群、推动开发开放和试行体制改革等方面起到重要的作用。截至2018年年末,长江经济带11省市共有各类国家级和省级开发区1189个,占全国44.3%;在长江经济带11省市中,上游地区占比28.5%,中游地区占比29.0%,下游地区占比42.5%(见表2)。

表2　长江经济带上中下游开发区类型及数量(2018年)

开发区类型	全国(家)	长江经济带 数量(家)	占全国比重(%)	上游地区(重庆、四川、云南、贵州) 数量(家)	占长江经济带比重(%)	中游地区(湖北、湖南、江西) 数量(家)	占长江经济带比重(%)	下游地区(上海、浙江、江苏、安徽) 数量(家)	占长江经济带比重(%)
国家级经济技术开发区	218	108	49.5	18	16.7	25	23.2	65	60.2
国家级高新技术开发区	168	79	47.0	17	21.5	29	36.7	33	41.8
海关特殊监管区	155	71	45.8	11	15.5	13	18.3	47	66.2
边/跨境合作区	19	4	21.1	4	100	0	0	0	0
国家级自贸区	18	7	38.9	3	42.9	1	14.3	3	42.9
国家级新区	19	9	47.4	4	44.4	2	22.2	3	33.3
国家级自主创新示范区	19	9	47.4	2	22.2	2	22.2	5	55.6
其他国家级	23	7	30.4	1	14.3	0	0	6	85.7
省级开发区	2060	899	43.6	281	31.3	272	30.3	346	38.5
小计	2699	1193	44.2	341	28.6	344	28.8	508	42.6

资料来源:根据《中国开发区审核公告目录(2018年)》整理和计算。

上述开发区依托长江干线航运和沿江综合运输体系，集聚了包括装备制造业，医药制造业，新材料产业，电子信息产业，计算机、通信和其他电子设备制造业，汽车制造业等在内的多个主导产业和主导产业体系。通过对域内108家国家级经济技术开发区的主导产业体系进行梳理，发现长江经济带11省市开发区的主导产业呈较为明显的产业同构现象（见表3）。

表3 长江经济带国家级经济技术开发区重要主导产业分布情况 单位：家

	长江经济带	长江上游地区	长江中游地区	长江下游地区
装备制造业	76	21	20	35
医药制造业	**67**	**22**	**20**	**25**
新材料	45	8	16	21
电子信息产业	43	8	19	16
计算机、通信和其他电子设备制造业	42	6	2	34
汽车制造业	40	3	15	22
通用设备制造业	27	1	6	20
新能源产业	25	3	8	14
食品制造业	22	6	13	3
化学原料和化学制品制造业	**16**	**5**	**3**	**8**
专用设备制造业	16	0	2	14
电气机械和器材制造业	13	3	4	6

资料来源：根据《中国开发区审核公告目录（2018年）》整理和计算。

从长江经济带11省市整体来考察，计算2016年该地区工业领域各产业产值占全国的比重，结果如图4所示。

由图4可见，长江经济带主导产业产值占全国的比重超过50%的行业由低到高包括化学原料和化学制品制造业，酒、饮料和精制茶制造业，通用设备制造业，铁路、船舶、航空航天和其他运输设备制造业，其他制造业，电气机械和器材制造业，仪器仪表制造业，烟草制造业，化学纤维制造业。可见，无论在产业规模上，还是在产业形态上，长江经济带已经占据全国领先地位。

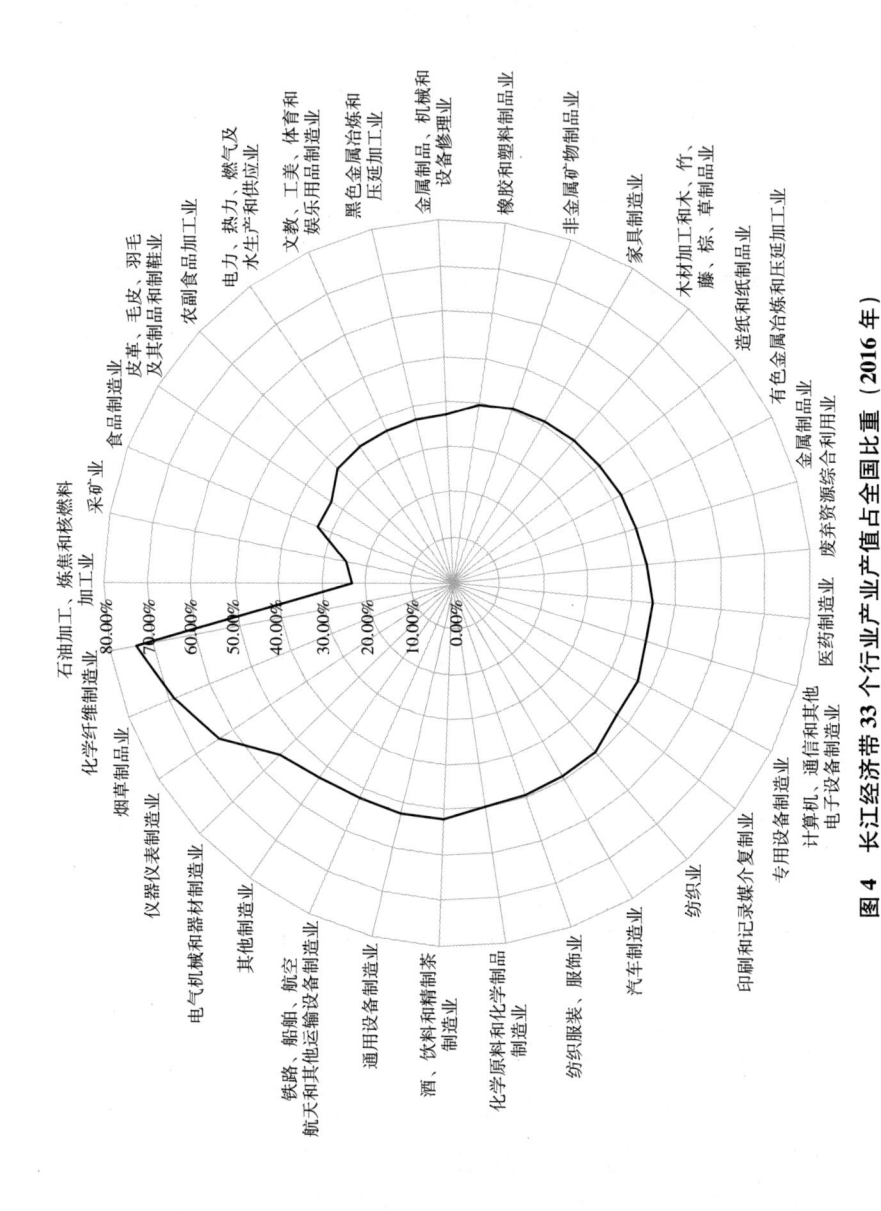

图 4 长江经济带 33 个行业产值占全国比重（2016 年）

习近平通过多次调研和深入研究，对长江经济带产业发展现状有精准把握，他指出，"产业转型升级取得积极进展……"但同时，他提醒大家"也要清醒看到面临的困难挑战和突出问题"。综合来看，产业同构和无序低效竞争困境是当前长江经济带发展过程中面临的重大挑战，具体而言，一些地区出现了圈地盘、条块分割和争抢资源等情况，同时了破坏产业链、伤害了合作共赢精神。针对上述问题，习近平从以下几个方面提出长江经济带产业高质量发展思路。

1. 以创新驱动为内核，构建和完善长江经济带创新体系

推进长江经济带产业转型升级、实现高质量发展必须依靠创新。如何提升创新驱动力？习近平指出，"自主创新是我们攀登世界科技高峰的必由之路"。当前，长江经济带11省市国家级和省级开发区内的主导产业发展过程中，自主创新能力较低，创新动力不足。其原因在于长江经济带11省市区内现存国家级和省市级创新体系之间没有理顺关系，既缺乏有效的跨区域协作创新机制，也缺乏有效的重点产业共性技术和关键技术的保障机制，还缺乏有效的创新成果转化机制。习近平认为，实现人才与科研优势向发展优势转化的主要路径是大力推进创新驱动发展战略。《长江经济带发展规划纲要》提出增强长江经济带自主创新能力的若干举措：在国家和区域层面，"将上海打造成长江经济带创新示范高地，加强长江经济带现有国家工程实验室、国家重点实验室、国家工程（技术）研究中心、国家级企业技术中心建设，支持建设国家地方联合创新平台，建立和完善一批创新成果转移转化中心、知识产权运营中心和产业专利联盟"。在区域层面，对长江经济带现有各类开发园区的科技资源进行梳理和摸底，并按照一定的标准进行分类。在行业层面，以行业内领导型企业为核心，由跨区域的具有上下游关联关系的企业、科研单位、大学和产业技术联盟等各类创新主体在交易成本最低化的情况下，缔结产业技术创新战略联盟。在创新人才层面，结合长江经济带人才需求设立各类人才计划；在企业层面，通过实施相关技术创新工程提升企业技术创新能力。上述举措的本质在于不断优化长江经济带沿线区域的国家层面和区域层面的创新模式，合力在核心产业的关键装备、共性技术等方面展开突破，为产业转型奠定良好的技术、制度和要素基础。

2. 以建设世界级产业集群为平台，推进长江经济带产业转型升级

当前，中国制造业向中高端迈进的主要路径是以现有主导产业为基础，培育若干世界级产业集群。世界级产业集群是指产业总量规模、技术水平、产业结构高度化水平、产业链层次等方面均具有世界先进水平且在世界范围内知名的产业集群。集群拥有世界知名品牌和企业集团，或数量众多的具有上下游关联关系且已形成良好竞合关系的企业体系，也拥有推动集群发展的相关机构、组织、要素供应者等行为主体。

长江经济带11省市在"十三五"时期明确了各自的主导产业集群发展目标，并大力推行集群发展战略。在取得一定成绩的同时，与世界级产业集群相比还存在一定差距。从规模上看大而不强，在全球价值链和国内价值链双重低端锁定于加工、组装和制造环节，下游地区相对成熟的产业集群多集中于制造业领域，现代服务业领域集群还不成规模，尚处于培育阶段；中上游地区的产业集群多属于传统制造业，且处于培育阶段。2018年4月，习近平在长江经济带中游地区专程考察和调研企业转型发展现状后指出，长江经济带部分城市积累了传统落后产能、止步于传统发展模式、依赖着传统发展路径。如何破局？早在2016年3月，国家发展改革委发布的《长江经济带创新驱动产业转型升级方案》中，提出了依靠沿江国家级、省级开发区以及大型企业，大力推进新一代电子信息、港航物流、高端装备、信息服务、汽车、绿色能源、家电、旅游休闲、纺织服装、现代农业与特色农业十大世界级产业集群构建的行动方案。2019年5月，习近平主持中共中央政治局会议时强调，长三角地区应紧扣核心——高质量发展和一体化发展。使高质量发展的区域集群逐步建立。2019年10月，习近平在党的十九大报告中强调，要打造一批世界级先进制造业集群，使我国产业摆脱中低端困局，迈向全球价值链中高端。具体而言，一方面，打造世界级先进制造业集群的核心圈层，从市场和政府两方面实施供给侧结构性改革，推动钢铁、石化、有色金属、建材等传统行业的结构转型，大力发展战略性新兴产业；实施"互联网+"行动计划，推动信息化与产业融合发展，培育先进高端制造体系。另一方面，构建并完善世界级先进制造业集群的辅助圈层。优先高质量发展研发设计、金融保险、节能环保、检验检测、电子商务、融资租赁、服务外包、商务咨询、售后服务、人力资源等生产性服务业，精细化高品质发展教育培训、文化体育、健康养老家政等生活性服务业。总体上，世界级产业集群思想是习近平关于长江经济带高质量发展战略思想产业层面的重要组成部分，其主要思路是通过实现长江经济带重点产业与文化、教育、科技、金融等现代服务业的深度融合，打造世界级产业集群的"长江经济带样本"。

3. 以产业转移为契机，推动长江经济带产业合理布局与协同发展

长江经济带，无论是上中下游地区层面还是11省市层面，均存在明显的发展梯次：从流域内不同地区产业发展层次看，下游地区相对较高，中游地区次之，上游地区相对较低；这种明显差异同样反映在11省市之间的产业结构水平和发展层次上。这种梯度差异为发展地区间分工协作提供了基础条件。

根据祝培甜（2019）的研究成果，2007—2017年，长江经济带累计建设用地占全国总量的45%；从上中下游地区层面考察，上中下游地区累计建设用地分别占长江经济带总量的31.4%、28.3%和40.3%；从产业考察，长江经济带第一、第二、第三产业供地面积分别占0.5%、31.2%和68.3%；制造业中，交通运输设备制造业、金属制品业、通用设备制造业、专用设备制造业装备制造业供地比例较高，2007—2017年，装备制造业供地重心呈现从长江经济带中、下游向上游转移的趋势；2017年，长江经济带化工行业主营业务收入占中国化工行业总体的43.1%，是该地区重要支柱产业之一，2007—2017年，下游地区的化工行业呈现向上中游地区转移的趋势；纺织产业则是长江经济带上游地区的优势产业，江苏、浙江两省纺织产业供地面积占全国53%。总体上，工矿仓储用地面积占比大大高于发达国家，工矿用地效率较低。上述产业结构存在的问题在于：①采矿业、火力发电等传统产业占比较高；②化工行业对该地区经济社会造成严重负外部性，习总书记对此有深刻认识，"长江沿岸重化工业高密度布局已经形成较严重的生态隐患和环境风险"；③纺织行业等劳动密集型产业占比较高，对于长江下游地区产业结构高级化与合理化形成一定的阻碍。对此，习近平认为推动长江经济带的发展应"积极稳妥腾退化解旧动能，破除无效供给，彻底摒弃以投资和要素投入为主导的老路，为新动能发展创造条件、留出空间，进而致力于培育发展先进产能，增加有效供给，增加有

效供给，加快形成新的产业集群"。就具体操作层面而言，首先，应加大理论和实证研究力度，综合分析各区域需要实施转移的产业类别与方向。一般地，长江经济带下游区域宜引导中低技术型产业逐步向中上游地区转移。与此同时，中上游地区应以本地现有产业为基础，以本地资源和环境承载能力为基础，承接相关产业转移，以市场力量为主，政府力量为辅推动产业价值链的健全和延伸。其次，研究并创新各类因地制宜的产业转移模式，推动多种形式的产业园在长江经济带下游发达省市与中上游省市的协同共建中飞速发展，共享市场、劳动力和资本市场，推动区域双向高质量发展。

（三）长江经济带高质量发展战略的生态层面

生态价值是区域经济发展的最高价值取向。"长江拥有独特的生态系统，是我国重要的生态宝库"，"共抓大保护、不搞大开发"是习近平经过多次调研提出的长江经济带高质量发展的战略原则。

1. 诊断并精准识别生态环境问题，以最低成本修复生态环境

生态优先是长江流域当前和今后发展的方向。生态优先的实质是生态修复优先，系统修复长江经济带生态是实现其生态优先的重要战略举措。习近平多次调研长江经济带，他指出，"沿江产业发展惯性较大，污染物排放基数大……长江岸线、港口乱占滥用、占而不用、多占少用、粗放利用的问题仍然突出。流域环境风险隐患突出……生产储运区交替分布……同时，出现了一些新问题，比如污染产业向中上游转移风险隐患加强，固体危废品倾倒不合法现象频发"。结果，流域生态功能退化严重，部分重要湖库仍处于富营养化状态，长江生物完整性指数差，"长江病了"。基于这些认识，习近平在多次讲话中明确强调要以实施重大生态修复工程为主要手段，坚决修复长江生态环境。修复的前提是要科学运用中医的思想观，从技术上对该区域进行全面研究，然后精准识别存在的各类生态问题。习近平基于系统论思维，分类开展长江经济带的生态修复工作，并用整体观分析当前其生态系统存在的问题，用系统观考量长江经济带，应"增强各项措施的关联性和耦合性"，在整体推进过程中，流域中的各个区域之间需要不断沟通与探讨，最后确定基于当前经济技术条件下的阶段性解决方案。

2. 以生态优先为原则，推动农业和工业绿色转型

生态文明要求产业经济活动必须实现人与自然和谐发展。习近平高屋建瓴地指出，长江经济带产业转型的根本原则是"共抓大保护，不搞大开发"，"探索出一条生态优先、绿色发展新路子"。

就农业领域而言，长江经济带作为中国主要农产品生产地区，农业发展模式关系到全国粮食安全、食品安全和生态安全。长江经济带耕地面积比重高，一直以来存在化肥用量高、养殖密度高、土壤侵蚀严重、生活废弃物排放量大、经济作物比例高等问题，导致长江流域水体养分输入量大、面源污染严重。习近平指出："推进农业绿色发展是农业发展观的一场深刻革命。"根据农业农村部出台的《关于支持长江经济带农业农村绿色发展的实施意见》，长江经济带各地区须协同抓好和完成若干重点任务：加快划分功能区和重点农产品保护区，保护农业开发空间，塑造市场供求和资源相适应的农产品生产体系；推进流域水生生物的多元保护；实施化肥与农药的减量和增效工程；推动农产品废弃物的循环利用等。《长江经济带发展规划纲要》提出，提升农业现代化和特色化水平，长江经济带上中下游错位转型发展，其中，把草食畜牧业为主的特色生态农业作为上游地区的主要关注点，把粮食等主要农产品作为中游地区的主要着手点，把高效精品农业和都市农业作为下游地区的核心发展点，在此基础上推进农村第一、第二、第三产业融合发展。将绿色发展理念植入农业发展规划、政策制定、法律修订和管理执行等全环节，用绿色发展理念统领农业资源保护、生态修复、科技研发、生产经营、加工流通、市场消费等的全过程，让绿色发展理念覆盖种养业、农产品加工业、乡村休闲旅游业等全领域，真正将绿色的理念和精神融入现代农业发展。

就工业领域而言，对于长江经济带的产业布局，习近平有着准确的判断：在生产层面，重化工产业在长江沿岸布局密度高。在储运层面，干线港口危险化学品年吞吐量大，且运输量年均增速不断提高，长江岸线港口存在利用效率低的问题；生产区和储运区交替分布；污染产业向中上游转移风险隐患加强，固体危废品倾倒不合法现象频发。这样的产业布局导致严重的生态环境负效应，长江流域环境风险隐患突出。如何推动长江经济带工业绿色化发展？习近平有着明确的方向：制订化工污

染整治工作方案,首先,合理处理落后、过剩产能,落实供给侧结构性改革,推进沿江化工企业"关转搬";其次,利用腾退空间培育精细化工产能,引导化工产业转型发展。

(四) 长江经济带高质量发展战略的机制层面

对于长江经济带高质量发展战略机制的重要性,习近平指出,"推动好一个庞大集合体的发展,一定要处理好自身发展和协同发展的关系,首先要解决思想认识问题,然后再从体制机制和政策举措方面下功夫,做好区域协调发展'一盘棋'这篇大文章"。

1. 生态环境协同保护治理机制

构建生态环境协同治理体制机制有着重大的经济发展意义。习近平首先分析问题所在,长江经济带当前生态环境协同治理弱,难以满足全流域系统性管理的要求,"统分结合、整体联动的工作机制尚不健全,生态环境保护制度尚不完善,市场化、多元化的生态补偿机制建设进展缓慢,生态环境硬约束机制尚未建立,长江保护法治进程滞后"。如何破解?一是构建自然承载能力监测预警长效机制,防患于未然,永葆长江的生机活力。二是建立生态产品价值实现机制。生态产品价值是区域生态系统为人类提供的最终产品与服务价值的总和,包括生态系统产品、生态系统服务、生态资产等。习近平在生态产品价值实现机制试点、生态产品价值实现路径等方面进行了深入的思考。三是建立健全国土空间管控机制。"要按照'多规合一'的要求,在开展资源环境承载能力和国土空间开发适宜性评价的基础上,抓紧完成长江经济带生态保护红线、永久基本农田、城镇开发边界三条控制线划定工作……"

2. 区域协同发展机制

构建区域协同发展的新机制,最大化降低交易成本,是促进长江经济带高质量发展的根本保障。习近平认为必须动员政府、市场、社会多方力量,构建多层次的区域协同发展机制。一是设立层级分明、分工明确的协同发展领导机构。"要落实中央统筹、省负总责、市县抓落实的管理体制。"中央层面把握资金、相关政策、协调和督察等方面的顶层设计;省域层面做好实施方案、指导督导等方面的承上启下;市县层面将工作落到实处。二是建立市场和社会力量主导的协同发展机制。要简政放权,清除市场壁垒,将财政税务制度创新设计落到实处,引入政府间协商议价机制。三是完善省际协商合作机制，提高岸线使用效率，协调省际运输方式提升运输效益。

四 习近平关于长江经济带高质量发展战略思想的特征与价值

习近平指出："战略问题是一个政党、一个国家的根本性问题。战略上判断得准确，战略上谋划得科学，战略上赢得主动，党和人民事业就大有希望。"习近平关于长江经济带高质量发展的战略思想具有系统性与多层面的统一、理论性与实践性的统一、前瞻性与时效性的统一等重要特征和价值。

（一）全局性与多层面的统一

习近平关于长江经济带高质量发展的战略思想，包含科学的发展理念、精准的战略定位，以及区域、产业、生态和机制等分层面的思考与策略，有总有分，形成一个层次分明，有重大引领作用的战略体系。由长江上中下游地区一起构成的长江经济带，可以说是中国经济一个有典型意义的缩影，实现以"创新、协调、绿色、开放、共享"五大发展理念为引领的上中下游沿江区域的高质量发展、协同发展，对于中国经济高质量发展具有重要的示范意义。

（二）理论性与实践性的统一

习近平关于长江经济带高质量发展的战略思想融合了诸多经过历史验证的经济学理论，蕴含着深刻的经济学逻辑；同时，以马克思主义理论为指导，对区域经济发展理论进行了发展于创新，同时针对长江经济带这一世界级大型流域的经济改革、产业转型发展、生态保护实践，提出了较之更加具体、更加系统的经济发展观。实践中，习近平关于长江经济带高质量发展的战略思想直接为长江经济带发展的重要政策文件提供了指导思想、理论依据以及理论指导。他指出，"要深入推进《长江经济带发展规划纲要》贯彻落实，结合实施情况及国内外发展环境新变化，组织开展规划纲要中期评估，按照新形势新要求调整完善规划内容"。这些论述体现了理论性与实践性的高度统一。

(三) 前瞻性与时效性的统一

习近平总书记以战略眼光分析中国区域经济发展问题,"当前我国区域经济发展出现一些新情况、新问题,要研究在国内外发展环境变化中,现有区域政策哪些要坚持、哪些应调整。要面向第二个百年目标,作些战略性考虑"。他多次提及长江经济带高质量发展的战略愿景,"探索出一条生态优先、绿色发展新路子。"同时,他将这种对区域经济发展的前瞻性及时地反映到行动中。2014年,在《关于依托黄金水道推动长江经济带发展的指导意见》发布之后,沿江各地着手将大量资源投入流域的大开发中。在此之际,习近平通过深入调研,认识到长江经济带生态问题的严峻性,他于2016年在重庆市召开了"推动长江经济带发展座谈会",明确指出修复生态环境应是长江经济带发展的首要前提,为长江经济带大开发的势头"刹住了车"。而后,长江经济带部分地区从"大开发、大建设"变为"不开发、不建设",这是众多地区在处理好推动经济发展和保护生态环境的关系时出现了一定的偏差,为了树立正确的经济、生态和谐发展观,及时修正偏颇的观念,习近平于2018年4月深入湖北、湖南两省实地进行调研,并于4月26日在武汉主持召开了"深入推动长江经济带发展座谈会",为长江经济带的科学发展、创新发展、深化发展指明道路。一次次的纠偏,无不体现了习近平总书记关于长江经济带高质量发展的战略思想的时效性,以实现长江经济带高质量发展新的飞跃。

参考文献

段学军等:《长江经济带形成演变的地理基础》,《地理科学进展》2019年第8期。

晁静等:《长江经济带三大城市群经济差异演变及影响因素——基于多源灯光数据的比较研究》,《经济地理》2019年第5期。

[美] 克鲁格曼:《发展、地理学与经济理论》,中国人民大学出版社2000年版。

[德] 拉采尔:《人类地理学》,广西师范大学出版社2002年版。

李东:《把长江经济带建成生态文明先行示范带的几点思考》,《环境保护》2018年第21期。

陆大道:《我国区域开发的宏观战略》,《地理学报》1987年第2期。

[美] 罗斯托:《经济成长的阶段》,中国社会科学出版社2001年版。

［法］孟德斯鸠：《论法的精神》，当代世界出版社2008年版。

马洪：《长江经济带：最有希望的经济增长区》，《湖南经济》1994年第5期。

［德］马克思、恩格斯：《马克思恩格斯选集》（第1卷），人民出版社1995年版。

孙尚清：《关于建设长江经济带的若干基本构思》，《管理世界》1994年第1期。

孙要良：《如何理解"人与自然是生命共同体"》，《学习时报》2018年4月9日第1版。

习近平：《在深入推动长江经济带发展座谈会上的讲话》，《人民日报》（海外版）2018年6月14日第2版。

《习近平在推动长江经济带发展座谈会上强调 一条心一盘棋 共建黄金经济带 张高丽出席并讲话》，《人民日报》（海外版）2016年1月8日第1版。

习近平：《深入理解新发展理念》，《求是》2019年第10期。

习近平：《在省部级主要领导干部学习贯彻党的十八届五中全会精神专题研讨班上的讲话》，《人民日报》2016年5月10日第2版。

习近平：《推动形成优势互补高质量发展的区域经济布局》，《求是》2019年第24期。

习近平：《在中国科学院第十九次院士大会、中国工程院第十四次院士大会上的讲话》，《人民日报》2018年5月29日第2版。

《习近平主持中共中央政治局会议研究部署在全党开展"不忘初心、牢记使命"主题教育工作等》，新华网。

习近平：《决胜全面建成小康社会 夺取新时代中国特色社会主义伟大胜利——在中国共产党第十九次全国代表大会上的报告》，《人民日报》2017年10月28日第1版。

《习近平在深入推动长江经济带发展座谈会上强调，加强改革创新战略统筹规划引导，以长江经济带发展推动高质量发展》，《人民日报》2018年4月27日第1版。

习近平：《在纪念邓小平同志诞辰110周年座谈会上的讲话》，《人民日报》2014年8月21日第2版。

尹虹潘：《全面贯彻新发展理念 推动长江经济带高质量发展》，《长江日报》2018年8月6日第9版。

余欣荣：《全面推进农业发展的绿色变革》，《人民日报》2018年2月8日第10版。

祝培甜等：《长江经济带产业用地供应情况分析》，《国土资源情报》2019年第5期。

长江经济带绿色发展指数研究报告

夏晶晶[*]

摘 要： 长江经济带是我国实施区域协调发展战略和推进生态文明建设的重点区域，生态优先绿色发展是新时代推动长江经济带高质量发展的行动指南。本报告从绿色经济、绿色生产和消费、绿色环境、绿色生态、绿色生活和绿色科技六个维度构建长江经济带绿色发展评价体系，评价2012—2018年长江经济带绿色发展水平时空演化特征。结果表明，2012—2018年，长江经济带绿色发展水平呈现稳步上升的发展态势，空间分布呈下游＞中游＞上游和"三高、五中、三低"的梯次分布格局。建议针对上游、中游、下游地区不同的优势和短板，从区域差异化发展、破解资源环境对经济发展约束等角度，采取相应的绿色发展引导政策；选取发展条件较好、潜力较大的区域培育新的绿色发展增长极和增长带；着力缩小内部绿色发展差异，促进长江经济带绿色发展水平的协同提升。

关键词： 长江经济带 绿色发展 空间分异

党的十八大以来，我国做出了加强生态文明建设的重大决策部署，将生态文明建设纳入"五位一体"总体布局。党的十八届五中全会进一步提出了包含"绿色"在内的新发展理念，自此"绿色发展"成为我国生态文明建设的指导思想。长江经济带是我国实施区域协调发展战

---

[*] 作者简介：夏晶晶，武汉大学环境科学专业博士，武汉大学中国发展战略与规划研究院助理研究员、长江经济带发展战略研究中心副主任。

略和推进生态文明建设的重点区域，生态优先、绿色发展是新时期推动长江经济带高质量发展的行动指南。

2016年1月5日，习近平总书记视察重庆时做出重要指示："推动长江经济带发展是国家一项重大区域发展战略""当前和今后要把修复长江生态环境摆在压倒性位置，共抓大保护，不搞大开发。"2016年9月，《长江经济带发展规划纲要》明确了长江经济带是生态文明建设的先行示范带的战略定位，提出"把保护和修复长江生态环境摆在首要位置，共抓大保护，不搞大开发，努力建成上中下游相协调、人与自然相和谐的绿色生态廊道"。2017年10月18日，党十九大报告进一步强调"以共抓大保护、不搞大开发为导向推动长江经济带发展"。2018年4月，习近平总书记视察长江中游地区，强调"推动长江经济带发展必须从中华民族长远利益考虑，把修复长江生态环境摆在压倒性位置，共抓大保护、不搞大开发，探索出一条生态优先、绿色发展新路子"。2020年7月7日，生态环境部审议并原则通过《长江三角洲区域生态环境共同保护规划》，指出要协同推进长三角区域生态环境共同保护和高质量发展，系统谋划共推绿色发展、共保生态空间、共治跨界污染、共享环境设施、共创协作机制等重点任务，着力打造区域生态环境一体化保护、生态环境治理体系和治理能力现代化、美丽中国建设的先行示范区。

长江经济带国土空间面积约占全国的21%，形成了以水为纽带，连接上下游、左右岸、干支流的独特经济社会大系统；人口和经济总量均超过全国的2/5，沿江产业带是全球规模最大的内河产业带；拥有上海国际大都市和中西部广阔腹地，下游地区产业转型升级加速，中上游承接产业梯度转移的潜力日益释放，市场需求和发展回旋空间呈现双旺态势，发展潜力巨大。长江经济带在地理位置上贯穿我国"推进西部大开发形成新格局""中部崛起""东部新跨越"等国家区域发展战略，在区域发展总体格局中举足轻重，也是实现我国经济高质量发展的重要战略支撑。然而，改革开放40多年来，长江流域的高速发展也给生态环境带来了巨大的压力，生态修复和环境保护成为现阶段制约长江经济带高质量发展的重要"瓶颈"。

绿色发展是在生态环境容量和资源承载力的约束条件下，将生态环境作为实现可持续发展重要支柱的一种新型发展模式。唯有牢固坚持生态优先、绿色发展，才能突破长江经济带发展"瓶颈"。本报告梳理了国家绿色发展顶层设计和学术界绿色发展指数研究进展，针对长江经济带的绿色发展基础和特征，从绿色经济、绿色生产和消费、绿色环境、绿色生态、绿色科技和绿色生活六个维度构建长江经济带绿色发展指数评价指标体系，对党的十八大以来长江经济带绿色发展水平的时空演变特征进行分析，为研判长江经济带绿色发展水平和优化政策举措提供支撑。

一 绿色发展指数研究进展

党的十八大以来，生态文明建设体制机制不断完善，地方政府逐渐放弃"唯 GDP"论，绿色发展成为各级政府加快转型的新目标。2016年12月，中共中央办公厅、国务院办公厅印发了《生态文明建设目标评价考核办法》，随后，国家发展改革委、国家统计局、原环境保护部、中央组织部制定了《绿色发展指标体系》和《生态文明建设考核目标体系》，作为生态文明建设评价考核的依据。绿色发展指标体系包含了资源利用、环境治理、环境质量、生态保护、增长质量、绿色生活、公众满意程度7个方面，共56项评价指标。2017年全国31个省级行政区的绿色发展指数排名首次发布，并以此作为未来地方政府工作的对标基准线。此后，郝淑双等（2019）、王勇等（2018）考虑到相关指标数据的可获得性等问题，将《绿色发展指标体系》进行改进之后应用于中国省际绿色发展水平的评价研究。

学术界针对绿色发展指数的研究也已取得较为丰富的成果。《江西绿色发展指数绿皮书（2014—2016）》构建了一套涵盖绿色环境、绿色生产、绿色生活和绿色政策等内容和有特色的区域绿色发展监测指标体系和指数测算体系，从省级、地级市、和县级市三个尺度分析了江西省绿色发展情况。张乃明等（2019）从生态空间优化、生态环境良好、生态经济发展、生态生活满意四个维度，Cheng Cuiyun（2020）等从经济社会发展、自然资源消费和生态环境竞争力三个方面，程钰等从绿色增长、绿色福利、绿色财富三个维度，酒二科（2019）从经济增长绿化度、资源环境承载潜力和政府政策支持度三个维度分别构建了绿色发展评价指标体系，对全球区域性组织、全国、省域及城市群等不同空间尺度开展了绿色发展研究，内容上主要涉及绿色发展水平、时空演变规律、绿色发展风险障碍及因子分析和优化路径分析等。

长江经济带是我国生态文明建设的先行示范带，很多学者针对长江经济带绿色发展也开展了深入研究。《长江经济带绿色发展报告（2017）》是我国首部关于长江经济带绿色发展的整体性研究报告，从绿色增长度、绿色承载力和绿色保障力三个维度，以及结构优化、创新驱动、开放协调、水资源利用、水生态治理、绿色投入和绿色生活七项二级指标构建长江经济带绿色发展指数。高宁和储婷婷（2019）构建了涵盖经济增长、资源环境和政府政策的三层指标体系，研究了长江经济带绿色发展水平、空间分异以及影响绿色发展的障碍因素。陈晓雪和徐楠楠（2019）构建的长江经济带绿色发展指标体系涵盖了环境承载力、环境管理力、环境友好性、环境抗压力、环境稳定性五个维度。万李红等（2019）从经济增长、环境承载力和绿色发展保障力三个维度出发，研究了长江经济带绿色发展水平，并提出了东部带动中西部、环境保护以及产业转型等相关对策。此外，还有一些学者分别针对长江经济带的城市、工业、乡村、产业等某一具体方面开展了绿色发展指数研究。

随着研究的不断深入，绿色发展的内涵不断得到丰富，从最初关注经济发展资源环境和环境治理，逐步延伸到科技创新、人民生活、社会福利、教育等方面，绿色发展指数指标体系在兼具科学性和公平性的基础上也随之不断得到完善。

二 指标体系和评价方法

（一）指标体系

本报告根据绿色发展的内涵，在指标体系构建上遵循科学性、全面性、代表性、实用性和可获得性等原则，从绿色经济、绿色生产和消费、绿色环境、绿色生态、绿色生活和绿色科技六个维度选取40个指标构建长江经济带绿色发展指数评价指标体系，如表1所示。

表1　　　　长江经济带绿色发展指数研究指标体系

目标层	准则层	指标层	属性	单位
长江经济带绿色发展指数	绿色经济	人均GDP	正向	元/人
		GDP3增加值比重	正向	%
		人均地方财政收入	正向	元/人
		人均固定资产投资额	正向	元/人
	绿色生产和消费	能源消费总量	负向	万吨标准煤
		单位GDP能耗降低	正向	%
		单位GDP碳排放	负向	千克/万元
		万元GDP用水量	负向	立方米
		万元工业增加值用水量	负向	立方米
		工业用水重复利用率	正向	%
		工业固体废弃物综合利用率	正向	%
		单位工业增加值废水排放量	负向	吨/万元
		单位工业增加值化学需氧量排放量	负向	千克/万元
		单位工业增加值氨氮排放量	负向	千克/万元
		单位工业增加值二氧化硫排放量	负向	千克/万元
	绿色环境	空气质量平均优良天数比例	正向	%
		地表水达到或好于Ⅲ类水体比例	正向	%
		生活垃圾无害化处理率	正向	%
		单位耕地面积化肥施用量	负向	千克/公顷
		单位耕地面积农药施用量	负向	千克/公顷
		环境污染治理投资占GDP比重	正向	%
		污水处理厂集中处理率	正向	%
	绿色生态	森林覆盖率	正向	%
		森林蓄积量	正向	亿立方米
		自然保护区面积	正向	万公顷
		湿地面积	正向	千公顷
		水土流失治理面积	正向	千公顷
		本年矿山恢复治理面积	正向	公顷
	绿色生活	居民人均可支配收入	正向	元
		绿色出行（城镇每万人口公共交通客运量）	正向	万人次/万人

续表

目标层	准则层	指标层	属性	单位
长江经济带绿色发展指数	绿色生活	城市建成区绿地率	正向	%
		人均公园绿地面积	正向	平方米/人
		人均道路面积	正向	平方米/人
		农村卫生厕所普及率	正向	%
		地方财政社会保障和就业支出	正向	亿元
	绿色科技	研究与试验发展（R&D）人员	正向	人
		研究与试验发展（R&D）经费投入强度	正向	%
		科技投入占财政支出比	正向	%
		专利申请授权量	正向	项
		技术市场成交额	正向	亿元

（二）数据来源

选取2012—2018年长江经济带11省市相关指标数据进行绿色发展指数研究。各指标的数据主要来源于《中国统计年鉴》（2013—2019）、《中国能源统计年鉴》（2013—2019）、《中国环境统计年鉴》（2013—2019）、《中国城市统计年鉴》（2013—2019）、《中国科技统计年鉴》（2013—2019）、《中国高技术产业统计年鉴》（2013—2019）以及各省市统计年鉴（2013—2019）、生态环境（环境）状况公报（2012—2018）、水资源公报（2012—2018），和中国国土资源数据库、中国三农数据库和中国水利数据库等。

（三）评价方法

本报告选用客观赋权法中的熵值法计算各指标的权重，然后采用综合指数法计算长江经济带各省、市绿色发展指数值。采用极差法对各指标原始数据进行标准化处理，消除各指标量纲不同造成的误差，具体评价方法如下：

1. 计算指标权重

用 X_{ij}（i = 1, 2, …, 11）来表示评价单元（长江经济带各省、市），X_{ij}（i = 1, 2, …, 11；j = 1, 2, …, 40）为各评价单元的评价指标统计值矩阵。为消除指标之间不同单位带来的干扰，对 X_{ij} 矩阵进行标准化处理，得到各指标的标准化矩阵 X'_{ij}（$i = 1, 2, \cdots, 11$; $j = 1, 2, \cdots, 40$）。

（1）采用极差法对原始统计数据进行标准化处理，处理方法如式（1）—式（2）所示。其中，正相关指标标准化处理采用式（1），即指标值越大对绿色发展越有利；负相关指标标准化处理采用式（2），即指标越小对绿色发展越有利。

$$X'_{ij} = \frac{X_{ij} - X_{\min}}{X_{\max} - X_{\min}} \text{（适用于正相关指标）} \tag{1}$$

$$X'_{ij} = \frac{X_{\max} - X_{ij}}{X_{\max} - X_{\min}} \text{（适用于正相关指标）} \tag{2}$$

（2）计算第 i 个单元第 j 项指标值的比重 Y_{ij}：

$$Y_{ij} = \frac{X'_{ij}}{\sum_{i=1}^{m} X'_{ij}} \tag{3}$$

（3）计算指标信息熵 e_j：

$$e_j = -k \sum_{i=1}^{m} (Y_{ij} \times \ln Y_{ij}); k = \frac{1}{\ln 11} \tag{4}$$

（4）计算信息熵冗余度 d_j：

$$d_j = 1 - e_j \tag{5}$$

（5）计算指标权重 w_j：

$$w_j = \frac{d_j}{\sum_{j=1}^{m} d_j} \tag{6}$$

2. 绿色发展指数

采用综合指标评价法将评价指标标准化值与评价指标权重动态加权求和，求得各省市绿色发展指数 F_i。

$$F_i = \sum_{j=1}^{m} X'_{ij} \times w_j \tag{7}$$

其中：F_i 为各省市绿色发展指数；

X'_{ij} 为第 j 项的评价指标标准化值；

w_j 为第 j 项评价指标权重值。

三 长江经济带绿色发展指数演化分析

(一) 测算结果

1. 绿色发展指数

2012—2018年长江经济带绿色发展水平整体呈平稳较快增长，下游、中游、上游呈递减格局。下游地区是长江经济带绿色发展的核心增长极和稳定支撑带，绿色发展水平由2012年的0.484上升至2018年的0.795，增幅达到64.3%；中游地区由2012年的0.312上升至2018年的0.660，增幅达到111.5%；上游地区由2012年的0.250上升至2018年的0.618，增幅达到127.9%。可见，随着长江经济带发展战略的不断推进，上、中、下游地区绿色发展水平都呈稳步上升的趋势，且地区之间的绿色发展差距在不断缩小，中、上游地区的绿色发展水平绝对值不及下游地区，但是增长速度超过了下游地区。

长江经济带沿线11省市绿色发展水平同样呈现出高速增长态势，各省市之间绿色发展水平差异显著。如表2所示，上海、江苏、浙江3省市绿色发展指数稳居长江经济带沿线9省2市前三强，引领长江经济带绿色发展。除东部三省市外，四川的绿色发展水平相对较高，绿色发展指数第4位和第5位之间波动。贵州绿色发展水平增速迅猛，由2012年的0.255上升至2018年的0.495，增幅高达94.2%，居长江经济带9省2市增速首位。贵州省绿色发展基础较为薄弱，绿色发展增速虽居首位，但相对水平仍然较低，处于长江经济带靠后位置。湖北绿色发展水平增速紧跟贵州，由2012年的0.350上升至2018年的0.582，增幅达66.4%，绿色发展指数排名由2012年的第8名上升至2018年的第5名。位于中游地区的湖南和上游地区的云南绿色发展指数排名一直处于相对靠后水平。

2. 绿色经济

2012—2018年长江经济带沿线11省市绿色经济水平同样呈现出平稳上升的态势，各省市之间绿色经济水平差异显著。如表3所示，江苏、上海、浙江3省市绿色经济水平稳居长江经济带沿线9省2市前三强且排名依次下降，引领长江经济带绿色经济发展。除东部三省市外，

表2　　　　　　　　2012—2018年长江经济带绿色发展指数

省份	2012年 得分	排名	2013年 得分	排名	2014年 得分	排名	2015年 得分	排名	2016年 得分	排名	2017年 得分	排名	2018年 得分	排名
上海	0.485	3	0.486	3	0.543	3	0.527	3	0.565	3	0.566	3	0.625	3
江苏	0.497	2	0.543	1	0.571	1	0.598	1	0.611	2	0.648	1	0.679	1
浙江	0.518	1	0.531	2	0.567	2	0.577	2	0.616	1	0.631	2	0.665	2
安徽	0.393	6	0.439	4	0.461	4	0.465	7	0.506	6	0.544	4	0.574	6
江西	0.388	7	0.398	8	0.393	8	0.414	9	0.456	8	0.501	8	0.528	7
湖北	0.350	8	0.412	6	0.457	6	0.473	5	0.525	5	0.530	5	0.582	5
湖南	0.312	10	0.342	10	0.386	10	0.414	8	0.434	9	0.462	10	0.489	10
重庆	0.394	5	0.407	7	0.429	7	0.467	6	0.491	7	0.504	7	0.507	8
四川	0.415	4	0.434	5	0.459	5	0.479	4	0.507	4	0.544	5	0.583	4
云南	0.312	9	0.354	9	0.387	9	0.416	10	0.431	11	0.447	11	0.489	11
贵州	0.255	11	0.302	11	0.360	11	0.398	11	0.432	10	0.468	9	0.495	9
上游地区	0.250	—	0.328	—	0.401	—	0.455	—	0.504	—	0.566	—	0.618	—
中游地区	0.312	—	0.376	—	0.426	—	0.474	—	0.545	—	0.586	—	0.660	—
下游地区	0.484	—	0.550	—	0.623	—	0.632	—	0.690	—	0.702	—	0.795	—

资料来源：根据测算结果整理。

表3　　　　　　　　2012—2018年长江经济带绿色经济水平

省份	2012年 得分	排名	2013年 得分	排名	2014年 得分	排名	2015年 得分	排名	2016年 得分	排名	2017年 得分	排名	2018年 得分	排名
上海	0.029	2	0.033	2	0.037	2	0.043	2	0.050	2	0.055	2	0.063	2
江苏	0.035	1	0.042	1	0.049	1	0.055	1	0.062	1	0.068	1	0.074	1
浙江	0.025	3	0.031	3	0.036	3	0.041	3	0.047	3	0.052	3	0.058	3
安徽	0.008	7	0.012	7	0.015	7	0.018	7	0.022	7	0.025	7	0.032	7
江西	0.006	9	0.010	9	0.014	9	0.017	8	0.021	8	0.024	9	0.029	9
湖北	0.012	5	0.017	5	0.022	5	0.027	4	0.032	4	0.036	4	0.042	4
湖南	0.008	6	0.012	6	0.016	6	0.020	6	0.024	6	0.029	6	0.033	6
重庆	0.013	4	0.017	4	0.022	4	0.027	5	0.031	5	0.035	5	0.040	5
四川	0.007	8	0.011	8	0.014	8	0.017	9	0.021	9	0.025	8	0.030	8
云南	0.001	10	0.005	10	0.007	10	0.010	11	0.013	10	0.017	11	0.024	11
贵州	0.000	11	0.004	11	0.007	11	0.011	10	0.015	11	0.020	10	0.025	10

资料来源：根据测算结果整理。

四川和湖北绿色经济水平也相对较高,绿色经济水平排名位于第4位和第5位。贵州和云南绿色经济增速较快,其中,贵州绿色经济分指数由(0.0002)上升至0.025,云南绿色经济分指数由0.001上升0.024。由于发展基础较为薄弱,贵州和云南绿色经济增速排名虽靠前,但相对水平仍然较低,处于长江经济带靠后位置。长江经济带绿色经济绝对水平和相对增长速度呈负相关关系,东部三省市经济基础相对最好,增速处于较低水平,增幅在112.3%—127.3%;湖北和重庆绿色经济处于第二梯队,增速处于较低水平,增幅分别为260.9%和203.4%;湖南、安徽、四川和江西绿色经济水平位于第三梯队,排名在处于第6—9位,增幅在307.4%—362.7%;贵州和云南绿色经济排名处于最后两位,但增速迅猛。

3. 绿色生产和消费

2012—2018年长江经济带沿线11省市绿色生产和消费水平同样呈现出平稳上升的态势,各省市之间绿色生产和消费水平差异明显。如表4所示,上海、浙江、江苏、安徽4省市绿色生产和消费水平稳居长江经济带沿线9省2市前四强,排名稳定且依次递减,下游地区资源、能源利用效率较高且污染物排放强度较低。重庆、湖北和四川绿色生产和消费水平相对较高,排名位于第4—6位。贵州和云南绿色生产和消费水平增速较快,增幅分别为145.7%和113.9%,居长江经济带9省2市绿色生产和消费水平增速的前两位。从排名来看,贵州和湖北的绿色生产和消费增势明显,排名分别由2012年的第11名和第7名,上升至2018年的第8名和第5名,而江西和重庆的绿色生产和消费水平排名有所下降。

表4　　　　2012—2018年长江经济带绿色生产和消费水平

省份	2012年		2013年		2014年		2015年		2016年		2017年		2018年	
	得分	排名	得分	排名	得分	排名	得分	排名	得分	排名	得分	排名	得分	排名
上海	0.219	1	0.223	1	0.251	1	0.230	2	0.237	1	0.251	1	0.256	1
江苏	0.210	3	0.218	2	0.224	3	0.231	1	0.222	3	0.234	3	0.241	3
浙江	0.219	2	0.215	3	0.231	2	0.223	3	0.233	2	0.237	2	0.241	2
安徽	0.169	4	0.184	4	0.196	4	0.195	5	0.219	4	0.231	4	0.240	4

续表

省份	2012年 得分	排名	2013年 得分	排名	2014年 得分	排名	2015年 得分	排名	2016年 得分	排名	2017年 得分	排名	2018年 得分	排名
江西	0.139	8	0.123	9	0.135	9	0.141	11	0.162	10	0.176	10	0.179	10
湖北	0.141	7	0.163	6	0.182	5	0.190	6	0.204	6	0.211	5	0.216	5
湖南	0.116	9	0.128	8	0.148	8	0.155	9	0.174	9	0.181	9	0.184	9
重庆	0.167	5	0.166	5	0.177	6	0.197	4	0.209	5	0.207	6	0.189	7
四川	0.162	6	0.160	7	0.165	7	0.176	7	0.179	8	0.189	7	0.192	6
云南	0.082	10	0.106	10	0.134	11	0.155	10	0.158	11	0.161	11	0.176	11
贵州	0.077	11	0.104	11	0.135	10	0.156	8	0.180	7	0.183	8	0.189	8

资料来源：根据测算结果整理。

4. 绿色环境

2012—2018年长江经济带沿线11省市绿色环境水平相对其他指标准则层来说波动较为明显，各省市之间绿色环境水平也存在较大差异。如表5所示，上海、江苏的绿色环境水平在长江经济带处于末位水平，

表5　　　　2012—2018年长江经济带绿色环境水平

省份	2012年 得分	排名	2013年 得分	排名	2014年 得分	排名	2015年 得分	排名	2016年 得分	排名	2017年 得分	排名	2018年 得分	排名
上海	0.100	9	0.086	10	0.109	10	0.104	9	0.110	10	0.084	11	0.117	10
江苏	0.074	11	0.081	11	0.086	11	0.094	11	0.100	11	0.102	10	0.103	11
浙江	0.113	6	0.112	7	0.122	5	0.125	7	0.137	3	0.135	5	0.140	5
安徽	0.129	4	0.141	1	0.141	2	0.137	2	0.131	6	0.135	6	0.138	6
江西	0.131	3	0.132	4	0.120	7	0.131	6	0.135	5	0.145	2	0.153	2
湖北	0.087	10	0.102	9	0.109	9	0.103	10	0.124	7	0.105	9	0.133	8
湖南	0.102	8	0.111	8	0.119	8	0.132	5	0.122	9	0.127	8	0.131	9
重庆	0.124	5	0.126	5	0.130	4	0.137	4	0.136	4	0.144	3	0.147	3
四川	0.111	7	0.113	6	0.121	6	0.115	8	0.123	8	0.131	7	0.137	7
云南	0.133	2	0.141	2	0.138	3	0.135	4	0.141	2	0.142	4	0.144	4
贵州	0.134	1	0.140	3	0.157	1	0.160	1	0.157	1	0.165	1	0.169	1

资料来源：根据测算结果整理。

主要是由于这两省市地表水达到或优于Ⅲ类水体比例较低所致。2012—2018年上海和江苏地表水达到或优于Ⅲ类水体比例分别在14.7%—29.2%和43.4%—71.2%。此外,江苏省的空气质量平均优良天数比例和污水处理厂集中处理率相对较低,而单位耕地面积化肥施用量相对较高。贵州、云南、重庆、江西绿色环境水平相对较高,其中云南、贵州和重庆环境质量较好,单位耕地面积化肥和农药施用量较低,江西环境污染治理投资占GDP比重相对较高。湖北和江苏绿色环境的增势相对较快,其中,湖北由0.087上升至0.131,江苏由0.074上升至0.103,增幅分别为52.1%和39.4%,但由于这两省绿色环境基础较差(2012年分别排名第10位和第11位),其绿色环境排名仍处于长江经济带靠后位置。

5. 绿色生态

长江经济带沿线11省市绿色生态水平呈现出平缓增长态势,各省市之间绿色生态水平差异显著。如表6所示,四川、云南、江西3省市绿色生态水平指数稳居长江经济带沿线9省2市前三强,四川由于较高

表6　　　　　　2012—2018年长江经济带绿色生态水平

省份	2012年		2013年		2014年		2015年		2016年		2017年		2018年	
	得分	排名	得分	排名	得分	排名	得分	排名	得分	排名	得分	排名	得分	排名
上海	0.002	11	0.004	11	0.004	11	0.004	11	0.004	11	0.004	11	0.006	11
江苏	0.025	10	0.033	8	0.037	7	0.036	8	0.033	8	0.041	9	0.041	9
浙江	0.045	4	0.050	4	0.048	6	0.049	5	0.049	5	0.049	5	0.050	6
安徽	0.028	8	0.032	9	0.030	9	0.028	9	0.031	9	0.045	8	0.046	8
江西	0.061	3	0.076	2	0.062	3	0.057	3	0.065	3	0.072	3	0.074	3
湖北	0.042	6	0.048	5	0.050	5	0.051	4	0.055	4	0.057	4	0.059	4
湖南	0.044	5	0.045	6	0.051	4	0.047	6	0.045	6	0.047	6	0.049	7
重庆	0.027	9	0.027	10	0.026	10	0.026	10	0.027	10	0.028	10	0.031	10
四川	0.080	1	0.086	1	0.087	1	0.088	1	0.090	1	0.093	1	0.098	1
云南	0.069	2	0.071	3	0.071	2	0.075	2	0.074	2	0.079	2	0.086	2
贵州	0.037	7	0.038	7	0.037	8	0.040	7	0.040	7	0.045	7	0.050	5

资料来源:根据测算结果整理。

的森林蓄积量和自然保护区面积，其绿色生态水平一直居于首位。湖北的绿色生态水平排名逐渐上升，从第6位上升到第4位并在2015年以后稳居第4位。上海绿色生态水平增速明显，由2012年的0.002上升至2018年的0.006，但是上海绿色生态水平基础较为薄弱，绿色生态水平增速虽居首位，但相对水平非常低，排名处于长江经济带最后位置。安徽绿色生态水平增速紧跟上海，由2012年的0.028上升至2018年的0.046，增幅达64.2%，但是绿色生态水平指数一直在第8位和第9位波动。江苏由于较低的森林覆盖率和森林蓄积量，重庆由于较少的重庆覆盖率和湿地面积，绿色生态水平略显落后，排名一直处于相对靠后水平。

6. 绿色生活

长江经济带沿线11省市绿色生活水平呈现出小幅度增长态势，各省市之间绿色生活水平差异显著。如表7所示，江苏、上海、浙江3省市绿色生活水平稳居长江经济带沿线9省2市前三强，且排名一直稳定。贵州绿色生活水平增速迅猛，由2012年的0.007上升至2018年的

表7　　　　　　　2012—2018年长江经济带绿色生活水平

省份	2012年 得分	排名	2013年 得分	排名	2014年 得分	排名	2015年 得分	排名	2016年 得分	排名	2017年 得分	排名	2018年 得分	排名
上海	0.076	2	0.079	2	0.082	2	0.087	2	0.099	2	0.104	2	0.106	2
江苏	0.090	1	0.097	1	0.104	1	0.111	1	0.116	1	0.122	1	0.130	1
浙江	0.071	3	0.075	3	0.081	3	0.087	3	0.093	3	0.097	3	0.102	3
安徽	0.038	8	0.044	8	0.050	8	0.055	8	0.061	7	0.067	8	0.072	7
江西	0.046	6	0.050	6	0.054	6	0.057	7	0.060	8	0.067	7	0.071	8
湖北	0.048	5	0.055	5	0.060	5	0.064	5	0.068	6	0.072	6	0.077	6
湖南	0.029	9	0.033	9	0.039	9	0.046	9	0.052	9	0.057	9	0.066	9
重庆	0.053	4	0.058	4	0.061	4	0.066	4	0.071	4	0.073	5	0.078	5
四川	0.040	7	0.048	7	0.053	7	0.061	6	0.070	5	0.077	4	0.085	4
云南	0.023	10	0.026	10	0.033	10	0.034	10	0.039	10	0.039	11	0.051	11
贵州	0.007	11	0.016	11	0.021	11	0.027	11	0.036	11	0.048	10	0.051	10

资料来源：根据测算结果整理。

0.051，居长江经济带9省2市增速首位。贵州省绿色生活水平基础较为薄弱，绿色生活水平增速虽居首位，但相对水平仍然较低，与云南一直处于长江经济带的最后两位。湖南绿色生活水平增速紧跟贵州，由2012年的0.029上升至2018年的0.066，增幅达127.5%，虽然其增幅较大，但是其绿色生活水平指数排名一直处于第9位。四川绿色生活水平排名上升明显，由2012年的第7位上升至2018年的第4位；江西绿色生活水平排名有所下降，由2012年的第6位下降至2018年的第8位。

7. 绿色科技

长江经济带沿线11省市绿色科技水平呈现出平稳增长态势，各省市之间绿色科技水平差异显著。如表8所示，江苏、上海、浙江3省市绿色科技水平稳居长江经济带沿线9省2市前三强排名依次递减且保持稳定，引领长江经济带绿色科技发展。东部三省绿色科技水平绝对值处于领先地位，但是增速相对较缓。除东部三省市以外，湖北和安徽的绿色科技水平相对较高，位于长江经济带绿色科技水平的第4位和第5位。上游的贵州绿色科技水平增速迅猛，由2012年的0（0.0002）上升至2018年的0.011，增幅稳居长江经济带9省2市增速首位，同时上游的云南、四川、重庆增速均超过100%。由于云贵地区绿色科技基础较为薄弱，绿色科技水平增速虽居前位，但水平仍然相对较低，处于长江经济带靠后位置。江西绿色科技水平增速紧跟贵州，由2012年的0.004上升至2018年的0.021，增幅达425%，但是其绿色科技水平指数排名变化并不是很明显，在第8位与第9位之间波动。

表8　　　　　2012—2018年长江经济带绿色科技水平

省份	2012年 得分	排名	2013年 得分	排名	2014年 得分	排名	2015年 得分	排名	2016年 得分	排名	2017年 得分	排名	2018年 得分	排名
上海	0.059	2	0.060	2	0.060	2	0.059	2	0.065	2	0.068	2	0.077	2
江苏	0.064	1	0.071	1	0.070	1	0.071	1	0.078	1	0.081	1	0.091	1
浙江	0.045	3	0.048	3	0.049	3	0.051	3	0.058	3	0.061	3	0.073	3
安徽	0.022	4	0.026	5	0.029	5	0.031	5	0.042	5	0.041	5	0.046	5
江西	0.004	9	0.007	9	0.008	9	0.010	9	0.013	9	0.017	9	0.021	9
湖北	0.020	5	0.026	4	0.035	4	0.038	4	0.042	4	0.048	4	0.055	4

续表

省份	2012年 得分	排名	2013年 得分	排名	2014年 得分	排名	2015年 得分	排名	2016年 得分	排名	2017年 得分	排名	2018年 得分	排名
湖南	0.011	7	0.013	6	0.014	7	0.015	7	0.016	8	0.021	7	0.026	7
重庆	0.009	8	0.012	8	0.013	8	0.014	8	0.017	7	0.017	9	0.022	8
四川	0.015	6	0.017	7	0.020	6	0.023	6	0.025	6	0.028	6	0.040	6
云南	0.003	10	0.004	10	0.004	10	0.006	10	0.006	10	0.007	10	0.008	11
贵州	0.000	11	0.001	11	0.002	11	0.003	11	0.004	11	0.007	11	0.011	10

资料来源：根据测算结果整理。

（二）空间分异

长江经济带沿线省市绿色发展指数空间差异明显，进一步采用聚类分析方法分析长江经济带沿线11省市的绿色发展空间分异规律，结果如图1所示。根据聚类结果，长江经济带绿色发展水平可被划分为三个梯队，如表9所示。

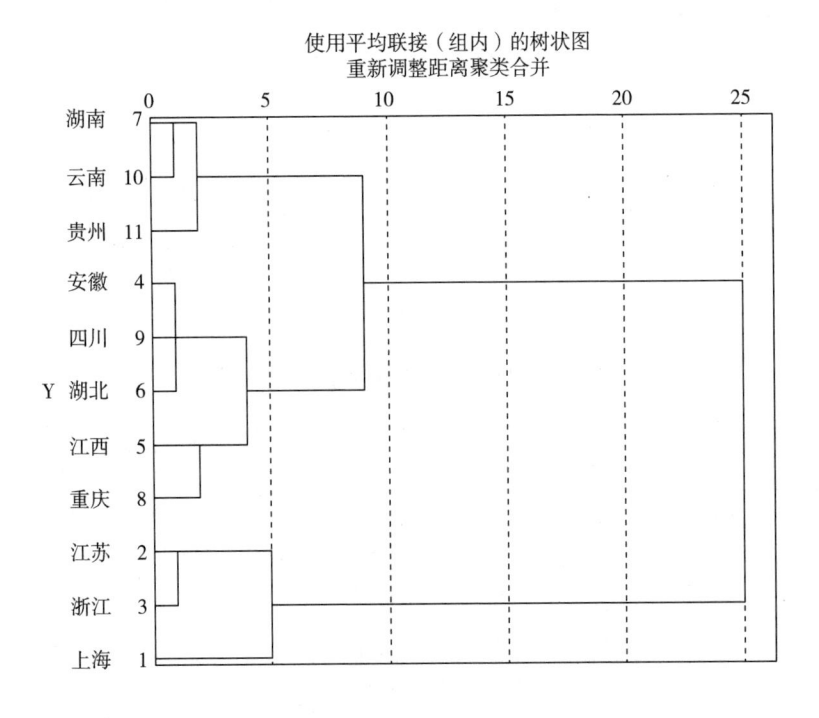

图1 长江经济带绿色发展指数聚类谱系

表9　　　　　　　　长江经济带绿色发展水平分类情况

类型	省市	省市个数
第一梯队	上海、江苏、浙江	3
第二梯队	安徽、四川、湖北、江西、重庆	5
第三梯队	湖南、云南、贵州	3

长江经济带绿色发展水平在空间上呈现出"三高、五中、三低"的明显梯次分布特征。

第一梯队：上海、江苏、浙江。2012—2018年第一梯队3省市绿色发展指数一直稳居长江经济带前三强的位置，在绿色经济、绿色生产和消费、绿色生活和绿色科技方面明显领先第二、第三梯队，但绿色环境和绿色生态水平相对较弱。第一梯队分布于长江经济带下游长江三角洲地区，具有良好的经济发展基础，是我国经济发展最活跃、开放程度最高、创新能力最强的区域之一，产业结构、技术创新能力、资金支持和教育资源等方面都要显著高于中游和上游，绿色发展基础较好。但下游地区生态环境约束也明显高于中游和上游，生态环境发展落后于经济发展。长三角地区是国家区域协调发展和绿色发展的重要示范区、引领区，未来应依托长三角区域一体化发展战略，协同推进长三角区域生态环境共同保护和高质量发展，持续加快产业结构升级和科技创新驱动发展，加大产业绿色化进程；提高经济集聚度、区域连接性和政策协同效率，增强辐射和带动效应。

第二梯队：安徽、四川、湖北、江西、重庆。第二梯队的空间跨度较大，涉及上游的四川、重庆，中游湖北、江西和下游安徽，绿色发展各有亮点。

安徽位于长江经济带下游地区，紧邻江苏和浙江，在发展进程中受到第一梯队地区社会经济发展的辐射带动，同时也接纳了发达地区一部分资源环境代价。位于浙江和安徽两省的新安江流域开展了全国首个跨省流域生态补偿机制试点，既促进了环境污染治理，也带动了生态富民。结合绿色发展指数及各分项指数来看，安徽省绿色生产和消费以及绿色科技水平优于中上游地区，但绿色经济和绿色生活受到的辐射和带动效应有待加强，绿色生态水平相对较低，环境治理水平有待提高。长江三角洲区域一体化发展战略的部署和实施给安徽绿色发展带来了新机遇，在未来一个时期，安徽应发挥比较优势，与沪苏浙全方位对标对接，在长三角一体化发展中注重强化科技创新力，增添产业新活力，提升生态竞争力，打造绿色发展新动能。

湖北和江西位于长江经济带中游地区，经济发展水平和资源环境禀赋都处在长江经济带的中等位置。湖北省绿色发展指数及各分项指数在中上游地区处于领先位置，可见湖北在坚持做好生态修复、环境保护、绿色发展方面成效显著，但也需要进一步巩固提升绿色发展成果，持续推动传统产业改造升级和新兴产业培育壮大，加快化工企业及园区发展，持续推进长江大保护，夯实生态环保工作基础。江西省"生态秀美、名胜甚多"，经历了"既要金山银山，更要绿水青山"生态立省战略、鄱阳湖生态经济区建设、国家生态文明先行示范区建设、国家生态文明试验区建设等路径演进，绿色发展取得了明显成效，主要表现为绿色环境和绿色生态水平较高，2018年分别处于第2位和第3位，然而受发展水平的基础的限制，江西省绿色发展行动明显滞后和绿色发展理念。

四川和重庆位于长江经济带上游地区。四川省地处国家生态安全战略格局中的青藏高原生态屏障和黄土高原—川滇生态屏障，生态资源优势突出，空间范围涉及若尔盖、川滇、秦巴、大小凉山四大重点生态功能区，坐落着世界遗产地、自然保护区、森林公园和风景名胜区等多处具有重要生态功能的区域。2018年7月《四川省生态保护红线方案》印发，划定生态保护红线总面积14.80万平方米，占全省面积的30.45%。四川绿色生态水平居长江经济带11省市之首，绿色生活水平也有明显提升，但是绿色发展的其他方面均处于长江经济带中下水平，需要进一步保护好绿水青山的同时，把良好的生态优势转化为生态农业、生态工业、生态旅游等产业发展优势，着力打造符合绿色发展目标的空间体系、产业体系、城乡体系和制度体系。重庆具有长江黄金水道、陆海新通道的交通优势，和电子产业集群、汽车产业集群的产业优势，水资源和矿产资源丰富，绿色生产能力和绿色生活在中上游都处于较高水平，但由于区域生态环境脆弱，其绿色生态水平相对较低。

第三梯队：湖南、云南、贵州。第三梯队包括中游地区的湖南和上游的云南和贵州。云南和贵州位于上游地区同时也处于我国西南地区，生态资源较为丰富，生态环境脆弱，绿色发展承载空间较大，但是总体绿色发展指数方面却一直表现不理想，其关键原因在于经济发展基础薄弱，未能把生态优势转化为经济优势。从绿色发展指标来看，上游地区的经济发展水平虽然不高，但绿色发展总指数和各分项指数总体稳步上升，绿色经济、绿色生产和消费、绿色生活指数的增长速率较快。贵州大数据产业发展较快，绿色科技的增长速度表现非常突出，而绿色环境和绿色生态的增幅相对较小，说明上游地区在环境治理等方面还需要加大政策支持力度，把良好的绿色资源与绿色生态转变成绿色生产力，培育绿色发展新动力。

采用变异系数分析长江经济带绿色发展各分项指数的协调程度。从绿色发展协调程度来看，长江经济带各省市排序依次为：江苏＞浙江＞四川＞湖北＞江西＞湖南＞上海＞云南＞重庆＞安徽＞贵州，整体上呈现下游＞中游＞上游的空间格局。江苏和浙江的绿色发展协调度最好，应发挥其比较优势，率先通过转方式、优结构和生态环境治理等方式，引领提升绿色协调发展，在长江经济带绿色发展中应起到标杆作用。四川绿色发展协调度较好，但从各分指数来看，由于拥有较高的森林蓄积量和自然保护区面积，其绿色生态水平一直居于首位以外，其余分项指数基本处于排名第6—9位，绿色生活水平稳步上升，由2012年的第7位上升至2018年的第4位。湖北高度重视生态保护和绿色发展，积极推动创新驱动发展，在保持绿色经济发展的同时注意调整产业经济结构，近些年大力发展高新技术等战略性新兴产业，着力打造绿色发展产业体系。2018年湖北绿色经济、绿色科技和绿色生态均提升至第4名，绿色生产和消费提升至第5名，绿色生活位于第6名，绿色发展成效显著，绿色发展协调度在中、上游地区也处于领先地位。

四　结论与建议

（一）研究结论

本报告分析了国家绿色发展顶层设计和学术界绿色发展指数已取得研究成果，从绿色经济、绿色生产和消费、绿色环境、绿色生态、绿色生活和绿色科技六个维度选取40个指标构建长江经济带绿色发展指数评价指标体系，研究了2012—2018年长江经济带沿线省市绿色发展水平。

从时间维度看，长江经济带绿色发展水平呈现出稳步提升的发展态势，反映出长江经济带在提高经济增长质量、环境污染治理和完善管理制度等方面取得了一定进展，也反映出我国"生态优先，绿色发展"的发展思路取得明显成效。2012—2018年，长江经济带上游、中游、下游地区绿色发展指数增幅分别为127.9%、111.5%和64.3%。沿线11省市绿色发展水平均呈现出平稳增长态势，贵州和湖北的增幅相对较大。随着长江经济带发展战略的不断推进，地区之间的绿色发展差距在不断缩小，中、上游地区的绿色发展水平虽不及下游地区，但是增长速度明显高于下游地区，形成了一定的追赶效应。

从空间维度看，长江经济带绿色发展整体上呈下游区域＞中游区域＞上游区域的格局，绿色发展不平衡的问题依然存在，可按照评价结果分为3个梯队。第一梯队为上海、江苏、浙江，绿色发展指数以及绿色经济、绿色生产和消费、绿色生活和绿色科技4个维度一直居于前三强的位置，但在绿色环境和绿色生态方面处于较低水平，尤其体现在上海和江苏较为薄弱的生态环境基础。第二梯队包括安徽、四川、湖北、江西、重庆五个省市，绿色发展各有亮点。第三梯队包括湖南、云南、贵州，上游云南和贵州拥有丰富的生态资源，绿色发展指数的增速领先，但由于经济发展基础相对薄弱，绿色发展水平依然相对较低。

（二）对策建议

长江经济带绿色发展呈现积极向好的态势，但也存在绿色发展不平衡的现状。应从区域差异化发展、破解资源环境对经济发展约束等角度，采取针对性的引导政策，同时能够进一步缩小长江经济带内部的绿色发展差异。

下游地区的绿色发展基础和水平领先，未来绿色发展的重点应着力落实新发展理念，构建现代化经济体系，推进更高起点的深化改革和更高层次的对外开放。增强创新能力和竞争能力，以带动绿色经济发展，在新常态下提高创新驱动的价值产出。着力打造区域生态环境一体化保护、生态环境治理体系和治理能力现代化、美丽中国建设的先行示范区，协同构建区域污染防治协作、联防联治联动机制，推动解决系统性、区域性、跨界性突出生态环境问题。同时要增强对其他地区的辐射和带动作用，缩小绿色发展差距。

中游地区要完善科技创新体系支撑，依托丰富的科教资源和人力资本挖掘科技创新的潜力，增强绿色经济发展的内生动力，优化产业结构，提升资源总体利用水平和效率，提升绿色生活水平。同时加强绿色环境承载能力建设，一方面加强对环境资源的保护，另一方面严格控制工业废物的排放和化肥原料的使用。

上游地区由于经济发展相对落后，要加快产业绿色化转型进程，尤其是贵州和云南应调整产业结构、优化产业升级、推进第三产业发展和增加第三产业从业人员的比重。在提升传统产业的同时，引进培育高端装备制造、新材料、新能源等新兴产业，并积极发展生态农业、生态旅游等经济业态，把良好的生态环境优势转化为发展优势。

参考文献

陈晓雪、徐楠楠：《长江经济带绿色发展水平测度与时空演化研究——基于11省市2007—2017年数据》，《河海大学学报》（哲学社会科学版）2019年第21期。

程莉、文传浩：《长江经济带乡村绿色发展水平研判及其多维解释》，《南通大学学报》（社会科学版）2019年第4期。

程钰等：《中国绿色发展时空演变轨迹与影响机理研究》，《地理研究》2019年第38期。

高红贵、赵路：《长江经济带产业绿色发展水平测度及空间差异分析》，《科技进步与对策》2019年第12期。

高宁、储婷婷：《长江经济带绿色发展水平测度及空间分异研究》，《河北北方学院学报》（社会科学版）2019年第35期。

国家发展改革委：《绿色发展指标体系》，2016年12月12日。

国家发展改革委：《生态文明建设考核目标体系》，2016年12月12日。

郝淑双、朱喜安：《中国区域绿色发展水平影响因素的空间计量》，《经济经纬》2019年第36期。

湖南省社会科学院绿色发展研究团队：《长江经济带绿色发展报告（2017）》，社会科学文献出版社2018年版。

江西绿色发展指数课题组：《江西绿色发展指数绿皮书（2014—2016年)》，经济科学出版社2017年版。

酒二科：《中国绿色发展的时空差异及障碍因子分析》，《统计与决策》2019年第35期。

马双、王振：《长江经济带城市绿色发展指数研究》，《上海经济》2018年第5期。

任亚文等：《长江经济带三大城市群城镇化与生态环境时空耦合特征》，《长江流域资源与环境》2019年第11期。

万李红等：《长江经济带绿色发展水平研究》，《中国环境管理干部学院学报》2009年第2期。

王雅竹等：《长江经济带经济发展的时空分异及驱动机理研究》，《长江流域资源与环境》2020年第1期。

王勇等：《中国省域绿色发展的空间格局及其演变特征》，《中国人口·资源与环境》2018年第28期。

吴传清、黄磊：《演进轨迹、绩效评估与长江中游城市群的绿色发展》，《改革》2017年第3期。

吴传清、黄磊：《长江经济带工业绿色发展绩效评估及其协同效应研究》，《中国地质大学学报》（社会科学版）2018年第3期。

张欢等：《湖北省绿色发展水平测度及其空间关系》，《经济地理》2016年第9期。

张乃明等：《区域绿色发展评价指标体系研究与应用》，《生态经济》2019年第35期。

Cheng Cuiyun, Ge Chazhong, "Green Development Assessment for Countries along the Belt and Road", *Journal of Environmental Management*, Vol. 263, 2020.

技术进步和环境规制对长江经济带绿色全要素生产率的影响研究报告*

王 磊 王雪利**

摘 要：新时代绿色财富观念要求最大限度地减少资源和能源消耗，更多地关注社会发展品质的提升。中国以大量的资源消耗和环境破坏为成本换取了快速的经济发展，环境规制和技术进步对实现经济增长和环境保护至关重要。长江经济带作为贯通东中西的重要经济中心，其高质量发展对缩小区域发展差距、促进中国的区域协调发展具有重要意义。本报告以全局曼奎斯特—卢恩伯格指数计算得到长江经济带108个城市的绿色全要素生产率，以标准化系统方程计算得到偏向技术进步，以空间杜宾模型检验其空间影响。研究发现，①多数城市为资本偏向型技术进步，这一技术进步在间接效应和总效应下可以显著提升绿色全要素生产率；②环境规制可以显著提升本地的绿色全要素生产率，但对周边地区存在"挤出效应"，两者为非线性关系，而偏向技术进步可以抵消部分环境规制的负外部性；③人力资本、资本价格扭曲可以显著增加绿色全要素生产率，劳动价格扭曲截然相反，但产业结构和FDI对本地和周边有不同的影响。因此，应针对各个城市的现状，制定合适当地的环境规制政策，促进技术进步的有偏发展，积极配合产业结构和要素配

---

* 基金项目：国家社科重大项目"新时代促进区域协调发展的利益补偿机制研究"（批准号：18ZDA040）。

** 作者简介：王磊，武汉大学中国中部发展研究院/区域与城乡发展研究院副院长，教授，博士生导师；王雪利，武汉大学中国中部发展研究院博士研究生。

置的优化,从不同方位共同促进长江经济带的发展。

关键词: 环境规制　偏向技术进步　绿色全要素生产率　长江经济带

一　引言

中国长期以来一直以牺牲资源和环境为代价来换取经济发展,仅以GDP为经济效益评价指标的方式导致了地方政府盲目追求经济产出,忽略了要素投入的约束。当GDP高速增长的时候,全要素生产率也是高速增长,还是全要素生产率对GDP增长贡献率最大的时段。这一时段伴随严峻的生态环境状况,因此,考虑资源环境成本的绿色全要素生产率将更接近现实情况。全球环境绩效指数报告表明,在180个国家中,中国在2016年居第109位,2018年居第120位,排名倒数第四,这也可以反映出中国现在的环境规制强度相对较弱。当前,中国的城市化进程和工业化水平不断加深,但与发达国家相比依然存在很大差距,在实施环境规制约束资源要素大量投入和消耗的同时,还必须考虑经济的增长问题。如何在保护环境的同时实现经济的高质量发展,是当前亟须破解的难题。

长江经济带覆盖了9省2市,贯通中国东中西部,集聚着的人口和创造的地区生产总值均占全国40%以上,是中国经济密度最大的流域经济带,是中国经济中心和活力所在,通过开发其广阔的经济腹地,将成为中国未来经济增长潜力最大的地区。长江经济带的国家战略定位为,具有全球影响力的内河经济带,生态文明示范带,东中西互动合作的协调发展带及对内对外全方位开放带,是中国"新常态"经济发展的新引擎。国家提出要把修复长江经济带生态环境摆在压倒性位置,走"生态优先,绿色发展"的道路。基于此,如何有效地在保护好长江经济带的生态环境时促进其经济的绿色发展,是目前面临的关键问题。

二　文献综述

在经济发展的相关研究中,学者们已逐渐将重点转移到经济发展效率上。全要素生产率作为经济发展质量的代表指标，相比传统统计数据，可以更准确地评估一个经济体当前的发展水平。传统的全要素生产率仅考虑了资本、劳动等生产要素的投入约束，忽略了资源环境这一刚性约束，扭曲了对社会福利和经济绩效的评价。鉴于传统的全要素生产率计算方法忽略了"坏产出"的存在，曼奎斯特—卢恩伯格生产指数（Malmquist – Luenberger）吸纳了方向性距离函数的思想，将非期望产出和全局结构纳入其中，成为一种更好地对全要素生产率度量的方法（Chung et al., 1997）。而后，一些学者开始尝试沿袭这一框架对相关问题进行研究，以 Malmquist – Luenberger 计算得到全要素生产率（王兵等，2008），或将环境规制纳入实证分析框架（李斌等，2013）探讨环境规制与经济、工业的关系。一些学者也将其运用到区域经济发展上，如齐亚伟和陶长琪（2012），郑婷婷等（2019）将 Malmquist – Luenberger 加入资源和环境约束，测算得到各省市的绿色全要素生产率；Bin Li 和 Shusheng Wu（2016）将不同城市按照政策倾斜及地理位置上的属性差异划分为不同区域，以 Meta – frontier Malmquist Luenberger 指数计算得到绿色全要素生产率，构建了空间杜宾模型进行实证研究，探析了空间范围内各地区的环境规制对绿色全要素生产率的影响。

在环境规制的研究上，特别是从宏观层面上，中国的环境治理主要依靠现有的环境保护法律体系和框架。但环境规制对污染排放的作用不存在一致的说法，包群等（2013）认为，环境立法对污染排放的抑制作用是有条件的；张华、魏晓平（2014）认为，环境规制和碳排放之间并不是单一的线性关系，而是存在转折点；余长林、高宏建（2015）从隐性经济的视角进行了研究，认为环境管制强度越高，隐性经济对中国环境负面影响越大。环境规制对污染排放的约束和激励多在短期内得以实现，长期内想要改变以支付规制成本换取更高的生产利润必须从企业本身出发，即先进生产技术的使用。

技术进步不仅为经济的增长和新型工业化的推进提供了支撑，清洁的技术进步还可以减少环境成本。社会和经济活动对环境的影响将受到技术进步的速度和方向的深刻影响，技术进步可以提高资源使用效率，在增加生产资料投入的同时降低资源消耗，但技术进步是有方向性和目的性的。当环境问题逐步严峻时，技术进步的偏向性对环境和经济的发展的作用开始显现。当社会的资源能源富足的时候，其要素的价格相对较低，在社会生产的时候技术则偏向于利用成本较低的要素以发展经济，忽略了对环境的保护。反之，当能源相对价格较高的时候，技术创新侧重于环境保护（Newell et al., 1999）。环境偏向的技术进步可以促进环境质量的提高（Song M. and Wang S., 2016），但总的来说，技术偏向型的技术进步有利于节约中国的能源使用，并提升全要素生产率。

要实现涉及环境保护的科技进步，需要企业这一微观主体的努力，但在长江沿岸，30%的环境风险企业位于饮用水水源地"周边五公里"范围内，长江的污染物排放基数较大，生态环境形势依然严峻，多数企业并没有主动把自己的发展理念上升到区域协调发展格局中，致力于清洁生产和提高环境效率，也没有有意识地进行产品的低碳型设计，以减少能源资源的消耗和减少非期望产出，也不可能自愿改变生产模式，进行集约型的生产。因此，若想让长江经济带的周边城市走上高质量发展的道路，不能离开政府的规制，合理环境规制政策的制定不仅有利于企业治污技术的提高，还会实现生产的进步和环境效率的提高。长江经济带备受国家和政府的高度重视，但鲜有学者将环境规制和有方向的技术进步与长江经济带的高质量发展联系起来，环境规制恰恰是促进技术进步的动力，技术进步也反过来影响环境规制。本报告从这一视角切入，进一步将技术进步设定为有偏的技术进步，并将两者结合起来以空间角度进行研究。

三 模型设定和数据说明

（一）绿色全要素生产率测算

本报告以 Global – Malmquist – Luenberger 模型计算得到绿色全要素生产率，其中，全局的生产前沿面是在检测整个时间段内的生产技术后所构造出的，在此基础上构造的全局 Luenberger 指数具有循环累加性，不仅可以分析绿色全要素生产率的短期变动，还能观察其长期趋势。SBM 方向性距离函数的具体形式如下：

$$S^{G,k'}(x^{t,k'}, y^{t,k'}, b^{t,k'}, g^x, g^y, g^b) = \overset{max}{S_x, S_y, S_b} \frac{1}{2N} \sum_{n=1}^{N} \frac{S_{n,x}^{G,k'}}{x_n^{t,k'}} + \frac{1}{M+1} \Big[\sum_{m=1}^{M} \frac{S_{m,y}^{G,k'}}{y_m^{t,k'}} + \sum_{i=1}^{I} \frac{S_{i,b}^{G,k'}}{b_i^{t,k'}} \Big] \quad (1)$$

s.t. $\sum_{t=1}^{T} \sum_{k=1}^{K} z^{t,k} x_n^{t,k} + S_{n,x}^{G,k'} = x_n^{t,k'}$ (2)

$\sum_{t=1}^{T} \sum_{k=1}^{K} z^{t,k} y_m^{t,k} - S_{m,y}^{G,k'} = y_m^{t,k'}$ (3)

$\sum_{t=1}^{T} \sum_{k=1}^{K} z^{t,k} b_i^{t,k} - S_{i,b}^{G,k'} = b_i^{t,k'}$ (4)

$z^{t,k} \geq 0$; $S_{n,x}^{G,k'} \geq 0$; $S_{m,y}^{G,k'} \geq 0$; $S_{i,b}^{G,k'} \geq 0$; $n=1, \cdots, N$, $m=1, \cdots, M$, $i=1, \cdots, I$ (5)

式中，$S^{G,k'}$ 为距"全局"生产前沿面的距离，衡量的距离实际上被规定为沿着 $g = (-x^t, y^t, -b^t)$ 的方向，最大可能地减少投入，增加期望产出和减少非期望产出。$S_{n,x}^{G,k'}$、$S_{m,y}^{G,k'}$、$S_{i,b}^{G,k'}$ 代表了第 n 种要素投入，第 m 种期望产出，第 i 种非期望产出的松弛向量，当观测点的各个元素均为 0 时达到最优，此时不存在技术无效率；反之则存在有待改进的地方。当 $S_{n,x}^{G,k'}$、$S_{m,y}^{G,k'}$、$S_{i,b}^{G,k'}$ 均大于 0 时，表示实际的期望产出小于前沿边界的期望产出，实际的投入和非期望产出都大于前沿边界的投入和非期望产出。松弛向量可以测度出观测点距离最优点的偏离程度，所以 $S_{n,x}^{G,k'}$、$S_{m,y}^{G,k'}$、$S_{i,b}^{G,k'}$ 越大，投入冗余量、期望产出不足量以及非期望产出生产过度量就越大，其表达为：$GL_t^{t+1} = S^{G,k'}(t+1) - S^{G,k'}(t)$。

数据包络分析模型的生产前沿是由分段线性函数组成，分段线性函数将与空间坐标系中的坐标轴平行，这是松弛变量产生的根源。本报告以单个的投入和单个的产出为例，在规模报酬不变模型中，不可能出现与坐标轴平行的问题，因此在单投入和单产出的规模报酬不变径向模型中松弛变量肯定为 0，即不存在松弛问题。但在规模报酬可变模型中，生产前沿会出现与坐标轴平行的区段，如图 1 所示，P 在生产前沿上会产生一个投影点，即 P'，但是与生产前沿面上的点 A 相比，P' 存在松弛量，没有达到生产前沿的有效率（$P'A$ 区段）。如果 $x_t - Xa = 0$ 或 $y_t - Ya = 0$，则没有输入松弛变量或输出松弛变量。在径向 DEA 的线性规划中，约束以不等式的形式表示，而不是以等式为基础，这是松弛变量存在的基础。

松弛向量的意义在于，当松弛向量的各个元素均为 0 时，其观测点为最优点，不存在技术无效率；反之则存在有待改进的地方。当 $S_{n,x}^{G,k'}$、$S_{m,y}^{G,k'}$、$S_{i,b}^{G,k'}$ 均大于 0 时，表示实际的期望产出小于前沿边界的期望产出。观测点的距离是否为最优可以通过松弛向量来测量；如果期望的产出不足或非期望的产出太多，以及冗余量越大，那么就会导致 $S_{n,x}^{G,k'}$、$S_{m,y}^{G,k'}$、$S_{i,b}^{G,k'}$ 变大。

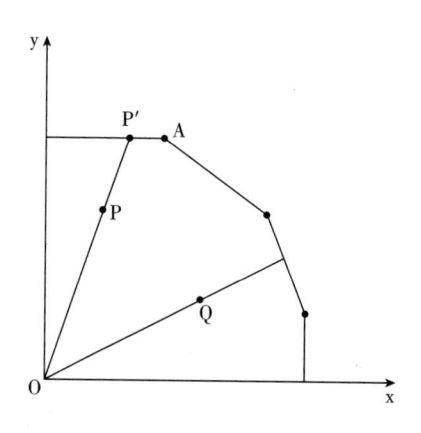

图 1　松弛变量原理

（二）技术进步方向的度量

1. 技术进步方向

为了能够明晰长江经济带各地市技术进步的发展方向，首先对生产函数进行设定。传统的 C-D 生产函数中，技术进步被设定为外生变量，不能明确反映出技术进步与资本和劳动要素之间的关系，即资本边际产出与劳动边际产出不受技术进步影响，因此传统的柯布—道格拉斯生产函数无法研究技术进步方向。为了具体测算长江经济带 108 个地级市的技术进步方向，参考孙才志（2018）、王雪利（2019）的研究思路对生产函数进行设定和估计。关于技术进步方向的测算，本报告采取目前研究技术进步偏向性的主流生产函数 CES 生产函数：

$$Y_t = [(1-a)(A_t L_t)^{\frac{e-1}{e}} + a(B_t K_t)^{\frac{e-1}{e}}]^{\frac{e}{e-1}} \tag{6}$$

式中，Y_t 为第 t 年的产出水平，L_t 与 K_t 分别为劳动和资本的投入，

a 为资本密集度，$e\epsilon(0, +\infty)$ 为劳动与资本的替代弹性。A_t 与 B_t 分别为劳动效率和资本效率，也称为劳动加强型技术进步与资本加强型技术进步。

根据 Acemoglu（2002）的定义，如果技术进步会导致资本产出比上升（下降），则说明技术进步偏向资本（劳动），如果不影响资本产出比，则此时技术进步为中性。即如果 $\frac{\partial \Delta}{\partial B/A} \frac{d(B/A)}{dt}$ 大于 0，则技术进步偏向资本；如果等于 0，则技术进步为中性；如果小于 0，则技术进步偏向劳动。

从该定义可以明确看出技术进步的偏向，定量考察技术进步偏向某种要素的程度，可以获得更丰富的信息。因此，本报告采用戴天仕和徐现祥（2010）所设计的技术进步方向指数（D_t）来估算考虑到环境效应的中国省份的技术进步偏向性：

$$D_t = \frac{1}{\Delta} \frac{\partial \Delta}{\partial B/A} \frac{d(B/A)}{dt} = \frac{e-1}{e}\left(\frac{A_t}{B_t}\right)\frac{d(B_t/A_t)}{dt} \tag{7}$$

式中，D_t 为第 t 年的技术进步方向指数，主要由要素替代弹性 e 和 B_t/A_t 的变化共同决定：当 $e<1$ 时，即资本与劳动要素间呈现互补关系时，如果 B_t/A_t 上升（下降），则技术进步偏向劳动（资本），此时技术进步方向与资本产出比呈现反方向变化；当 $e>1$ 时，即资本与劳动要素间呈现替代关系时，如果 B_t/A_t 上升（下降），则技术进步偏向资本（劳动），此时技术进步方向与资本产出比呈现正方向变化；当 $e=1$ 时，则技术进步为中性。即最终测算结果中，$D_t>0$，说明技术进步偏向资本，$D_t<0$，说明技术进步偏向劳动。

环境问题带来中国经济增长的实际成本增加，因此考虑到环境影响之后，技术偏向可能会发生不同程度的变化。因此，为了估算长江经济带 108 个地级市的技术进步方向指数，本报告需要对要素替代弹性、资本加强型技术进步以及劳动加强型技术进步进行估算。

2. 资本加强型技术进步与劳动加强型技术进步的估算

通过假设资本和劳动的价格为其边际产出，并将其代回式（6），可以得到资本加强型技术进步 B_t 和劳动加强型技术进步 A_t。

$$A_t = \frac{Y_t}{L_t}\left(\frac{w_t L_t}{(1-a)(w_t L_t + r_t K_t)}\right)^{\frac{e}{e-1}} \tag{8}$$

$$B_t = \frac{Y_t}{K_t} \left(\frac{r_t K_t}{a(w_t L_t + r_t K_t)} \right)^{\frac{e}{e-1}} \tag{9}$$

式中，w_t 和 r_t 分别为工资率和资本租金率，a 为资本密集度。

3. 替代弹性与资本密集度估算

随着替代弹性研究的日益深化，多数学者主要沿用 CES 生产函数和 VES 生产函数的框架去估算要素的替代弹性，考虑到技术的偏向性，选取 CES 生产函数对替代弹性进行估算。对生产函数的估计，最重要的是待估计参数替代弹性 e 的识别。Klump 等（2007）提出了"标准化供给面系统法"具有较强的稳健性，参考 Leon – Ledema 等（2010）、戴天仕和徐现祥（2010）和陈晓玲、连玉君（2013）对"Box – Cox 型"要素效率增长率进行合理简化的基础上，利用各变量的样本均值对变量本身进行标准化，即可得到标准化系统。标准化供给面系统法将利润最大化的一阶条件作为一个系统，该系统包含生产要素的需求函数和总的 CES 生产函数，跨方程参数约束一定程度上缓解了要素替代弹性和技术进步等结构参数的识别偏误，得到的标准化供给面方程如下：

$$\log\left(\frac{Y_t}{\overline{Y}}\right) = \log(\zeta) + \frac{e}{e-1} \log \left\{ (1-a) \left[\frac{L_t}{\overline{L}} \exp\left[\frac{\overline{t}}{\lambda_L} \gamma_L \left(\left(\frac{t}{\overline{t}} \right)^{\lambda_L} - 1 \right) \right] \right]^{\frac{e-1}{e}} + \right.$$

$$\left. a \left[\frac{K_t}{\overline{K}} \exp\left[\frac{\overline{t}}{\lambda_L} \gamma_L \left(\left(\frac{t}{\overline{t}} \right)^{\lambda_L} - 1 \right) \right] \right]^{\frac{e-1}{e}} \right\} \tag{10}$$

$$\log\left(\frac{w_t L_t}{Y_t}\right) = \log(1-a) + \frac{e-1}{e} \log(\zeta) - \frac{e-1}{e} \log\left(\frac{\frac{Y_t}{\overline{Y}}}{\frac{L_t}{\overline{L}}} \right) +$$

$$\frac{e-1}{e} \overline{t} \frac{Y_t}{Y_L} \left[\left(\frac{t}{\overline{t}} \right)^{\lambda_L} - 1 \right] \tag{11}$$

$$\log\left(\frac{r_t K_t}{Y_t}\right) = \log(a) + \frac{e-1}{e} \log(\zeta) - \frac{e-1}{e} \log\left(\frac{\frac{Y_t}{\overline{Y}}}{\frac{R_t}{\overline{R}}} \right) +$$

$$\frac{e-1}{e} \overline{t} \frac{Y_k}{Y_k} \left[\left(\frac{t}{\overline{t}} \right)^{\lambda_L} - 1 \right] \tag{12}$$

式中，$\overline{Y}$、$\overline{L}$、$\overline{K}$ 分别为产出、劳动和资本的几何平均值，$\overline{t}$ 为年份

的算术平均值，ζ 是为标准化而引进的规模因子。γ_L 和 γ_k 为劳动和资本的技术增长参数，λ_L 和 λ_k 为技术曲率。

利用每年的产出 Y_t、劳动投入 L_t、资本 K_t、劳动所得 w_tL_t 以及资本所得 r_tK_t 数据，进行系统估计，可得到每个城市的替代弹性 e 以及资本密集度 a。

（三）空间杜宾模型设定

为了检验区域间可能存在的相互影响作用，在前人的研究中，如 Fredriksson 和 Millimet、Konisky 和李胜兰等更关注下面等式中的空间自回归系数 ρ：

$$Y_{it} = a + \rho \sum_{j=1,i \neq j}^{N} W_{ij}Y_{jt} + \beta X_{it} + \mu_i + \varphi_i + \varepsilon_{it} \qquad (13)$$

本报告尝试在下文解决如下问题。一是解释变量中包含了被解释变量的空间加权形式，即可能会引起解释变量和被解释变量的双向因果关系，模型因此可能会具有内生性，因此以普通最小二乘法（OLS）进行估计将是有偏差的，为了解决内生性，Konisky 使用了工具变量方法来处理，然而，找到一个合适的与内生变量有关，与随机误差项无关的外生工具变量是非常困难的。Anseilin 注意到使用工具变量的方法有可能导致估计产生偏差导致结果的不准确，他剔除使用最大似然估计来解决这种内生性问题。根据 LeSage 和 Pace 研究成果，本报告以最大似然估计（Maximum Likelihood，ML）的方法估计空间计量经济模型。

二是技术扩散与地理距离之前存在显著的相关性。污染的溢出反映了区域间的外部性，这意味着外部性的扭曲，污染源通过向外部区域传播污染物来降低当地的环境污染水平，这种污染转移行为降低了当地环境规制的机会成本，增加了当地高污染活动的竞争优势。但在污染转移的地区，环境污染程度却有所正价。因此，高污染活动的竞争优势可能会下降。污染溢出也是区域环境监管中涉及的战略行为的关键因素。考虑到空间杜宾模型（SDM）可以考察各个变量在当地的直接效应、被解释变量及总效应，相关政策法律法规制定在这一影响下也更有现实意义。

长江经济带上升为国家重大发展战略后，长江经济带区域的空间关联性更加紧密。在计算得出技术进步偏向指数后，以空间模型进一步分析技术进步偏向性、环境规制和绿色全要素生产率的关系,为了确保回归稳健,本报告控制了 FDI、人力资本、产业结构和要素市场价格扭曲,构建以下模型:

$$Y_{it} = \rho \sum_{j=1}^{N} W_{ij} Y_{jt} + \beta X_{it} + \sum_{j=1}^{N} \theta W_{ij} X_{jt} + \mu_i + \varphi_i + \varepsilon_{it} \quad (14)$$

基于传统的空间杜宾模型,当 θ 为 0 时,SDM 模型可以转化为空间滞后模型(SLM 模型)。φ_i 表示时间固定效应,μ_i 表示个体固定效应,ε_{it} 表示随机扰动项。基于环境库兹涅茨曲线的原理,环境规制的发展与绿色发展之间的表现也可能不是普通的线性关系,现有的环境规制也在一定程度上会制约技术进步,将环境规制的平方项加入模型,以分析其非线性关系,同时增加环境规制与技术进步的交互项,以分析其调节效应,具体的模型构建如下:

$$\begin{aligned}
GTFP_{it} = &\, a_1 + \rho W \times GTFP_{it} + a_2 d_{it} + a_3 er_{it} + a_4 FDI_{it} + a_5 educ_{it} + \\
& a_6 indus_{it} + a_7 serv_{it} + a_8 d_{it} \times ER_{it} + a_9 ER_{it}^2 + a_{10} prK_{it} + a_{11} prL_{it} + \\
& a_{12} W \times d_{it} + a_{13} W \times er_{it} + a_{14} W \times FDI_{it} + a_{15} W \times educ_{it} + \\
& a_{16} W \times indus_{it} + a_{17} W \times serv_{it} + a_{18} W \times (d_{it} \times er_{it}) + \\
& a_{19} W \times ER_{it}^2 + a_{20} W \times prK_{it} + a_{21} W \times prL_{it} + \mu_i + \varphi_i + \varepsilon_{it} \quad (15)
\end{aligned}$$

式中,$GTFP_{it}$ 为被解释变量,即每年各个地级市的绿色全要素生产率;环境规制不仅影响当地,也会对周边地区产生影响,技术进步也是如此。因此,在考虑绿色全要素生产率、环境规制与有偏技术进步的关系时,在进行空间模型估计的时候,选择了地理距离权重矩阵为 N×N 阶空间权重矩阵中的元素,表示 i 市和 j 市之间的地理距离;$W_{ij}Y_{jt}$ 表示与 i 相邻的地区 Y_{jt} 对 Y_{it} 的交互影响;ρ 为空间滞后回归系数;解释变量 d 和 er 分别表示有偏技术进步和环境规制;控制变量为 $educ$、FDI、$indus$、$serv$,分别表示人力资本、实际利用外商直接投资占比、第二产业占比和第三产业占比。此外,价格扭曲与技术进步的偏向息息相关,本报告将劳动要素价格扭曲 prL 和资本要素价格扭曲 prK 进一步加以控制。中国现在很多城市的产业结构依然以第二产业为主,第二产业的发展多依赖于资源环境的消耗,第三产业多为服务行业和信息行业,其发展代表了产业结构的高级化走向。为了进一步研究中国现有的环境规制对绿色发展的影响,本报告试图加入环境规制的二次项,以了解环境规制与绿色全要素生产率之间是否存在非线性关系，因此加入了技术进步与环境规制的交互项 $d_{it} \times er_{it}$，为接下来的研究打下良好的基础。

(四) 数据说明

在计算绿色全要素生产率时，期望产出为各个地区 GDP，非期望产出为工业废水和工业废气排放量的加总，投入指标分别为各个地区资本存量（以单豪杰的方法进行计算）、年末劳动力就业人数和单位地区社会用电量；测算技术进步方向所涉及的指标有：劳动投入、资本产出、劳动所得、资本所得、总产出等；其他控制变量分别有人力资本、FDI、产业结构和要素价格扭曲等。鉴于毕节市和铜仁市 2011 年以前数据缺失，选择 2004—2017[①] 年的时间为研究范围，以长江经济带 108 个城市的面板数据为研究对象，文中所用的数据均取自各年份的《中国城市统计年鉴》。

表 1　　　　　　　　　　　变量说明

变量符号	含义	度量指标及说明
Y_{it}	总产出	以各个地级市的 GDP 代表其总产出，表征各地区经济发展水平，以 2004 年作为基期进行平减
$w_{it}L_{it}$ 和 $r_{it}K_{it}$	劳动所得和资本所得	劳动所得参考戴天仕和徐现祥（2010）的方法，并将生产税净额划分到劳动所得和资本所得中，由于数据可得性的原因，在计算时以省份的要素份额代表属于该省份各个城市的相关份额
K_{it} 和 L_{it}	资本投入和劳动投入	用于计算 GTFP 和偏向技术进步的资本投入和劳动投入，以各地区资本存量[②]（单位：亿元人民币）代表各地区的资本投入，以 2004 年为基期进行平减；以各地区年末劳动力就业人数（单位：万人）为劳动投入

---

① 以 2004—2017 年数据计算得到 2005—2017 年的 GTFP。
② 囿于市级数据可得性，采用各省份折旧率和固定资本形成平减指数推算固定资本存量，$K_t = K_{t-1}(1-\theta_t) + I_t/\lambda_t$，其中：
$$\theta_t = \frac{(当期固定资产原值 - 当期固定资产净值) - (上期固定资产原值 - 上期固定资产净值)}{上期固定资产原值},$$
$$\lambda_t = \frac{当期全社会固定资产形成总额名义值}{基期全社会固定资产形成总额 \times 当期全社会固定资产形成总额指数}。$$

续表

变量符号	含义	度量指标及说明
$electric_{it}$	各个地区全社会用电量	用于计算 GTFP 的投入变量,单位:万千瓦时
$undesirable_{it}$	各地区工业废水排放量和工业废气排放量	用于计算 GTFP 的非期望产出
$GTFP_{it}$	绿色全要素生产率	以基于非期望产出的全局 Luenberger 算法得到
er_{it}	各地区二氧化硫去除率	2011 年之前数据由统计年鉴直接可得,由于统计口径变化,2011 年之后数据以(产生量－排放量)/产生量计算得到
FDI_{it}	实际外商投资额比例	每年实际利用外商直接投资额占 GDP 的比例,用每年年底汇率进行换算后进行平减
$educ_{it}$	人力资本	各地区每年财政科教支出费用与 GDP 的比值,财政科教费用以 2003 年为基期进行平减
$indus_{it}$ 和 $serv_{it}$	产业结构	各地区第二产业和第三产业比重
prL_{it} 和 prK_{it}	要素价格扭曲	利用目标城市所在省份要素边际产出与要素市场价格的比值来衡量。要素边际产出参考潘文卿等(2017)的方法计算得出,要素市场价格分为工资率和资本租金率,工资率为劳动者报酬除以就业人数,资本租金率用 GDP 与劳动者报酬的差值除以固定资产投资得到
d_{it}	偏向技术进步	由标准化供给面系统方程估算并代入式(7)中得到

四 实证分析

(一)替代弹性与资本密集度计算

本报告通过估计系统方程对替代弹性与资本密集度进行计算,采用的方法为广义非线性最小二乘法,以 Stata 14.0 软件实现。由于非线性估计对初始值设定较为敏感,本报告在寻找替代弹性为关键的初始值时,以全局最优的方法寻找,尝试定义域 0 到正无穷内的各种取值,找到使对数似然值最大的估计结果，即为"全局最优"的估计结果。利用2005—2017年相关数据进行估计，替代弹性的分布如图2所示。

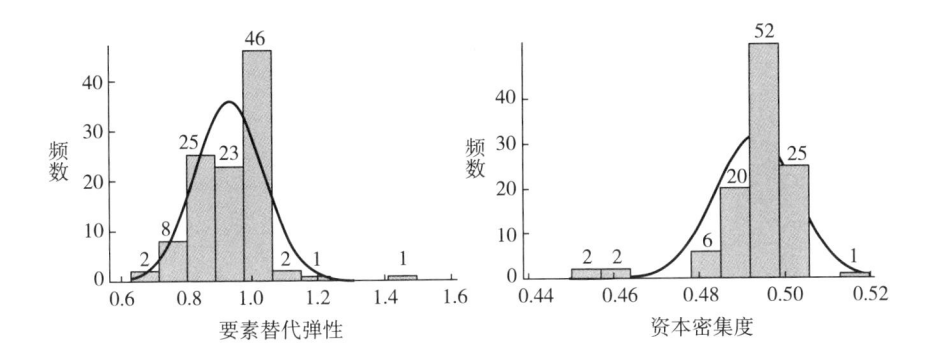

图2　要素替代弹性及资本密集度分布

测算结果表明，在研究期间所考察的108个地级市中，仅有20个城市替代弹性大于1，即资本—劳动要素呈现替代关系的城市占比为18.51%，有88个城市的替代弹性小于1，即资本—劳动要素呈现互补关系的城市占比为81.48%。图2显示，大多数城市的要素替代弹性位于1及其左边的位置，由图2可以看出，长江经济带的很多城市的要素结构为互补型，即资本要素的增加会提高劳动要素的边际产出，要素相对使用量的变化幅度小于相对价格的变化幅度，随着劳动力价格的上升，生产中会选择增加资本要素投入，鉴于要素间存在互补关系，这将导致劳动力收入份额的增加，继而增加就业。对资本密集度来说，大多数城市的资本密集度位于 [0.48，0.50] 区间，即多数城市的资本密集度略小于劳动密集度，但每个城市间的资本密集度差别都相对较小。

（二）技术进步偏向指数计算

利用以上数据，根据式（7）—式（9）可以计算得出，长江经济带108个地级市2005—2017年的技术进步方向指数，如表2所示。

由表2可知，长江经济带地区的技术进步大体上偏向了资本，说明了技术进步更有利于提高资本的边际产出。总的来说，尽管中国劳动力资源禀赋较高，但就其技术进步方向而言，中国与发达国家的技术进步方向一样，均为资本偏向的技术进步。技术进步偏向性主要受要素供给变化影响，如果资本积累比劳动迅速，企业更倾向于研究偏向资本的技术，这就导致了技术进步的资本偏向性。跨国技术扩散理论表明，技术模仿也会影响发展中国家的技术偏向，大多数发展中国家以较低的成本直接应用发达国家研发的资本偏向技术，这也影响了发展中国家的技术进步方向。2016年以来，中国更多的城市呈现出资本偏向的技术进步，表明当前资本投资的增加以及技术与资本的进一步结合，逐渐增加了技术进步的物质资本需求。同时，随着目前中国的经济发展水平和人均收入的增加，劳动要素成本上升和人力资本投入成本提高，也诱使资本投资越发表现出经济性、劳动的稀缺性、技术进步的资本依赖性以及高人力成本并存，导致技术进步发展近些年偏向资本。

表2　　　　　　　　技术进步方向指数分布

年份	2005	2006	2007	2008	2009	2010	2011
D>0	60	79	55	62	65	65	68
D<0	48	29	53	46	43	43	40
年份	2012	2013	2014	2015	2016	2017	
D>0	54	64	69	41	80	81	
D<0	54	44	39	67	28	37	

（三）空间实证结果分析

在回归之前，由于变量中加入了人力资本存量，人力资本存量与绿色全要素生产率可能存在互为因果的关系，同时模型的解释变量中包含了被解释变量的变形，因此增加了模型存在内生的可能性。本报告选取每个地区的研发投资比例作为人力资本存量的工具变量进行内生性豪斯曼检验，内生性检验的p值为0.80，因此接受原假设，认为模型不存在内生性。基于Stata 14.0进行回归，模型整体的全局莫兰指数为0.04，p值为0.06，模型具有显著的空间相关性。根据张豪等（2017）的研究，全要素生产率通过地区间的要素流通会引起其空间溢出，因此根据Grossman和Ertur等的研究，构建空间杜宾模型，Hausman检验值为39.56，且p值为0.02，说明具有固定效应的空间杜宾模型效果最优。地理距离矩阵模型表现出更好的拟合度和更大的最大似然值，误差系数较小，因此本报告分析结果以地理距离空间矩阵为依据。模型估计结果如表3所示。

表3　　　　　　　　　　空间杜宾模型估计结果

	OLS	SDM
er	0.01***	-0.25**
	(2.77)	(-2.21)
d	-0.04	7.43***
	(-0.62)	(3.87)
FDI	0.10	-34.18*
	(0.26)	(-1.79)
educ	2.47***	28.55***
	(5.98)	(2.95)
indus	-0.003*	0.11**
	(-1.67)	(2.48)
serv	-0.001	0.12**
	(-0.39)	(2.17)
er^2	-0.00024*	0.004
	(-1.86)	(0.67)
$d \times er$	0.02	1.13
	(0.48)	(0.79)
prK	0.00001	0.02***
	(0.12)	(3.67)
prL	-0.96***	-4.87*
	(-6.65)	(-1.92)
Spatial rho		-1.45*
		(-1.78)
Variance sigma2_e		0.02***
		(24.57)
N		1404
R^2		0.72

注：括号内为 t 值，*表示 $p<0.1$，**表示 $p<0.05$，***表示 $p<0.01$，下同。

表3中，空间 rho 的系数显著，意味着在其他影响因素不变的条件下，各城市的偏向技术进步、环境规制和绿色全要素生产率之间存在显著的空间相关性，模型存在显著的空间相关关系。回归结果显示，在空间权重作用下，环境规制程度会显著降低绿色全要素生产率，可能的原因是，在当前的环境规制力度相对薄弱，在现有环境规制的压力下，生产经营的公司基于理性人假设会谋求更高的利润空间，为了降低生产成本，付出较低成本"寻租"以换取更低的环境规制标准，即此时的环境规制影响具有一定的负外部性作用，即环境规制可能标准不足，企业依然可以付出一定成本去购买排污权，以较低的环境规制成本继续生产，通过寻租以迈过政府的规制标准，换取较高的利润，其二次项系数为正但不显著，这意味着适当提高环境规制强度后，环境规制对 GTFP 的影响不显著；技术进步的资本偏向性可以显著推动本地和相邻地区的经济增长，说明长江经济带地区想要实现高质量发展和区域的协调发展，技术进步的资本偏向性不可忽视，它不但可以促进投资使用效率的提升，而且也会进一步提高技术进步的程度，从而以技术进步来逐步实现绿色全要素生产率增长。

从控制变量来看，FDI 在空间权重的作用下是显著为负的，这表明外商直接投资不仅包含了外资流入，还包括了一些高污染和高耗能的产业专业。面对较为薄弱的环境规制，这些转移的污染可能会使外商流入国变为"污染天堂"，在空间权重的作用下，这种变化更为显著。这表明 FDI 具有显著的空间溢出效应。人力资本对 GTFP 的增加作用也有所提升，长江经济带横跨东部、中部、西部三个地区，高技能劳动力的跨地区流动将大大促进欠发达地区的 GTFP 增长，使人力资本在现有回归下表现出显著的正向作用。第二、第三产业比重在空间权重的影响下系数为正；资本要素的价格扭曲可以显著提升长江经济带的绿色全要素生产率，面对要素价格的扭曲，市场上的厂商可以用较低的价格获取质量较高的生产要素，既节约要素成本也可以获取生产效率更高的设备，从而促进各市 GTFP 的显著提升。但对劳动要素的价格扭曲而言，虽然其扭曲也可以节约劳动成本，但却抑制了劳动者工作的积极性和生产效率，劳动者收入占比的下滑趋势严重影响了生产者积极性，显著抑制了 GTFP 的提升。

由于空间溢出效应的存在，环境规制和技术进步不再可以单独解释为对经济增长的影响，因此需要对其空间总效应进行分解，以便更好地说明环境规制和技术进步偏向影响经济增长的直接效应与区域间的溢出效应，以及对整个区域的总效应，结果如表4所示。

表4　空间杜宾模型的直接效应和间接效应估计

	直接效应	间接效应	总效应
er	0.01***	－0.05**	－0.03
	(2.77)	(－2.12)	(－1.60)
d	－0.05	1.31***	1.26***
	(－0.80)	(4.40)	(4.26)
FDI	0.16	－6.04*	－5.88
	(0.46)	(－1.66)	(－1.61)
$educ$	2.44***	4.38***	6.82***
	(6.14)	(2.60)	(4.16)
$indus$	－0.003*	0.02***	0.02**
	(－1.72)	(2.58)	(2.25)
$serv$	－0.001	0.02**	0.02**
	(－0.40)	(2.15)	(2.11)
er^2	－0.0003*	0.0007	0.0004
	(－1.90)	(0.60)	(0.39)
$d \times er$	0.016	0.21	0.23
	(0.55)	(0.79)	(0.86)
prK	0.0000295	0.003***	0.003***
	(0.33)	(3.91)	(3.84)
prL	－0.96***	－0.63	－1.59***
	(－6.62)	(－1.41)	(－3.80)

在直接效应上，对本地来说，环境规制显著提升了GTFP，环境规制程度的提升对本地区绿色全要素生产率具有促进作用，促进了本地的节能减排和绿色发展。技术进步的劳动偏向可以显著提升GTFP，在现有"新常态"的发展背景下，长期对资本的依赖导致资本依赖型的中

国经济增速减缓，而劳动技能和成本的提高促使劳动效率和其边际产出进一步提高。这将促进劳动要素在当地和周边地区 GTFP 的增加中发挥更直接的作用。与此同时，基于要素间的互补性，技术进步的劳动偏向也将增加基于这些因素之间互补性的边际产出，从而使资本的使用更加有效率。技术进步和环境规制的交互项系数为 0.02，即在技术进步的作用下，环境规制对 GTFP 的边际效应更大；人力资本存量的系数在所有变量中最高，这表明人力资本对于绿色全要素生产率的增加具有显著正向的作用，人力资本存量主要涉及教育和健康，人口素质的提高和预期寿命的增加，增加了现有的人力资本存量，且人力资本存量的增加会提升劳动生产率，在一定程度上会弥补人口红利的下降，这些均加速了人力资本存量的积累。FDI 可能在一定程度上会影响绿色全要素生产率的提高，但对本地来说，FDI 对绿色经济增长尽管系数不大，但依旧存在正向显著的作用；从第二、第三产业比重来看，第二产业多为资源能源消耗型产业，造成的污染直接排放在本地，在直接效应上显著降低绿色全要素生产率。

从间接效应来看，在空间权重矩阵影响下，环境规制的系数显著为负，即环境规制存在"挤出效应"，加剧了临近地区的环境问题，即长江经济带的环境规制存在"损人利己"的行为，这可能与地方政府间的竞争有关；技术进步的资本偏向对周边地区的绿色全要素生产率有显著的正向作用，这表明资本偏向的技术进步表现出空间"扩散"效应。发达地区与周边不发达地区之间的经济交流可以促进技术外溢。发达地区经济增长存在示范效应，带动了周边欠发达地区的经济发展，带来正向的溢出效应；且技术进步与环境规制的交互项系数为正，这表明现有环境规制下的技术进步不利于周边地区绿色全要素生产率的提高，产业的集聚，公共服务设施建设以及营商环境氛围在地区的集聚可能会打破一定行政边界的限制，促使周边地区的环境规制会受到当地的影响，但地方政府的管理方法和政策实施会根据当地的发展情况表现出一定的差异性，这会使地方的环境规制对本地更为有效，这进一步说明了环境规制的程度不足，但其系数为正即意味着技术进步可以抵消环境规制对绿色全要素生产率的负向作用，使其为正，但这一作用不显著；环境规制的二次项系数为正，这意味着，现有的环境规制不能促进当地和周边区域绿色全要素生产率的增加，目前的环境规制标准并不能激励企业去减少污染排放，进行绿色生产；相反，生产者面对较低强度的环境规制反而会积极支付排污费，以付出较小的成本以获得排污权，从而继续进行非绿色生产，以获得更高的利润。仅有合适的环境规制会促进绿色全要素生产率的提高。总的来看，环境规制和其二次项的系数，环境规制和绿色全要素生产率之间表现为"U"形关系，这意味着现有的环境规制程度不足，因此，有必要随着技术进步的提升来进一步改进污染排放的标准，提升环境规制的程度。而人力资本在溢出效应上表现出显著的正向作用，说明劳动力的空间溢出效应可以显著推动周边地区的经济发展；产业结构对周边城市的GTFP有显著的推动作用，第二产业的发展带动了周边基础设置的完善，对邻近地区具有促进作用；第三产业的直接效应不显著。

在总效应上，环境规制的系数为负，但其二次项系数为正，且技术进步作用可以抵消掉环境规制对绿色全要素生产率发展的负向作用。FDI可能伴随着高耗能高污染行业的转移，因此对绿色全要素生产率增长作用为负。资本价格扭曲可以显著提升绿色全要素生产率，但劳动价格扭曲相反。资本的边际产出高于租金率的程度越大，劳动价格扭曲的系数显著大于资本价格扭曲，即市场上普遍劳动力价格较低，企业此时便倾向于利用劳动型技术进步，因此会促进技术进步的劳动偏向，在总效应下表现为降低绿色全要素生产率。人力资本存量的系数较高，说明绿色经济增长过程中，高技能劳动力的作用较大，需要格外注重教育的作用。

五 结论及建议

本研究使用"标准化供给面系统"方法来估计中国各省的技术进步方向，通过基于松弛向量的曼奎斯特—卢恩伯格指数计算得到绿色全要素生产率，分析了长江经济带各城市年度的技术进步偏向指数分布，讨论了偏向技术进步和环境规制对绿色全要素生产的空间效应。

研究结果表明：①技术进步有其偏向性，要素供给变化是影响技术进步方向的主要因素；在空间上，技术进步存在空间溢出效应，此时技术进步的资本偏向性可以促进其外溢。②环境规制在空间上表现出

"挤出效应",对本地的 GTFP 有显著的促进作用,但污染的转移促使环境规制显著降低了周边地区的绿色全要素生产率。总的来看,现有环境规制的力度不能有效促进长江经济带各个城市的绿色发展,但适当增加规制程度却有利于 GTFP 的提高。③在现有偏向技术进步的作用下,环境规制的系数有所增加,即技术进步可以促进环境规制的作用或抵消部分环境规制的负向作用,有偏技术进步使环境保护和经济协调发展成为可能。④劳动要素价格的扭曲显著制约了绿色发展的进程,但人力资本在绿色发展进程中的作用不可小觑;产业结构对当地的绿色发展并不友好,适当调整产业结构,优化长江经济带产业内要素的配置,有利于促进现有的绿色全要素生产率提高。

本项研究具有重要的政策含义:①近年来,中国的资源环境等硬约束增加,经济传统的增长动力正在减弱,在这种情况下,GTFP 是现有可持续的重要增长源泉之一。也是迫切实现绿色经济增长、改变经济发展方式的动力源泉。不同区域内的主体功能不同,要素的集聚与资源禀赋也不同,促进技术进步的方向性发展具有重要意义。高技能劳动力的增加促进了劳动偏向的技术进步,这已成为依赖物质资本拉动经济增长速度减缓的情况下新的经济增长点。对长江经济带来说,通过技术进步有方向的发展更能针对性地提升本地和周边的 GTFP 的提升,其绿色发展可以从不同的技术进步偏向获益。在当前的背景下,保持中国的中高速经济增长需要进一步由要素驱动转化为技术进步驱动。②为了实现长江经济带的环保目标和绿色发展,需要积极配合环境规制以推动其绿色全要素生产率的提高。在中国环境不经济性的生产经营活动中,依靠现有发展途径难以在很短时间内减少环境资源消耗,技术进步可以降低生产资源的边际投入和降低排放的边际产出,但研发成本过高,且付诸实现的时期过长。解决这些问题的有效方法之一便是制定合理有效的环境规制政策,在行政力量的控制下,进一步地促进市场环境的改善,促进高质量的发展。

综上所述,本报告认为可以从以下几个方面促进长江经济带的绿色发展。第一,始终坚持走生态优先,绿色发展的道路。完善水生态修复和水资源保护,同时,还需要强化企业责任,加快生产升级和技术改造,关停淘汰落后产业,积极培育新兴产业,调整产业结构,腾挪产业空间来减少污染排放、调整和完善长江经济带的产业结构、实现绿色发展。第二，用好政府和市场"两只手"，积极探索建立绿色生态技术交易市场，建立健全用水权、排污权以及碳排放交易市场，形成适宜的环境规制强度，瞄准世界一流、行业一流，借鉴国际成功经验，制定严格的产业准入和环保要求，不断激发技术创新、产品创新、管理创新，及时调整和升级环境规制强度和企业排放标准。第三，完善区域内部的基础设施建设，降低区域内的制度壁垒，以基础设施互联互通打破地理边界，坚持集聚发展的思路，推动重化工业企业进入园区，在集聚发展和集中治理的同时要加强区域合作，针对流域经济的特点，加强产业发展、流域治理、生态补偿等方面的区域合作和体制创新，激发地区间协同治理的积极性。第四，鼓励企业积极作为，通过加强技术创新推动产品升级、试试兼并重组、优化全球布局等路径，以做大做强企业规模来遏制行业"小、散、乱"等无序发展的局面，引导行业提升集中度、环保水平和竞争力，提升区域内企业的绿色创新能力。第五，注重对人才的培养和保留。当经济走向稳态时，劳动偏向的技术进步将成为经济增长的主要推动力。鉴于当前中国的时代背景，中国亟须优化人力资本配置，增加对欠发达地区的人力资本投资，提升欠发达地区的公共服务和城市生活品质，缩小发达地区与欠发达地区的发展差距。从规划、产业、市场等多方面吸引人才和保留人才，让各类人才留得住，成为推动长江经济带绿色发展的第一要素。

参考文献

包群等：《环境管制抑制了污染排放吗？》，《经济研究》2013年第12期。

陈晓玲、连玉君：《资本—劳动替代弹性与地区经济增长——德拉格兰德维尔假说的检验》，《经济学（季刊）》2013年第1期。

戴天仕、徐现祥：《中国的技术进步方向》，《世界经济》2010年第11期。

单豪杰：《中国资本存量K的再估算：1952—2006年》，《数量经济技术经济研究》2008年第10期。

董直庆等：《技术进步方向、城市用地规模和环境质量》，《经济研究》2014年第10期。

胡绪华、陈默：《制造业集聚与城市化协同驱动城市绿色全要素生产率提升研究——来自中国内地261个城市的经验证据》，《科技进步与对策》2019年第

24期。

景维民、张璐：《环境管制、对外开放与中国工业的绿色技术进步》，《经济研究》2014年第9期。

李斌等：《环境规制、绿色全要素生产率与中国工业发展方式转变——基于36个工业行业数据的实证研究》，《中国工业经济》2013年第4期。

李玲、陶锋：《中国制造业最优环境规制强度的选择——基于绿色全要素生产率的视角》，《中国工业经济》2012年第5期。

李胜兰等：《地方政府竞争、环境规制与区域生态效率》，《世界经济》2014年第4期。

李小平、李小克：《偏向性技术进步与中国工业全要素生产率增长》，《经济研究》2018年第10期。

潘文卿等：《中国技术进步方向的空间扩散效应》，《中国工业经济》2017年第4期。

齐亚伟、陶长琪：《中国区域环境全要素生产率增长的测度与分解——基于Global Malmquist–Luenberger指数》，《上海经济研究》2012年第10期。

宋马林、王舒鸿：《环境规制、技术进步与经济增长》，《经济研究》2013年第3期。

孙才志等：《环境约束下中国技术进步偏向测度及其空间效应分析》，《经济地理》2018年第9期。

王雪利：《环境规制对绿色全要素生产率的空间影响机制》，硕士学位论文，辽宁师范大学，2019。

陶锋、王余妃：《环境规制、研发偏向与工业绿色生产率——"波特假说"再检验》，《暨南学报》（哲学社会科学版）2018年第5期。

王班班、齐绍洲：《中国工业技术进步的偏向是否节约能源》，《中国人口·资源与环境》2015年第7期。

王兵等：《环境管制与全要素生产率增长：APEC的实证研究》，《经济研究》2008年第5期。

王林辉、韩丽娜：《技术进步偏向性及其要素收入分配效应》，《求是学刊》2012年第1期。

邢贞成等：《长江经济带全要素生态绩效评价研究——基于非径向方向性距离函数》，《软科学》2018年第7期。

余长林、高宏建：《环境管制对中国环境污染的影响——基于隐性经济的视角》，《中国工业经济》2015年第7期。

张成等：《环境规制强度和生产技术进步》，《经济研究》2011年第2期。

张成等:《环境规制影响了中国工业的生产率吗——基于 DEA 与协整分析的实证检验》,《经济理论与经济管理》2010 年第 3 期。

张豪等:《中国主要城市绿色全要素生产率增长差异及空间溢出——基于方向性距离函数的实证分析》,《科技管理研究》2017 年第 8 期。

张华、魏晓平:《绿色悖论抑或倒逼减排——环境规制对碳排放影响的双重效应》,《中国人口·资源与环境》2014 年第 9 期。

张文彬等:《中国环境规制强度省际竞争形态及其演变——基于两区制空间 Durbin 固定效应模型的分析》,《管理世界》2010 年第 12 期。

郑婷婷等:《信息化发展水平、资源依赖与绿色全要素生产率——来自地级市面板数据的分析》;《科技进步与对策》2019 年第 23 期。

钟世川:《要素替代弹性、技术进步偏向与中国工业行业经济增长》,《当代经济科学》2014 年第 1 期。

Acemoglu, Zilibotti, "Productivity Differences", *The Quarterly Journal of Economics*, Vol. 116, No. 2, 2001.

Acemoglu, "Directed Technical Change", *Review of Economic Studies*, Vol. 69, No. 4, 2002.

Anselin, "Spatial Effects in Econometric Practice in Environmental and Resource Economics", *American Journal of Agricultural Economics*, Vol. 83, No. 3, 2001.

Anselin, "Lagrange Multiplier Test Diagnostics for Spatial Dependence and Spatial Heterogeneity", *Geographical Analysis*, Vol. 20, 1988.

Chambers, Färe, R., Grosskopf, "Productivity Growth in APEC Country", *Pacific Economic Review*, Vol. 1, 1996.

Chung, Färe, R., Grosskopf, "Productivity and Undesirable Outputs: A Directional Distance Function Approach", *Microeconomics*, Vol. 51, 229–240, 1997.

Dong-hyun, "A global Malmquist-Luenberger Productivity Index", *Journal of Productivity analysis*, Vol. 34, 2010.

Fredriksson, Millimet, "Strategic Interaction and the Determination of Environmental Policy across U. S. States", *Journal of Urban Economics*, Vol. 51, 2002.

Fukuyama, Weber, W. L., "Estimating Indirect Allocative Inefficiency and Productivity change", *Journal of the Operational Research Society*, Vol. 60, 2009.

Grossman, Helpman, "Quality Ladders in the Theory of Growth", *Review of Economic Studies*, Vol. 58, No. 1, 1991.

Grossman, Gene M, E. Helpman, "Trade, Knowledge Spillovers, and Growth", *European Economic Review*, Vol. 35, 1991.

Hailu, Veeman, "Environmentally Sensitive Productivity Analysis of the Canadian Pulp and Paper Industry, 1959 – 1994: An Input Distance Function Approach", *Journal of Environmental Economics & Management*, Vol. 40, No. 3, 2000.

Jaffe A. B., Newell R. G., Stavins R. N., "Technological Change And The Environment", *Environmental Resource & Economics*, Vol. 22, No. 3, 2000.

Keller W., "Geographic Localization of International Technology Diffusion", *American Economic Review*, Vol. 92, No. 1, 2002.

Klump R., Mcadam P., Willman A., "Factor Substitution and Factor – Augmenting Technical Progress in the United States: A Normalized Supply – Side System Approach", *Review of Economics & Statistics*, Vol. 89, No. 1, 2007.

Klump R., Mcadam P., Willman A., "Factor Substitution and Factor – augmenting Eechnical Progress in the United States: A Normalized Supply – side System Approach", *Review of Economics & Statistics*, Vol. 89, No. 1, 2007.

Koch E. W., "A Contribution to the Theory and Empirics of Schumpeterian Growth with Worldwide Interactions", *Journal of Economic Growth*, Vol. 16, No. 3, 2011.

Konisky, D. M., "Inequities in Enforcement? Environmental Justice and Government Performance", *Journal of Policy Analysis and Management*, Vol. 28, 2009.

León – Ledesma, Mcadam P., Willman A., "Identifying the Elasticity of Substitution with Biased Technical Change", *American Economic Review*, Vol. 100, No. 4, 2009.

LeSage, Pace, Introduction to Spatial Econometrics, Chapman & Hall/CRC: Boca Raton, F. L., USA, 2009.

LeSage, Pace, R. K., "The Biggest Myth in Spatial Econometrics", *Econometrics*, Vol. 2, 2014.

Li B, Wu S. "Effects of Local and Civil Environmental Regulation on Green Total Factor Productivity in China: A Spatial Durbin Econometric Analysis", *Journal of Cleaner Production*, Vol. 153, 2016.

Newell R. G., Jaffe A. B., Stavins R. N., "The Induced Innovation Hypothesis and Energy – Saving Technological Change", *Quarterly Journal of Economics*, Vol. 114, No. 3, 1999.

Song M., Wang S., "Can Employment Structure Promote Environment – biased Technical Progress?", *Technological Forecasting & Social Change*, Vol. 112, 2016.

长江经济带创新型绿色发展效率测度与时空演化研究报告*

李雪松　龚晓倩　曾宇航**

摘　要：根据创新驱动理论，将传统资源要素投入下的绿色发展效率界定为传统型绿色发展效率，将创新资源要素投入下的绿色发展效率界定为创新型绿色发展效率，构建绿色发展效率指标体系，运用超效率DEA-SBM模型，测算2001—2017年长江经济带沿线11省市绿色发展效率，分析其时空格局演变特征。研究结果显示：长江经济带创新型绿色发展效率总体呈现出先降、后升、再平稳波动上升的趋势，其中沪浙苏等省创新型绿色发展效率水平较高，湘渝赣滇等省次之，贵鄂川皖等省居后；从时序演变特征来看，长江经济带创新型绿色发展效率总体呈现波动上升状态，上中下游地区创新型绿色发展效率有所上升，且逐渐收敛，体现长江经济带协同发展效果显著；从空间演变特征来看，长江经济带绿色发展效率省际差异呈"先扩大、后缩小"趋势。促进长江经济带创新型绿色发展效率，应进一步优化产业布局、调整产业结构、促进上中下游地区协调绿色发展。

关键词：创新驱动　创新型绿色发展效率　绿色发展　长江经济带

---

* 项目基金：国家社科基金重大项目"供给侧结构性改革与发展新动力研究"（16ZDA006）。

** 作者简介：李雪松，武汉大学经济与管理学院博士、副教授，硕士生导师；龚晓倩、曾宇航，武汉大学经济与管理学院区域经济学硕士研究生。

一　引言

改革开放以来，中国的经济取得了巨大成就，但在取得辉煌成就的同时也产生了众多无法忽视的问题，如环境污染严重、资源消耗过度等。从党的十八大以来，环境保护战略就得到了充足的重视，将生态文明建设上升为重要战略地位，统筹推进"五位一体"总体布局和协调推进"四个全面"战略布局。我国"十三五"规划中也提出了创新、绿色、协调、开放、共享五大新发展理念。近年来，国内外权威性报告对中国和全球的环境状况进行了科学评判，如《中国生态环境状况公报（2017）》披露了2017年全国338个地级及以上城市的环境质量指标，其中有239个城市的环境空气质量超过标准值，总共占比70.7%。《2018年全球环境绩效指数报告》测算了2018年全球180个国家的环境绩效指标，其中，中国排名第120位，相对位置为0.67，较为靠后。追求绿色发展是人民在追求美好生活的过程中的重要体现，社会的永续发展的根本条件也离不开绿色。为了构建高质量现代化经济体系，同时解决当前生态环境问题，绿色是基本的要求和基调，也需要进一步实施绿色发展策略。

长江经济带横跨中国东部、中部、西部三大区域，其在地理位置上具有独特的优势和潜在的发展能力。自改革开放以来，长江经济带不仅是我国综合实力最强的区域，也是全国具有重大战略地位的区域之一。但目前长江经济带发展还面临诸多亟待解决的困难和问题，主要包括生态环境状况形势严峻、长江水道存在"瓶颈"制约、区域发展不平衡问题突出、产业转型升级任务艰巨、区域合作机制尚不健全等。基于此，习近平总书记亲自谋划、部署和推动实施长江经济带发展战略，目的为进一步推动中国永续发展。2014年9月，国务院发布了《关于依托黄金水道推动长江经济带发展的指导意见》，将推动长江经济带建设成为具有全球影响力的内河经济带、东中西互动合作的协调发展带、沿海沿江沿边全面推进的对内对外开放带和生态文明建设的先行示范带。2016年1月，习近平总书记在重庆召开长江经济带发展座谈会强调，未来很长一段时间，要将修复长江生态环境摆在压倒性位置，共抓大保护，不搞大开发。"生态优先、绿色发展"已经上升为长江经济带建设的核心理念。2016年3月16日，全国人民代表大会通过了《国民经济和社会发展第十三个五年规划纲要》，对长江经济带产业绿色发展做了科学战略布局，强调坚持"生态优先、绿色发展"战略定位，合理布局产业，打造特色优势产业集群，将长江经济带建设成为低碳健康的绿色现代产业带。2016年9月，《长江经济带发展规划纲要》正式印发，确立了长江经济带"一轴两翼三极多点"的发展新格局。纲要强调，长江经济带发展必须坚持"生态优先、绿色发展"的战略定位，将长江经济带建设成"生态文明先行示范带"。2018年4月26日，习近平总书记在武汉召开深入推动长江经济带发展座谈会，强调推动长江经济带发展是党中央作出的重大决策，是关系国家发展全局的重大战略。2018年11月颁布的《中共中央国务院关于建立更加有效的区域协调发展新机制的意见》强调将"一带一路"倡议、京津冀协同发展、长江经济带发展、粤港澳大湾区建设并称为新时期我国重大区域发展战略。

近年来，在长江经济带战略的推动下，长江流域生态环境保护已初见成效，但水资源、水环境、水生态、水风险等多重问题纷繁复杂、相互交织，水生态环境安全形势依然严峻，需要以创新为引领，立足生态系统整体性和长江流域系统性进行科学认识，从而支撑实现精准、科学、依法治理。创新是既能够有效促进生态环境改善、也能够推动绿色发展，通过创新能更快更有效地促使经济走向高质量发展。创新通过促进技术进步，提高资本、能源以及劳动力等投入要素的边际生产率，来进一步降低能源消耗与碳排放量，从而促进非可再生资源的利用率的提升。技术进步在实现减排和促进经济增长方面起着有效作用，主要通过提高能源的使用效率，实现经济的进一步增长，来达到绿色发展。

因此，科学评估长江经济带绿色发展效率，运用相关方法研判其时空演变规律，对长江经济带的发展具有重要的理论与实践价值。鉴于长江经济带各区域的经济状况、自然资源、环境状况等水平不同，各区域的绿色发展效率和绿色全要素生产率存在异质性，因此有必要将长江经济带细分为上中下游地区来依次分析绿色发展效率、绿色全要素生产率指标，并有针对性地制定各区域绿色发展效率提升的政策。已有关于绿色发展效率和绿色全要素生产率的研究，更多的是从传统要素的角度出发，然而提高新时期绿色发展的资源高效配置、提升绿色全要素生产率的核心驱动力是技术创新能力。故本报告根据创新驱动理论，构建了包含R&D投入的DEA-SBM模型，传统投入要素分别为资本投入、劳动力投入、能源投入，创新投入要素包括R&D人员和R&D经费，定义创新资源要素投入下的绿色发展效率为创新型绿色发展效率。本报告重点研究以下两个问题：2001—2017年长江经济带创新型绿色发展效率的时序、时空演变规律以及区域差异；并有针对性地提出长江经济带创新型绿色发展效率提升的政策。

二 相关文献综述

（一）绿色发展的内涵与特征

1962年，美国海洋生物学家Rachel Carson撰写的 *Silent Spring* 出版，该著作强化了人们对环境保护的危机意识和忧患意识，也启发了对经济与环境协调发展的深度思考。1972年，联合国人类环境会议发表了《人类环境宣言》，并且创建环境规划署，确立了环境保护在人类发展过程中的重要地位，呼吁全世界的人民增强对全球环境保护的使命感，一起加入这场无硝烟的环保战争中。1992年，联合国在巴西里约热内卢召开了"环境与发展大会"，在该会议上将经济发展与环境保护相结合，首次提出可持续发展战略，并通过了《21世纪议程》。此后，可持续发展从理论上升为战略，成为世界各国的共识，在全球得到推广和普及。中国政府做出了履行《21世纪议程》等文件的庄严承诺，于1994年3月25日由国务院第十六次常务会议审议通过了《中国21世纪议程》，推出了中国的可持续发展战略。进入21世纪以后，特别是党的十八大以来，中国的生态文明建设和可持续发展战略进入了一个全新的时代。在2015年，党的十八届五中全会通过《中共中央关于制定国民经济和社会发展第十三个五年规划的建议》将绿色发展与创新、协调、开放、共享等发展理念共同构成五大发展理念。绿色发展是在传统发展基础上的一种模式创新，是建立在生态环境容量和资源承载力的约束条件下，将环境保护作为实现可持续发展重要支柱的一种新型发展模式。

对"绿色发展"这个领域，学者基于不同的方法与不同的侧重点，分别对其内涵进行深刻的分析。甄霖等（2013）提出"绿色发展二元论"，指出绿色发展从本质上来讲是坚持以人为核心的可持续发展，经济增长、环境保护的协调与融合是该理论的核心关键。郑宏娜（2013）在二元论的基础上进行创新，以经济发展、环境保护及社会福祉三方面为视角提出"绿色发展三元论"。唐啸（2014）在梳理已有相关绿色发展理论文献基础上，总结得出绿色发展概念变迁分为生态、经济—生态、经济—生态—社会三个阶段。邬晓燕（2014）提出，绿色发展是将环境视作内在生产力的发展模式，该模式重视环境与资源可持续、人与自然和谐相处，主要理念是达到经济增长、环境保护的协调与融合。王海芹（2016）指出，绿色发展的演化路径为低级向高级转变，在传统工业化的基础上，将资源及环境的承载力纳入发展范畴，探寻全方面、高效率、可持续的经济发展模式，并注重绿色发展成果的普惠性。综上观点，"绿色发展"可定义为，在不突破生态环境容量和资源承载能力的基础上，区域内的经济系统、社会系统和自然系统的相互协调，进而达到高效率、低能耗的一种新型发展模式。

在厘清绿色发展内涵的基础上，学者对其特征也进行了深入的研究。王永芹（2014）认为，绿色发展是一种可持续发展，其在绿色创新驱动的基础上，主要特征体现在以下三方面：生产消耗排放量低、生活消费合理、生态资本逐渐提升。胡鞍钢（2014）归纳出绿色发展存在三大特征，一是强调经济、社会与自然三大系统的整体性、系统性和协调性；二是该发展方式的基础是绿色经济增长模式；三是注重全球治理在该发展方式中的重要性。邬晓燕（2014）认为，绿色发展的重要特征是传统经济竞争力被以绿色科技主导的绿色竞争力取代，进而成为影响国家综合能力的关键因素，其发展是系统的、整体的、有机的。王海芹（2016）提出，绿色发展具有下述特征：一是绿色发展的协调性；二是绿色发展的全球性；三是绿色发展的系统性；四是在发展中国家绿色发展的后发性。黄茂兴等（2016）进一步提出，绿色发展与经济活动中生产、流通、分配等步骤息息相关，其特点为包容、低碳、可持续等。程钰（2019）指出，绿色发展具有以下特征：首先，前提和保障是经济生态化；其次，本质特征和内在要求是协调发展；最后，实现区域绿色发展目标的多元化应突出区域管理的重要性。总体来说，绿色发展的特征主要体现为：整体性、协调性。整体性侧重绿色发展框架的落实，不仅包括空间领域，如省域、城市、高新技术园区等绿色发展，而且包括产业领域，如三大产业的绿色发展。协调性则强调社会民生、环境保护、经济发展三者的和谐统一。

（二）绿色发展评价

由北京师范大学、西南财经大学和国家统计局（2017）三者共同提出的绿色发展指数受到学术界广泛认可和使用，具有一定的代表性，该指数构建了"经济增长绿化度""政府政策支持度""资源环境承载潜力"3个一级指标，并在相关理论基础上具体细化为9个二级指标、55个三级指标。黄跃等（2017）将经济发展、社会进步、生态文明三个层面纳入城市群绿色发展综合评价指标体系。黄素珍（2019）从六个层面构建了绿色发展指标，依次为绿色生活、资源利用、增长质量、环境质量、环境治理、生态保护。刘耀彬（2019）从绿色发展的动力、压力、状态、影响、响应五个维度构建绿色发展指标评价体系。郭付友（2020）构建的评价指标体系从经济绿化度、社会绿化度、环境绿化度、政府支持度四个角度切入。不同评价指标体系各其优劣，但一般都包括经济增长、城市生态、发展潜力、资源利用四个方面。但是在已有研究中，较少有考虑技术创新因素，然而技术创新能力是提高新时期绿色发展的资源高效配置、提升绿色全要素生产率的核心驱动力。

绿色发展评价方法主要分为指数法和DEA方法两类，其中指标法可以分为主观与客观两种。已有研究中，两种方法均有学者进行了使用和拓展，主观赋权法可以分为AHP方法、专家打分法（郝汉舟，2019；黄素珍等，2019），客观赋权法有主成分分析法（李华旭等，2017；曾贤刚等，2014）、动态因子分析法（高红贵，2019）、熵值法（于成学等，2015；焦士兴等，2019；熊曦等，2019；郭付友，2020）、综合指数法（陈晓雪，2019）。已有文献对绿色发展水平评价的研究尺度主要有四个方面：国际、区域、省际和城市。学者从五个研究角度出发，有较多的研究成果（蓝庆新，2020；李旭辉，2018；陈晓雪等，2019；段永强，2017；刘旭红，2017；汪彬等，2019）。

(三) 绿色发展效率

绿色发展效率是指在考虑资源投入和环境代价的基础上，某一国家或某一地区在经济活动过程中投入要素与产出要素之间的内部关联度与两者的比值关系。

在测算效率的研究中，西方学者最早将资源环境作为投入产出要素纳入了绩效测算模型的过程。Solow（1956）进一步指出，全要素生产率增长率的产生起源与技术变化，可以将其理解为无法用投入增长所解释的额外部分的产出增长率。Caves 等（1982）提出，超对数生产率指数，1983年Pittman在该基础上做出了改进与完善，创新性地在效率测度领域上初次纳入了环境因素。Chung（1997）等创新性地建立了方向性距离函数来测度瑞典的纸浆生产工厂的全要素生产率值，并在Malmquist指数基础上发展提出Malmquist–Luenberger（ML）指数，该指数能在保有原有指数优点的基础上测算存在"非期望产出"的TFP值。ML指数在后续受到了广泛学者的接纳与运用，也有部分国外学者利用ML指数测度绿色发展效率和绿色全要素生产率。后续学者们对效率的测度主要有两种方法：一种方法是把环境污染视作投入要素（Coelli，2005），因环境污染一般出现在产出环节，故种该测度方法与实际生产事实较为脱离；另一种方法是把环境污染视为产出，且是"非期望"产出（Kumar，2006），该思路与Fare在2004年提出的观点较为一致。故在效率测度方法选择上，学者们逐渐形成统一，即将环境污染视为非期望产出进行测度。

国内在效率测度研究方法方面，早些年用参数分析法SFA模型的较多（匡远凤等，2012；于伟，2016等），近些年更多地采用非参数分析法DEA模型，DEA模型类型选择也较多，如SBM模型、DDF模型、非径向方向性距离函数（NDDF）、全局DEA模型等（蔡宁等，2014；杨志江，2017；杜莉，2019；刘海英等，2020），为了防止出现效率值同时为1、无法比较的现象，学者们在DEA模型的基础上进行改进，采用超效率DEA（Super–DEA）模型（车磊，2018；李雪松，2020）。

在效率测度指标方面，因为效率测度实质是研究投入与产出的内在联系，故在构建效率指标评价体系时通常要考虑投入与产出指标。投入指标一般为劳动、资本、能源；产出指标分为期望与非期望产出两种。

通常定义 GDP 为期望产出，而将环境污染定义为非期望产出（李艳军，2014；何爱平等，2019；谢秋皓等，2019）。但很少有研究将创新投入要素作为投入因素，因而构建包含传统投入要素（包含劳动力投入、资本投入、能源投入）和创新投入要素（包含 R&D 人员和 R&D 经费）的绿色发展效率评价指标体系是在现有研究基础上的一种创新和尝试。在非期望产出指标的选择上，学者们尚未形成统一，有的学者选择工业"三废"（方杏村等，2019），也有学者选择二氧化碳、二氧化硫、化学需氧量等指标的排放量（王兵，2014），还有一些学者通过熵值法把多种污染指标进行融合计算形成指数（袁华锡，2019）。在把环境污染作为产出进行效率测度时，通常有两种处理方法：一种是构建绿色 GDP，将 GDP 和环境污染联系在一起，构建绿色 GDP（吴传清等，2018）；另一种是将环境污染作为单独的非期望产出要素（周亮等，2019）。

在效率测度研究尺度方面，主要包括国际、区域、省际、城市四种研究尺度。在国际研究尺度上，黄健柏（2017）选取全球 165 个国家和地区对其绿色发展效率进行测度，杜莉（2019）测度了"一带一路"沿线国家绿色发展绩效；在区域研究尺度上，大多集中在长江经济带、中原城市群、长三角等地区（卢丽文等，2016；吴传清等，2018；李俊杰，2019）；也有较多学者从城市研究尺度出发，如全国的地级市、具体某省的地级市以及干旱区资源型城市等（任耀等，2014；方杏村，2019；袁华锡，2019；胡博伟等，2020）；从省际角度进行研究的学者也很多（黄永春，2015；刘耀彬，2017），但测度出省际效率后，分区域进行分析的较少。

（四）创新型绿色发展效率

随着经济的发展，研发投入在经济增长中的角色日益重要，Romer（1990）、Grossman 和 Helpman（1991）等学者指出，R&D 推动技术进步，其主要通过促进想法加速向成果的转变，促进区域内的产品升级和策略的升级，从而实现经济进一步上涨。国外学者偏向于从微观企业视角研究，如日本学者 Sueyoushi 和 Goto（2013）在研究日本制造业企业以及 IT 企业时，得出企业的企业价值（EV）会因为 R&D 投入而得到显著提高的结论。Wang（2014）运用 DEA 模型评估美国 153 家企业环境状态，构建评估指标时，使用了 R&D 指标。Costa – Campia 等

（2017）在研究西班牙制造业企业时发现，在环境方面投入的 R&D 以及创新是节能减排成功的核心方法。国内目前已有关于绿色发展效率和绿色全要素生产率的研究，更多的是从传统要素的角度出发（钱争鸣等，2015；赵领娣等，2016；杨志江等，2017；何爱平等，2019），然而在创新驱动发展的新阶段，技术创新是优化各要素的配置效率，实现高效发展的关键所在。技术创新效应分析机制分为两个步骤：首先是技术开发阶段，以创新、绿色为指导思想，部署研发人员、分配研发资本，在此基础上，进行研究开发，在该过程中获得一些成果，如专利申请授权数、新产品开发项目等；其次到达技术成果转化阶段，该阶段以生产销售为核心工作，将专利、新产品项目等产业化，从而增加国民生产总值、提升企业运作能力以及减少环境污染，具体如图1所示。

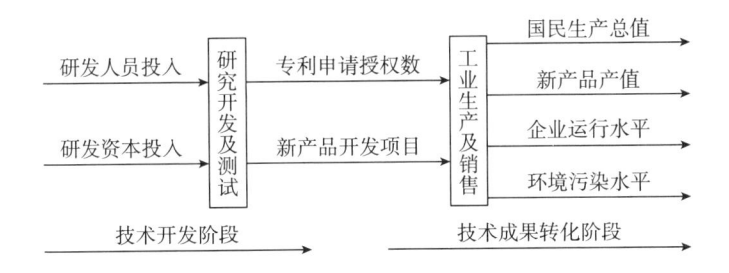

图 1　技术创新效应机制分析

投入指标和产出指标的确定在效率的测度中最为关键。随着经济的发展，研发投入在经济增长中的角色日益重要，关于绿色发展效率的研究，大多是以传统要素的角度切入，然而在创新驱动发展的新阶段，技术创新是优化各要素的配置效率，实现高效发展的关键所在，需将技术创新构建在指标体系中。根据创新驱动理论，可以构建一个包含 R&D 投入的 DEA-SBM 模型，其中传统投入要素为资本投入、劳动力投入、能源投入，创新投入要素包括 R&D 人员和 R&D 经费。在这一模型里，传统资源要素投入下的绿色发展效率被定义为传统型绿色全要素生产率，创新资源要素投入下的绿色发展效率被定义为创新型绿色发展效率。

三 研究方法与数据来源

（一）超效率 DEA 模型

Charnes 和 Cooper（1959）最先提出约束规划概念，并在该理念的基础上进一步拓展，于 1978 年提出能够评价决策单元效率的 CCR 模型。该模型以数学规划为基础，将所得到的决策单元投入产出权重系数视为优化变量，得出效率值。传统的 DEA 模型存在缺陷：其在测算时会产生多个决策单元都位列前沿面的情形，使结果失去实用性，无法对研究主体做出有效评价。为了克服传统 DEA 模型结论无效性等缺点，Andersen 和 Petersen（1993）在传统 DEA 模型的基础上提出了超效率 DEA 模型，该模型的最大特点就是可以相对有效决策单元的效率水平进行比较。

超效率 DEA 模型的主要思路可以用图 2 来表示，用 D 点作为测算的出发点，当需要测度 D 位置的效率值时，线段 DD′为 D 点投入量可增加的范围，那么 D 点的超效率值 = OD′/OD > 1。以此思路，进而测算其他点的超效率值。

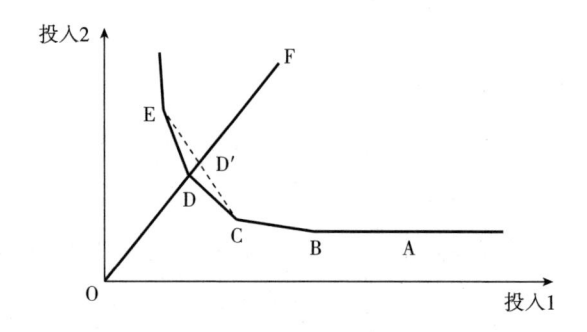

图 2 超效率 DEA 模型

本报告将采用规模效率报酬不变的超效率 DEA 模型来测算长江经济带 11 省市的创新型绿色发展效率的水平。

（二）SBM 方向性距离函数模型

通过 SBM 方向性距离函数测算创新型、传统型绿色发展效率以及全要素生产率是较为通用的做法。其主要实现路径为：把每一个省

（市）作为决策单元，各决策单元都含有投入、"期望"产出和"非期望"产出。若各省（市）投入 m 种生产要素入 $x=(x_1, \cdots, x_m, \cdots, x_M) \in R_M^+$，将产出依次分为"期望"与"非期望"产出，其中前者包含 n 种要素表达为 $y=(y_1, \cdots, y_n, \cdots, y_N) \in R_N^+$，后者包含 J 种要素表达为 $b=(b_1, \cdots, b_j, \cdots, b_J) \in R_J^+$。在上述投入—产出规划下，形成的环境技术的生产可能性集定义式为 $P^t(x) = \{(x_t, y_t, b_t): x_t\}$，其符合生产可能性集的部分基本假设，故通过数据包络分析（DEA）形成公式如下：

$$P(x) = \{(y^t, b^t): \sum_{i=1}^{I} Z_i^t y_{im}^t \geq y_{in}^t, \forall_n; \sum_{i=1}^{I} Z_i^t b_{ij}^t = b_{ij}^t, \forall_j \sum_{i=1}^{I} Z_i^t b_{im}^t$$
$$\geq x_{im}^t, \forall_m; \sum_{i=1}^{I} Z_i^t = 1 z_i^t \geq 0, \forall_i\} \tag{1}$$

其中，$i=1, 2, \cdots, I$ 为相应的每个省；$t=1, 2, \cdots, T$ 为每个时间段 Z_i^t 代表权重。以 Fukuyama 和 Weber 于 2009 年形成的 SBM 方法为基础，构建考虑环境污染产出的方向距离函数：

$$S_v^t(x^{t,t'}, y^{t,i'}, b^{t,i'}, g^x, g^y, g^b) = \max_{s_x, s_y, s_b} \frac{\frac{1}{M}\sum_{m=1}^{M}\frac{S_m^x}{g_m^x} + \frac{1}{N+J}\left(\sum_{n=1}^{N}\frac{S_n^y}{g_n^y} + \sum_{j=1}^{J}\frac{S_j^b}{g_j^b}\right)}{2} \tag{2}$$

约束条件为：

$$\sum_{i=1}^{I} z_i^t x_{im}^t + s_m^x = x_{t'm}^t, \forall_m$$
$$\sum_{i=1}^{I} z_i^t x_{in}^t - s_n^y = y_{t'n}^t, \forall_n$$
$$\sum_{i=1}^{I} z_i^t x_{ij}^t + s_j^b = b_{t'j}^t, \forall_j \tag{3}$$
$$\sum_{i=1}^{I} z_i^t = 1, z_i^t \geq 0, \forall_i$$
$$s_m^x \geq 0, \forall_m; s_n^y \geq 0, \forall_n; s_j^b \geq 0, \forall_i$$

运用考虑非期望环境产出的 SBM 模型与马姆奎斯特模型测算时，计算所得到的指数是以某一时期为基期相对后一时期的 ML 生产率指数，用公式表达为：

$$ML_t^{t+1} = \left\{ \frac{[1+\vec{D}_0^t(x^t, y^t, b^t; g^t)]}{[1+\vec{D}_0^t(x^{t+1}, y^{t+1}, b^{t+1}; g^{t+1})]} \times \frac{[1+\vec{D}_0^{t+1}(x^t, y^t, b^t; g^t)]}{[1+\vec{D}_0^{t+1}(x^{t+1}, y^{t+1}, b^{t+1}; g^{t+1})]} \right\}^{\frac{1}{2}}$$

(4)

当 ML 值大于 1 时，代表生产率增长；ML 小于 1 时，代表生产率下降。同时 ML 生产率指数可以进行深入拆分，可将该指标表示为技术进步指数（TECH）和效率变化指数（EFFCH）的乘积。

$$ML_t^{t+1} = TECH_t^{t+1} \times EFFCH_t^{t+1}$$

(5)

（三）数据来源

选取长江经济带 11 省市 2001—2017 年面板数据，构建包含传统投入要素和创新投入要素的绿色发展效率评价指标体系。分为两类指标：①投入指标。传统投入要素为资本投入、劳动力投入、能源投入，创新投入要素包括 R&D 人员和 R&D 经费。②产出指标。分为期望产出和非期望产出。具体指标体系如表 1 所示。具体数据源于各省市历年统计年鉴。

表 1　　长江经济带绿色发展效率评价指标体系

指标	类别	指标构成	具体内容
投入指标	传统投入要素	资本投入	固定资产存量（万元）
		劳动力投入	从业人员数（万人）
		能源投入	地区能源耗费数（万吨标准煤）
	创新投入要素	R&D 人员	R&D 人力总投入量（人/年）
		R&D 经费	R&D 经费支出额（亿元）
产出指标	期望产出	经济发展水平	地区 GDP（亿元）
	非期望产出	污染性气体排放	工业废气排放量（亿标立方米）
		污染性水资源排放	工业废水排放量（万吨）
		固体污染物排放	工业固体废物产生量（万吨）

四　实证结果分析

（一）测度结果

2001—2017 年长江经济带沿线 11 省份及全国创新型绿色发展效率测度结果如表 2 所示。从历年绿色发展效率平均值的变动情况来看，全

表2　2001—2017年长江经济带创新型绿色发展效率

年份地区	2001	2002	2003	2004	2005	2006	2007	2008	2009	2010	2011	2012	2013	2014	2015	2016	2017	平均	排名
上海市	1.1	1.09	1.09	1.08	1.07	1.09	1.1	1.07	1.07	1.08	1.08	1.07	1.07	1.07	1.07	1.07	1.08	1.08	1
浙江省	1.01	1.02	1.02	1	0.68	0.65	0.66	0.69	0.69	0.71	0.76	0.75	0.81	0.74	0.72	0.73	0.72	0.79	2
江苏省	0.55	0.64	0.58	0.56	0.59	0.59	0.64	0.67	0.68	0.72	1.01	1.01	1.01	1.02	1.01	1.02	1.01	0.78	3
湖南省	0.57	0.5	0.6	0.61	0.49	0.46	0.42	0.53	0.53	0.52	0.57	0.62	0.82	1.01	1	0.78	0.84	0.64	4
重庆市	0.38	0.41	0.41	0.42	0.44	0.4	0.39	0.47	0.5	0.52	0.68	0.78	1.01	0.85	0.85	0.89	1	0.61	5
江西省	0.58	0.42	0.38	0.42	0.43	0.4	0.41	0.44	0.47	0.47	1	1	1.01	0.63	0.6	0.59	1	0.6	6
云南省	0.42	0.39	0.39	0.42	0.38	0.35	0.35	0.4	0.46	0.45	0.48	1	1.01	1.01	1	1.03	0.61	0.6	7
贵州省	0.23	0.25	0.26	0.31	0.44	0.53	0.51	1.03	1.04	0.48	0.46	0.5	0.52	0.52	0.55	0.58	0.55	0.51	8
湖北省	0.32	0.37	0.39	0.4	0.4	0.36	0.44	0.45	1.22	0.46	0.45	0.53	0.59	0.6	0.58	0.6	0.58	0.51	9
四川省	0.31	0.31	0.32	0.35	0.35	0.33	0.31	0.39	0.43	0.42	0.49	0.57	1.01	0.63	0.64	0.67	0.67	0.48	10
安徽省	1.01	0.5	0.45	0.42	0.4	0.35	0.33	0.35	0.39	0.39	0.42	0.43	0.47	0.45	0.43	0.45	0.47	0.45	11
Mean1	0.59	0.54	0.54	0.54	0.52	0.50	0.51	0.59	0.68	0.57	0.67	0.75	0.85	0.78	0.77	0.76	0.78	0.64	
Mean2	0.69	0.69	0.75	0.74	0.68	0.66	0.67	0.70	0.72	0.74	0.74	0.80	0.83	0.82	0.84	0.84	0.86	0.75	
Mean3	0.66	0.63	0.67	0.67	0.62	0.6	0.61	0.66	0.7	0.67	0.72	0.78	0.84	0.8	0.81	0.81	0.83	0.71	

注：表中Mean1，Mean2，Mean3分别表示长江经济带地区，长江经济带以外地区，全国30个省份（港澳台、西藏除外）绿色发展效率平均值。

国绿色发展效率总体呈现先下降、后上升的趋势，长江经济带绿色发展效率也呈现先降后升再降的趋势，除去长江经济带地区以外考察全国30个省份的综合绿色发展效率水平与全国整体的效率波动情况较相似。从绿色发展效率平均水平来看，长江经济带地区最低，全国平均一直高于长江经济带地区，2001—2013年长江经济带沿线11省份与全国平均水平差距较大，但该差距不断缩小，直至2013年实现反超，但14年后又略低于全国水平，差距较小。从长江经济带各省市来看，上海市、浙江省、江苏省的绿色发展效率水平较高，湖南省、重庆市、江西省、云南省次之，贵州省、湖北省、四川省、安徽省居后。研究期内，各省份绿色发展效率极差达到0.86，差异显著。其中，上海市历年绿色发展效率值均大于1，绿色发展水平较高。然而绝大多数省份历年绿色发展效率值低于0.8，主要分布在0.5—0.7区间，相比较排名前三的上海市、浙江省、江苏省，这部分省市还存在一段可以追赶的距离。江苏省、湖南省、重庆市三个省市创新型绿色发展效率上升幅度明显，取得较好成果。

（二）时序演变特征

将长江经济带划分为上中下游来分别考察绿色经济效率时空演变规律，其中上游省份包括云南、贵州、四川、重庆四省市，中游省份包括湖北、湖南、江西三省份，下游省份包括江苏、上海、浙江、安徽四省市。2001—2017年长江经济带上中下游地区绿色经济效率平均值见图3。

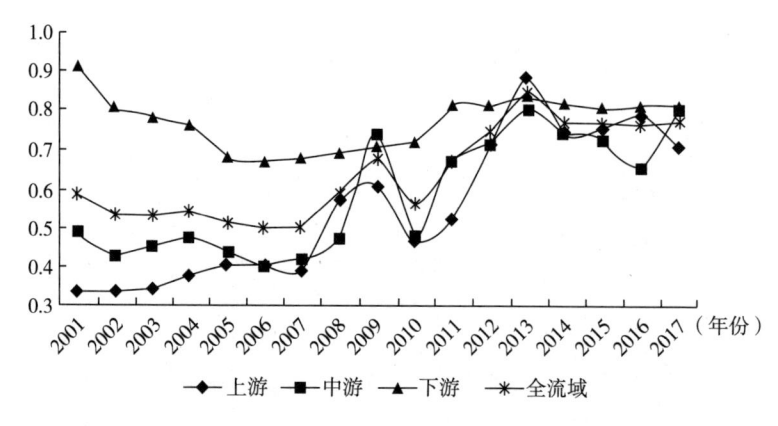

图3 2001—2017年长江经济带上中下游地区绿色发展效率

由图 3 和表 3 可得，2001—2017 年，长江经济带全流域呈现 2001—2006 年小幅下降、2007—2009 年再上升、2010 年下降、2011—2013 年再上升、2014—2017 年趋于稳定，总体处于波动上升阶段。长江经济带上游、中游的创新型绿色发展效率变化趋势与全流域变化趋势较为一致，都处于波动上升阶段。下游地区 2001—2006 年下降，2007—2011 年上升，2012—2017 年处于稳定状态。我国越来越注重创新，2006 年提出"创新型国家"战略目标以及党的十八大提出"创新驱动发展"战略等都对科技发展有巨大的推动作用。我国 R&D 经费支出由 2001 年的 1072.91 亿元增加到 2017 年的 17452.9 亿元，同时，R&D 人员全时当量从 96.68 万人/年变成 388.7462 万人/年。且自 2005 年国务院颁布了关于促进中部地区崛起的相关政策，有效推动中、西部地区崛起的产业承接政策促进大量资本、劳动力要素流入，使中西部地区经济得到增长，2014 年长江经济带打造成生态文明的先行示范带的政策出台，此后国家和长江经济带各地方政府陆续出台相关政策，长江经济带生态文明建设初见成效。从长江经济带上中下游时间演变趋势来看，上中下游地区创新型绿色发展效率有所上升，且逐渐收敛，体现长江经济带协同发展效果显著。

表 3　2001—2017 年长江经济带地区创新型绿色发展效率

年份	2001	2002	2003	2004	2005	2006	2007	2008	2009
上游	0.34	0.34	0.35	0.38	0.40	0.40	0.39	0.57	0.61
中游	0.49	0.43	0.46	0.48	0.44	0.41	0.42	0.47	0.74
下游	0.92	0.81	0.79	0.77	0.69	0.67	0.68	0.70	0.71
长江经济带	0.59	0.54	0.54	0.54	0.52	0.50	0.51	0.59	0.68
年份	2010	2011	2012	2013	2014	2015	2016	2017	平均
上游	0.47	0.53	0.71	0.89	0.75	0.76	0.79	0.71	0.55
中游	0.48	0.67	0.72	0.81	0.75	0.73	0.66	0.81	0.59
下游	0.73	0.82	0.82	0.84	0.82	0.81	0.82	0.82	0.78
长江经济带	0.57	0.67	0.75	0.85	0.78	0.77	0.76	0.78	0.64

（三）空间演变特征

本报告将长江经济带 11 省市创新型绿色发展效率分为低效率、中等效率、高效率三个层级，分别截取2001年、2006年、2011年、2013年和2017年五个时间截面作为代表，如表4所示。

表4 2001—2017年长江经济带创新型绿色发展效率层级（部分年份）

2001年	效率值	省市
第一层级（高效率层级）	0.75以上	上海市、浙江省、安徽省
第二层级（中等效率层级）	0.50—0.75	江苏省、湖南省、江西省
第三层级（低效率层级）	0—0.49	重庆市、云南省、贵州省、湖北省、四川省
2006年	效率值	省市
第一层级（高效率层级）	0.75以上	上海市
第二层级（中等效率层级）	0.50—0.75	浙江省、江苏省、贵州省
第三层级（低效率层级）	0—0.49	湖南省、重庆市、江西省、云南省、湖北省、四川省、安徽省
2011年	效率值	省市
第一层级（高效率层级）	0.75以上	上海市、浙江省、江苏省、江西省
第二层级（中等效率层级）	0.50—0.75	湖南省、重庆市
第三层级（低效率层级）	0—0.49	云南省、贵州省、湖北省、四川省、安徽省
2013年	效率值	省市
第一层级（高效率层级）	0.75以上	上海市、浙江省、江苏省、湖南省、重庆市、江西省、云南省、四川省
第二层级（中等效率层级）	0.50—0.75	贵州省、湖北省
第三层级（低效率层级）	0—0.49	安徽省

续表

2017年	效率值	省市
第一层级（高效率层级）	0.75以上	上海市、江苏省、湖南省、重庆市、江西省
第二层级（中等效率层级）	0.50—0.75	浙江省、云南省、贵州省、湖北省、四川省
第三层级（低效率层级）	0—0.49	安徽省

2001年长江经济带创新型绿色发展效率存在较为显著的区域差异，下游地区除江苏省外的其他三个省市的指标均高于0.75，属于高效率层级，中游地区除湖北省外的其他两个省市指标位于区间［0.50，0.75］，属于中等效率层级，上游地区的四大省市指标均低于0.49，均属于低效率层级。2006年长江经济带创新型绿色发展效率水平降低，且区域差异更为显著，整个长江经济带区域内只有上海市的指标高于0.75，位于高效率层级，下游地区的浙江省、江苏省的指标位于中等效率区间［0.50，0.75］，除贵州省外的上游地区和中游地区均为低效率层级，呈金字塔状。2011年长江经济带创新型绿色发展效率水平得到一定提升，下游地区绿色发展效率水平依然领先，除安徽省外均处于高效率层级，中上游地区绿色发展效率有所提升，低效率省份与2006年相比有所减少。2013年长江经济带创新型绿色发展效率水平得到显著提升，除上游地区的贵州省、中游地区的湖北省处于中等效率层级、下游地区的安徽省处于低效率层级外，其他8个省市都处于高效率层级，呈倒金字塔状。2017年长江经济带创新型绿色发展效率水平区域差异缩小，均匀分布，浙江省、云南省、四川省降级进入第二层级，整体来看长江经济带中各省市在中上层级均匀分布，从高、中、低效率依次呈现出沪苏湘赣渝、浙鄂云贵川、皖的分布态势。2013—2017年，中高效率省份居多，中上游地区绿色经济效率有所提升，低效率省份只有一个。2001—2017年，社会发展越来越注重创新驱动，R&D经费和人员投入量大，绿色创新效率逐渐提高，且政府大力引导产业转型升级，避免资源能源要素投入大、利用程度低，降低粗放型经济模式对社会环境

产生的负面排放，倡导高质量发展，长江经济带绿色发展效率得到显著提升且区域差异缩小。

（四）影响因素分析

借鉴现有文献对绿色发展效率并结合上述长江经济带创新型绿色发展效率的时空演化分析，本报告认为影响长江经济带创新型绿色发展效率的主要有五个方面：

1. 经济发展水平

经济发展水平的提高，有利于技术创新的进步，从而使创新型绿色发展效率得到提升。经济发展水平是效率评估中的期望产出，直接影响绿色发展效率值。在社会发展过程中，经济发展水平与社会中各类要素因子相辅相成，一方面，经济发发展水平的提升，可以促进技术水平的提升，从而提升生产效率；另一方面，经济发展使人民生活水平提高，进而消费能力以及消费档次得到优化，对于绿色、高技术产品的需求会增多，需求导向的市场经济会促使生产发展向绿色化、高效率、高质量方向发展。这一结果可从前述分析体现出来，如上海、江苏、浙江等省市，进入21世纪以来该地区积累了相对丰富的劳动力、技术等要素，经济发展水平也位于全国前列，其所属的效率层级也基本上处于高层级。

2. 产业结构

产业结构对创新型绿色发展效率的影响主要体现为第二产业的比重越大，越阻碍创新型绿色发展效率的提高。产业结构升级主要通过三种机制来影响创新型的绿色发展效率：第一种是生产要素再配置效应机制，即产业在空间区域内进行转移时，通常伴随劳动力、资本、土地等生产要素的流动，不同产业有各自的生产效率，因此产业结构的变动会有"结构红利""结构负利"两种不同的影响。"结构红利"是要素从低生产效率产业流入高生产效率产业，从而使生产效率得到提高，促进了经济增长；"结构负利"的要素流动则反之，从而降低了生产效率。故创新型绿色发展效率值会受到产业结构升级所产生的生产要素再配置效应的影响。第二种是技术溢出效应，高生产效率的产业由于技术溢出以及产业之间的关联作用，使这些产业的技术扩散且应用至其他产业，从而拉动其他产业的技术进步和效率提升。第三种是分工专业化效应，产业结构的演变实质是专业化分工的不断深化，分工越细化，生产越专业化，生产效率得到提高。

3. 外商投资

外商投资是区域开放程度的重要指标。通常来说，外商投资影响创新型绿色发展效率的路径有三种：一是规模效应，主要表现为外商投资拉动经济增长，提升物质基础，在财富积累到一定程度、经济水平到达一定阶段时，人们开始注重且着手于生活环境的改善与治理。二是结构效应，其可以分为两种情况，当外资从他国流入本国时，带来的是资源消耗高、环境污染重的产业，则会使该地区的环境遭到破坏；若引入的是高科技含量的产业，则会推动该地区的产业结构升级、生产效率的提升。三是技术效应，主要是随着外商投资所带来的技术转移，东道国的技术效益也会得到提升，如若是环境技术开发公司产生的技术溢出，将直接促进该地区环境质量的改善。根据长江经济带创新型绿色发展效率的时空演变来分析，长江下游地区，特别是上海、江苏和浙江等省市，由于地处沿海区域，是较为发达的开放新高地，外商投资通过技术、资本等溢出效应促进了创新型绿色发展效率的提升，而在长江中游和上游地区，由于基础设施较为落后，引进的产业可能是高污染高耗能，反而可能降低区域创新型绿色发展效率。

4. 技术创新

技术创新通过创造新产品、生产过程绿色化改造促进创新型绿色发展效率。生产绿色化的核心是技术创新，而技术创新是绿色发展的基础。而技术创新主要依赖于与知识创造和知识积累相关的创新投入，即企业的研发投入行为是企业技术创新的动力支撑。长江经济带创新型绿色发展效率的时空演变也验证了这一结论。对在研发人员、研发投入、研发成果方面均具有优势的省市，其创新型绿色发展效率不但处于较高的层级，还具有正的溢出效应，其研发投入有利于技术的提升以及科研成果的形成，对邻近区域起着带动作用，从而也会提高邻近区域创新效率。

5. 环境规制

在理论上，环境规制对经济效率的作用机制较为复杂，大致为四种假说。一是制约假说，认为环境规制使企业的环境治理经费投入增加，负担增大，对经济效率的提升起制约作用。二是环境竞争假说，为防止环境规制阻碍效率提高，各地区之间会选择低环境标准，且相互竞争，因此整体环境更加恶化。三是波特假说，环境规制在短期内或会引起效率降低，但中长期来说会激发企业开展研发活动的积极性，并进一步提高生产效率，弥补环境规制投入成本，最终获得盈利。四是不确定假说，认为经济效率、环境规制两者之间是复杂的、不确定的。根据前述长江经济带创新型绿色发展效率的时空演变来分析，环境规制对长江经济带的创新型绿色发展效率总体上表现出抑制作用，说明大部分地区为了达到规制要求，加大了企业的成本负担，同时影响了期望产出水平，环境规制的中长期作用还未显现出来。

五 研究结论与政策建议

（一）研究结论

（1）长江经济带创新型绿色发展效率表现为先降后升再趋于平稳，总体呈现出波动性上升态势。从长江经济带省份层面来看，绿色发展效率水平较高的省市主要有上海市、浙江省、江苏省，随着长江经济带向内延伸，沿线省份指标逐渐降低，即湖南省、重庆市、江西省、云南省次之，贵州省、湖北省、四川省、安徽省居最后。研究期内，各省份绿色发展效率差异显著。除去浙沪苏三省市绿色发展效率值超过了0.8，其他省份历年绿色发展效率值均分布在0.5—0.7区间，绿色发展水平较低，有需要进一步加强环境管控、提升环保意识，来缩小与浙沪苏三省市之间的差距。

（2）从时序演变特征来看，长江经济带创新型绿色发展效率在全流域总体处于波动上升阶段。长江经济带上游、中游的创新型绿色发展效率变化趋势与全流域变化趋势较为一致，都处于波动上升阶段。下游地区2001—2006年下降，2007—2011年上升，2012—2017年处于稳定状态。从长江经济带上中下游时间演变趋势来看，上中下游地区创新型绿色发展效率有所上升，且逐渐收敛，体现长江经济带协同发展效果显著。

（3）从空间演变特征来看，长江经济带绿色发展效率省际差异呈先扩大后缩小趋势。2001—2005年，第一层级和第二层级省份减少，第三层级省份增多；2006—2017年，第一层级和第二层级的省份逐渐增多，中上游地区绿色经济效率有所提升，第三层级省份逐渐减少至1个省份。影响长江经济带创新型绿色发展效率的主要因素可以分为五大类，依次为经济发展水平、产业结构、外商投资、技术创新和环境规制等。

（二）政策建议

1. 优化产业布局

（1）优化工业企业布局。推进工业企业聚集发展，严格控制长江流域工业园区的环境准入标准，加强园区内的安全生产性基础建设，提升区域内环境监管和风险管控力度。发挥主体功能区规划的引导和约束作用，依据长江经济带各地区资源环境承载力与国土空间开发适宜性，明确工业发展方向和最优开发强度。

（2）优化农业发展空间布局。按照国土功能区划分的发展区对农业进行产业布局，引导农业主要向优化发展区汇集，减轻其他发展地区的农业发展压力，用以解决空间上资源分配不合理所导致的结构性矛盾。优化特色农产品生产布局，针对地区资源的特点，因地制宜发展有利于提升当地生产潜能的特色农产品，培育具有本土特色、强竞争力的农业品牌。

2. 调整产业结构

（1）加强节能环保产业发展。不断提升对长江经济带节能环保产业的关注度，同时推动区域内节能制造业集群的建设，加快制造业与服务业的融合，加强节能环保型服务企业与工业企业的联系，倡导节能环保型企业采用第三方服务方式，重视并鼓励再制造企业进行再制造产品的研发推广。

（2）推动传统制造业绿色转型升级。加强能源资源综合利用，以焦化、煤化工、工业锅炉等为重点，旨在减少煤炭资源的污染物排放量、提高能源利用率，推广能耗利用技术，提升能耗装备技术水平，来达到减煤、控煤、削减大气污染排放的目的。建设绿色工厂，鼓励企业使用清洁原料，推广应用先进的清洁生产技术和高效末端治理设备。

（3）推动绿色服务业发展。构建绿色金融市场体系，匹配相关的金融与税费制度。以上海为中心，建立绿色金融市场体系示范区，将环保绿色的发展理念融入经济活动中，建立一套新的绿色贷款评价指标体系。积极发展绿色生产性服务企业和绿色生活服务业。加速发展绿色金融业和绿色物流业的基础设施建设，创新新兴生态旅游产品，构建绿色公共服务平台，打造新兴绿色旅游业。

3. 促进长江流域协调绿色发展

（1）下游地区应充分开拓生态空间。不断提高资源利用效率，大力引进、研发新兴技术，成为技术创新和生态效率提高的领头军；加快调整经济结构，完善和升级耗能低、产品附加值高的现代产业体系，重点以高技术产业和现代服务业为主，尤其是高端生产业服务业，以驱动产业转型升级；以财政拨款、简化行政审批、实行技术创新补贴奖励等方式，加大对节能减排技术、低碳技术的支持；充分利用技术基础和区位优势，大力引进国外先进绿色技术，同时完善有利于技术成果市场化的市场环境。

（2）中游地区应加快进行产业结构优化。加大科技研发投入强度，为吸引外来人才提供基础，防止内部人才流失；提高工业的节能降耗水平，推动传统产业的技术改造和产品升级，从而使要素投入的利用效率提升；制定统一清洁生产标准规则，通过环境税、碳排放交易等方式迫使企业进行绿色生产转型，逐渐形成清洁生产，而非末端治理；提高产业转移的准入门槛，形成节能、环保等约束指标体系，控制高耗能、高污染企业的流入；制定适宜的创新创业及就业政策，引进优秀技术人才。

（3）上游地区要秉持环境优先理念，做好环保防污措施。实行生产过程清洁化，以污染的少排放、能源的低消耗为标准，做到环保且高效率；做好污染治理工作，加强环境监督工作，防止资源过度和低效开采；实施人才战略，培养和引进技术性人才，在资源禀赋优势基础上，形成能源效率优势；上中下游地区要利用能源项目形成技术经济合作，上游地区积极学习中下游地区的先进技术和管理经验，通过知识外溢来促进自身技术水平的提升。

参考文献

陈晓雪、徐楠楠：《长江经济带绿色发展水平测度与时空演化研究——基于11省市

2007—2017 年数据》，《河海大学学报》（哲学社会科学版）2019 年第 6 期。

程钰等：《中国绿色发展时空演变轨迹与影响机理研究》，《地理研究》2019 年第 11 期。

车磊等：《中国绿色发展效率的空间特征及溢出分析》，《地理科学》2018 年第 11 期。

蔡宁等：《中国绿色发展与新型城镇化——基于 SBM-DDF 模型的双维度研究》，《北京师范大学学报》（社会科学版）2014 年第 5 期。

杜莉、马遥遥：《"一带一路"沿线国家的绿色发展及其绩效评估》，《吉林大学社会科学学报》2019 年第 5 期。

方杏村等：《财政分权、产业集聚与绿色经济效率——基于 270 个地级及以上城市面板数据的实证分析》，《经济问题探索》2019 年第 11 期。

高红贵、赵路：《长江经济带产业绿色发展水平测度及空间差异分析》，《科技进步与对策》2019 年第 12 期。

郭付友等：《振兴以来东北限制开发区绿色发展水平时空分异与影响因素》，《经济地理》2018 年第 8 期。

郭付友等：《山东省绿色发展水平绩效评价与驱动机制——基于 17 地市面板数据》，《地理科学》2020 年第 2 期。

胡博伟等：《干旱区资源型城市绿色经济效率时空分异特征》，《资源科学》2020 年第 2 期。

黄素珍等：《安徽省黄山市绿色发展时空趋势研究》，《长江流域资源与环境》2019 年第 8 期。

郝汉舟等：《湖北省绿色发展指数空间格局及诊断分析》，《世界地理研究》2017 年第 2 期。

何爱平、安梦天：《地方政府竞争、环境规制与绿色发展效率》，《中国人口·资源与环境》2019 年第 3 期。

黄茂兴、叶琪：《马克思主义绿色发展观与当代中国的绿色发展——兼评环境与发展不相容论》，《经济研究》2017 年第 6 期。

黄跃、李琳：《中国城市群绿色发展水平综合测度与时空演化》，《地理研究》2017 年第 7 期。

黄健柏等：《全球绿色发展格局变迁及其逻辑研究》，《南方经济》2017 年第 5 期。

黄永春、石秋平：《中国区域环境效率与环境全要素的研究——基于包含 R&D 投入的 SBM 模型的分析》，《中国人口·资源与环境》2015 年第 12 期。

胡鞍钢、周绍杰：《绿色发展：功能界定、机制分析与发展战略》，《中国人口·资源与环境》2014 年第 1 期。

焦士兴等：《河南省绿色发展水平综合测度与时空演化研究》，《安全与环境学报》2019年第6期。

匡远凤、彭代彦：《中国环境生产效率与环境全要素生产率分析》，《经济研究》2012年第7期。

刘海英、刘晴晴：《中国省级绿色全要素能源效率测度及技术差距研究——基于共同前沿的非径向方向性距离函数估算》，《西安交通大学学报》（社会科学版）2020年第2期。

李雪松、曾宇航：《中国区域创新型绿色发展效率测度及其影响因素》，《科技进步与对策》2020年第3期。

李俊杰、景一佳：《基于SBM-GIS的绿色发展效率评价及时空分异研究——以中原城市群为例》，《生态经济》2019年第9期。

刘耀彬等：《中国的绿色发展：特征规律·框架方法·评价应用》，《吉首大学学报》（社会科学版）2019年第4期。

刘耀彬等：《文化产业集聚对绿色经济效率的影响——基于动态面板模型的实证分析》，《资源科学》2017年第4期。

李华旭等：《长江经济带沿江地区绿色发展水平评价及其影响因素分析——基于沿江11省（市）2010—2014年的相关统计数据》，《湖北社会科学》2017年第8期。

卢丽文等：《长江经济带城市发展绿色效率研究》，《中国人口·资源与环境》2016年第6期。

李艳军、华民：《中国城市经济的绿色效率及其影响因素研究》，《城市与环境研究》2014年第2期。

钱争鸣、刘晓晨：《资源环境约束下绿色经济效率的空间演化模式》，《吉林大学社会科学学报》2014年第5期。

钱争鸣、刘晓晨：《我国绿色经济效率的区域差异及收敛性研究》，《厦门大学学报》（哲学社会科学版）2014年第1期。

钱争鸣、刘晓晨：《环境管制、产业结构调整与地区经济发展》，《经济学家》2014年第7期。

钱争鸣、刘晓晨：《环境管制与绿色经济效率》，《统计研究》2015年第7期。

钱争鸣、刘晓晨：《中国绿色经济效率的区域差异与影响因素分析》，《中国人口·资源与环境》2013年第7期。

任耀等：《绿色创新效率的理论模型与实证研究》，《管理世界》2014年第7期。

唐啸、胡鞍钢：《绿色发展与"十三五"规划》，《学习与探索》2016年第11期。

吴传清、宋筱筱：《长江经济带城市绿色发展影响因素及效率评估》，《学习与实践》2018年第4期。

吴传清、黄磊：《演进轨迹、绩效评估与长江中游城市群的绿色发展》，《改革》2017年第3期。

王海芹、高世楫：《我国绿色发展萌芽、起步与政策演进：若干阶段性特征观察》，《改革》2016年第3期。

王永芹：《当代中国绿色发展观研究》，博士学位论文，武汉大学，2014年。

王兵、黄人杰：《中国区域绿色发展效率与绿色全要素生产率：2000—2010年——基于参数共同边界的实证研究》，《产经评论》2014年第1期。

王兵等：《城镇化提高中国绿色发展效率了吗？》，《经济评论》2014年第4期。

王兵等：《中国区域环境效率与环境全要素生产率增长》，《经济研究》2010年第5期。

邬晓燕：《绿色发展及其实践路径》，《北京交通大学学报》（社会科学版）2014年第3期。

熊曦等：《长江中游城市群绿色化发展水平测度及其差异》，《经济地理》2019年第12期。

谢秋皓、杨高升：《新型城镇化背景下中国区域绿色发展效率测算》，《统计与决策》2019年第24期。

袁华锡等：《金融集聚如何影响绿色发展效率？——基于时空双固定的SPDM与PTR模型的实证分析》，《中国管理科学》2019年第11期。

杨志江、文超祥：《中国绿色发展效率的评价与区域差异》，《经济地理》2017年第3期。

于伟、张鹏：《城市化进程、空间溢出与绿色经济效率增长——基于2002—2012年省域单元的空间计量研究》，《经济问题探索》2016年第1期。

周亮等：《中国城市绿色发展效率时空演变特征及影响因素》，《地理学报》2019年第10期。

赵领娣等：《人力资本、产业结构调整与绿色发展效率的作用机制》，《中国人口·资源与环境》2016年第11期。

曾贤刚、毕瑞亨：《绿色经济发展总体评价与区域差异分析》，《环境科学研究》2014年第12期。

Andersen P., Petersen N. C., "A Procedure for Ranking Effcient Unit in Data Envelopment Analysis", *Management Science*, Vol. 10, 1993.

Caves, D. W., Christensen, L. R., Diewert, W. E., "The Economic Theory of Index Number and the Measurement of Input, output and Productivity", *Econometric: Journal of the Econometric Society*, No. 6, 1982.

Charnes A. , Cooper W. W. , "Chance – Constrained Programming", *Management Science*, No. 6, 1959.

Charnes A. , Cooper W. W. , "Rhodes E. Measuring the Efficiency of Decision Making Units", *European Journal of Operational Research*, Vol. 78, 1978.

Chung Y. H. , Fare R. , "Grosskopf S. Productivity and Undesirable Outputs: A Directional Distance Function Approach", *Journal of Environmental Management*, No. 3, 1997.

Costa – Campia M. , Garcia – Quevedoa J. , Martnez – Rosb E. , "What are the Determinants of Investment in Environmental R&D", *Energy Policy*, Vol. 104, 2017.

Fare R. , Grosskopf S. , Lovell C. A. K. et al. , "Multilateral Productivity Comparisons When Some OutputsAre Undesirable: A Nonparametric Approach", *The Review of Economics and Statistics*, No. 1, 1989.

Färe R. , Grosskopf S. , Linderdgren B. et al. , "Productivity Changes in Swedish Pharmacies 1980 – 1989: Anonparametric Malmquist Approach", *Journal of Productivity Analysis*, No. 1, 1992.

Färe R. , Grosskopf S. , "Carl A Pasurka Jr. Accounting for Pollution Emissions in Measures of State Manufacturing Productivity Growth", *Journal of Regional Science*, No. 3, 2010.

Fukuyama H. , Weber W. Y. L. A. , "Directional Slacks – based Measure of Technical Inefficiency", *Socio – Economic Planning Sciences*, No. 4, 2009.

Grossman G. M. , Helpman E. , "Quality Ladders in the Theory of Growth", *Review of Economic Studies*, Vol. 58, 1991.

Kumar, S. , "Environmentally Sensitive Productivity Growth: A Global Analysis using Malmquist – LuenbergerIndex", *Ecological Economics*, No. 2, 2006.

Pittman, R. W. , "Multilateral Productivity Comparisons with Undersirable Output", *Economic Journal*, Vol. 372, 1983.

Romer P. M. , "Endogenous Technolgical Change", *Journal of Political Economy*, Vol. 98, 1990.

Romer P. M. , "Increasing Returns and Long – Run Growth", *Journal of Political Economy*, No. 5, 1986.

Solow R. M. , "A Contribution to the Theory of Economic Growth", *Quarterly Journal of Economics*, Vol. 70, No. 1, 1956.

Sueyoshi T. , Goto M. , "A Use of DEA – DA to Measure Importance of R&D Expenditure in Japanese Information Technology Industry", *Decision Support Systems*, Vol. 54,

2013.

Wang D., Li S., Sueyoshi T., "DEA Environmental Assessment on U. S. Industrial Sectors: Investment for Improvement in Operational and Environmental Performance to Attain Corporate Sustainability", *Energy Economics*, Vol. 45, 2014.

长江经济带农村环境治理研究报告[*]

侯伟丽[**]

摘　要：长期以来，长江经济带的农村地区积累了大量环境欠账，既损害了农村居民健康，也危害农产品质量安全和国家生态安全。加大农村环境治理力度、清理农村环境欠账是落实国家乡村振兴战略、建设美丽乡村、增强农村居民获得感和幸福感的重要环节。本报告梳理了现阶段这一地区的农村环境治理现状，发现存在的主要问题包括污染物质的产生和排放量大、各地农村人居环境质量发展不均衡、环境管理效率低、跨行政区环境治理协调困难。同时，农村环境治理的政策优先度提高、人口城镇化水平提高、农业活动强度下降、社会环保投资能力和投资意愿增强也为提升农村环境质量提供了机遇。在分析这些有利和不利因素的基础上，本报告提出了加强长江经济带农村环境治理的政策建议：①推动城镇化和农业规模经营；②科学制订村镇发展规划；③规范农村环保资金筹资和使用渠道；④制定适应农村情况的环境管制政策；⑤完善区域间环境治理合作和生态补偿机制。

关键词：农村环境治理　人居环境　生态补偿

长江经济带11省市不仅是我国主要农产品生产基地，也是构建国家生态安全的重要基础。长期以来，这一地区积累了大量环境欠账，面临环境监管体系不完善、基础设施投资不足、农产品质量安全难以保

---

[*] 基金项目：武汉大学"两型"社会研究院自主课题"环境与发展研究"。
[**] 作者简介：侯伟丽，经济学博士，武汉大学经济与管理学院副教授。

证、农村人居环境发展不平衡等问题。

随着收入和生活水平的提高，长江经济带各省市农村居民对更高环境质量的需求不断增加，而强大的经济实力也使加大农村环境治理力度、清理农村环境欠账成为可能。特别是近年来我国一批涉及农村环境治理的规划和政策相继出台，加强农村环境治理成为转变经济增长方式、实现城乡统筹、落实国家乡村振兴战略、建设美丽乡村、增强农村居民获得感和幸福感的重要环节。随着各级环境治理投入力度的加大，这一地区的农村人居环境整治工作已取得了不小的进展，但由于各省市间地理条件和经济发展水平差异大，要统筹经济带内农村生态环境保护工作，提升带内农村环境整体质量、保障长江流域的生态安全仍面临不少挑战和困难。本报告将梳理现阶段这一地区的农村环境治理工作现状，在分析其有利和不利因素的基础上，为加强本地区农村环境治理提供政策建议。

一 农村环境治理面临的问题和困境

大量统计数据和研究调查显示，长江经济带的农村地区面临污染排放量长期大于环境承载能力、污染防治设施不足、环境监管力度弱等问题。

（一）污染物质的产生和排放量大

农村地区的产业结构以种养殖业为主，与工业生产的点状污染源不同，种养殖业污染包括土壤侵蚀和流失、化肥农药的施用、农田污水灌溉、农村生活污水、畜禽粪便、淡水养殖、大气沉降、底泥二次污染等面状污染源，排放负荷复杂多变，排放路径与地形地貌、降雨、受纳水体的地理特征相关，污染物的输送量和时间地点也变化不定。这使要追踪农村污染的产生、转移、危害链条更加困难。尽管面源污染难以直接测量，但从物质平衡和物质转移的角度看，农用化学品的投入是产生这些污染的重要物质根源，因此可以从农用化学品的投入量入手分析农业生产类污染的变化情况。

在工业化和城镇化过程中，由于务农收益下降等原因，农户会选择农用化学品取代劳动投入，将劳动力转移到非农业以获得更多收益。在涉农统计指标体系中，化肥农药和农用塑料薄膜的使用量是标示农业现代化程度的重要指标。但是，这种现代农业尽管能节约劳动力提高产量，却易引发生态环境问题，在市场监督机制不完善的情况下，也易产生食品安全问题。长江经济带的农村地区，大多已从传统农业转变为大量投入农用化学品的现代农业。实际上，即使是交通不便的西南偏远山区，农户也会选择使用见效快的化肥、农药和除草剂，但对其带来的环境危害缺乏足够的认知。

施用化肥能快速补充土壤肥力，是提高农业产量的重要技术手段，从长江经济带各省市的统计数据可以看出，其化肥施用量大体上呈现先增长、后下降的走势。如湖北省 2000 年的化肥为 247 万吨，到 2012 年达到最大值 355 万吨，此后逐年下降，2018 年下降到 296 万吨（见图 1）。

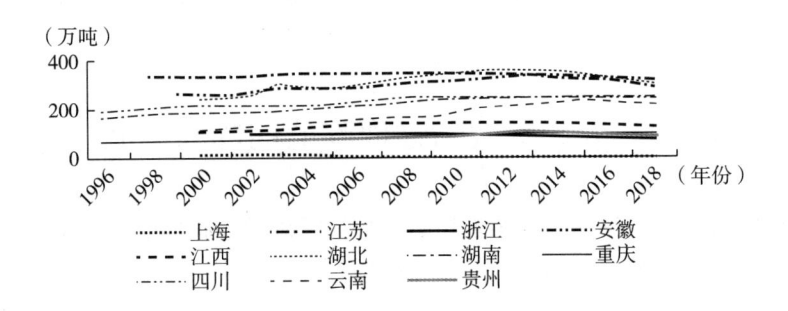

图 1　长江流域各省化肥施用量折纯量

资料来源：各省历年统计年鉴。

尽管近年来施用总量下降，但与其他国家和地区相比，长江经济带各省市施用在单位面积耕地中的化肥量仍然超标严重。2017 年，长江经济带中化肥施用量最少的贵州省用量为 14.12 千克/亩，而江苏省和湖北省的用量都超过了 40 千克/亩（见图 2）。而据世界银行统计，世界平均化肥施用量仅为 9.37 千克/亩，即使是农业高度现代化的美国，施用量也仅为 9.34 千克/亩。[①] 过量施用化肥从经济和环境影响角度看都是不合理的：从经济角度看，随着施用量增加，化肥对农业产量增长

---

① 来自世界银行统计数据，https://data.worldbank.org/indicator/AG.CON.FERT.ZS?view=chart。

的边际促进作用下降,而过量施用化肥会增加生产成本造成浪费;从环境角度看,过量施用的化肥不能为作物充分吸收,会滞留在土壤和水体中,破坏土壤结构,使土壤酸化板结,还会导致食品、饲料和饮用水中的有毒成分增加、水体富营养化等问题。

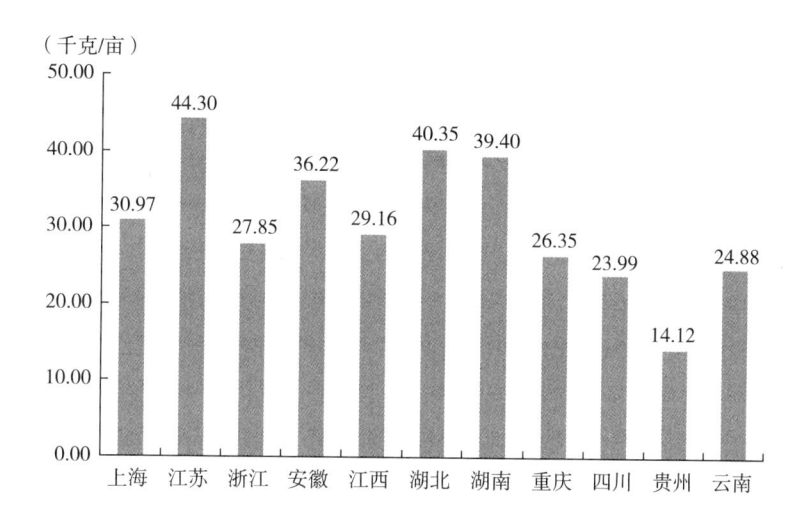

图2　各省市单位耕地化肥施用量

（千克/亩）

省市	上海	江苏	浙江	安徽	江西	湖北	湖南	重庆	四川	贵州	云南
施用量	30.97	44.30	27.85	36.22	29.16	40.35	39.40	26.35	23.99	14.12	24.88

资料来源:化肥施用量数据来自《中国环境统计年鉴（2018）》,耕地面积来自《中国统计年鉴（2018）》。

农药使农民能方便地应对杂草和病虫害问题,能节约劳动力、提高产量,但也会毒害生态环境。有研究显示,粉剂农药有10%左右会附着在植物体上,液体农药有20%左右能附着在植物体上,仅有1%—4%接触目标害虫,40%—60%降落到地面,5%—30%漂浮于空中,总体平均约有80%的农药直接进入环境（Sharpley,1994）。这些农药如不能及时降解,会积累在生态系统中,危及生态系统和农产品质量安全。从图3可以看出,长江流域各省的农药施用量近年来已开始下降,但仍处于较高水平。

从单位耕地的施用量上看,各省市间有较大的差异。总体上看,中下游省市的施用量远大于上游地区。贵州省的施用量为0.2千克/亩,而江西省达到了1.9千克/亩,两者相差9.5倍（见图4）。

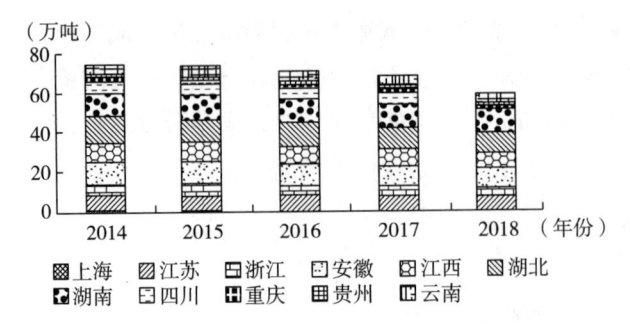

图3 长江流域各省市农药施用量

资料来源：相关省市统计年鉴。

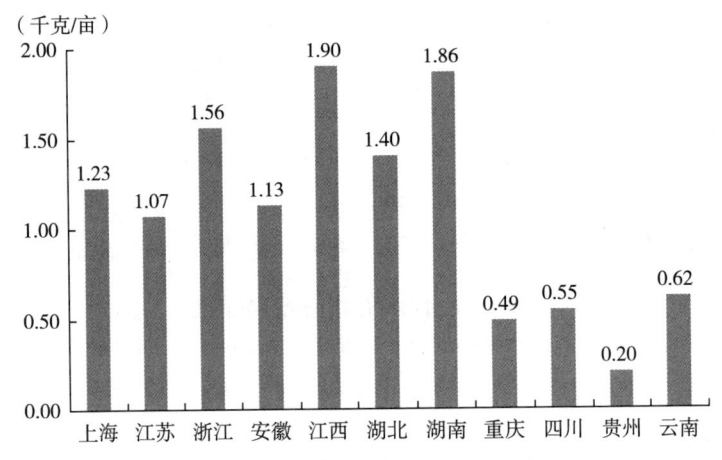

图4 各省市单位耕地农药施用量

资料来源：农药施用量数据来自《中国环境统计年鉴（2018）》，耕地面积来自《中国统计年鉴（2018）》。

除化肥农药外，长江经济带的农业生产中还使用了大量的农用塑料薄膜。农用塑料薄膜主要用于农膜覆盖栽培，作为一种农业现代化技术，这种技术有助于增温、保湿，从而达到增产目的。但如果回收不善，塑料残膜会散落在农田里，它们在自然环境条件下难以降解，是一种长期滞留土壤的污染物，不仅对农业生态有危害，长期累积可能完全破坏土地资源的生产潜力。与近年来农药化肥施用量开始下降比较，长江经济带各省市的农用塑料薄膜使用量没有明显下降，一些省份的使用量甚至还在逐年增长中（见表1）。

表1　　　　　　　　　农用塑料施用量　　　　　　　单位：万吨

省份＼年份	2014	2015	2016	2017	2018
上海	1.93	1.80	1.71	1.57	1.48
江苏	11.98	11.32	11.39	11.51	11.61
浙江	6.57	6.75	6.73	6.79	6.87
安徽	9.62	9.79	9.70	9.76	9.78
江西	5.31	5.40	5.28	5.35	5.22
湖北	6.92	7.13	6.73	6.59	6.36
湖南	8.27	8.40	8.47	8.52	8.54
四川	13.03	13.22	13.24	13.10	—
重庆	4.38	4.52	4.53	4.55	4.46
贵州	4.89	4.94	5.11	5.11	5.48
云南	11.10	11.31	11.55	12.02	11.97

资料来源：相关省市统计年鉴。

单位耕地的塑料使用量大体上与地方经济发展水平正相关，各省市间存在较大的差异，最少的贵州省为0.75千克/亩，最多的上海市达到5.45千克/亩，两者相差7倍（见图5）。

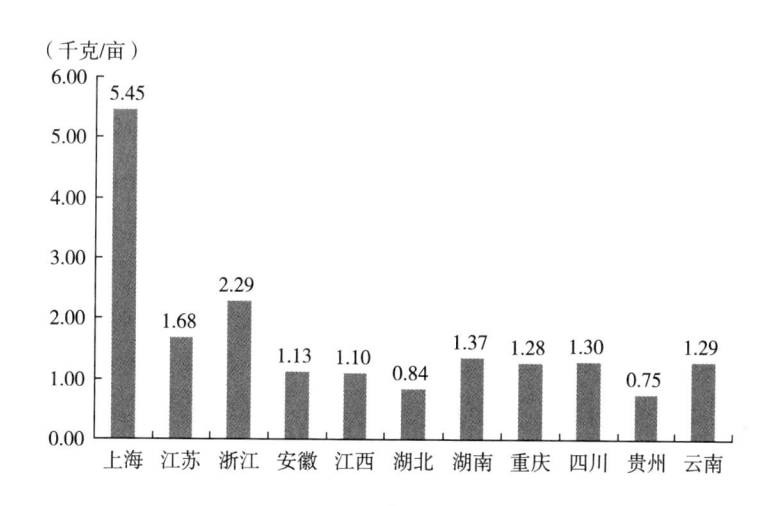

（千克/亩）

上海	江苏	浙江	安徽	江西	湖北	湖南	重庆	四川	贵州	云南
5.45	1.68	2.29	1.13	1.10	0.84	1.37	1.28	1.30	0.75	1.29

图5　各省市单位耕地农用塑料施用量

资料来源：塑料施用量数据来自《中国环境统计年鉴（2018）》，耕地面积来自《中国统计年鉴（2018）》。

除了种植业的化学投入残留外，畜禽和水产养殖的残饵以及排泄物、农村生活废弃物也是农村地区重要的污染来源。2020年公布的第二次全国污染源普查结果显示，源于农业生产和农村生活的化学需氧量、氨氮、总氮和总磷排放量占全国排放量的比重分别达到73.08%、47.87%、61.20%、78.92%，对区域水环境和土壤质量造成严重威胁（见图6）。环境统计数据显示，2013年长江流域水质达到Ⅱ级以上的水体比率为52.5%，2017年下降到46.5%。同时Ⅴ类和劣Ⅴ类水体比率从4.3%上升到5.3%。部分地区土壤镉、汞、砷、铅超标，污染较重。①

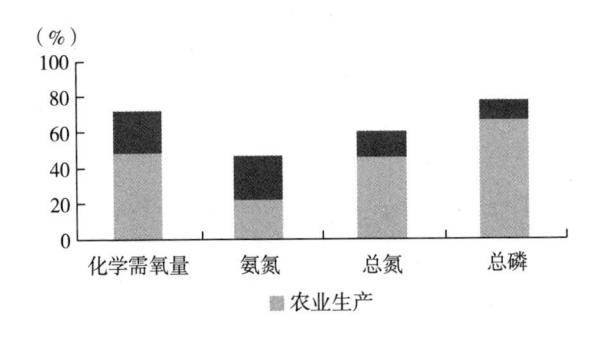

图6　农业生产和农村生活污染排放占比

资料来源：《第二次全国污染源普查公报》，http://www.gov.cn/xinwen/2020-06/10/content_5518391.htm。

（二）人居环境质量发展不均衡

长期以来，长江流域各省市的环境基础设施投资偏向城市，许多农村居民点的建设缺乏规划，大量小城镇和农村聚居点的生活污水和生活垃圾没有正规的收集网络和处置渠道，特别是经济发展水平落后的地区，环境"脏乱差"现象普遍存在，2017年，江浙沪的农村卫生厕所普及率和无害化厕所普及率接近全覆盖，而经济发展水平较低的中西部省市农村还有相当比例的旱厕，四川、贵州的农村卫生厕所普及率都在

---

① 根据《全国土壤污染状况调查公报》，全国土壤总的超标率为16.1%，其中轻微、轻度、中度和重度污染点位比例分别为11.2%、2.3%、1.5%和1.1%，http://www.gov.cn/foot/site1/20140417/782bcb88840814ba158d01.pdf。

七成以下，安徽、湖南、贵州、云南农村的无害化厕所普及率在50%以下（见图7）。可见，本地区的农村人居环境质量存在很大的区域差异。

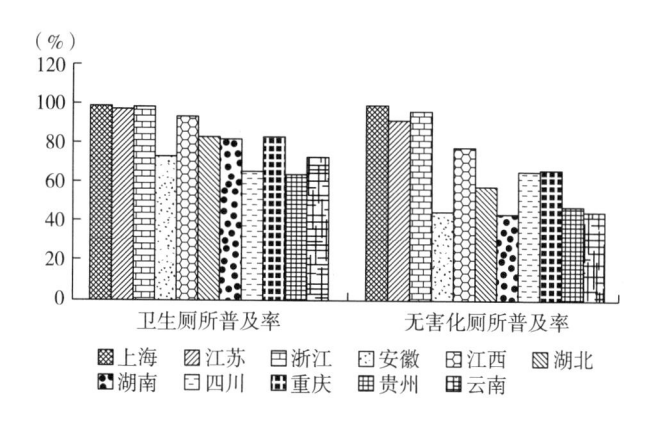

图7 2017年长江流域各省市农村改厕情况

资料来源：《中国环境统计年鉴（2018）》。

与其他省市相比，浙江省较早开始重视农村人居环境改造问题。2003年浙江启动"千村示范、万村整治"行动，该行动计划2003—2007年建成"全面小康建设示范村"1000个以上、完成村庄整治10000个左右。完成这一计划后，2008—2012年，浙江省以垃圾收集、污水治理等为重点，推进农村环境综合整治。到2017年年底，全省已累计完成约2.7万个建制村村庄整治建设，占浙江省建制村总数的97%，实现了生活垃圾集中收集有效处理全覆盖，41%的村实施了生活垃圾分类处理，90%的村实现生活污水有效治理。2018年，在其他省市开始响应和落实国家《农村人居环境整治三年行动方案》时，浙江省将农村人居环境"整治"改为"提升"，制订了《高水平推进农村人居环境提升三年行动方案（2018—2020年）》，将农村人居环境改善工作向"高水平推进"。浙江省的经验显示，改善农村人居环境不会一蹴而就，而是需要长时间投入的持续推动。从表2可以看出，除安徽、重庆市外，2018年其他中西部省市的乡镇生活污染处理水平仍处在低水平，特别是湖南省农村乡镇的污水处理率仅为5.80%，云南省农村乡镇的生活垃圾无害化处理率仅为12.67%，提高这些地区农村生活污染处理设施水平还有很多工作要做。

表2　　　　　2018年建制镇和乡生活污染处理设施水平

	建制镇				乡			
	处理生活污水的镇比例	污水处理率	生活垃圾处理率	其中：无害化处理率	处理生活污水的乡比例	污水处理率	生活垃圾处理率	其中：无害化处理率
上海	96.74	56.38	93.61	93.61	100.00	56.38	93.61	93.61
江苏	97.94	54.00	98.80	89.06	97.83	54.00	98.80	89.06
浙江	96.40	45.26	87.46	57.16	92.12	45.26	87.46	57.16
安徽	68.30	44.97	94.51	89.19	66.92	44.97	94.51	89.19
江西	50.07	21.07	86.14	39.33	35.48	21.07	86.14	39.33
湖北	60.03	19.30	87.67	53.42	62.42	19.30	87.67	53.42
湖南	48.57	5.80	73.47	26.31	33.86	5.80	73.47	26.31
重庆	95.13	60.54	84.02	39.81	85.33	60.54	84.02	39.81
四川	71.30	34.28	85.70	30.01	41.84	34.28	85.70	30.01
贵州	61.77	20.77	79.49	38.36	40.13	20.77	79.49	38.36
云南	36.25	9.65	65.91	12.67	22.95	9.65	65.91	12.67

资料来源：《中国城乡建设统计年鉴（2019）》。

（三）环境管理效率低

由于污染源分散、基础设施薄弱，农村地区难以实现有效的环境监测。而传统的环境管理政策以城市工业污染源为目标，对农村污染源的适用性不强，也降低了农村地区的环境管理效率。

1. 环境监管能力不足

与我国其他地区类似，长江经济带的农村环境质量监测仍处于起步阶段。按照2014年发布的《全国农村环境质量试点监测工作方案》的部署，到2020年，江浙沪对农村环境质量的监测点将覆盖所有县域，其他省市每个地级市选择至少3个县域，并要求已列入国家重点生态功能区监测评价与考核的县域全部进行监测，具体到每个县域，规定试点监测村庄数不少于5个。即使这一部署能够实现，考虑到农村地区广大的地域面积，环境质量监测在空间上覆盖度是不足的。而对规模化畜禽养殖、农村面源污染、农村环境整治效果方面的监测，不仅空间上覆盖不足，还存在监测频率低、监测项目少的问题，远不能满足对农村生态环境质量进行评估、考核、预警的需求。2013年前，长江经济带内县级环保局是农村环境保护的行政管理部门，绝大多数乡镇的环境管理基本上处于放任自由状态。长期以来，县级环保局也存在技术装配差、受地方政府牵制大、环境执法能力低等问题。按照中共中央办公厅、国务院办公厅印发的《关于省以下环保机构监测监察执法垂直管理制度改革试点工作的指导意见》，2016年以来我国开始进行环保机构监测监察执法垂直管理制度改革，将县级环保部门原有的环境保护许可等职能上交市级环保部门，县级环保局调整为市级环保局的派出分局，由市级环保局直接垂直管理。县级环保部门的职责调整为环境执法和执法监测，不再受县级政府的管理。这种机构调整可能使县级政府在落实法律规定的环境质量责任方面出现缺位。例如，《中华人民共和国水污染防治法》规定，地方各级人民政府对本行政区域的水环境质量负责，要求省、市、县、乡建立河长制，分级分段组织领导本行政区域内江河、湖泊的水资源保护、水域岸线管理、水污染防治、水环境治理等工作。环保部门的剥离将使县级政府落实这些责任失去依托。另外，环境执法和执法监测离不开地方公安、司法等部门的协调配合，在体制上脱离地方政府及其他部门后，县级环保部门的联动执法难度也会增加。农村的基层乡镇没有环保部门的派出机构，以往由乡镇政府的工作人员兼任环保职能，在新体制下实现他们与环保部门的配合也存在困难。可见，经过机构调整，县及县以下的基层环境监管体制仍待理顺。

2. 传统环境管理手段适用性差

通过学习引进国外先进的手段并将其与中国的国情相结合，我国建立的环境管理政策体系以"环境影响评价""三同时""排污收费""环境保护目标责任""城市环境综合整治定量考核""排污申请登记与许可证""限期治理""集中控制"八项制度为核心。由于农村地区的污染源多小而分散，受经济成本和技术水平的制约，污染者很难采取污染防治措施，管理者也难以对污染行为进行有效的监测监管，这使以城市工业污染为管理对象的八项制度在农村环境治理作用有限。以排污收费为例（排污收费2018年并入环境税），虽然这一制度在削减工业污染和筹集污染治理资金方面发挥着重要作用,但农业面源污染物的来源和排放过程存在很大的不确定性,管理部门无法界定农用化学品施用者的排污责任,因此难以落实收费。尽管从理论上看,可基于养殖数量对畜禽养殖业实施排污收费,但有研究发现,由于农村熟人社会中从众、攀比和法不责众心理,基层政府缺乏落实"污染者付费原则"的手段和机制等原因,在实践中也难以对养殖户落实排污收费(郑黄山等,2017)。

外部性不是产生农村环境问题的唯一原因,甚至也不是最重要的原因。基础设施落后、劳动力外流等因素也显著影响污染排放。例如,许多农村生活环境"脏乱差"的主要原因是没有污水和垃圾收集处置系统,而不是居民选择乱排放。此时对居民收费罚款就是不适合的。在工业化和城镇化的拉动下,农村大量青壮年劳动力外流。许多村中常住人口不到户籍人口的50%,一些经济欠发达村的留守人口比例甚至低到20%左右,村庄"空心化"严重,劳动密集型活动难以开展。同时,留守农村的群体多为老人、妇女和儿童,受体力不足约束,他们更依赖加大农用化学品投入来增加产出,这成为单位耕地化肥农药施用量难以下降的重要原因。

3. **环境建设投入效率不高**

以往我国的环境投资主要面向城镇环境基础设施建设和工业污染源治理,农村人居环境整治资金的投入严重不足。有研究发现,2016年平均每个行政村的污水和垃圾处理投资为3.97万元。一些地方农村人居环境整治设施甚至处于空白状态(于法稳等,2018)。2017年以来各级财政投入向农村人居环境整治领域倾斜。2017年,长江经济带内村级公共设施投资较上年增长了24.22%,2018年比2017年增长了27.64%。其中污水和垃圾处理设施投资的增长率达到36.76%和129.68%。但目前长江经济带内农村环境整治的投资主体是国家财政和农户,乡村集体的投入很少(见图8)。在这种投资模式下,许多地方政府将精力过多用于申请国家财政资金上,资金投入的效率和投资精准性不高,易造成浪费。有研究使用村级调查数据,检验了农村环境治理项目投资决策瞄准性与改善环境污染的有效性,发现村集体投资的农村环境治理项目有更好的瞄准性,上级政府投资项目实施缺乏瞄准性(高秋风等,2017)。

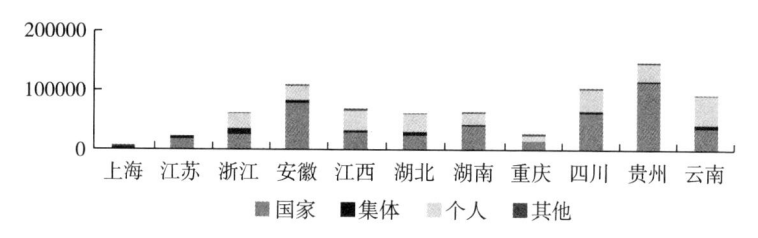

图8 2017年长江经济带各省市农村改厕投资组成情况

资料来源:《中国环境统计年鉴(2018)》。

(四) 跨行政区环境治理协调困难

我国的环境管理体系与行政体系挂钩,呈现条块分割的特点,法律规定每个地区行政单元对辖区内的环境保护工作负责。但环境介质的流动性使一个地区经济活动的环境影响往往不局限于行政管辖区内,例如,河流上游排放的污染对下游地区造成损害,湖泊周围不同行政区排放的废水会污染其共用的湖泊,某地区的退耕还林和生态修复工作不仅可减少当地的水土流失,还可能改善周边地区的环境质量、降低下游地区的洪涝风险。长江经济带内有许多跨行政区的河流和湖泊。对这些行政区来说,跨界水域有公共物品性质,如果其他地区不减排时某地区单独减排,河流和湖泊的水质也不会明显改善,同时如果其他地区进行污染控制,即使某地区不控污,它仍然可以从其他地区受益。因此河流沿线、湖泊周围的各地区有动力过度开发使用水资源,却缺乏动力对其进行足够的保护和修复,如果没有合适的交流平台和机制,它们之间难以进行环境合作。

为了维护国家生态安全,我国2011年编制了《全国主体功能区规划》,按照不同区域的资源环境承载能力、现有开发密度和发展潜力,将长江上游的一些地区划分为限制开发区和禁止开发区。这两类地区在经济发展项目的落地上面临诸多约束,还进行了大规模的退耕还林。在这个过程中,这些地区损失了部分经济利益和发展机会,而长江中下游地区则降低了洪涝风险、获得了更多的生态安全。从区域环境公平的角度出发,中下游受益地区应向生态修复地区提供补偿。由于水资源的自然分布差异和需求之间存在矛盾,我国实施了包括南水北调工程,在长江的一些流域也进行了跨区域的调水。水资源调出区不仅水资源可用量减少,还往往负有保护调水水质的任务,因此经济发展选择受到限制。

从环境公平的角度出发，水资源调入区需要向调出区进行补偿。从20世纪80年代起，我国就开始探索开展生态补偿的途径和措施。目前仍存在自然资源产权界定不清晰，补偿过程中缺乏市场协商机制、补偿政策和补偿项目缺乏长效性等问题。现行的生态补偿资金来源以纵向财政转移支付为主，生态变化受益方和受损方直接谈判并进行横向补偿的案例不多。现行补偿模式建立在上级政府对下一级政府拥有巨大的支配权、政府对民众有巨大支配权的基础上。上级政府就可以把自己的规划强加给下级政府，把资源在下级政府之间来回"调拨"，由上级政府为环境资源定价，付出和得益的双方不用直接进行谈判、交易。但伴随经济发展，各级政府之间、政府与民众之间的利益分化越来越明显，不同利益集团对自然资源开发、利用与保护的权利和义务、补偿范围、补偿方式和生态服务功能价值存在较大分歧，由上级政府强制性"调拨"资源并给资源定价的模式受到巨大的挑战，亟须建立利益相关方协商谈判的机制和横向补偿渠道。

二 农村环境治理的有利条件

（一）农村环境治理的政策优先度提高

近年来，我国决策部门对保护农村生态环境、加强农村环境治理的关注增强，相关政策密集出台、财政投入大幅增长、农村环境基础设施建设步伐明显加快。

2014年国务院发布《关于改善农村人居环境的指导意见》，提出以村庄环境整治为重点，以建设宜居村庄为导向，全面改善农村生产生活条件。2015年我国启动了现代生态农业基地农业清洁生产技术试验示范项目，农业部发布了《全国农业可持续发展规划（2015—2030年）》《关于打好农业面源污染防治攻坚战的实施意见》《到2020年化肥使用量零增长行动方案》《到2020年农药使用量零增长行动方案》等文件，制定了到2020年实现"一控两减三基本"的工作目标。[①] 住房和城乡

---

① "一控"是指控制农业用水总量和农业水环境污染，"两减"是指化肥、农药减量使用，"三基本"是指畜禽粪污、农膜、农作物秸秆基本得到资源化、综合循环再利用和无害化处理。

建设部等十部门共同印发了《关于全面推进农村垃圾治理的指导意见》，提出到2020年农村垃圾治理的量化目标。2017年，党的十九大报告提出实施乡村振兴战略，将"生态宜居"作为重要战略目标，要求做好农业农村生态环境保护工作，打好农业面源污染防治攻坚战，全面推进农业绿色发展。2018年习近平总书记多次强调要打好农业农村污染治理攻坚战、持续开展农村人居环境整治行动、打造美丽乡村。中共中央办公厅、国务院办公厅印发了《农村人居环境整治三年行动方案》，将改善农村人居环境，建设美丽宜居乡村作为实施乡村振兴战略的重要任务，要求各地加大工作力度，大力推进农村基础设施建设和城乡基本公共服务均等化，提升农村人居环境水平。生态环境部、农业农村部联合编制了《农业农村污染治理攻坚战行动计划》，明确了污染治理工作的总体要求、行动目标、主要任务和保障措施，对污染治理攻坚战作出部署。

长江经济带各省市响应国家开展农村环境治理，建设美丽乡村的号召，各级行政部门都制定了辖区内的农村人居环境整治行动和实施方案，在阶段性工作任务、工作重点、资金来源、项目管理等方面做出细化安排和落实。高强度的治理在改善区域水质上效果明显。以太湖流域为例，2007年太湖曾因水质恶化发生蓝藻暴发事件，经过十多年的治理，太湖水质逐渐改善，保证了饮用水安全，未发生大面积湖泛，特别是2016年以来Ⅴ类、劣Ⅴ类水体明显减少，湖体水质改善为Ⅳ类（见表3）。

表3　　　　　　　　　　太湖流域水质变化

年份	Ⅰ类	Ⅱ类	Ⅲ类	Ⅳ类	Ⅴ类	劣Ⅴ类
2013	0	3.8	16.5	27.2	24.7	27.8
2014	0	7.3	17.1	29.1	20.4	26.1
2015	1.3	5.6	11.9	36.1	22.9	22.2
2016	0	6.8	21.3	45	18.3	8.6
2017	0	8.3	24.8	43.5	14.7	8.7

资料来源：历年《中国环境统计年鉴》。

（二）人口城镇化水平提高，农业活动强度下降

统计数据显示，长江经济带的常住人口城镇化率从2010年的

48.71%逐年上升到59.46%，在整个经济带内越来越多的农村人口向城镇迁移的同时，位于长江中上游的7省1市农村常住人口不断减少。表4显示2010—2018年该地区的农村常住人口减少了4223万人。按照分析环境压力的IPAT模型，人口数量是环境压力的重要影响因子。[①]人口向城镇转移和集中增加了农村人均资源占有量，也减轻了农村地区的环境压力。由于城镇环境基础设施好，防治污染有规模效应，人口城镇化也减轻了整个流域的环境压力。

表4　　长江经济带中上游省市农村常住人口减少情况　　单位：万人

年份	安徽省	江西省	湖北省	湖南省	重庆市	四川省	贵州省	云南省	合计
2010—2011	101	59	107	104	43	130	47	78	669
2011—2012	90	73	87	79	46	123	41	99	638
2012—2013	60	52	49	60	30	93	38	38	420
2013—2014	51	51	60	65	29	96	73	43	468
2014—2015	52	52	53	86	29	79	57	60	468
2015—2016	66	55	59	108	39	96	62	64	549
2016—2017	66	56	64	110	36	111	53	63	559
2017—2018	44	54	53	79	34	106	43	39	452
2010—2018年合计	530	452	532	691	286	834	414	484	4223

资料来源：国家统计局网站数据。

在长江经济带伴随工业化和城镇化水平的提高，越来越多的农村劳动力向第二、第三产业迅速转移，导致农业劳动力大量减少，再加上务农收益低等原因，长江中上游的山区和丘陵地带出现了以耕地为代表的农地收缩、劣质耕地退耕并实现森林恢复的现象。学者们称土地利用方式的这种变化为"土地利用转型"或"森林转型"，认为这是传统二元经济向现代经济转型的自然结果。边际耕地被撂荒后，自然植被将逐渐演替恢复，因此这种转型成为修复地方生态系统的重要力量（Lambin and Meyfroidt, 2010；王宏等, 2018；戈大专等, 2018；李升发、李秀彬，

---

① IPAT模型认为人类对生态环境的压力是人口数量、人均消费水平、技术因素综合作用的结果，I=P×A×T，这里I是环境压力，P是人口，A是消费需求，T是技术因素。

2019)。可见，工业化和城镇化减少了农村人口，降低了农业活动强度，有利于自然生态环境的修复，是改善区域环境质量的重要推动力量。

（三）社会环保投资能力和投资意愿增强

一般地，在低收入和有限的预算约束下，人们对生存物品的需求远远超过对环境质量的需求。而当收入增加后，随着需求层次的提高，人们的环保意识会普遍提高，对环境质量的需求随之增加。农村居民收入水平上升后，不再仅满足于温饱生活，形成了对更舒适的居住条件、更安全、优美的环境的消费需求。城镇居民收入水平上升后，对食品安全、环境质量的关注提高，对乡村休闲旅游的需求也增加了。因此，提高广大农村地区的环境质量不仅有利于生活在其中的农村居民，也能增加城市居民的福利水平，能得到全社会的认同和支持。在经济全球化受阻、出口市场缩小的背景下，如今我国制造业利润普遍下降，出口对经济增长的拉动减少，投资拉动成为"稳增长、保就业"的重要选择。启动农村环境基础设施建设和农村人居环境改造不仅能创造就业岗位、拉动地方经济增长，也有助于增强地方长远发展潜力，已成为我国重要的经济政策之一。因此，目前我国正处于既"愿意"也"有能力"投资于农村环境治理的阶段。图9显示出近年来长江经济带9省2市的农村污水和垃圾处理投资不断增加，特别是2018年这一领域的投资同比增长了1.3倍。这些投资建设的环境设施为改善农村地区人居环境提供了必要的硬件基础。

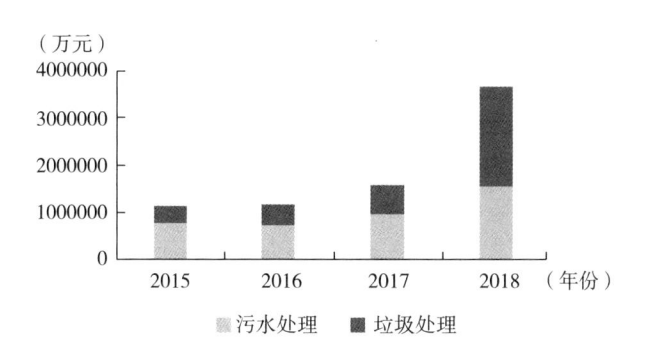

图9 长江经济带农村污水和垃圾处理投资增长情况

资料来源：《城乡建设统计年鉴》（2016—2019）。

三 强化农村环境治理的对策

2020年指导"三农"工作的中央一号文件要求各地继续扎实搞好农村人居环境整治,治理农村生态环境突出问题。基于对长江经济带农村环境治理面临的困境和有利因素的分析,本报告为加强这一地区的农村环境治理提出以下对策建议。

(一)推动城镇化和农业规模经营

分散居住模式不利于生活污水和垃圾的收集,同时污染处置设施接收的污染物数量要达到一定的门槛,才能实现有效率的运营。这是农村地区没能像城镇一样建设污水和垃圾收集管网和处理设施的重要原因。推进人口城镇化和农村居民点的适度集中,能形成污染防治的规模效应,节约污水和垃圾处理成本,减轻生态压力。除了促进污染防治外,人口向城镇集中也有利于推进农村土地整治,节约集约使用土地。因此,各地在城镇发展规划中,应将环境保护与经济建设、城镇建设同步规划,对城镇进行科学功能分区,努力提高居民生活的方便性和舒适度,吸引农户自愿向城镇迁移。

大量实践表明,统防统治、节水灌溉、测土配方、土地整理等实用技术在提高产量的同时能够大幅降低农用化学品,而在分散经营的状态下,这些技术大多无法应用。长江经济带内农村人均耕地面积仅2.78亩[①],在农村土地集体所有、由家庭承包经营的现行农地制度下,大量耕地处于高度零碎化的分散经营状态下。如今农业劳动力和农村人口向非农业和城镇大量转移使农户承包土地的经营权流转明显加快,为农地规模经营提供了条件。各地政府应加大扶持引导力度,鼓励农户在依法、自愿、有偿的前提下,通过出租土地、土地承包经营权入股等方式进行土地流转,发展农地适度规模经营。考虑到长江经济带内各地的自然条件、农业发展基础差异巨大,在推动农地规模经营和环境治理时应因地制宜:长江中下游平原和坡度小的丘陵地区是我国农产品的主产区,应着力在农业规模经营的基础上大力推广应用农业清洁生产和标准

---

① 根据《中国农村统计年鉴(2019)》中农村耕地面积和乡村人口数计算。

化生产技术,减少化学品投放强度、加强农业面源污染和耕地重金属污染治理;长江上游的西南山区的坡耕地比例大,不适宜大量发展粮食种植,应在人口和劳动力转移的基础上发展特色农业,推进退耕还林和生态修复工作,重点进行小流域环境综合整治。

与少量、分散的农户养殖模式比较起来,规模化畜禽养殖点的单位生产成本更低、经济效率更高,也更方便环境部门进行监管和进行废物收集处置和综合利用。因此,各地应鼓励引导规模化养殖业的发展。为预防养殖业恶臭和卫生安全隐患危害居民,需要将养殖区和居民生活区科学分离,对养殖废物排放制定严格的标准,支持对畜禽粪污进行综合治理与利用。

(二)科学制定村镇发展规划

现实中的许多环境问题是规划引起的,布局和产业规划不合理带来的结构性污染问题,往往很难在后期通过加强环境治理解决。因地制宜编制"多规合一"的乡村规划,能从源头上减轻农村环境负担。

第一,要根据农村常住人口变化情况,对农村中心镇和集镇的布局进行优化,将其与县乡土地利用、土地整治、农村社区建设、生态文明建设等规划充分衔接,配套建设环境基础设施,吸引农村居民自愿适度集中居住。

第二,要推进实用性的村庄规划设计,对农房建设进行规划管理、合理安排行政村的村庄整治工作、使生产空间和生活空间相对分离,优化村庄的功能布局,提升农村居民生活品质。

第三,要加强农村生活污水、垃圾处理工作,推进农村环境综合整治规划。对交通便利且转运距离较近的村庄,可按照"户分类、村收集、镇转运、县处理"的方式处理生活垃圾,其他村庄的生活垃圾可通过适当方式就近处理。离城镇较近的村庄可建设污水收集管道,并入城镇污水处理系统,离城镇较远且人口较多的村庄可建设污水集中处理设施,人口较少的村庄可鼓励农户进行厕所无害化改造、建设户用厕所粪污处理设施。经济条件较好的村庄在解决污水垃圾处理和环境卫生问题后,应以村庄环境美化为重点,开展农户及院落风貌整治和村庄绿化美化,全面提升人居环境质量。条件较差的地方,应继续努力完成农村户用厕所无害化改造,因地制宜进行生活垃圾的收运处置,提升居住环境的安全卫生水平。

第四，要规划建设污染阻断设施。农村生活和农业生产污染一经产生，会在运输和转移中混合扩散、难以监测和治理。美欧的经验显示，通过科学规划的生态沟渠、缓冲带、生态池塘和人工湿地等进行污染过程阻断是控制农业面源污染的有效手段。借鉴这些经验控制长江经济带的农业源水污染应加强对污染运输转移路径的研究。在此基础上，政府可通过直接投资建设，或引导规模化经营的农业生产者建设污染过程阻断设施，从源头减轻农业生产对区域水质的压力。

（三）规范农村环保资金筹集和使用渠道

工业污染源治理投资和城镇环境基础设施投资都很少涉及农村，以往城市偏向的公共财政环保投资不能为农村环境治理提供足够的支持。近年来各级财政加大了对农村环境治理的投资力度，情况明显改观。但仍存在各地环境设施水平发展不平衡、环境投资效率不高的问题，对此本报告提出以下建议：

1. 加大中央和省级财政的转移支付力度

由于土地和自然资源的公共产权性质等原因，农村环境治理属于准公共物品，农户自身对环境治理投资的积极性不大，各级财政一直是农村环保的主要投入源。我国实行分税制改革之后，财权层层向上集中，而事权和支出则逐级下放。这使县乡两级共同提供庞大而重要的公共服务，大量县级财政不能自足，严重依赖上级财政的转移支付。以 2018 年为例，贵州省县级行政区的一般公共预算收入为 864.87 亿元，但开支为 3105.84 亿元，后者是前者的 3.59 倍。即使是经济发达的江苏省，41 个县级行政区中也仅有 5 个一般公共预算收入大于支出。[①] 对于财政困难的县来说，农村环保投入只能主要依赖争取中央和省级财政资金的转移支付。为了保持农村环境投入的稳定性和持续性，中央和省级财政应将农村环境开支列入一般性公共财政支出，在经济刺激计划中加大农村环境治理的投入份额，并向基础较差地区适当倾斜，减轻环境设施建设水平和治理水平的区域不平衡。

2020 年，中共中央办公厅、国务院办公厅共同印发了《农村人居

---

① 根据国家统计局网站（www.stats.gov.cn）提供的数据计算。

环境整治三年行动方案》，提出要建立"地方为主、中央补助"的农村人居环境整治工作政府投入体系，要求各级地方政府统筹整合相关渠道资金，加大投入力度，合理保障农村人居环境基础设施建设和运行资金。可见，要顺利推进农村环境基础设施建设和运营这一艰巨而长期的工作，地方政府也需要积极开辟财源、筹集所需资金。可考虑支持地方政府依法合规发行专项的政府债券；将城乡建设用地增减挂钩所获得的土地增值收益，按相关规定用于支持农业农村发展和改善农民生活条件；将村庄整治增加耕地获得的占补平衡指标收益，通过支出预算统筹安排支持当地农村人居环境整治。

2. 开发融资渠道吸引社会资金进入

总体上看，目前各地的农村环境治理资金投入和运行模式以各级政府为主导，市场主体和社会资金的参与度不高。为了弥补财政资金的不足，需要吸引更多社会资金进入农村环保领域，使融资渠道多样化、投资主体多元化。可能的引资融资方式包括：

鼓励银行，特别是政策性银行，对有偿还能力的农村环境基础设施建设和污染治理项目给予贷款支持。支持符合相关规定的农村基础设施重点项目开展股权和债权融资。

按照"谁投资，谁收益，谁承担风险"的原则，鼓励各类经济主体以PPP、BOT等方式投资和经营农村环保设施。相应地，按照"保本微利"的原则确定生活污水和垃圾处理费征收标准，建立财政补贴和农户付费分担机制，按照"污染者付费"原则，试行并逐步推广生活垃圾、污水处理的农户付费制度。

引导有条件的地区将农村环境基础设施建设与特色产业发展、乡村休闲旅游有机结合，达到农村人居环境改善和经济增长目标的"双赢"。

引导相关部门、社会组织和个人通过捐资捐物、结对帮扶等方式，支持农村人居环境设施建设和运行管护。

积极申请利用国际金融组织和外国政府贷款。

3. 提高财政资金的使用效率

目前，农业、城建、卫生等多个部门都设立了可用农村环境治理的专项资金，在分配这些资金时，各地往往对环境改善成绩大、人居环境治理成效好的村镇进行"以奖促治""以奖代补"。这种以成效为导向的投入机制可以避免一些地方和部门截留、挪用项目资金，或者花了钱却没有办好事，但从机制设计上看，"以奖促治""以奖代补"是一种非均等化的财政投入方式，会侧重于原本环境基础好、有发展特色、经济实力较好的乡村。相应地，污染治理基础差、经济发展落后区域的乡村常难以争取到这类资金。为了保证各地农村环境治理都得到财政支持，不能简单地对环保绩效好的乡村进行奖励。县级有关部门可以将各渠道财政资金进行整合，在渠道不乱、用途不变的前提下，统筹安排这些资金，既奖励基础好，治理效果好的乡村，也使其他乡村都公平地得到财政支持，有机会改善本地的人居环境。

财政转移支付资金的使用存在随意性和盲目性的风险。为提高资金的使用效率，需要加强项目的评审，规范项目的组织实施和绩效评价程序，加强对绩效目标实施情况的监控，及时掌握财政专项资金绩效目标的年度完成情况、项目实施进程和支出执行进度。强化问责，健全评价结果与预算安排相结合的机制，强化绩效与预算的结合，根据评价情况及时调整资金的使用方向。

（四）制定适应农村情况的环境管制政策

农村环境的特点与城市不同，不能简单地将城市环境管理手段照搬到农村，需要探索施行适合农村情况的环境管制政策。

1. 建立适应农村情况的环境监管体系

农村地区的污染源往往"小而散"，传统的环境管理体系难以对其进行有效监管。当地基层组织和居民身处其中，更易取得污染信息，且其生活直接受到农村环境质量的影响，有改善农村环境的动力。实际上，在许多农村地区发生过由环境污染引发的冲突，就是当地居民在受到环境损害后的一种自力救济。从这些冲突事件可以看出，农村居民有巨大的愿望保护和改善自身的环境。因此，可考虑将农村环境治理的重心下移，发挥基层组织和农户的能动性有助于降低农村环境监管成本、增加农村环境治理项目的针对性和实用性，提高治理效率。

首先，要明确乡镇和村党委党支部以及有关部门、运行管理单位对保持本地环境质量、改善人居环境的责任，对小流域建立分段分片管理的河（湖）长制，将村镇规划建设、环境保护、河道管护等责任落实到个人，对责任人的工作内容进行公示，实行问责制管理，建立乡村环境管护长效机制。

其次，要发挥村务监督委员会、村民理事会等村民组织的作用，建立自下而上的环境治理民主决策机制，以农村多数群众的共同需求为导向，推行村内事务的"村民议、村民定、村民建、村民管"实施机制，完善村规民约，对包括环境补贴在内的各类收支情况进行公示，推行项目公开、合同公开、投资额公开，接受村民监督和评议。

最后，要充分利用线上和线下社会网络，宣传环境保护知识，提高村民环境意识，引导农民积极参与本地环境设施的规划、建设、运营和管理，有钱出钱，有力出力，鼓励村民爱惜维持村内公益性环境基础设施，监督本地重要污染源的排放和本地环境质量变化，形成共同治理环境、珍惜环境的良好氛围。

2. 灵活使用激励型环境管制政策

传统的针对城市和工业污染的管制政策侧重于对违规者的"罚"，如对排污者收取环境税费，对各类环境违法行为进行处罚等。而农村污染以面源污染为主，难以界定排污者责任，而且由于环境基础设施差，村民直接排放污水和混乱堆弃生活垃圾往往是因为没有其他选择。作为环境破坏者的当地农户同时又是环境破坏的受害者。因此，对农户按"污染者付费"的原则收取环境税费和进行处罚往往难以操作。

从经济学的角度分析，对产生环境外部性的行为进行"罚"和对减轻环境外部性的行为进行"奖"可达到相同的减少环境损害的目标。既然对农村环境问题落实"罚"有困难，可以考虑主要以非处罚性的补贴、奖励、劝导、技术支持等促进农村环境治理。例如，把对农业生产的补贴与农户是否采用了节约型、友好型的农业技术挂钩，对采用了配方施肥、化肥深施、施用有机肥、低毒低残留农药的农户给予补贴，对畜禽粪便进行资源化处理利用的规模化养殖场给予补贴，对秸秆还田和回收再利用农用薄膜进行补贴，支持对环境友好农业技术的研发推广等。

为了鼓励本行政区内的生态环境保护和修复行为，长江经济带内的省市县各级行政单元都设置了"生态补偿专项资金"，这些资金的来源既有本级财政，也有上级财政拨款和国家多个渠道的财政转移支付。专项资金自上而下拨付使用，根据各地的实际情况，主要用于地表水及大气环境治理项目、生态示范项目及环保能力建设项目的奖励补助，生态红线保护区域、水源地、生态公益林、自然和人工湿地的补贴等。由于农村地区保留有大片的湿地和植被，是维持各地生态平衡和区域生态安全的保障，为了使专项资金在地方环境修复和改造中发挥更大的作用，需要将此类"生态补偿专项资金"向农村环境治理项目倾斜，通过经济手段激励农村生态系统的修复和保护。

3. 加强清洁生产技术指导和信息服务

已经产生的面源污染物会在水体、土壤、空气中转移转换，几乎无法再收集处理，带来"治不起也治不净"的难题。但这类污染的产生多与使用的投入物或技术有关。制定化肥农药的施用标准、加强对农户的信息支持和技术指导、编制农村环保技术规范都有助于农户获取绿色技术的相关知识和信息，帮助农户从投入源头减少污染排放。

对种植业，要建立农村环境技术的研发推广体系，加大对农村地区生态环境修复技术以及废弃物循环利用技术的普及推广。鼓励和支持农业生产者使用低毒、低残留农药以及先进喷施技术；使用符合标准的有机肥、高效肥；采用测土配方施肥技术、生物防治等病虫害绿色防控技术；建设农田生态沟渠、污水净化塘等设施，净化农田排水及地表径流；综合治理地膜污染，推广易回收的加厚地膜，开展废旧地膜机械化捡拾示范推广和回收利用，加快可降解地膜研发；综合利用秸秆；按照规定进行土壤改良；大力推进农业清洁生产示范区建设，积极探索先进适用的农业清洁生产技术模式。

对养殖业，要对规模化畜禽养殖场（小区）开展标准化改造和建设，提高畜禽粪污收集和处理的机械化水平，实施雨污分流、粪污资源化利用，控制畜禽养殖污染排放；建设病死畜禽的无害化处理设施，健全兽药质量安全监管体系，规范兽药和饲料添加剂的生产和使用。控制水产养殖的养殖容量和养殖密度，开展水产养殖池塘标准化改造和生态修复，推广高效安全复合饲料。

对农村生活污染治理，要积极推广低成本、低能耗、易维护、高效率的污水处理技术，推广适用于农村居住特点的户用生活废物处理设备，在有条件的地方鼓励农户使用沼气、太阳能。

（五）完善区域间环境治理合作和生态补偿机制

要改善涉及多个行政管辖区的较大区域范围的环境质量，需要在相关行政单元间明确分配环境资源的所有权和使用权，并在此基础上建立环境治理合作和生态补偿机制。

对跨界污染来说，在权、责、利不明，各行政区没有足够的动力进行污染防治和环境修复，出现环境问题时也易产生互相推诿、各方都不愿担责的局面。因此，有必要以法规的形式界定自然资源，特别是跨区域资源的产权归属。例如，根据区域经济社会条件和自然条件的空间差异性，确定同一流域内上下游地区对水资源的水权分配方案，制定各地区维持界面水质达到某标准的责任，促使各方担负节约水资源、保护水环境的责任。

由于环境介质的流动性，提升区域环境质量需要较大范围的地区共同采取行动，这要求相关行政单元建立互通信息、协商行动的渠道和机制。对因生态修复产生的环境正外部性，或因污染排放和水资源利用产生的环境负外性，受益方应向受损方提供生态补偿。目前我国大多数的跨区生态补偿由区域共同的上级政府主持进行，补偿标准也是由上级政府制定的。而按照科斯的思路，在环境资源产权明晰的基础上，买卖双方可在市场机制下进行协商和讨价还价，对环境资源交易的数量和交易价格进行协商，最终达到经济上优化的资源配置方案。与政府机制相比，市场机制能更准确地发现最优价格，避免生态补偿标准过高或过低的问题。但现实中买卖双方的讨价还价可能耗时耗力，交易成本巨大。鉴于此，可通过建立受益者和受损方的协商平台等方式降低交易成本，逐步建立市场机制，促进环境资源使用的各方利益相关者直接进行谈判。逐步形成"联防共治、成本共担、受益共享"的区域合作治理格局。在长江经济带内，可选择具有重要生态功能、水资源供需矛盾突出、受各种污染危害或威胁严重的典型支流流域为试点组织进行横向生态保护补偿，鼓励受益地区与保护生态地区、流域下游与上游间通过资金补偿、对口协作、产业转移、人才培训、共建园区等方式建立横向生态保护补偿关系。

参考文献

高秋风等:《农村环境治理项目投资决策的瞄准性与有效性分析——来自五省农村的证据》,《劳动经济研究》2017 年第 4 期。

戈大专等:《中国耕地利用转型格局及驱动因素研究——基于人均耕地面积视角》,《资源科学》2018 年第 2 期。

李升发、李秀彬:《中国山区耕地利用边际化过程机理——基于成本和收益变化的分析》,*Journal of Geographical Sciences* 2019 年第 4 期。

王宏等:《中国 14 个连片特困地区的森林转型及其解释》,《地理学报》2018 年第 7 期。

于法稳等:《新时代农村人居环境整治的现状与对策》,《郑州大学学报》(哲学社会科学版) 2018 年第 3 期。

郑黄山等:《为什么"污染者付费原则"在农村难以执行?——南平养猪污染第三方治理中养猪户付费行为研究》,《中国生态农业学报》2017 年第 7 期。

Lambin E. F., Meyfroidt P., "Land Use Transitions: Socio-ecological Feedback Versus Socio-economic Change", *Land Use Policy*, Vol. 27, No. 2, 2010.

Sharpley A. N., Chapra S. C. R., Wedepohl R. et al., "Managing Agricultural Phosphorus for Protection of Surface Waters, Issues and Options", *Journal of Environmental Quality*, Vol. 23, 1994.

长江经济带农业绿色发展研究报告[*]

成德宁[**]

摘　要：长江经济带是我国粮油、林木、畜禽和水产品的主要生产基地，在全国农业发展中具有举足轻重的地位。推动农业绿色发展、减少农业面源污染是保护长江经济带生态环境的重要举措。目前，长江经济带推动农业绿色发展还面临着一系列难题，需要发挥有效市场和有为政府的作用，采取措施调整农业政策的目标、转变农户行为、创建农业循环经济模式、发展智慧农业，实现农业污染的减量化、无害化、资源化，为全国农业绿色发展提供典型经验，起到示范引领作用。

关键词：农业绿色发展　农业政策　智慧农业　农业循环经济

农业是农民赖以生存、农村赖以繁荣、国民经济赖以发展的基础，农业发展也是工业化和城市化能够顺利推进的前提条件。英国、法国等西欧国家在工业革命之前，都曾发生过"农业革命"。这场农业革命大幅度地提高了农业生产效率，给不断增长的人口提供了充足的食物供给，使农业劳动力向工业部门和城镇地区转移成为可能，从而为工业化和城市化铺平了道路。正如一位经济史学家所言："工业革命首先是一场真正的农业革命。"（保罗·贝罗奇，1989）发达国家农业与工业关

---

[*] 基金项目：本报告系成德宁教授主持的教育部人文社会科学研究规划基金项目"基于信息技术的我国农业产业链治理模式及政策设计"（项目号：20YJA790005）的阶段性研究成果。

[**] 作者简介：成德宁，武汉大学经济与管理学院教授、博士生导师，武汉大学两型社会研究院院长。

系的演变历程清晰地揭示出一条基本规律：成功的工业化需由农业发展为先导，农业现代化是国民经济现代化的基础。

农业现代化就是要实现由"以资源为基础的农业"向"以科学技术为基础的农业"的转型。在农业现代化道路上，欧美等发达国家主要是通过农业机械化、化学化和良种化，建立起以资本和石油等能源"高投入、高能耗"为特征的"石油农业"。这种农业发展方式尽管大幅度地提高了土地生产率和劳动生产率，但也投入了大量的石油、化肥和农药等资源，会造成严重的农业污染，损害生态环境，是一种不可持续的农业发展方式。我国作为一个人均资源少的农业大国，在农业现代化的道路上，必须避免"石油农业"的发展模式，走农业绿色发展、可持续发展的新路子。

长江流域是我国粮油、林木、畜禽和水产品重要的生产基地，在全国农业发展中具有举足轻重的地位。在以习近平同志为核心的党中央做出推动长江经济带发展的重大决策之后，修复长江生态环境被摆在压倒性位置，长江经济带发展坚持"共抓大保护，不搞大开发"，走生态优先、绿色发展之路已经成为共识，而推动长江经济带农业绿色发展，是减少农业面源污染、保护长江经济带生态环境的重要举措，也可以为我国农业绿色发展提供典型经验，发挥示范和引领作用。

一 农业绿色发展的含义、目标及路径

农业绿色发展是在可持续发展新理念兴起的背景下，人们对传统农业发展模式反思之后，形成的一种新型的农业发展方式。历史上，传统农业以人力、畜力为主要动力来源，施用的肥料主要是有机肥料，虽然生产效率低，但对环境的损害也很小。20世纪50年代以来，欧美等发达国家的农业现代化主要沿着农业机械化和农业生物化学化两条路径发展，在农业领域开始大量使用以石油为动力的农业机械，大量投入以石油为原料的化肥、农药等农用化学品，建立起以"高投入、高产出"为特征的"石油农业"发展模式。这种"石油农业"具有高产、高效、省时、省力等特点，但却会消耗大量的石油、化肥和农药，以污染环境为代价，是一种不可持续的农业发展模式。进入21世纪，随着可持续

发展理念普及，农业绿色发展已经成为全球农业发展的主导方向。

推动农业绿色发展，是贯彻新发展理念、加快推进农业现代化、促进农业可持续发展的重大举措，对保障国家粮食安全、资源安全和生态安全，维系当代人福祉和保障子孙后代永续发展都具有重大意义，推动农业绿色发展也是我国农业现代化的必然要求。

（一）农业绿色发展的含义及目标要求

农业绿色发展是指在农业产地环境、生产过程和农产品等各个环节，以尽可能少的投入和污染排放，实现最大限度的产出，以达到农业经济效益、社会效益、生态环境效益的统一。推动农业绿色发展，就是要在洁净的土地上和生态环境系统里，用洁净的生产方式，为人类生产洁净的农产品，满足人类的衣食之需，提高人类的健康水平。

实现农业绿色发展，至少要达到以下几个方面的目标要求。

第一，要能够节约资源，减少能源和农业生产资料等投入，缓解农业资源约束问题。推动农业绿色发展，就是要依靠科技创新和劳动者素质提升，提高土地产出率、资源利用率、劳动生产率，增加农业经济效益、社会效益和环境效益。

第二，要实现环境友好，减少农业污染物的排放。推动农业绿色发展，就是要大力推广绿色生产技术，尽可能少使用化肥、农药，从农业生产全过程预防和减少农业污染排放，生产出绿色、安全的优质农产品，实现农业可持续发展。

第三，要实现农业生态环境的涵养和保护，防止农业生态系统退化。推动农业绿色发展，就是要加快推动生态农业建设，培育可持续、可循环的发展模式，使产地环境更加清洁，田园、草原、森林、湿地、水域生态系统更加稳定，发展生态农业，建设美丽乡村。

第四，要提高农产品质量，解决好农产品质量和安全问题。推动农业绿色发展，还要增加优质、安全、特色农产品供给，促进农产品供给由主要满足"量"的需求向更加注重"质"的需求转变。

（二）农业绿色发展的路径

推动农业绿色发展，应沿着减少污染排放和提高农产品质量两个方面，遵循"去污—提质—增效"三阶段的发展路径，循序渐进，有序推进。

第一阶段是实现农业生产过程的绿色化，通过使用绿色生产技术和物资，减少化学品投入，节约高效地利用自然资源，资源化利用农业废弃物，最大限度地减少资源消耗，避免农业生产带来的环境污染，实现农业经济增长与主要农业污染物排放的脱钩。

第二阶段是实现产地和产品的绿色化和优质化，农业生产地区的水质、土壤、空气等产地环境要素质量明显提高，生态系统得到改善，农产品质量也随之提升，绿色优质的农产品在市场中将得到足够的市场溢价。

第三阶段是绿色发展成为驱动农业发展的内生动力和自觉行为，绿色有机的优质农产品广受消费者青睐，优质优价机制形成。农业功能向多样化方向发展，农业成为满足人们对美好生活向往的重要载体，优美的农业环境能够通过市场实现价值转化，农业绿色发展与农业高质量发展之间形成良性循环。

二 长江经济带农业绿色发展水平的测度及评估

（一）长江经济带的农业在全国的地位

长江经济带覆盖上海、江苏、浙江、安徽、江西、湖北、湖南、重庆、四川、云南、贵州11省市，面积约205万平方千米，气候温暖、雨量充沛，是我国重要的粮油、畜禽和水产品生产基地，拥有江汉平原、洞庭湖流域、鄱阳湖平原、成都平原等农产品主产区。在最近20年里，2010年之前长江经济带农林牧渔产值占全国的比重有所下降，但2010年之后，这一比重呈现不断上升的趋势。根据国家统计局的数据，2000—2010年，长江经济带11省市农林牧渔总产值由10396.41亿元增长到26235.61亿元，占全国农林牧渔总产值的比重由41.73%下降到38.72%。然而，2010—2019年，长江经济带11省市农林牧渔总产值由26235.61亿元增长到51925.45亿元，占全国的比重也由38.72%提高到41.89%（见图1）。

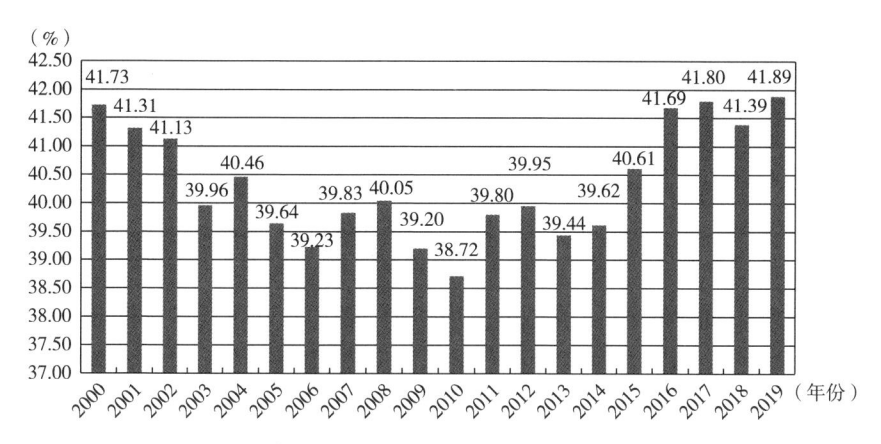

图1 2000—2019年长江经济带11省市农林牧渔总产值占全国的比重

长江经济带11省市是我国粮食的主产区，在保障粮食供给方面扮演着重要角色。据国家统计局数据，2018年长江经济带11省市粮食总产量约23916.76万吨，占全国粮食总产量的36.35%。其中，稻谷产量达13850.39万吨，占全国稻谷总产量的65.29%。此外，长江经济带11省市还是我国油料、茶叶、水果等主要农产品和畜禽、水产养殖的重要基地。2018年长江经济带11省市油料产量为1531.79万吨，占全国的44.61%，肉类产量达3654.46万吨，占全国的42.37%，水产品为2590.87万吨，占全国的40.12%，茶叶产量185.78万吨，占全国茶叶产量的比重更是高达71.17%。长江经济带11省市在我国的农产品生产中具有举足轻重的地位（见图2）。

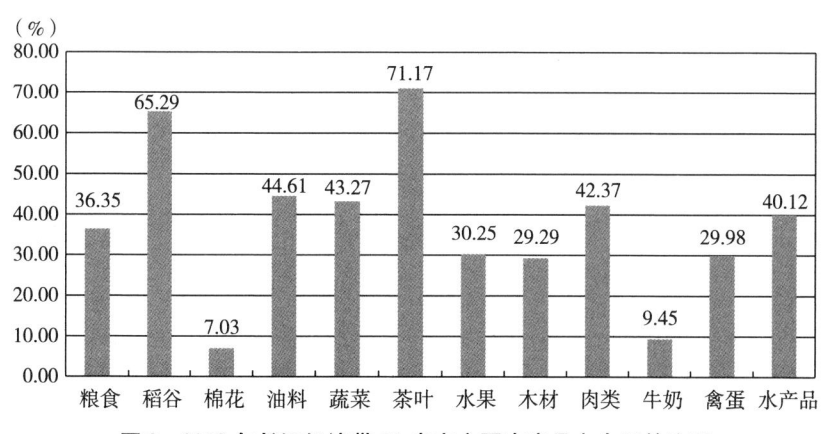

图2 2018年长江经济带11省市主要农产品占全国的比重

125

（二）长江经济带农业绿色发展水平评估

农业绿色发展水平主要体现在两个方面：一是农业生产效率高；二是农业面源污染少。衡量一个地区的农业绿色发展水平，可以从两个方面来进行评估：一是测算农业绿色生产效率或农业环境效率。若一个地区的农业绿色生产效率高，能以较少的要素投入、较少的环境污染，获得较多的农业产出，则其环境技术效率高，农业绿色发展水平也高；反之则较低。二是检验该地区的主要农业污染是否与农业增长实现了"脱钩"。若主要农业污染物与农业增长实现了"脱钩"，则意味着农业绿色发展达到较高水平，迈入了农业绿色发展新阶段。

1. 长江经济带 11 省市农业绿色生产效率的评估

农业环境效率是衡量农业绿色发展水平的重要指标。这里所谓的农业环境效率，是指通过最少的资源消耗，生产出尽可能多的产品，使农业生产对环境的负面影响最小化。本报告通过 DEA 方向距离函数方法计算得到农业环境技术效率（ETE），以此来评估长江经济带 11 个省市的农业绿色发展水平。

通过对 2008—2018 年长江经济带 11 省市农业环境效率的测算，结果表明，长江经济带各省市农业环境效率都有所提高（见表1）。

表1　长江经济带 11 省市 2008—2018 年农业环境效率指数

年份	上海	江苏	浙江	安徽	江西	湖北	湖南	重庆	四川	贵州	云南
2008	1.00	0.80	0.80	0.41	0.51	0.65	0.66	1.00	1.00	0.36	0.58
2009	1.00	0.82	0.81	0.43	0.49	0.64	0.62	1.00	1.00	0.36	0.56
2010	1.00	0.85	0.84	0.47	0.51	0.62	0.63	0.99	1.00	0.37	0.56
2011	1.00	0.88	0.85	0.50	0.51	0.63	0.63	0.96	1.00	0.36	0.53
2012	1.00	0.90	0.87	0.52	0.54	0.63	0.67	0.95	1.00	0.35	0.52
2013	1.00	0.90	0.91	0.56	0.83	0.64	0.70	1.00	1.00	0.40	0.53
2014	1.00	0.93	0.94	0.58	0.83	0.65	0.70	1.00	1.00	0.40	0.54
2015	1.00	0.95	0.94	0.61	0.83	0.71	0.72	0.99	1.00	0.39	0.56
2016	1.00	0.97	1.00	0.63	0.86	0.78	0.72	1.00	1.00	0.41	0.58
2017	1.00	0.98	1.00	0.70	0.89	0.86	0.78	1.00	1.00	0.47	0.62
2018	1.00	1.00	1.00	0.72	0.90	0.93	0.86	1.00	1.00	0.53	0.78

如果把农业环境效率指数（ETE）在 0.9—1 的省份界定为绿色农业，效率指标介于 0.7 和 0.9 之间的省份界定为蓝色农业；效率指标小于 0.7 的省份界定为黑色农业。那么，在 2008 年属于绿色农业的省市只有 3 个；属于蓝色农业的省市只有 2 个；其他 6 个省份属于黑色农业。然而到 2018 年，属于绿色农业的省市增加到 7 个，属于蓝色农业的省市增加到了 3 个，属于黑色农业的省市减少到 1 个（见图 3）。2008—2018 年，长江经济带 11 个省市农业类型的变化详见表 2。

表2　　　　　　　　长江经济带 11 省市农业类型的变化

年份	绿色农业 （0.9≤ETE≤1）	蓝色农业 （0.7≤ETE≤0.9）	黑色农业（ETE≤0.7）
2008	上海、四川、重庆	江苏、浙江	安徽、江西、湖北、湖南、贵州、云南
2009	上海、四川、重庆	江苏、浙江	安徽、江西、湖北、湖南、贵州、云南
2010	上海、四川、重庆	江苏、浙江	安徽、江西、湖北、湖南、贵州、云南
2011	上海、四川、重庆	江苏、浙江	安徽、江西、湖北、湖南、贵州、云南
2012	上海、四川、重庆、江苏	浙江	安徽、江西、湖北、湖南、贵州、云南
2013	上海、四川、重庆、江苏、浙江	江西	安徽、湖北、湖南、贵州、云南
2014	上海、四川、重庆、江苏、浙江	江西、湖南	安徽、湖北、贵州、云南
2015	上海、四川、重庆、江苏、浙江	江西、湖南、湖北	安徽、贵州、云南
2016	上海、四川、重庆、江苏、浙江	江西、湖南、湖北	安徽、贵州、云南
2017	上海、四川、重庆、江苏、浙江	江西、湖南、湖北、安徽	贵州、云南
2018	上海、重庆、四川、江苏、浙江、江西、湖北	湖南、安徽、云南	贵州

(年份)

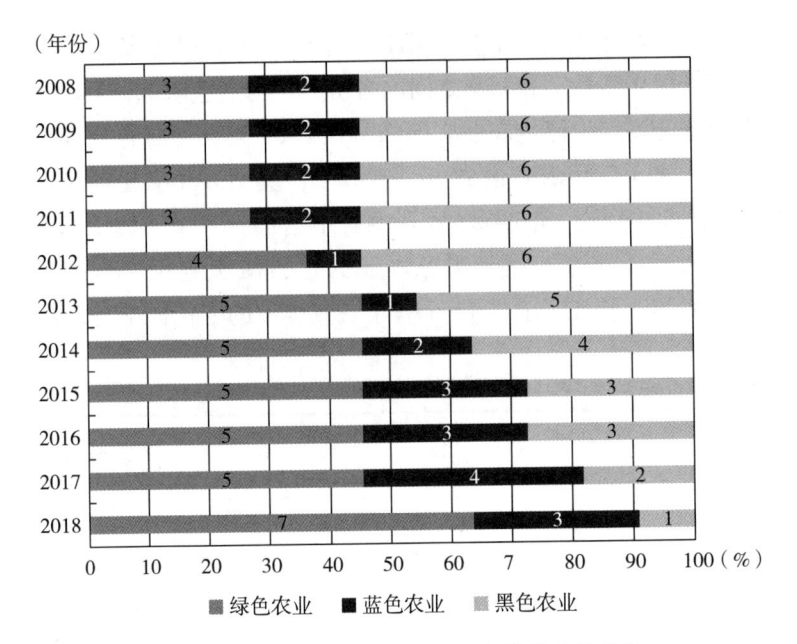

年份	绿色农业	蓝色农业	黑色农业
2008	3	2	6
2009	3	2	6
2010	3	2	6
2011	3	2	6
2012	4	1	6
2013	5	1	5
2014	5	2	4
2015	5	3	3
2016	5	3	3
2017	5	4	2
2018	7	3	1

■ 绿色农业　■ 蓝色农业　■ 黑色农业

图3　长江经济带绿色农业省市数量的变化趋势

2. 长江经济带农业增长与农业污染物的关系

绿色发展是"通过创建新的绿色产品市场、技术、投资以及消费和保护行为的变化促进经济增长",是"一种经济增长与资源消耗、碳排放、环境损害脱钩的发展方式"(World Bank and Development Research Center of the State Council, 2013:217)。评估一个地区的农业绿色发展水平,除了看这个地区的农业环境效率指数之外,还要看这个地区是否实现了农业增长与主要污染物的"脱钩",即是否实现"增产不增污"。如果一个地区的农业产量越来越高,而排放的污染越来越少,这意味着农业增长与污染物排放实现了"脱钩",意味着这个地区的农业绿色发展取得了实质性的进步。

为了分析长江经济带农业增长与主要污染物排放之间的关系,可以采用以下模型进行实证分析。

$$Y_{it} = \beta_0 + \beta_1 r_i + \beta_2 r_i^2 + \varepsilon_{it}$$

因变量 Y_{it} 为各类农业污染物排放水平。具体包括:①化肥使用强度,用单位播种面积的化肥使用量来表示;②农药使用强度,用单位播种面积的农药使用量表示;③塑料薄膜使用强度,用单位播种面积的塑料薄膜使用量来表示。

自变量 r_i 是指农村人均纯收入，β_i 是个体固定效应，ε_{it} 是误差项。

实证结果表明，长江经济带单位播种面积的化肥、农药使用量都与农村人均纯收入之间存在倒"U"形曲线关系。总体上看，长江经济带的农药和化肥使用量已经出现拐点，农村人均纯收入与农药、化肥使用量成功实现了"脱钩"（见图4和见图5）。但是，实证分析也表明，目前长江经济带单位播种面积塑料薄膜的使用量仍然随着农村人均纯收入的上升而增加，还没有出现拐点（见图6）。

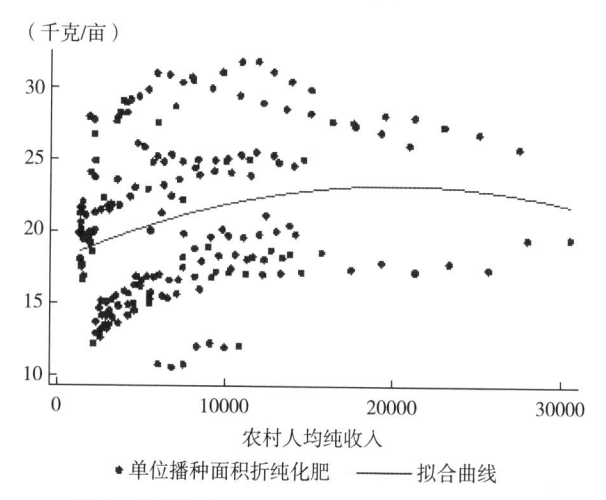

图4 化肥使用强度与农村人均纯收入的关系

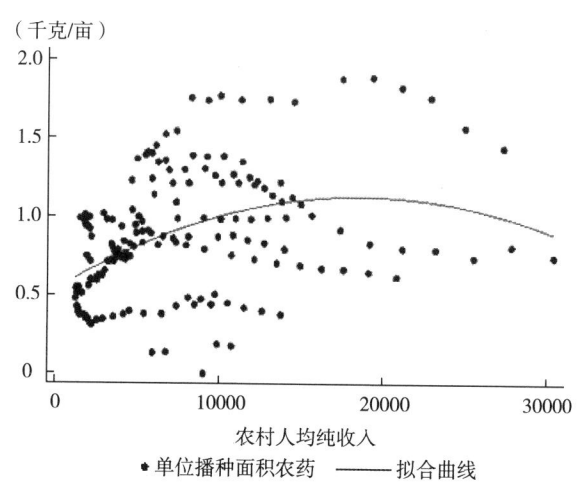

图5 农药使用强度与农村人均纯收入的关系

（千克/亩）

● 单位播种面积塑料　——拟合曲线

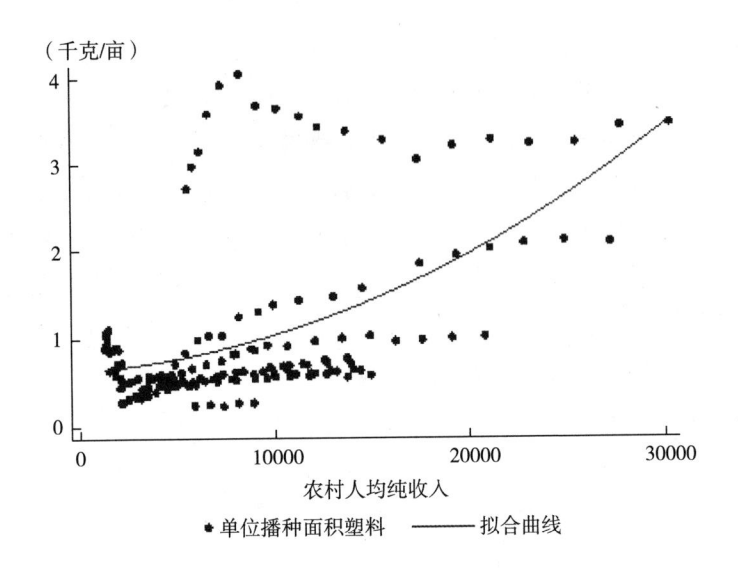

图6　塑料薄膜使用强度与农村人均纯收入的关系

实证结果还表明，长江经济带单位播种面积的化肥使用量在农村人均纯收入达到14339元时出现拐点，单位播种面积的农药使用量在农村人均纯收入达到11848元时出现拐点。目前，在长江经济带11省市中，上海、江苏、浙江、江西、湖北5个省市已超过单位播种面积化肥施用量的拐点，上海、江苏、浙江、安徽、江西、湖南、湖北、重庆、四川9个省市已经超过单位播种面积农药使用量的拐点，只有贵州、云南2个省还没有到达拐点。但是，长江经济带单位播种面积塑料薄膜使用量还没有出现拐点，各个省市的单位播种面积的塑料薄膜使用量仍会随着农村人均收入的增长而不断增加（见表3）。

表3　长江经济带农药、化肥、塑料薄膜使用量与农村人均纯收入的关系

变量	（1）化肥	（2）农药	（3）塑料薄膜
r_i	0.000451*** (5.858)	4.06e−05*** (8.225)	2.33e−05*** (2.839)

续表

变量	（1）	（2）	（3）
	化肥	农药	塑料薄膜
r_i^2	-1.57e-08***	-1.70e-09***	-0
	(-5.056)	(-8.897)	(-0.0979)
Constant	18.36***	0.680***	0.826***
	(49.66)	(27.79)	(20.25)
个体效应	控制	控制	控制
R^2	0.150	0.318	0.247
N	202	174	171

注：变量 r_i 是农村人均纯收入，***表示在1%的水平下显著。

三 推动长江经济带农业绿色发展的难点

（一）农业经营主体缺乏绿色发展理念，存在"短视"现象

推动农业绿色发展，首先要求农业生产经营的主体具有绿色发展的理念和认识，在农业生产过程中，采用绿色的生产方式，主动减少污染排放，寻求生态环境保护与经济发展的"双赢"。然而，由于以下两个方面的原因，我国现在的农户、农业企业和合作社等各类经营主体都缺乏绿色发展理念，存在"短视"现象。

1. 农业污染的危害时滞长，受影响者距离远，容易造成人们的"短视"

农业污染是典型的非点源污染（面源污染），造成农业污染的原因多样而复杂，而且农业污染的危害大多具有很长的潜伏期和时滞，受影响者距离遥远。加上大多数农业污染的特点是受害者人数众多，但每个人受危害的程度却很可能轻微。例如，农业生产中过量使用化肥、农药，导致水体污染、农产品农药残留超标、土壤污染等环境问题，但土壤污染的不良后果可能要在相当长的时间才显现出来；农产品农药残留超标后，受害者可能是人数众多、居住在遥远城市地区的消费者；水体污染的受害者也可能是河流下游的居民，与污染排放者相距遥远。一般

而言,如果破坏环境的行为和环境恶化后果出现之间间隔的时间越长、空间距离越遥远,意味着越难以确定污染与危害之间的联系,就越容易造成人们的"短视",从而忽视环境污染问题。农业污染大多数便是容易造成人类"短视"的污染类型。农业污染的这种特性导致人们对于农业污染造成的生态环境损失和危害的认识需要一个过程。在人们对农业污染危害有清醒认识之前,往往只具有有限理性,造成人的"短视"。也正是由于人类的有限理性和"短视"以及机会主义倾向,使农户在农业生产过程中,只顾眼前利益,不顾长远利益;只顾局部利益,不顾全局利益;只顾当地利益,不顾遥远地区的利益。

2. 农户经营规模小,缺乏推动绿色发展的理念和能力

改革开放后,我国实行了农村土地家庭承包制,小农户成为我国主要的农业经营主体,每个家庭户经营的土地规模很小。根据第三次全国农业普查的数据,截至2016年年末,我国耕地面积13492.09万公顷,农业经营户为20743.16万户,户均经营耕地只有0.65公顷,折算为9.76亩,小规模经营农户占到全部农业经营户的98.08%。在长江经济带11个省市,耕地面积为4493.33万公顷,农业经营户9584.22万户,户均经营耕地只有0.47公顷,折算为7.03亩,小规模经营农户占到全部农业经营户的98.99%。小规模经营阻碍了许多先进的绿色农业技术创新和应用。特别是随着我国工业化和城镇化的推进,大量年轻的农村劳动力从农业部门转移到城镇非农部门,农业劳动力出现老龄化和女性化的趋势(成德宁、杨敏,2015)。目前,我国从事农业生产的劳动力主要以中老年劳动力为主,女性劳动力占有相当大的比重,初中及以下文化程度的占到约90%,还有不少农业劳动力是文盲半文盲。他们主要凭经验种田,对于正确使用化肥、农药和处理秸秆等方面的知识和信息缺乏,对于农业污染的潜在危害,认识也不到位。他们是当前发展绿色农业、防控农业污染最重要的行为主体,但他们还缺乏绿色发展的理念和能力。这成为推动长江经济带农业绿色发展的难点之一。

(二)激励农业绿色发展的农业政策不完善,农业绿色发展的动力不足

农业污染具有外部效应,农业经营者在农业生产过程中大量使用农药、化肥等,污染了环境,但却没有承担污染的所有成本和代价,相当

一部分污染的成本和代价是由其他主体或整个社会来承担的。因此，在没有政府管制的背景下，排污者倾向于排放更多的污染，使污染物总量超过最优排放水平，造成严重的环境污染问题。要减少农业污染、促进农业绿色发展，需要政府进行干预，以消除污染的外部效应。例如，在我国的农业污染中，化肥和农药的过量使用，是造成农业面源污染的重要原因。用有机肥代替化肥，用环境友好型农药替代剧毒农药是防控农业污染的重要途径。但在现实中，如果没有政府政策的干预，农户增加化肥和农药的使用，可以直接增加自己的产量和收益，而污染的代价却是他人和社会承担的，在收益和成本的计算之后，农户不会减少化肥、农药的使用，农业污染问题也难以治理。

为了推动农业绿色发展，减少农业污染，政府可以通过制定和实施环境政策和农业政策来进行干预。政府环境政策旨在对农业污染环境的行为实施惩罚，做到"谁污染，谁治理"和"谁污染，谁付费"。农业政策则可以对有利于保护环境的行为进行补贴和奖励，激励微观农业经营主体进行绿色生产，持续自觉地保护环境。但是，目前我国农业政策还是增产、增收导向的农业政策，政策的目标主要是利用补贴和价格等政策工具，刺激农业增长，增加农民收入。例如，20 世纪 90 年代以来，我国陆续出台一系列农产品市场支持政策和农业补贴政策，如在 1993 年开始实施粮食保护价收购，在 2004 年开始实施粮食最低收购价政策等。这些政策加大了农业支持力度，但却忽视了生态环境保护和农产品质量，结果是农民在政策的导向作用下，仅仅追求自己的经济效益，却忽略了农业生态环境的保护。据有关学者的调查，目前我国稻农对农业面源污染防治的支付意愿普遍较低，每个季度平均最高支付金额仅为 92.55 元/公顷。而且，这种支付意愿是与自身利益不相冲突时的意愿，一旦冲突出现，农民会毫不犹豫地选择牺牲环境来保障自身利益。正是由于激励农户绿色发展的政策缺乏，农户自觉推动农业绿色发展的动力不足。我国农业也走向了高度依赖化肥、农药、除草剂等化学品的农业发展方式，带来面源污染加重、土壤肥力下降、水体质量下降、生态退化等问题。

在推动农业绿色发展方面，我国还存在有关农业绿色技术标准空白的问题，这都给农业污染监管工作造成困难。而且目前我国有关"有机农产品""绿色农产品"认证体系不健全、不规范，信息不透明，导致认证的公信力不强，使农产品难以实现"高质高价"，不利于引导农业朝着绿色、高质量方向发展。

（三）政府监管农业污染的网络不健全，防控农业污染存在困难

政府通过环境规制手段，对农业污染行为实行惩罚，可以将社会成本内部化，有助于弥补环境污染治理中的市场失灵。但是，政府治理环境通常也会出现"政府失灵"的现象：一方面，政府监管者本身存在信息不足和信息不对称的问题。农业生产者在生产过程中，使用了多少农药、化肥，排放了多少污染物，监管者难以获得此类信息，或者获得此类信息的成本高得惊人；另一方面，政府监管者也并非没有自己的私利，政府官员往往为了职务晋升，追求GDP增长而忽视环境保护，注重显示度较高的政绩工程建设，而忽视显示度低的生态环境修复。政府监管者还有可能被监管对象俘获，放任污染排放，导致防控农业污染的效果不显著。

目前，我国农业农村环境治理的职能分散在原环境保护部、住建部、原农业部等多个部门，存在着职责不清、配合不顺畅的问题。2018年我国依照《深化党和国家机构改革方案》对国务院机构进行了新一轮的改革和调整，组建了自然资源部、生态环境部、农业农村部，有关山水林田湖草系统治理、农业面源污染防控、农产品质量监管等与农业绿色发展相关的职能，分属这三个部门，而且新的机构改革还在地方推进过程之中，尚未形成顺畅的部门合作机制。例如，农业农村部门出台鼓励设施农业和"一二三"产业融合发展的政策，自然资源部门则出台制止违法建设"大棚房"、违法改变设施农用地用途的政策。在实际工作中，两部门政策就需要协调和配合，防止出现农业农村部门鼓励建设农业设施用房与自然资源部门整治和拆除大棚房之间反复折腾的现象。

此外，当前规制农业污染的方式还不健全，存在"重行政处罚、轻经济激励"的现象。地方政府主要是通过对环境违法、犯罪行为的处罚、制裁和威慑来预防、化解、矫正企业或农户的环境污染行为。但由于农业面源污染风险具有时滞性、不确定性、主观性和复杂性，污染源头数量众多且没有固定排放点，污染危害的范围不确定，规制手段存在着实施成本较大、灵活性不大、制约技术创新等缺陷，加上公众参与环境管理的作用有限，公众媒体披露环境污染信息也容易受到限制，大量的小农户处于不受环境政策法规约束的状态，预防和控制农业污染的效果不明显。

（四）农业污染源头和过程控制力度有待加强，农业废弃物资源化综合利用率较低

农业面源污染主要源自种植业的化肥、农药和水土流失以及养殖业的畜禽粪便和水产养殖的饵料投放。农业污染的控制需要形成源头控制、过程调节、末端治理的防控体系，以农业生产投入源头减量和种植业废弃物资源化综合利用为重点。但是，目前长江经济带各省市在农业污染控制、再投入品源头减量和废弃物资源化利用等方面，还存在不足之处。

1. 化肥、农药的减量幅度还较小

改革开放以后，我国农业增长迅速，但农业生产中化肥、农药和农用塑料薄膜的使用量出现急剧增加的趋势，直到最近几年，国家实施了化肥、农药减量增效行动计划后，才遏制了化肥、农药等投入品的增长趋势。以化肥的使用为例，据统计，1978年农村改革之初，我国农用化肥使用折纯量为884万吨，到2015年农用化肥使用折纯量达到6022.6万吨，是1978年的6.8倍。有关研究表明，我国耕地面积不到世界耕地总面积的10%，但化肥施用量曾接近世界总量的1/3，而化肥综合利用率只有30%左右。从化肥施用强度来看，国际公认的化肥施用安全上限是225千克/公顷，而我国平均化肥施用强度是此标准的1.61倍。我国农药的使用量也呈现出与化肥相同的趋势。1995年全国农药使用量为108.7万吨，到2015年增加到178.3万吨。

长江经济带11省市的化肥、农药和农药塑料薄膜的使用量与全国的趋势基本一样，在改革开放后经历了快速增加。如表4所示，长江经济带化肥、农药、塑料薄膜使用量占全国的比重有所下降，但总量跟全国一样，仍然处在很高的水平。据测算，由于我国施肥方式、施用量都没有考虑到作物的生长规律，缺乏科学性，化肥综合利用率还只有30%左右。农药真正有效利用量不到40%。化肥、农药等过量和不规范使用，导致大量氮、磷等随地表径流进入土壤和地下水体，对土壤和地下水体造成污染,造成农产品中农药残留的增加,不仅对地下水体、土壤等造成污染,增加农业生产成本,而且还会影响农产品质量安全,对消费者身体健康带来威胁。

表4 全国与长江经济带11省市化肥、农药、塑料薄膜使用量变化趋势

年份	农用化肥使用折纯量			农药使用量			农用塑料薄膜使用量		
	全国（万吨）	长江经济带（万吨）	长江经济带占全国的比重（%）	全国（万吨）	长江经济带（万吨）	长江经济带占全国的比重（%）	全国（万吨）	长江经济带（万吨）	长江经济带占全国的比重（%）
1995	3593.7	1518.50	42.25	108.70	52.86	48.63	91.55	34.65	37.85
2000	4146.41	1701.76	41.04	127.95	61.81	48.31	133.54	46.44	34.78
2005	4766.22	1880.31	39.45	145.99	68.71	47.06	176.23	61.49	34.89
2010	5561.68	2100.81	37.77	175.82	78.63	44.72	217.30	73.69	33.91
2015	6022.60	2163.22	35.92	178.30	73.64	41.30	260.36	88.17	33.87
2018	5653.42	1987.24	35.15	150.36	63.76	42.40	246.68	87.55	35.49

资料来源:国家统计局1995—2019年《中国统计年鉴》。

2. 畜禽养殖粪便综合利用率不高

随着我国农村劳动力进城务工经商人数的增加,农户散养畜禽的现象减少,而规模化养殖越来越多,畜禽养殖成为农业增效、农民增收的重要产业。但是,在畜禽养殖过程中,畜禽粪便中含有的硫化氢、氨气等恶臭味极大的有毒气体,会造成大气污染。若畜禽粪便与水结合,则会促使水源营养化,污染水源;另外,畜禽粪便中还含有众多的寄生虫和有毒病菌,若与人类进行接触,则会造成生物污染。畜禽养殖粪污排放已成为我国环境的主要污染源之一。根据国家第一次污染源普查公报数据显示,2010年我国规模以上畜禽养殖业主要水污染物排放量:化学需氧量1268.26万吨,总氮102.48万吨,总磷16.04万吨,分别占农业污染源排放量的95.78%、37.89%、56.34%。另据农业农村部的数据,我国每年产生的畜禽粪污总量已达近40亿吨,是2016年工业固体废物产生量的1.29倍。畜禽养殖业已经成为我国农业面源污染的重要来源之一。

畜禽养殖污染物通过技术处理，完全可以转化为资源。例如，一些地方的养猪循环模式，建立沼气池，把猪粪渣转化为沼气，利用沼气发电或作为燃气，再利用沼气液作为有机肥，种植水果、粮食和蔬菜，可以减少化肥的使用。有研究显示，2010年全国畜禽粪便产量22.35亿吨，理论上可产生沼气1072.75亿立方米，可替代0.77亿吨标准煤，减少二氧化碳排放1.8亿吨。畜禽粪污的氮、磷排放量分别为0.19亿吨和0.04亿吨，分别占氮肥、钾肥的79%和50%，如果能够有效利用，可以大幅度减少化肥的使用量。但是，我国目前对于畜禽粪便的利用率还较低。长江经济带畜禽粪污综合利用率距离达到74%的规划目标还有较大差距。

3. 长江禁渔和江湖水产养殖清理推进较难

长江是世界上生物多样性最为丰富的河流之一，整个长江流域分布有4300多种水生生物，其中仅鱼类就有424种，并且有170多种鱼类是长江特有的。长江流域还拥有中华鲟、长江鲟、长江江豚等国家重点保护的11种水生生物。但是，过去半个世纪以来，由于水环境污染、水库建设、航道运输、围湖造田、过度捕捞等因素的影响，长江渔业资源种类和数量显著减少，物种濒危程度加剧。白鲟、长江鲥鱼等物种已多年未见，中华鲟、江豚等也极度濒危。为了恢复长江的渔业资源，保护长江的生态环境，从2002年起，原农业部在长江流域开始试点实施长江禁渔期制度。但由于基层渔政执法人员少，队伍结构老龄化，渔政基础设施装备不足，非法捕鱼现象屡禁不止，长江渔业资源持续减少。

2018年，国务院办公厅发布《关于加强长江水生生物保护工作的意见》，明确要求从2020年起，长江流域重点水域实现常年禁捕。到2035年，长江流域生态环境要明显改善，水生生物栖息地要得到全面保护，水生生物资源要显著增长，水域生态功能要有效恢复。2019年年初，农业农村部等三部委又联合发布了《长江流域重点水域禁捕和建立补偿制度实施方案》（以下简称《方案》）。《方案》明确从2020年开始，长江全面进入10年休养生息期。长江禁捕涉及11万多条渔船和近28万渔民的安置，实现长江禁渔和清理江湖水产养殖工作依然面临艰巨的任务。

4. 禽畜抗菌药物滥用的治理重视不够

我国是畜禽、水产养殖大国，也是兽用抗菌药物生产和使用大国。由于目前兽用抗菌药物市场秩序不够规范、养殖环节使用不尽合理、从业人员科学用药意识不强，加上公众对细菌耐药性认知有限等原因，导致我国在畜禽养殖中，出现滥用兽用抗菌药物的现象。滥用抗菌药物会导致动物源细菌耐药率上升，兽用抗菌药物治疗效果降低，加剧兽用抗菌药物毒副作用和残留超标风险，严重威胁畜禽水产品的质量安全和公共卫生安全，给人类和动物健康带来隐患。而且，有关研究表明，人以及动物服用的抗生素，只有20%以下被吸收用于治病，而有80%~90%的药物会随排泄物进入生活污水中，造成水体环境污染。据中国科学报2018年的报道显示，我国畜禽养殖抗生素年使用量达9.7万吨，占全国抗生素年消耗量近50%。过去，我国在防控畜禽养殖业污染时，对此类新型污染的重视不够。在2015年原农业部发布的《关于打好农业面源污染防治攻坚战的实施意见》中和2017年原农业部办公厅印发的《重点流域农业面源污染综合治理示范工程建设规划（2016—2020年)》中，对于兽用抗菌药物污染还只字未提。直到2019年农业农村部发布第194号文，才规定从2020年1月1日起，在全国退出除中药外的所有促生长类药物饲料添加剂品种，全国畜禽养殖业才全面迎来减少抗菌药物的新时期。

（五）农业科技创新和转化能力较弱，推动农业绿色发展的技术手段缺乏

科技是实现农业绿色发展的重要手段。通过先进的科学技术，不仅能不断地提高资源利用效率、土地生产效率、劳动生产效率，而且能以最小的资源耗费获取最大的收益，实现农业的绿色发展。过去很多农业技术进步是有利于替代劳力、土地等生产要素，有利于提高生产效率和经济效益，但却并不利于农业"绿色"发展。例如，化肥和农药的投入的确显著增加了农业产量，但却带来环境污染问题和产品质量问题。塑料薄膜的应用改变了作物生长小环境的温度和湿度，人为营造出有利于作物生长的小环境，但因其残余物的降解难，导致"白色污染"问题。在农业绿色发展新理念下，人类应更多地开发和应用资源节约、环境友好的绿色农业技术。这些技术既能提供农业产出，也有利于保护环境。例如，我国推广应用的水肥一体化技术，将灌溉与施肥有机结合，借助新型微灌系统，在灌溉的同时将肥料配对成肥液一起输入农作物根部土壤，可以精确控制灌水量、施肥量和灌溉及施肥时间，肥料随水直接被输送到作物的根系周围，直接被作物吸收利用，这极大地减少灌溉和肥料的投入，提高水资源和肥料的利用率。依靠科技进步推动农业绿色发展，已成为现代农业的基本特征。

长江经济带是我国农业技术创新和应用能力相对较强的地区，过去有许多新的农业技术涌现并被推广。例如，杂交水稻新技术的推广，为保障国家粮食安全做出了巨大贡献。但是从总体上讲，我国农业科技投入不足、科技成果转化率不高：一方面，我国农业科技投入不足和效率低下，没有源头，难得活水，直接制约了农业技术的供给；另一方面，我国农户经营规模过小，农民科技素质也不高，承担采用新技术风险的能力低，也制约了对农业技术的采用，尤其是制约了对绿色技术有效需求的扩大。农户在选择引入新技术时，必然要对新技术投入的预期收益和成本进行比较，只有当农户认为预期收益大于预期成本时才会调动农户选择新技术的积极性。采用农业绿色新技术尽管对农业可持续发展有利，但可能增加农户的风险和成本，如果有机产品、绿色产品的认证体系和标准没有建立起来，绿色产品不能得到优价，农民就没有意愿采用新的农业技术。再加上农民科技素质不高，缺乏对新技术的信息，缺乏接纳、消化、吸收新技术的能力，从而造成了许多先进的农业技术成果和机械装备无法推广应用，科技在推动农业绿色发展中的作用没有充分发挥出来。

四　长江经济带实现农业绿色发展的政策建议

推动长江经济带绿色发展，与以往的区域开发一个显著的不同之处，就是明确要以保护生态环境为前提，把生态环境保护和经济发展协调起来，实现经济活动过程和结果的"绿色化""生态化"，实现保护生态环境与经济发展的"双赢"，走生态优先、绿色发展的开发之路。

长江经济带既是我国工业等非农产业和人口高度密集的地区，也是全国主要农产品和畜禽、水产养殖的重点区域，农业污染已经成为影响长江流域水质和长江经济带生态环境系统的重要因素。农业绿色发展已成为推动长江经济带绿色发展的重要领域。

推动长江经济带农业绿色发展，需要从农业政策设计、政策实施等各个环节入手，发挥有效市场和有为政府的作用，转变农户经营行为，实现农业绿色发展。具体政策措施主要包括以下几个方面。

（一）调整农业政策的目标，构建农业绿色发展的政策体系

不同的农业发展阶段，面临不同的问题和矛盾，农业政策的目标自然也不一样。改革开放以来，我国农业发展大体上经历了两个阶段，实施过不同的农业政策。

第一个阶段是农业数量型增长阶段。当时面临的最突出的问题是农产品供给全面短缺，因此，农业政策以增加产量、解决温饱问题为主要目标。

第二个阶段是农业结构优化发展阶段。当时农产品供求基本实现平衡，但农业结构不合理、农产品质量不高的矛盾突出。农业政策以优化结构、提高质量、增加农民收入为主要目标。

在这两个农业发展阶段，我国实行了农村土地家庭承包制，对农产品价格和流通体制进行了改革。在2004年开始，我国又出台了一系列农业扶持政策。例如，全面取消农业税、屠宰税、牧业税和农业特产税等农业税赋，对农民和农业进行"四项补贴"（包括对种粮农民直接补贴、农资综合补贴、良种补贴、农机具购置补贴），并对重点粮食品种实行最低收购价和临时收储的政策。这些农业政策调动起农民的生产积极性，促进了农业增长，解决了长期困扰我国的农产品短缺问题，并且显著提高了土地产出率和劳动生产率，为转移农业劳动力和推进城镇化创造了条件，也成为创造我国经济增长奇迹的重要基础。但是，这两个阶段的农业发展，重心放在增加产量和优化结构上，忽视农业生态环境的保护，忽视农业的可持续发展。我国农业所取得的巨大成就也是以生态环境严重破坏为代价的。

在新的发展阶段，我国农业政策的目标要进行适当调整，要在继续注重提高土地生产率和劳动生产率的同时，更加注重环境生产效率的提高，建设生态型农业，避免欧美国家"石油农业"的发展模式。坚持按照新的发展理念，在洁净的土地上和生态环境中，用洁净的生产方式

来生产安全优质的食品，提高人类的健康水平，加快推动农业绿色发展和高质量发展，使我国农业迈上可持续发展的道路。

长江经济带作为我国绿色发展的示范区，理当在建设生态农业、实现农业发展方式转型方面走在全国前列。长江经济带11个省市，可以在以下几个方面，进行农业绿色发展政策的探索。

1. 优化农业补贴制度，加大对农业绿色生产的补贴力度

自20世纪90年代以来，我国逐步实现了从歧视农业、剥夺农业向反哺农业、补贴农业的根本性转变。到2004年党中央更是做出了"我国总体上已到了以工促农、以城带乡发展阶段"的判断，制定和实施了一系列农业支持的政策。这些支持政策主要包括价格政策（粮食最低收购价保护）和农业补贴政策等。这些政策在保障粮食等主要农产品有效供给、促进农民持续增收方面发挥了重要作用。但是，在这些农业补贴政策中，只有退耕还林等少数几项政策具有促进农业绿色发展的功能。我国的退耕还林政策最早于1999年在甘肃、陕西、四川3省进行试点，2000年试点范围扩大到13个省（市、区），2001年又进一步将试点扩大到20个省（市、区）。2002年正式在全国范围内启动了退耕还林工程。按照退耕还林的政策，国家无偿向长江上游地区的退耕农户提供粮食、现金和种苗补助。粮食补助的年标准为每亩300斤，现金补贴标准为每年每亩20元，种苗补贴标准为每亩50元。而且，在确定土地所有权和使用权的基础上，政府实行"谁退耕、谁造林、谁经营、谁受益"的政策。农户承包的退耕地和宜林荒山荒地，自植树种草之后，承包期一律延长至50年，允许依法继承、转让。退耕还林的政策调动了农民发展绿色经济的主动性和积极性。据统计，截至2008年第一轮退耕还林工程结束，全国累计1.24亿农民参与，累计完成退耕还林4.03亿亩，其中退耕地造林1.39亿亩，荒山荒地造林2.37亿亩，封山育林0.27亿亩。但是，近年来国家退耕还林的政策在不少地区没有坚持下来，并且逐步退出。在新的发展阶段，我国应不断深化农业补贴制度改革，推动相关农业补贴与农业绿色生产行为相挂钩，加大对农业绿色生产技术的补贴力度，对秸秆还田、粪便资源化利用、生物农药、水肥一体化等技术、产品和设施，加大补贴和支持力度，以推动农业绿色发展、高质量发展。

2. 进一步加强绿色农业标准和绿色产品认证体系建设，激励绿色农产品生产

在农产品短缺的时代，我国主要注重农产品数量增长、忽视农产品质量改善，结果导致我国农产品结构出现"四多、四少"的现象。"四多"即农产品大路产品多，低档产品多，普通产品多，原料型产品多；"四少"即优质产品少，高档产品少，专用品种少，深加工产品少。现在我国已经解决温饱问题，进入全面小康的时代，居民从过去"吃得饱"转变成"吃得好"，对绿色有机的优质农产品需求不断增加。我国也必须优化农产品的供给，生产出更多绿色优质、安全健康的产品。为此，政府要进一步加强绿色农业标准和绿色产品认证体系的建设。

为了激励农户生产绿色优质的农产品，关键是建立起优质优价的机制，让绿色优质的农产品能够获得更高的价格，使绿色农业生产有利可图。目前，在农产品市场上存在比较严重的信息不对称现象，消费者在选购农产品时，原本愿意为绿色、有机的优质农产品支付更高的价格，但如果没有具有公信力的绿色农业标准体系和认证体系，消费者就缺乏分辨农产品质量的足够信息，也就很少愿意选择支付高价购买自己无法确定是否优质的产品，结果导致优质农产品难以销售出去，农户生产优质产品的动力也会消失。可见，绿色农业标准和认证体系，其实就是农产品的质量信息显示机制。建立起具有公信力的绿色农业标准体系和认证体系，可以极大地克服农产品质量的信息不对称问题，产生激励绿色农产品生产的效果。

加强绿色农业标准体系和认证体系的建设，可以从以下几个方面入手：第一，建立统一的绿色农产品市场准入标准，清理、废止与农业绿色发展不适应的标准和行业规范。提升绿色食品、有机农产品和地理标志农产品等认证的公信力和权威性。第二，实施农业绿色品牌战略，培育有区域优势特色和国际竞争力的农产品驰名商标。第三，加强农产品质量安全的全程监管，健全与市场准入相衔接的食用农产品合格证制度，利用新的信息技术，依托现有资源建立国家农产品质量安全追溯管理平台，加快农产品质量安全追溯体系建设。

（二）调整和优化农户的行为，培育农业绿色发展的微观经营主体

农户是农业经营的主体，是农业绿色发展的初始动力。农户的行为

直接决定着农业绿色发展的水平。要实现农业绿色发展，首先是通过制度的改革和设计，调整和优化农户的行为，使农户有意愿、有动力、有能力自发地采用绿色发展方式进行农业生产，这是实现长江经济带农业绿色发展的基础。当前，可以主要从以下方面入手，构建推动农业绿色发展的微观经营主体。

1. 稳定农户的土地产权，避免农户经营行为的短期化

农业污染问题的产生，是农户经营行为短期化造成的。在改革开放初期，我国实行了农村土地所有权与经营权相分离的家庭承包制，在不改变土地集体所有制的情况下，越来越多地赋予农民承包地使用、收益、处置等权能，使农民拥有的土地产权完整性、确定性和稳定性不断增强。但是，为了减少改革的阻力和成本，改革之初我国对农地的占有、转让和处置权等权利，并没有在法律上进行明确的分割和界定，而是维持了农地产权的模糊性，而且对土地的承包期限也进行了限制。由于农村土地承包期短、土地调整频繁，使农户对土地产权的稳定性和安全性预期较低，从而激励农户对农地进行掠夺性经营，只重视眼前利益，忽视长远利益，大量使用化肥、农药、塑料薄膜等化学品，谋求在短期内获得高产，而忽视对农业生态环境的保护和耕地资源的可持续利用。

改变农户的短期行为，从土地产权制度的角度，就是要在不改变土地所有制的情况下，延长土地承包期限，赋予农民越来越多的对承包地的使用、收益、处置等权能，使农民拥有的土地产权完整性、确定性和稳定性不断增强，让农民吃下"定心丸"。党的十五届三中全会曾指出："稳定土地承包关系，才能引导农民珍惜土地，增加投入，培肥地力，逐步提高产出率；才能解除农民的后顾之忧，保持农村稳定。"近年来，我国在农村地区按照"稳定承包权，放活经营权"的思路，推进农村土地"三权分置"改革，在坚持农村土地集体所有的前提下，促使承包权和经营权分离，形成所有权、承包权、经营权三权分置，经营权流转的格局。这有利于农户从长远和可持续发展的角度对土地进行长期投资，采用绿色农业生产技术，实现农业绿色发展。

2. 加快培育专业化家庭农场、农业产业化企业、合作社组织等新型农业经营主体

改革开放后，我国实行的家庭承包制在促进农业增长方面发挥了重

要作用,但随着工业化和城镇化的推进,大量农村劳动力转移到城镇地区,我国"农业副业化""农业劳动力老龄化""农村空心化"等问题越来越严重。推动农村土地向家庭农场、合作社和企业等新型农业经营主体流转,实现一定程度的规模经营,既是我国农业实现第二次飞跃的重要途径,也是推动农业绿色发展的重要方式。2017年中央一号文件就提出要"积极发展适度规模经营,培育新型农业经营主体和服务主体"。

新型农业经营主体包括专业化家庭农场、农业产业化龙头企业以及专业合作社组织等,这些新型经营主体拥有物资资本和人力资本的优势,掌握更多的农业技术和市场信息,具有较强的生产组织能力和市场营销能力,能够增加农业的现代化要素投入,也更有意愿采用绿色的生产技术,向市场提供绿色有机的绿色农产品。在农业高质量、绿色发展中扮演重要角色。据农业部统计,截至2012年年底,全国已有家庭农场87.7万个,经营耕地面积达到1.76亿亩,占全国承包耕地面积的13.4%。家庭农场平均经营规模达到200.2亩,是全国承包农户平均经营耕地面积的近27倍。这些专业化的家庭农场,克服了以往许多小农家庭种"口粮田""应付田"的弊端,既有采用良种、良法,降低生产成本的能力,又有增加农业生产投入,采取先进绿色生产技术与管理方法的动力。另外,农民通过组织专业合作社和农业产业化龙头企业,整合农业产业链,可提高农业社会化服务水平,为推动农业绿色发展创造条件。据统计,截至2014年2月底,全国在工商部门登记注册的农民专业合作社已达103.88万家,成员达7800多万户,约5万家合作社注册了商标,3万多家通过了无公害、绿色、有机等农产品质量认证。全国各类龙头企业11.1万家,已经形成了以1253家国家重点龙头企业为核心、1万多家省级龙头企业为骨干、10万多家中小龙头企业为基础的发展格局。这些专业合作社和产业化龙头企业为农业生产注入了现代农业生产要素,强化了农产品质量安全管理,成为农业绿色发展的主力军。

在推动农业绿色发展过程中,除了培育新型农业经营主体之外,还要特别重视加快培养新型职业农民。农业现代化归根结底要靠人的现代化。发展绿色农业,最终要靠建设一支具有绿色发展观念、长期稳定的高素质农业生产者队伍。目前,我国受过高中及以上教育的农村劳动力仅占15.1%，拥有绿色证书的农村劳动力不足5%，还无法适应现代绿色农业发展的要求。在新的时期，我国要通过培训、吸引农民工返乡创业等多种形式，全面提升农业劳动力整体素质，塑造一支有文化、懂技术、善经营的新型职业农民队伍，让他们成为新时代推动农业绿色发展和农业现代化的主角。

（三）创建农业循环经济模式，推动农业污染的减量化、无害化、资源化

推动农业绿色发展，一条途径是创建农业循环经济新模式。即按照"减量化、再利用、资源化"的原则，以资源的高效利用和循环利用为核心，建立物质不断循环再利用的经济发展模式。这是解决经济与环境之间存在的矛盾、实现经济发展和环境保护"双赢"的重要途径。

1. 落实化肥、农药减量化行动

实现农药、化肥减量化是从源头上控制农业污染的重要途径，也是农业绿色发展的难点和重点。我国《全国农业可持续发展规划（2015—2030年）》明确提出"到2030年，全国基本实现农业废弃物趋零排放"和"农业主产区农膜和农药包装废弃物实现基本回收利用"的目标，农业农村部也在大力制定和落实农药化肥减量化行动计划，基本上扭转了农药化肥使用量增长的趋势，但目前我国农药、化肥使用量仍处在较高水平。实施农药化肥减量化任重道远。

实现农药化肥减量，首先要科学、规范农药化肥的使用。现在农业生产者对如何科学施肥用药还存在知识认识的不足，各级农业农村部门要广泛利用各类媒体尤其是互联网，全方位、多角度宣传科学施肥和用药的知识，可以组织农民现场观摩、现场培训，采用农民听得懂的语言、看得懂的信息、收得到的方式，指导农民科学施肥用药。其次要开展测土配方施肥，摸清土壤养分状况，普及科学施肥技术，大力推广水肥一体化技术，实施有机肥替代化肥工程，引导企业、新型农业经营主体和社会化服务组织参与化肥减量增效，推动农业绿色发展。

2. 实施畜禽粪便资源化综合利用

畜禽养殖是农业污染的重要来源。畜禽养殖粪便排放数量巨大，如果不进行严格管理，不仅会造成周边水环境的污染和空气污染，也容易引发疾病。对畜禽养殖污染的治理，除了合理规划畜禽养殖区外，关键

的措施还是遵循循环农业发展理念,将畜禽粪便等进行无害化处理和资源化利用,形成一个可持续的循环,这既能有效减少和控制农业面源污染,也对恢复田间生态系统能起到较好的作用。目前,我国已经相继出台了《畜禽规模养殖污染防治条例》《环境保护法》《水污染防治行动计划》《农业废弃物资源化试点》等条例法规,各级农业农村部主要从以下两个方面落实畜禽粪便资源化综合利用:一是可以将畜禽养殖粪便转变为有机肥,替代化肥,增加土壤中有机质含量,提升农田的渗透性、营养性,优化土壤结构,变废为宝,改善生态环境。政府可以建立农业循环经济和资源化综合利用专项基金,对农业循环经济和资源化相关基础设施建设予以投资或者补贴。二是对不能循环再生的废弃物进行无害化处理,使其不对环境带来污染。

3. 创建农业循环经济模式和绿色发展示范区

在长江经济带,各地可以根据自身的自然资源条件,探索"稻—萍—鱼"、"稻—萍—鸭"或"稻虾共生"等各种类型的循环生态农业模式。在这种循环生态农业模式下,同一块田里种稻、繁萍、养鱼、鸭或小龙虾等,充分利用土、水、肥、气、热等自然资源,不仅具有较高的物质、能量利用率和转化率,而且减少了用肥施药,降低了生产成本,实现经济、社会与生态效益的统一。例如,在湖北省潜江市等地创建的"稻虾共生"生态种养模式,在稻田里养殖龙虾,可以除去害虫和杂草,增加肥料,减少化肥和农业的投入,提高水稻产量,增加了农户收入。而且,在龙虾养殖的基础上,形成集科研示范、良种选育、苗种繁殖、龙虾养殖、加工出口、餐饮服务、冷链物流、精深加工于一体的数百亿元的龙虾产业集群。

同样,在长江经济带水果种植上,也可以按照循环经济的理念,大力建设生态果园。这种生态果园可以建立起两个循环系统:①建立起"果树种植→全园牧草套种→草食畜牧养殖→废弃物利用(畜粪、秸秆、病残果、枝)沼气→沼肥还园→果树种植"的循环系统;②建立起"果树种植→鲜果深加工产品→消费市场→废弃物回收→废弃物回收处理(转化为肥料、农用产品)→果树种植"循环系统。这种生态果园的模式既有利于保持果园土地肥力,改善果园生态环境,降低主要病虫危害,也有利于改善果实品质,降低生产成本,增加经济效益,是实现农业绿色发展的一种比较好的模式。我国要在农业发展重点区域，基于这种农业循环经济模式，创建农业绿色发展示范区，为长江经济带农业绿色发展建立样板。

（四）大力加强农业科技创新，发展智慧农业，促进农业绿色化发展

邓小平同志曾经说过："农业的发展，一靠政策，二靠科学。科学技术的发展和作用是无穷无尽的。"我国农业要突破资源与成本的限制，实现农业现代化和农业绿色发展，都要靠科技创新。科技已经成为我国农业发展中极为重要的支撑力量与动力之源。

自20世纪90年代起，随着新一轮科技革命的来临，信息技术、生物技术等高技术不断向农业领域渗透，现代农业已不再是传统意义上那种低技术含量、低附加值的产业，而逐步演变成为资本和技术密集、高附加值的产业。在新兴信息技术革命的背景下，互联网正加速渗透进农业生产、营销、服务和金融服务等各个环节。"互联+农业"已成为我国现代农业发展的重要手段。

为了适应农业信息化的新趋势，我国需要进一步加强农业科技创新，利用信息技术改造传统农业，发展新型的智慧农业，促进农业现代化和绿色化。

1. 加大农业科技创新投入

农业科技创新不仅能够促进农业本身的发展，而且对整个社会进步具有十分重要的意义。许多研究表明，农业研究投资收益率大大高于一般投资收益率。例如，我国科学家袁隆平等杂交水稻技术的创新和推广应用，就为解决我国粮食供应短缺问题做出了巨大的贡献。有的研究表明，在价格不变和市场完全开放条件下，我国每增加1元的农业科研投入，在1997—2011年总和收益可达到36.2元；在价格可变和不继续增加市场开放度的条件下，农业科研投资的总收益也可以达到28.6元（黄季焜、胡瑞法，2000）。

目前，我国农业科技创新的投入与过去相比，有了显著增长，但从我国农业现代化的要求来看，仍存在投入不足的问题。为此，我国需要建立起以农业企业的投入为主体、政府部门投入为引领的多元化农业科技投入机制。这里要特别重视对农业绿色技术和农业信息化技术的投入，通过科技创新投入，实施科研单位、高校、企业等各类创新主体协同攻关，在培育新的良种、有害生物绿色防控、废弃物资源化利用、产地环境修复和农产品加工贮藏运输等领域取得一批突破性科研成果。同时，要加快农业信息化步伐，将移动互联网、物联网、电商平台等信息化技术应用到农业生产、加工、销售等各个环节，以信息技术改造传统农业，实现农业绿色化和信息化。

2. 加快农业科技成果的转化

由于农村偏僻闭塞、交通通信落后、传播手段缺乏，农民的文化素质较低，农业科技科技成果的扩散比工业技术的扩散要更加困难。再加上我国农户的土地经营规模过小，承担采用新技术风险的能力低，对新农业技术的内在需求明显不足，导致我国农业科技成果转化率仅为30%—40%。加快农业科技成果的推广应用，与农业科技创新同样重要。我国从20世纪50年代起曾建立起相当完整的省、地、县、乡四级农业技术推广网，在农业技术推广和农业生产方面发挥过重要作用。但是，在改革过程中，我国计划经济体制下建立的农业技术推广体系出现了"钱紧、线断、网破、人散"的状况，而适应市场经济、新的农业技术推广模式和体系没有建立起来（辜胜阻、成德宁，1999）。新时期我国各级农业农村部门要对农业科技创新与推广应用进行统筹规划。首先，政府要引导科研机构在高度重视以科学导向的基础研究之时，还要建立起以市场需求为导向的农业科技创新机制，避免农业科研"立项→研究→成果→再立题"的自我封闭循环，克服为"科研而科研"、农业科研与实际生产脱节的问题；其次，政府要在系统梳理新的农业科技成果的基础上，定期选择一些具有应用前景的农业科技成果，通过项目和资金的扶持，加快这些科技成果的推广应用。可以设立农业科技成果转化基金，对成功进行成果转化的项目，予以奖励和资助。特别是对于应用信息技术改造传统农业的项目和成果，应结合农业信息化的总体战略，加快实施与推进，使我国在农业信息化和绿色化发展上赢得先机。

3. 加快农业信息化

传统农业与现代农业之间不仅在农业设施和技术水平方面存在巨大的差别，而且在经营方式和组织化水平方面也存在显著的差距。现代农业的一个重要特征是把现代产业组织方式引入农业，将农业产业链整合为一条从田间到餐桌，集种养加、产供销为一体的农业产业链。在推动农业绿色发展中，要特别重视应用信息技术构建、整合和提升农业产业链，创新农业的经营模式，实现农业智能化、标准化生产。在农业生产中，可以利用卫星搭载高精度感知设备，获取土壤、水文等信息，做出农业资源的精细监测和科学决策；可以利用传感器感知技术、信息融合传输技术和互联网技术，构建农业生态环境监测网络，实现对农业生态环境的自动监测，实现农业生产过程的智能化控制和科学化管理，提高资源利用率和劳动生产率。可以利用物联网技术，对农产品生产、流通、销售过程进行全程信息记录、传输和处理，为每个农产品建立一个电子"身份证"，实现农产品"从农田到餐桌"的全程追溯，有效地解决食品安全和食品信誉问题，从而推动农业绿色发展和高质量发展。

参考文献

保罗·贝罗奇：《1700—1914年农业和工业革命》，载卡洛·M.齐波拉主编《欧洲经济史》（第三卷），商务印书馆1989年版。

成德宁：《中国经济发展中的"三农"问题》，山东人民出版社2009年版。

成德宁、杨敏：《农业劳动力结构转变对粮食生产效率的影响》，《西北农林科技大学学报》（社会科学版）2015年第4期。

辜胜阻、成德宁：《知识经济时代我国农业技术进步的对策思路》，《学术界》1999年第4期。

韩长赋：《大力推进农业绿色发展》，《人民日报》2017年5月9日第12版。

黄季焜、胡瑞法：《中国农业科研投资：效益、利益分配及政策含义》，《中国软科学》2000年第9期。

金书秦等：《农业绿色发展路径及其"十四五"取向》，《改革》2020年第2期。

涂正革、甘天琦：《中国农业绿色发展的区域差异及动力研究》，《武汉大学学报》（哲学社会科学版）2019年第3期。

魏琦等：《中国农业绿色发展指数构建及区域比较研究》，《农业经济问题》2018年第11期。

World Bank and Development Research Center of the State Council, "China 2030: Building a Modern, Harmonious, and Creative Society", *Washington, D. C.*: *World Bank*, 2013.

长江经济带环境规制对产业结构影响的研究报告[*]

胡 晖 朱钰琦[**]

摘 要：产业结构的转型升级是服务国家发展战略全局的重大议题。合理产业布局、走绿色发展之路是国家深入推进生态文明建设的重中之重。本研究通过构建一个双对数模型，深入分析环境规制对产业结构，特别是对其高级化以及合理化的影响。具体而言，以长江经济带2003—2017年的数据为样本，通过在模型中加入环境规制、经济发展水平的交互项以研究不同经济发展水平下环境规制对产业结构影响。研究发现，在上述作用过程中，经济发展水平同时存在替代效应和互补效应，且前者大于后者。即从长期来看，经济发展水平的提升能推动长江经济带产业结构转型升级。在城市的差异性方面，环境规制对长江经济带二线城市的产业结构存在显著的优化作用。同时，环境规制对三线城市产业结构优化的积极作用大于三线以下城市。

关键词：环境规制 产业结构 替代效应 互补

长江经济带作为我国重要的区域，涵盖了我国东部、中部、西部许多重要城市群如长三角城市群、长江中游城市群、成渝城市群等，其人口规模和生产总值均在全国占有一席之地。该地区含有丰富资源和广阔

---

[*] 基金项目：国家社科基金重大项目"供给侧结构性改革与发展新动力研究"（16ZDA006）。

[**] 作者简介：胡晖，澳大利亚堪培拉大学博士，武汉大学经济系副主任、副教授、博士生导师，湖北省"楚天学者"；朱钰琦：武汉大学经济与管理学院硕士研究生。

腹地，工业发展基础良好。尽管不同地区间自然、社会和经济差异较大，产业转型升级的条件和背景多样，但区域经济协调发展态势较好（李春艳、文传浩，2015；吴传清等，2019），为全国各地区的产业结构转型升级提供范例（杜宇、吴传清，2018；王保乾等，2019）。因此，加快推进长江经济带产业结构优化升级不仅有利于进一步完善我国供给侧结构性改革，同时也是保障我国经济实现长期平稳较快发展的重要条件（吴传清、黄磊，2018；杨仁发、李娜娜，2019）。2016年9月，《长江经济带发展规划纲要》出台，该纲要是助推长江经济带产业结构转型升级的纲领性文件，目的是让长江经济带走上生态保护、绿色发展之路，对实现"黄金水道"的效益发挥重要的作用（王保乾等，2019）。

但是，长江经济带经济发展不平衡的问题同样值得重视，由于历史、地理等多方面原因，各个城市之间的经济及产业发展差异过大，呈现出经济发展不协调的状况。为解决这一问题，一个重要途径便是优化区域内各城市的产业结构（朱丽霞等，2019）。同时，较大的人口密度以及经济活动所带来的环境压力也不容忽视，尤其是沿江流域沿线污染密集型产业分布密集更是加剧了这一现象。习近平总书记在讲话中曾指出"当前和今后相当长一个时期，要把修复长江生态环境摆在压倒性位置"。因此，在强化环境规制的背景下如何倒逼产业结构的转型升级是摆在人们面前的重要问题，更是区域经济走向协调发展道路的关键（李雪松、齐晓旭，2019）。

环境规制对产业转移和转型有一定的推动作用。长江经济带沿线各地区经济发展以及环境规制水平存在巨大差异，长江下游地区经济发达城市倾向将本地区污染能耗高的产业转移到长江中、上游地区。但区域内部的产业转移不利于整体产业结构的优化。该地区内部的产业结构有一定相似度，但也存在差异（张静文，2018）。因此，研究如何提升长江经济带城市群产业的分工协作，实现要素合理流动及产业结构的协调发展，对长江经济带及国内不同区域的产业结构优化和经济协调发展具有重要意义。据此，本报告运用长江经济带2003—2017年的面板数据并结合实证研究方法，分析环境规制影响产业结构高级化和合理化的复合效应。

一 理论分析

环境规制对产业结构转型升级的影响存在争议，主流的观点包括：环境规制具有提高企业的生产成本的作用，从而抑制区域产业结构的转型升级；但环境规制也会作为外力迫使企业进行技术创新，从而促进了产业结构的转型升级。本报告在已有研究的基础上进行了拓展，根据长江经济带城市群的特殊性，进一步深入研究这一问题。此外，本报告引入了环境规制和经济发展水平的交互项，研究不同经济发展水平下环境规制对产业结构转型升级影响的差异性。在城市的差异性方面，本报告将样本城市划分为二线城市、三线城市和三线以下城市分别进行实证分析，并对它们之间的差异进行了比较。

（一）"环境规制"和"产业结构升级"的内涵

大量已有研究发现，经济发展与环境质量之间存在倒"U"形的关系。自 Grossman 与 Krueger 于 1995 年提出环境库兹涅茨曲线后，一些文献进一步探讨了产业的转型升级和环境质量之间的倒"U"形关系，即随着一个国家或地区的经济发展水平提高，经济发展会先使环境恶化，到达某个"临界点"后又会促进生态环境的优化（孙早、席建成，2015；肖远飞、吴允，2019）。

部分国内研究考察了雾霾治理对工业绿色发展的影响，研究发现雾霾治理之所以能促进工业的绿色发展，主要是通过空气质量治理推动产业结构的升级和生产率的提高。但地方政府雾霾治理政策的模仿竞争会削弱这种促进作用，同时市场分割导致的资源错配也会削弱雾霾治理对工业绿色发展的促进作用（邓慧慧、杨露鑫，2019；陆立军、陈丹波，2019）。李月娥等（2018）以 2013—2016 年 A 股上市公司数据为样本，研究了环境规制对企业环保投资的差异性影响，发现政府环境规制的强度与企业的环保投资呈现"U"形关系，这也说明政府的环境规制政策的效果具有滞后性。

产业结构转型升级是企业作为市场主体自主选择的过程，但是当前我国企业转型升级存在一些阻碍因素：创新技术供给不足，优秀人才短缺，知识产权重视程度不足等，企业发展的外部环境需要进一步改善。

在传统企业转型升级的过程中，应该坚持问题导向、破除障碍，做好制度安排（刘勇，2019）。江飞涛与李晓萍（2018）通过对比我国与发达经济体经济结构演变的过程，发现我国经济结构总体趋于改善，但是现代化水平和国际竞争力仍需加强。根据产业结构演变系数 DCIS 得出，我国的 DCIS 始终处于"U"形结构的左边部分，说明我国目前仍处于工业化中期阶段。武晓霞（2014）运用省级面板数据与空间计量模型发现技术进步和外商直接投资可以使产业结构得到一定程度改善，但是消费与人力资本对产业结构优化的促进作用有限。

李强（2017）在测算出长江经济带产业升级、生态环境优化和产业升级与生态环境优化耦合协调度指数后，采用系统广义矩估计方法研究了产业转型升级与生态环境优化耦合度的影响因素，研究得出，长江流域城市群产业结构转型升级综合得分显著低于生态环境优化综合得分，长江经济带仍有部分城市产业升级相对滞后。该研究进一步指出：经济增长、科技研发与制度保障是实现产业升级和生态环境优化的重要因素，而产业结构、固定资产投资和外商直接投资会降低产业转型升级和生态环境优化的耦合度。

（二）环境规制对产业结构升级的影响

环境规制对产业结构转型升级的影响是积极还是消极在学术上存在一定争议。有的研究从波特假说和壁垒效应两个维度探讨了环境规制对产业升级影响的内在机理，并结合 2003—2015 年长江流域沿线城市的面板数据，研究了空间溢出效应的异质性。研究发现，空间溢出效应会高估环境规制对产业结构的影响（李强、丁春林，2019）。环境规制直接或者间接影响了企业的生产成本、技术创新和外商直接投资等因素，从而影响产业结构的转型升级（杜威剑，2019）。徐常萍与吴敏洁以中国制造业 1996—2013 年的数据和制造业 2009—2013 年的分行业数据为样本，分别构造多元线性回归模型和面板数据模型，得到环境规制在促进制造业产业间结构升级的同时抑制了制造业产业内结构的优化（徐常萍、吴敏洁，2012）。

研究环境规制对产业结构转型升级的影响对我国生态文明建设战略背景下转变经济增长模式，促进经济结构转型升级具有重要的意义（张英、宋维明，2012）。时乐乐（2017）根据 2002 年到 2014 年的省级面板数据，研究了环境规制对产业结构转型升级的作用路径及内在机理，研究认为，除了环境规制，还有技术创新、金融发展、外商直接投资和对外贸易间接作用于产业转型升级（赵霞，2013）。当技术水平低时环境规制不利于产业的转型升级；同样金融发展水平低、外商直接投资低和对外贸易水平较低的情况下环境规制都不利于企业的转型升级。杨骞等（2019）在分析环境规制竞争的动因和环境规制对产业升级的影响时，通过 Durbin 模型和偏微分分解方法发现政府环境规制竞争对产业转型升级存在空间溢出效应。即在不考虑地方政府竞争时，环境规制对产业转型升级的促进作用不显著；在考虑地方政府竞争时，环境规制对产业结构的转型升级具有显著的促进作用。

（三）环境规制对产业结构升级的作用机制

产业结构优化可以理解为在各产业协调发展的基础上产业结构不断发展提高的过程。具体而言，就是指资源在产业之间优化配置，投入要素的比例协调，产业结构不断提升。配第一克拉克定理认为，产业相对收入的差异会使劳动力逐渐向高收入部门转移，即随着经济的发展，第一产业的劳动力与产值的比重会相对下降，第二、第三产业则开始上升。库兹涅茨法则也指出，农业部门收入与就业人数的比重会逐渐下降，工业部门的收入比重上升，劳动力比重基本不变，而服务部门的两类比重都上升。我国经济社会的发展过程中也经历了类似的劳动力向更高水平产业转移过程。我国的产业优化可以主要分为两方面：一是产业结构合理化，即各个产业之间可以相互平衡协调、结构转换，并且能够满足市场需求的转变，实现更大的收益。二是产业结构高级化，即产业结构在价值层次以及技术水平由低级向高级转变（王剑波，2013）。而环境规制对产业结构优化的影响途径主要分为两种：一种是产业转移效应，另一种是产业转型效应。

1. 产业转移效应

产业转移的本质是由于资源供给结构或者消费者需求结构的变化引起的一个产业由某些国家或地区转向其他国家或地区的空间移动现象（李虹、邹庆，2018）。环境规制引起的产业转移主要是因为企业生产成本的提高而引起的产业的地区间转移。根据"污染避难所"假说，环境规制会导致一些高污染的企业由经济发达地区转向经济欠发达地区。经济相对落后的地区环境规制相对宽松，企业能较为容易地达到该地区的环境要求（Fang et al., 2018）。长江经济带上中下游城市经济发展差异较大，经济比较发达的城市会更加注重本地区的生态环境保护，环境规制的强度大于其他地区。于是这些城市会更少地承接下游地区的产业转移，更多地将高污染能耗产业转移到上游地区。经济水平欠发达的城市就会实行比较不严格的环境政策以吸引下游城市产业转移，以促进当地经济的发展。

经济欠发达的城市为了提高自身的经济发展水平倾向于承接这些污染企业转移，以一定程度的环境污染换取经济的增长，将高污染企业从经济发达城市转移出去，促进本地区产业结构逐渐趋于合理。承接污染企业转移的经济欠发达城市，其产业结构中会存在更多高污染高能耗的产业，知识技术型和服务型的企业相对较少，该地的产业结构趋于不合理。但是，随着经济的发展，污染产业逐渐被淘汰，部分产业创新升级，产业结构再逐渐趋向合理。如果区域内各部分地区经济水平差异较大，产业也会在区域内部各地区转移，例如高能耗高污染产业从区域内经济较发达的二线城市转移到区域内的三线和三线以下城市。因此，环境规制对区域整体的产业结构的改善作用有限，但对区域内经济发达城市的产业结构会有显著的改善作用。

2. 产业转型效应

宏观的产业转型就是政府根据经济技术的发展，采取金融财政等宏观政策对现有的产业结构进行调整。微观层面的产业转型就是产业内部资源存量的再配置，技术、资本等生产要素向朝阳产业转移（杜龙政等，2019）。产业转型分为需求导向和环境导向。"波特假说"指出环境规制会促使企业进行创新，技术创新会带来企业生产效率的上升，进而增加企业的效益，从而使企业实现自身结构的优化调整（陈素梅、李钢，2019）。经济发达的地区会逐渐提高企业生产的环境标准，部分技术创新成本较高的企业会选择关停；一些生产效益较好的企业会进行技术革新以达到新的环境标准从而实现继续生产。企业进行创新的收益会大于创新产生的成本，这是环境规制引起的产业转型。

随着经济快速发展，日益增长的环保意识使公众在选择商品时也会倾向于绿色环保产品。同时，需求结构的变动也会促使企业进行技术创新、调整产业结构，以更好地适应市场需求的变动。这是需求结构变化引起的产业转型。产业转型，不仅要求企业的投资、配备更为清洁的设备，还对企业有更高的技术要求，以满足更为严格的环境标准。当企业产业转型的成本大于收益时，企业会倾向于在地区间进行转移。因此，环境规制能否通过产业转型效应优化长江经济带的产业结构有待进一步研究。

二 分析方法

（一）环境规制影响产业结构的实证分析

由于长江经济带产业结构转型升级的影响因素众多，为了更好地研究环境规制对长江经济带产业结构转型升级的影响，本报告采取面板数据回归方法。

为了控制年份差异和城市差异，采用了时间和地区固定效应。为了修正异方差带来的问题，以及使模型的显著结果更加可靠稳健，使用了稳健标准误。

本报告使用长江经济带地级以上城市 15 年的面板数据，以分析研究环境规制对长江经济带产业结构转型升级的影响。为研究这一影响，本报告构造了实证模型（1）。为了研究经济发展差异造成的环境规制对产业结构转型升级影响的差异性，在实证模型（1）的基础上引入了环境规制和经济发展水平的交互项，构建了实证模型（2）。在式（1）、式（2）中，i 表示城市，t 表示时间。TIS_{it} 表示 i 地区在 t 年的产业结构升级，ER_{it-1} 表示 i 地区在 $t-1$ 年的环境规制，$pgdp_{it}$ 表示 i 地区在 t 年的人均 GDP 水平，X_{it} 表示 i 地区在 t 年的其他控制变量，ε_{it} 表示不可观测到的随机误差。

$$\ln(TIS_{it}) = \alpha_1 + \beta_1 \ln(ER_{it-1}) + \gamma_1(\ln X_{it}) + \varepsilon_{it} \tag{1}$$

$$\ln(TIS_{it}) = \alpha_2 \beta_2 \ln(ER_{it-1}) + \rho \ln(ER_{it-1}) \times \ln(pgdp_{it}) + \gamma_2 \ln(X_{it}) + \varepsilon_{it} \tag{2}$$

（二）环境规制和产业结构升级的测度

1. 被解释变量

（1）产业结构转型升级水平（OIS）。指各产业在协调发展的基础上不断发展提高的程度，其实质是实现资源的更加高效的配置，促进产业经济发展更加稳定平衡。产业结构的优化包括两个方面的内容：产业结构合理化和高级化（简新华、杨艳琳，2009；许和连等，2019）。因此，本报告通过这两个方面来衡量产业结构的转型升级。

（2）产业结构合理化水平（RIS）。可概括为资源在产业中配置得当，技术投入比例平衡协调，其突出特征有：投入产出均衡、适应需求结构、与资源结构相协调、产业类型与资源禀赋适宜。具体的衡量方法主要有判断市场供求与结构效果以及分析影子价格。前者是根据产品或劳务市场的供求关系来衡量产业结构的合理性以及判断产业结构的变动是否会引起总产出、总利润的增加；后者则是通过计算各部门的影子价格与产业总体影子价格平均值的偏差来判断（简新华、杨艳琳，2009）。本报告借鉴杜龙政等（2019）与干春晖等（2011）的方法，采用泰尔指数来衡量产业结构的合理化水平大小，具体而言是指根据产出结构以及就业结构来判断产业结构的合理化程度。式（3）中，i 表示第 i 产业，n 表示产业数量，Y 和 L 表示总产值和总就业人数。RIS 的大小越接近 0，表明产业结构越合理。因为在最终均衡的状态，各部门的生产效率相同，于是 $Y_i/L_i = Y/L$，则 $RIS = 0$。

$$RIS = \sum_{i=1}^{n} \left(\frac{Y_i}{Y}\right)\ln\left(\frac{Y_i}{L_i} \bigg/ \frac{Y}{L}\right) = \sum_{i=1}^{n} \left(\frac{Y_i}{Y}\right)\ln\left(\frac{Y_i}{Y} \bigg/ \frac{L_i}{L}\right) \tag{3}$$

（3）产业结构高级化水平（OIS）。指产业结构由低水平到高水平的程度。其突出标志包括相对更高的加工度与附加值化、更加集约化、服务化、知识密集化的技术水平。几种常用的衡量方法包括加工度与附加值、衡量技术集约程度、知识化程度和第三次产业比重等（简新华、杨艳琳，2009）。加工度衡量法就是根据产业加工度的高低来衡量产业结构是否高级。附加值衡量法就是根据产品附加值的大小来衡量产业结构是否高级。技术集约程度衡量法就是根据产业技术水平的高低来衡量，技术水平越高，则产业的高级化程度越高。知识化程度衡量法就是根据产业知识化程度的高低来衡量。第三产业比重衡量法就是评价第三产业在国民经济中的比重。根据数据的可得性，采用第三产业比重的方法来衡量产业结构的高级化程度，具体而言，即使用该地区第三产业与第二产业产值之比衡量：

$$OIS = Y_3/Y_2 \tag{4}$$

2. 解释变量

环境规制（ER）。根据已有文献，环境规制存在多种衡量方法，比如用政府的环境规制政策和环境治理的投入来衡量政府环境规制的强度。根据污染排放量等指标来衡量政府环境规制的强度。其中，衡量政府环境规制的强度的一个常用的方法是利用污染排放量指标如固体废弃物的综合利用率、单位产值的污水处理率、工业烟尘的处理率和二氧化硫的处理率等，指标数值越大说明政府的环境规制强度越高。本报告利用熵值法将固体废弃物的综合利用率（X_{1t-1}）、单位产值的污水处理率（X_{2t-1}）、工业烟尘的处理率（X_{3t-1}）和二氧化硫的处理率（X_{4t-1}）加权为环境规制的综合指数（童健等，2016）。熵值法的处理步骤如下：

（1）原始数据矩阵标准化。研究对象共包括51个城市，每个城市有15年的样本数据。对每个城市15年的样本数据取均值，形成含有51个评价对象和4个评价指标的原始数据矩阵$A = (X_{ij})_{51×4}$。对数据标准化以后得到标准化矩阵$R = (r_{ij})_{51×4}$。根据选取的指标可知，指标数值越大，环境规制的强度就越大。因此，数据标准化的公式为：

$$r_{ij} = \frac{x_{ij} - \min(X_{ij})}{\max(X_{ij}) - \min(X_{ij})} \tag{5}$$

（2）定义熵。在本报告中有51个评价对象和4个评价指标，第j个指标的熵为：

$$b_j = -\frac{1}{\ln 51}\sum_{i=1}^{51} w_{ij}\ln(w_{ij}) \tag{6}$$

$$w_{ij} = r_{ij}/\sum_{i=1}^{51} r_{ij} \tag{7}$$

式中，w_{ij}表示标准化的元素在该元素所在列元素之和的比重。b_j表示指标X_j的波动程度，b_j越大，表示指标X_j的波动程度越大，不确定性越强，对综合指数的解释贡献越大。

（3）定义熵权。公式如下：

$$S_j = \frac{1-b_j}{4-\sum_{j=1}^{4} b_j}\left(0 < S_j < 1, \sum_{j=1}^{4} S_j = 1\right) \tag{8}$$

式中，$1-b_j$ 表示指标 j 的冗余度，即指标 X_j 对综合指数没有解释贡献的比重。$4-\sum_{j=1}^{4}b_j$ 表示四个指标总体的冗余度。S_j 表示指标 j 的冗余度占总体冗余度的比重。比重越大，说明该指标的离散程度越大，评价指标在综合指数中的影响力就越大。其实质就是根据指标的变异程度来确定其在综合指数中所占的权重，可以得到环境规制的度量公式如下：

$$ER_{t-1} = \sum_{i=1}^{4} S_j \times X_{it-1} \tag{9}$$

经济体在运行过程中不会立即对国家政策做出反应，因此环境规制政策对产业结构的调整具有滞后效应（肖远飞、吴允，2019）。于是环境规制选取滞后一年的数据，即 ER_{t-1}。

3. 控制变量

（1）经济发展水平（PGDP）。采用人均生产总值来衡量。配第—克拉克定理认为，产业相对收入的差异会使劳动力逐渐向高收入部门转移，即随着经济的发展，第一产业的劳动力与产值的比重会相对下降，第二、第三产业则开始上升。一个地区的经济发展水平越高，其产业结构便会更加向高级化和合理化发展。

（2）投资规模（IS）。采用地区每年的固定资产投资来衡量该地区的投资规模。经济发展最基本的要素包括了资本和劳动力，一个地区产业结构的转型升级需要淘汰落后产能，而该过程中的基础设施建设、技术创新等活动，无一例外都需要大量的资金投入。投资的规模越大、投资的要素越合理，便越能促进区域整体产业结构的转型升级。

（3）地区开放程度（DO）。采用地区进出口的总值占生产总值的比值大小来度量地区开放程度。地区开放程度越大，地区间的专业分工越细致，以进口劳动密集型产品，同时出口技术密集型、资本密集型产品为主的地区其产业结构更加高级化。对外开放水平的提高也可以通过经济发达地区的技术外溢、知识外溢来促进本地区产业结构的转型升级。

（4）外商直接投资（FDI）。外商直接投资对经济发展最直接的影响就是提供资金，从而缓解地区储蓄和外汇短缺。外商直接投资还可以通过技术溢出效应为地区产业结构的转型升级提供技术创新支持。

(5) 人力资本（HR）。采用每万人在校大学生的人数这一指标来衡量人力资本的水平。人力资本一方面可以提高其他要素的生产效率，推动经济的发展，为地区产业结构的转型升级提供物质支持；另一方面人力资本的提高可以促进科学技术的进步，为地区产业结构的转型升级提供技术支持。

表1　　　　　　　　　各变量的符号及说明

变量	符号	定义
环境规制	ER	污染物处理率的综合指数
产业结构高级化程度	OIS	第三产业产值占第二产业产值的比重
产业结构合理化程度	OIS	根据各产业产值和劳动力人数构造的泰尔指数
经济发展水平	PDGP	地区当年的人均GDP
对外开放水平	DO	进出口总值占生产总值的比重
投资规模	IS	地区当年固定资产投资的数额
外商直接投资	FDI	外商在当地的实际投资额
人力资本	HR	每万人中在校大学生的人数

表2　　　　　　　　　各变量的统计性描述

变量	观测量	均值	最大值	最小值	标准差
ER	765	0.55	0.99	0.13	0.22
RIS	765	0.21	1.68	−0.62	0.26
OIS	765	0.82	3.41	0.31	0.36
IS	765	0.66	1.39	0.00	0.31
PGDP	765	27606.13	131207	2559	21458.01
DO	765	0.13	3.65	0.00	0.32
FDI	765	38303.44	525044	0.05	63508.34
HR	765	161.51	1252.65	4.73	225.01

资料来源：2003—2017年《中国城市统计年鉴》以及各城市的年度统计公报、国研网数据库、国泰安数据库等。

三　实证结果

（一）环境规制影响产业结构升级的结果

1. 面板数据回归结果

本报告选取2003—2017年长江经济带地级市以上城市（其中，安徽省黄山市的数据由于缺失量较大,将其剔除)的数据进行面板回归分析。为控制时间和城市的差异造成结果的差异性,采用了时间固定效应和地区固定效应。为了修正异方差,以及使模型的显著结果更加稳健,本报告使用了稳健标准误。模型(1)回归分析结果如表3所示。

表3	基本回归结果	
	产业结构高级化	产业结构合理化
	OIS(a)	RIS(b)
ER	-0.04**	0.31***
	(0.02)	(0.06)
PGDP	-0.47***	0.24
	(0.05)	(0.11)
IS	-0.02*	0.05*
	(0.01)	(0.03)
	OIS(a)	RIS(b)
DO	0.04***	0.04
	(0.01)	(0.03)
FDI	-0.01	0.07
	(0.01)	(0.05)
HR	0.03	-0.08
	(0.02)	(0.06)
YEAR	Y	Y
CITY	Y	Y
CON	4.30***	-3.91**
	(0.48)	(1.65)
R^2	0.91	0.78
N	765	744

注:***表示在1%的统计水平下显著;**表示在5%的统计水平下显著;*表示在10%的统计水平下显著;下同。RIS有21个值小于0,在取对数后去除21个样本。

表3中(a)列的回归系数体现了环境规制对产业结构高级化的影响。环境规制的强度每提高1%,产业结构的高级化程度下降0.04%

（在5%的显著性水平下）。回归结果表明，环境规制不利于产业结构的高级化。根据产业结构的高级化衡量指标可知，产业结构的高级化程度与第三产业占第二产业产值的比重变化方向一致。根据环境的库兹涅茨假说，经济发展水平与环境污染程度呈倒"U"形关系，随着经济水平不断提高，到达"拐点"之后，环境污染的程度会逐渐降低。长江经济带城市群正处于经济发展的上升阶段，尚未达到经济发展的"拐点"，环境规制强度的增强，会抑制经济发展，经济发展的增速放缓不利于产业结构的调整。其次，长江经济带上游、中游城市对比沿海发达城市，经济发展水平相对落后。随着环境规制程度的不断加强，中游和上游城市群会承接部分沿海发达地区污染产业的转移，因此不利于长江经济带产业结构的高级化。

对于其他控制变量而言，经济发展水平在1%的显著性水平下每提高1%，产业结构的高级化程度下降0.47%，这说明在短时期内与经济发展水平的提高相比，产业结构的高级化存在一定的滞后。这是因为2003—2017年的长江经济带城市群的经济发展还主要依靠第二产业，相对东部沿海城市而言该地区大部分城市第三产业的发展仍显欠缺，产业结构高级化程度相较当地快速发展的经济存在一定的滞后性。而随着经济发展水平的不断提高，第二产业可以为第三产业的发展提供资金、技术等支持，从而经济发展能在长期中促进该地区城市群产业结构的高级化。投资规模在10%的显著性水平下每上升1%，产业结构高级化程度就下降0.02%，因此投资规模对产业结构高级化的影响十分微弱。对外开放水平每提高1%，产业结构的高级化程度就提高0.04%（在1%的显著性水平下）。因而对外开放能通过发达经济体的知识以及技术外溢促进本地区产业结构的高级化。

表3中（b）列的回归结果表示环境规制对产业结构合理化的影响。环境规制的强度每上升1%，产业结构的合理化指数就上升0.31%（在1%的显著性水平下），根据泰尔指数的相关定义，合理化指数越接近于0，表明产业结构越合理。指数小于0，说明部分产业存在就业人口过剩的情况。产业结构合理化指数大于0，说明该地区部分产业产值过大但是没有吸收相应数量的劳动力就业。因此，产业结构合理化指数不等于0说明地区产业结构和就业结构不协调，产能大的产业没有吸收

相应数量的劳动力就业，产能小的产业存在劳动力过剩的问题。由于采用的双对数模型，合理化指标小于 0 的 21 个样本被删除。对于产业结构合理化指数大于 0 的地区来说，产业结构合理化指数的上升会使其逐渐偏离 0，说明环境规制不利于地区产业结构的合理化。

对于其他控制变量，在 10% 的显著性水平下，对外开放程度每提高 1%，产业结构合理化程度会提高 0.052%，即对外开放水平的提高会促进产业结构的合理化。对外开放水平的提高，会通过发达经济体的技术外溢和知识外溢，以及更细致的生产分工，使各产业部门的经济效率达到均衡，从而促进产业结构的合理化。

2. 多重共线性检验

由于控制变量存在一定的经济关联性，因而若存在多重共线性就会对回归结果产生偏误。多重共线性检验采用方差膨胀因子 VIF 分析，检验结果参见表 4。

表 4　　解释变量的方差膨胀因子

	ER	PDGP	DO	IS	FDI	HR
VIF	1.63	3.14	1.09	1.67	1.19	1.78
1/VIF	0.61	0.32	0.92	0.60	0.84	0.56

由表 4 可知，所有变量的 VIF 值都小于 10，所使用的解释变量不存在多重共线性问题，因此不会造成回归结果的偏误。

3. 内生性问题

由于国家政策对经济行为的影响具有滞后效应，解释变量环境规制采用了变量 ER_{it-1} 数据（滞后一年）；被解释变量产业结构的高级化以及合理化水平都采用的是当年数据，分别是 OIS_{it} 和 RIS_{it}。$t-1$ 年的环境规制政策会对 t 年的产业结构的变化产生影响，但是 t 年的产业结构的变化不会影响 $t-1$ 年的环境规制政策。因此，可以认为核心解释变量不具有内生性问题，回归结果不会产生大的偏误。

（二）环境规制对产业结构升级影响的差异性

1. 经济发展水平的差异性分析

长江经济带不同城市间的发展水平存在较大差异，因而其环境规制的强度、对外开放水平、投资规模及城市的人力资本状况都有着很大不同。为了研究环境规制对产业结构转型升级在不同经济发展水平下的差异性,引入环境规制与经济发展水平的交互项,建立了实证模型(2)。模型的回归结果如表5所示。

表5　　　　　　　　经济发展水平异质性检验结果

	产业结构高级化	产业结构合理化
	OIS (a)	RIS (b)
ER	-0.20	1.89***
	(0.17)	(0.66)
PGDP	-0.46***	0.13
	(0.05)	(0.16)
ER*PGDP	0.02	-0.17**
	(0.02)	(0.07)
IS	-0.02*	0.05**
	(0.01)	(0.03)
DO	0.04***	0.01
	(0.01)	(0.03)
FDI	-0.01	0.07
	(0.01)	(0.05)
HR	0.03	-0.08
	(0.02)	(0.08)
YEAR	Y	Y
CITY	Y	Y
CON	4.21***	-2.86*
	(0.48)	(1.60)
R^2	0.91	0.78
N	765	744

注:取对数后,RIS损失21个样本。

表 5 中 (a) 列的回归结果体现了不同经济发展水平下，环境规制影响产业结构高级化的差异性。从环境规制的回归系数来看，环境规制在短期内不利于产业结构的高级化。环境规制与经济发展水平交互项的系数为正，说明经济发展水平对这一消极作用具有互补效应。这种互补效应意味着短期内经济发展水平的提高会增加环境规制对产业结构高级化的抑制作用，经济发展水平的回归系数验证了这一结论。经济发展水平上升1%，地区产业结构的高级化程度下降 0.46%（1%的显著性水平）。这是因为长江经济带的经济发展仍以第二产业为重要支柱，经济发展水平的提升会加快第二产业的发展，不利于产业结构趋于高级化。

表 5 中 (b) 列的回归结果表示在不同的经济发展水平下，环境规制对产业结构合理化影响的差异性。从环境规制的回归系数来看，环境规制的强度每提高1%，产业结构合理化指数就上升1.9%。合理化指数小于0的地区在取对数的过程中被删除；对于合理化指数大于0的地区来说，合理化指数的提高使其逐渐偏离最优值0，因此，环境规制的加强不利于产业结构的合理化。环境规制与经济发展水平交互项系数显著为负，说明经济发展水平对环境规制这一负向影响具有替代效应。替代效应表示，经济发展水平的提升会削弱环境规制对产业结构合理化的负效应。因为经济发展水平提高到一定程度后，可以提供技术、物质支持，这有助于产业结构的合理化调整。

表 5 (a) 列中环境规制和经济发展水平的交互项系数为 0.02，(b) 列中相同变量的系数为 - 0.17。由交互项系数绝对值的大小可知，经济发展水平的替代效应要大于经济发展水平的互补效应。在长期内，经济发展水平的提升可以削弱环境规制对产业结构转型升级所产生的抑制作用，从而促进其转型优化。

2. 城市间差异性分析

长江经济带城市众多，不同城市资源的集聚度、产业的类别和布局、城市的基础设施和城市的生态建设等都存在显著差异。城市间的差异性不仅涉及经济发展水平，还涉及社会经济生活的诸多方面。为了研究不同城市间环境规制对产业结构影响的异质性，研究的样本城市被分为二线城市、三线城市和三线以下城市分别进行实证分析，实证结果如表 6 所示。

表6　　　　　　　　　　城市间差异性检验结果

	产业结构高级化水平 OIS			产业结构合理化水平 RIS		
	二线城市	三线城市	三线以下	二线城市	三线城市	三线以下
	（a）	（b）	（c）	（d）	（e）	（f）
ER	0.49**	-0.04	-0.05**	-0.22***	0.17*	0.27***
	(0.18)	(0.04)	(0.02)	(0.07)	(0.09)	(0.07)
PGDP	0.08	-0.58***	-0.44***	0.25	-0.70***	1.11***
	(0.32)	(0.07)	(0.07)	(0.18)	(0.16)	(0.27)
IS	-1.05***	-0.20**	-0.01	0.29***	-0.24*	0.05
	(0.30)	(0.08)	(0.01)	(0.14)	(0.13)	(0.03)
DO	0.43***	0.03	0.06***	-0.16	-0.04	-0.03
	(0.16)	(0.02)	(0.01)	(0.11)	(0.04)	(0.04)
FDI	0.19***	0.03	-0.03*	-0.06***	0.08*	0.08
	(0.01)	(0.02)	(0.01)	(0.01)	(0.04)	(0.07)
HR	0.09	0.00	0.06**	-0.22**	0.01	-0.28***
	(0.18)	(0.04)	(0.03)	(0.09)	(0.10)	(0.10)
YEAR	Y	Y	Y	Y	Y	Y
CITY	Y	Y	Y	Y	Y	Y
CON	-4.31	4.65***	3.71***	-0.83	4.61***	-11.20***
	(3.42)	(0.82)	(0.57)	(1.99)	(1.76)	(2.43)
R^2	0.95	0.85	0.93	0.85	0.82	0.80
N	60	255	450	60	255	429

注：取对数后，RIS损失21个样本量。城市划分参考第一财经新一线城市研究所2019年城市分级。

表6中（a）列的回归结果表示环境规制对二线城市产业结构高级化的影响。从其回归系数来看，环境规制的强度每提高1%，产业结构高级化程度就上升0.49%（5%的显著性水平）。环境规制有利于二线城市产业结构的高级化发展。表6中（d）列的回归结果表示环境规制对二线城市产业结构合理化的影响。从环境规制的回归系数来看，环境规制的强度每上升1%，产业结构合理化指数就下降0.22%（1%的显著性水平）。环境规制十分有利于二线城市产业结构的合理化发展。

表6中（b）列的回归结果表示环境规制对三线城市产业结构高级化的影响。从其回归系数来看，环境规制的强度每提高1%，产业结构的

高级化程度就下降0.04%，只是在统计上不显著。表6中（e）列的回归结果表示环境规制对三线城市产业结构合理化的影响。从环境规制的回归系数来看，环境规制的强度每提高1%，产业结构合理化指数仅变动0.17%。因而环境规制对于三线城市产业结构的合理化发展影响较小。

表6中（c）列的回归结果表示环境规制对三线以下城市产业结构高级化的影响。从环境规制的回归系数来看，环境规制的强度每提高1%，产业结构的高级化程度就下降0.05%（5%的显著性水平）。环境规制对于三线以下城市产业结构的高级化发展影响极小。表6中（f）列的回归结果表示环境规制对三线以下城市产业结构合理化的影响。从环境规制的回归系数来看，环境规制的强度每提高1%，产业结构的合理化指数就上升0.27%（1%的显著性水平）。环境规制对于三线以下城市产业结构的合理化发展有一定影响，但影响的程度不大。

综上所述，环境规制从高级化与合理化两个层面优化了二线城市的产业结构，而对三线及以下城市的产业结构优化存在影响，但作用较小。二线城市有较好的经济基础，产业类型和分布较为合理，城市发展能较好地兼顾经济利益与环境保护。因此，环境规制更能促进二线城市对高能耗、高污染产业的转型与转移，从而优化二线城市的产业结构。而对比表6中（b）列和（c）列的回归结果，环境规制对产业结构高级化的影响作用在三线和三线以下城市之间存在着差异。从回归系数的绝对值来看，环境规制对三线城市产业结构高级化的积极作用大于三线以下城市。对比表6中（e）列和（f）列的回归结果，环境规制对产业结构合理化的影响在三线城市和三线以下城市之间存在差异。根据回归系数的绝对值来判断，环境规制对三线城市产业结构合理化的积极作用大于三线以下城市。

四　研究结论与政策建议

（一）研究结论

（1）经济发展水平在环境规制对产业结构的影响中既有替代效应也有互补效应。第一，经济发展水平在环境规制对产业结构合理化的影响中具有替代效应，即经济发展水平的提升会有助于环境规制推动产业结构合理化。第二，经济发展水平在环境规制对产业结构高级化的影响中具有互补效应，即经济发展水平的提升会增加环境规制对产业结构高级化的抑制作用。2017年以前，长江经济带城市群的经济发展仍主要依靠第二产业，经济水平的提升会在较短时间内降低第三产业与第二产业的比值，从而在短期内放缓产业结构的高级化。但经济的发展能为产业结构的合理化发展提供物质保障和技术支持，从而在长期内推动产业结构的逐步优化。

（2）经济发展水平的提升在长期内可以推动产业结构的转型升级。其替代效应大于互补效应，即经济发展水平的提升在长期中会削弱环境规制对产业结构转型升级的短期抑制作用，从而在长期内促进产业结构的转型优化。第一，随着经济不断发展，市场需求会逐步升级，消费者会倾向选择环保产品及服务。第二，经济发展水平的提升会促进社会财富的增加并推动企业技术创新，因而企业才会更加注重产品价值、市场供求、生态影响等因素。产业结构会逐渐与市场、要素结构、就业供求结构相协调，从而有利于产业结构的转型升级。

（3）环境规制在短期内会促使产业在区域内转移，长期内能促进区域整体产业结构优化。环境规制对二线城市产业结构的优化有显著的促进作用，但是对三线及三线以下城市产业结构的优化作用不明显。环境规制会促进二线城市产业的转型升级，以满足新的生产标准与环保要求。高污染和高能耗的产业在短时期内倾向于转移到周边的三线、特别是三线以下城市，这使环境规制在短期内对三线及三线以下城市产业结构的优化作用较小。而随着社会的发展，较高强度的环境规制被逐步推广到长江经济带的各类城市中，将能在长期中实现环境规制对长江经济带城市群整体产业结构的优化促进作用。

（4）人力资本对当地产业结构的高级化和合理化作用较小。人力资本是一个地区的知识人才储备，是促进地区产业转型升级的重要力量。研究结果发现在2017年以前，长江经济带城市群的人力资本对产业结构的转型升级的促进作用不甚明显。此结果表明，尽管长江经济带城市群的高校毕业生人数众多，但在2017年以前也存在大量人才向其他地区扩散的情况，特别是上游和中游城市人才流失严重。正是在这种情况下，人力资本对当地产业转型升级的作用较为有限。

(二) 政策建议

（1）壮大第三产业。2003—2017年，长江经济带正处于经济快速成长阶段，但仍以第二产业为支柱产业，特别是上游和中游城市第三产业的发展较为滞后。因此，政府应加大对第三产业的支持，尤其是高端服务与高端技术研发，推进产业结构迈向高级化进程。为产业结构的转型升级提供必要的资金、技术、智力等支持。而高端第三产业的发展也会进一步提供更多的就业岗位，使产业结构和劳动力市场结构两者相协调，从而有助于产业结构的合理化。

（2）推进区域内整体产业结构优化。长江经济带各城市间的经济发展水平、产业类别和布局等都有着一定差异，环境规制会在短期内使得区域内高能耗、高污染产业由经济较为发达的二线城市向三线及三线以下城市转移。政府应以区域整体产业结构的优化为目标，制定符合地区实际的环境规制政策。促使区域内产业以转型为主，以转移为辅，稳步推进区域整体产业结构的优化。

（3）实行产业有别的环境规制政策。不同的产业部门面临着不同的实际问题，因此要实行产业有别的环境规制政策，分步骤有序合理地推进转型升级过程在各行业、各企业的展开。对于产能过剩的问题，应该严格控制产量，同时将注意力聚焦于产品质量的提高上。淘汰落后产能，进行企业的兼并重组，不断提高自身综合实力，发挥规模经济的优势，使其在竞争中占据主动地位。对于能耗高、污染大的企业，依据其能耗和污染的程度依次采取整顿、关停等措施，着力落实绿色经济发展的思路，使环境保护与资源利用并行不悖。

（4）建立健全本地人才留用与就业创业激励机制。长江经济带城市群拥有众多高校，每年都会新增大批大学及以上学历的高层次人才。2017年以前，中游和上游地区多数毕业生倾向选择经济更为发达的东部沿海城市就业。而近年来以武汉、长沙、合肥、南昌为代表的经济带中游城市已开始建立健全本地高校毕业人才的留用机制，真正将当地培养的人才转化为促进本地区经济发展的内在动力。各地方政府对本地就业的人才也应给予一定程度的政策扶持，在人才工作生活等方面给予优惠和补贴。本地企业也应提供配套的优惠条件，同时加强自身品牌及企业文化建设，提高对高技能人才的吸引力。

参考文献

陈素梅、李钢：《环境管制对产业升级影响研究进展》，《当代经济管理》2019年第10期。

邓慧慧、杨露鑫：《雾霾治理、地方竞争与工业绿色转型》，《中国工业经济》2019年第10期。

杜龙政等：《环境规制、治理转型对绿色竞争力提升的复合效应——基于中国工业的经验证据》，《经济研究》2019年第10期。

杜威剑：《环境规制政策能够促进过剩产能治理吗？——来自中国工业企业的微观证据》，《中国地质大学学报》（社会科学版）2019年第4期。

杜宇、吴传清：《长江经济带产业绿色转型前景看好》，《环境经济》2018年第2期。

干春晖等：《中国产业结构变迁对经济增长和波动的影响》，《经济研究》2011年第5期。

江飞涛、李晓萍：《改革开放四十年中国产业政策演进与发展——兼论中国产业政策体系的转型》，《管理世界》2018年第10期。

简新华、杨艳琳：《产业经济学武汉》，武汉大学出版社2009年版。

李春艳、文传浩：《长江经济带合作共赢的理论与实践探索——"长江经济带高峰论坛"学术研讨会观点综述》，《中国工业经济》2015年第2期。

李虹、邹庆：《环境规制、资源禀赋与城市产业转型研究——基于资源型城市与非资源型城市的对比分析》，《经济研究》2018年第11期。

陆立军、陈丹波：《地方政府间环境规制策略的污染治理效应：机制与实证》，《财经论丛》2019年第10期。

李强：《产业升级与生态环境优化耦合度评价及影响因素研究——来自长江经济带108个城市的例证》，《现代经济探讨》2017年第10期。

李强、丁春林：《环境规制、空间溢出与产业升级——来自长江经济带的例证》，《重庆大学学报》（社会科学版）2019年第1期。

李雪松、齐晓旭：《长江中游城市群差异化协同发展的演化与分析》，《工业技术经济》2019年第12期。

刘勇：《以制度建设为突破口推动传统产业转型升级》，《经济日报》2019年3月27日第11版。

李月娥等：《产权性质、环境规制与企业环保投资》，《中国地质大学学报》（社会科学版）2018年第6期。

时乐乐：《环境规制对中国产业结构升级的影响研究》，硕士学位论文，新疆大学，

2017年。

孙早、席建成:《中国式产业政策的实施效果:产业升级还是短期经济增长》,《中国工业经济》2015年第7期。

童健等:《环境规制、要素投入结构与工业行业转型升级》,《经济研究》2016年第7期。

王保乾等:《长江经济带水资源承载力综合评价研究》,《资源与产业》2019年第10期。

王剑波:《退耕还林工程对农村居民消费结构的影响——基于1921个样本农户数据和ELES模型》,《林业科学》2013年第2期。

吴传清、黄磊:《长江经济带工业绿色发展绩效评估及其协同效应研究》,《中国地质大学学报》(社会科学版)2018年第3期。

吴传清等:《长江经济带产业发展研究新进展(2017—2018)》,《长江大学学报》(社会科学版)2019年第3期。

武晓霞:《省际产业结构升级的异质性及影响因素——基于1998—2010年28个省区的空间面板计量分析》,《经济经纬》2014年第1期。

徐常萍、吴敏洁:《环境规制对制造业产业结构升级的影响分析》,《统计与决策》2012年第16期。

许和连等:《环境污染与劳动力迁移——基于CGSS调查数据的经验研究》,《湖南大学学报》(社会科学版)2019年第2期。

肖远飞、吴允:《财政分权、环境规制与绿色全要素生产率——基于动态空间杜宾模型的实证分析》,《华东经济管理》2019年第10期。

杨骞等:《环境规制促进产业结构优化升级吗?》,《上海经济研究》2019年第6期。

杨仁发、李娜娜:《环境规制与中国工业绿色发展:理论分析与经验证据》,《中国地质大学学报》(社会科学版)2019年第8期。

张静文:《长江中游城市群产业升级的环境效率研究》,硕士学位论文,南京航空航天大学,2018年。

张英、宋维明:《集体林权制度改革对农户采伐行为的影响》,《林业科学》2012年第7期。

朱丽霞等:《长江中游城市群城市创新效率的时空格局及其驱动因素》,《长江流域资源与环境》2019年第10期。

赵霞:《发挥黄金水道优势,助推"中三角"经济发展》,《学习月刊》2013年第9期。

Fang Zheng, Huang Bihong, Yang Zhuoxiang, "Trade Openness and the Environmental Kuznets Curve: Evidence from Chinese Cities", *World Economy*, 2018.

长江经济带环境规制对工业绿色转型效率的影响效应研究报告*

吴传清 黄 成**

摘 要：环境规制是地方政府推动工业绿色转型的重要手段，适宜的环境规制强度有利于推动工业绿色转型。以长江经济带11省市2009—2018年数据为样本，研究长江经济带环境规制对工业绿色转型的线性影响和非线性影响效应，且考察排污异质性省份的影响差异。研究结果表明，长江经济带环境规制对工业绿色转型效率有正向影响，且存在排污异质性特征，长江经济带环境规制强度每增强1%，工业绿色转型效率提升0.164%，符合"波特假说"；长江经济带环境规制对工业绿色转型效率存在非线性影响，重污染省市最显著。为加快推进长江经济带工业绿色转型，建议分类制定长江经济带排污异质性地区环境规制政策，构建长江经济带环境规制政策制定协商机制，加强重污染地区工业企业绿色技术创新的政策支持。

关键词：环境规制 工业绿色转型 长江经济带

---

* 基金项目：国家社会科学基金项目"推动长江经济带制造业高质量发展研究"（19BJL061）。

** 作者简介：吴传清，武汉大学经济与管理学院教授、区域经济学专业博士生导师、产业经济学专业博士生导师，武汉大学中国发展战略与规划研究院副院长、长江经济带发展战略研究中心主任，武汉大学区域经济研究中心主任；黄成，武汉大学中国中部发展研究院博士研究生。

一 文献综述与理论分析

（一）文献综述

学术界关于环境规制对工业绿色转型影响的研究文献较少，但关于环境规制对经济绿色发展水平、绿色经济效率等的影响研究较多。根据相关研究思路，可梳理为两条路线：一条路线是研究不同类型环境规制对经济绿色发展的影响，另一条路线是研究不同强度环境规制对经济绿色发展的影响。本报告主要聚焦不同强度环境规制对经济绿色发展的影响研究，具有代表性的观点有四种。

第一种观点认为，环境规制阻碍经济绿色发展，也称为"成本约束效应"。以新古典经济学派为代表，认为环境规制给企业施加的限制条件会增加其生产、销售、管理等活动的难度，从而对企业进行绿色技术创新等活动产生限制作用（赵细康，2006），强制性的环境管制会导致企业大大改变原有的技术路径，给企业带来额外的成本和附加约束，从而挤占技术创新的投入，进而对绿色经济效率产生消极影响（李旭颖，2008）。

第二种观点认为，环境规制有利于经济绿色发展，也称为"引致创新效应"。研究发现环境规制能够给企业带来成本压力从而激励其创新，创新收益则可以补偿企业的环境规制遵循成本，进而提高生产率，促进地方产业结构升级（Porter M. E. and Vander L. C.，1995）。该研究也被称为"波特假说"。后来，许多研究都验证了"波特假说"：Henriques I. 和 Sadorsky P.（1996）通过对加拿大企业的研究发现，正式环境规制政策会提高企业绿色创新效率；吴超等（2018）对中国16个重污染行业绿色创新效率进行研究，认为政府应该继续执行严格的环境规制政策。越来越多的研究表明"波特假说"确实存在，并指出严厉且正确的环境管制政策会导致企业积极进行绿色创新，并从绿色创新中获得收益，从而降低企业因环境规制带来的成本（张成等，2011；童伟伟等，2012；张平等，2016）；还有的学者通过数理推导证明全国行动统一的环境规制政策能激励绿色技术创新（刘章生，2017）。但是，Leeuwen G. V. 和 Mohen P.（2013）实证研究荷兰绿色技术创新时，结果只证实了"弱波特假说"，而不能支持"强波特假说"。

第三种观点认为，环境规制对经济绿色发展的影响具有阶段性、非线性等特征，也称为"门槛效应"。相关研究表明，环境规制对经济绿色发展具有"非线性""时滞性"影响，通过实证研究发现，随着环境规制水平的提升，绿色经济效率、绿色技术创新、工业绿色转型、绿色竞争力等呈现出先下降后上升的"U"形趋势（钱争鸣等，2015；彭星等，2016；杨仁发等，2019；张娟等，2019；杜龙政等，2019），即存在一个环境规制强度的"拐点"，使其对经济绿色发展相关指标的影响将从抑制效应转化到促进效应。也有研究发现，随着环境规制水平的提升，绿色经济效率（宋德勇等，2017）、绿色技术创新水平（李玲等，2012；蒋伏心等，2013）、碳排放水平（张华等，2014）等表现出先促进后抑制的倒"U"形关系，这类研究一般是基于对不同污染度行业、制造业、不同地区的环境规制作用进行研究得到的结论，造成先促进后抑制的原因是：当环境规制强度较低时能促进企业增加绿色技术研发，而当环境规制强度过高时，用于治污的成本将挤占绿色技术研发投入，使企业丧失绿色发展竞争力（李慧君，2018）。

第四种观点认为，环境规制对绿色经济效率的影响存在不确定关系。这种不确定性主要来源于异质性问题的讨论，可归纳为五个方面：一是行业异质性。在针对污染密集型、资源密集型等特殊行业的研究发现，因各行业资源消耗、污染排放等方面存在差异，环境规制对不同产业的治理效果有所不同（沈能，2012；徐鹏杰，2018），对绿色创新效率的影响也随行业改变而不同（王锋正等，2015）。李阳等（2015）则用中国37个工业细分行业在2004—2011年的面板数据，实证检验了环境规制对工业技术创新影响的行业异质性。二是发展阶段异质性。主要是基于动态的视角研究环境规制对企业绿色技术创新的影响，研究结论既不同于"波特假说"，也不符合"U"形或倒"U"形特征，而是因研究时期的不同差异较大，分别表现为促进效应或抑制效应，且两种效应的表现与企业创新能力的禀赋条件密切相关（李璇，2017）。三是地区异质性。许多关于中国的研究表明，若将空间效应纳入分析模型，环境规制对技术创新、绿色创新、绿色经济效率等的影响存在空间分异特征（殷宝庆，2012；张英浩等，2018），表现为发达地区支持"波特假说",不发达或欠发达地区不支持"波特假说"（李婉红，2015；张倩，2015），或者环境规制对企业研发投入的促进效应在东部发达地区奏效，而在中西部欠发达地区不显著（王国印等，2011；童伟伟等，2012）。四是环境规制异质性。不同类型环境规制对不同类型企业的影响效应不同，娄昌龙（2016）的研究表明，外生性环境规制政策对企业绿色技术创新表现为挤出效应，而内生性环境规制政策对企业绿色技术创新表现为创新补偿效应。五是其他控制变量的影响。Kemp R. 等（2000）认为，在提出理解环境规制与技术创新关系的概念框架时，就不应该只局限于环境规制促进或者抑制技术创新，还应当考虑到企业关系网络、相关产业规模等多因素在其间的影响。许多研究证明环境规制与企业绿色技术创新的关系与企业规模（Etzion D., 2007；Woo C. et al., 2014）、企业类型（Hassan A. and Ibrahim E., 2012；Rexhauser S. and Rammer C., 2014）、企业协作（Borghesi S. et al., 2013）、企业发展阶段（李璇，2017）等控制变量有关。也有研究认为环境规制与创新绩效之间的关系需要根据外部环境因素来判定（王书斌等，2015），例如，除环境规制政策以外其他制度因素的不确定性也将引起绿色技术创新投入要素的重新配置，进而影响绿色技术创新的方向、重点和规模（Kriecher B. and Ziesemer T., 2009）。王国印等（2011）甚至将环境规制效应的地区差异归因于资源禀赋、软制度和国家政策等。

学术界关于长江经济带环境规制对于经济绿色发展的影响研究成果也日渐丰富，研究维度主要有环境规制对绿色创新效率、绿色技术创新、绿色发展效率、产业结构升级等的影响。研究尺度涉及长江经济带省级和地级市。相关研究结论可归纳为四类：一是环境规制有利于促进长江经济带产业的转型升级，"波特假说"显著成立（李强，2018），且能促进长江经济带绿色发展效率（张治栋等，2018；王伟等，2018），但存在门槛效应（吴传清等，2018），不同类型环境规制对长江经济带产业生态效率的促进效应不同（任胜钢等，2019）；二是在民间投资领域，环境规制并未有效促进长江经济带绿色技术创新（裴潇等，2019）；三是环境规制强度与产业结构升级呈"U"形关系（阮陆宁等，2017）；四是环境规制对长江经济带城市绿色发展效率的影响不确定，存在空间异质性和类别差异性（余淑均等，2017）。

综观学术界相关研究进展，更多的研究成果证明环境规制对经济绿色发展的影响存在非线性特征或门槛效应，而不单纯显示为"成本约束效应"或"引致创新效应"，这主要是由于研究样本、研究时段、测算方法不同而导致的差异。具体而言，由于研究样本所处行业、发展阶段、空间范围差异导致研究结果存在行业异质性、发展阶段异质性、空间异质性特征，可能处于"波特假说"的不同阶段，因而影响效应不相同，再加上相关指标测算方法存在差异，也会引起实证结果不同。这不仅说明研究环境规制对经济绿色发展的影响效应要充分考虑经济体的产业结构、空间范围、发展阶段等特征，也说明学术界对该领域的研究尚未达成共识，急需更多证据来填充。关于长江经济带相关研究，大多数研究都将环境规制设为自变量，探究其对长江经济带绿色发展效率、技术进步、产业结构升级的影响情况，研究结论差异较大，尚需学术界进一步研究。同时，受数据限制，基于长江经济带的样本无法研究环境规制影响经济绿色发展的行业异质性问题，大多数研究都基于空间异质性，将长江经济带分为上中下游地区作比较研究，但从排污异质性视角出发比较研究长江经济带工业绿色转型的成果较少。由于地理空间包含的属性较多，是一个综合性、间接性指标，所得到的研究结论仅停留在地理空间差异的描述性方面，对工业绿色发展的实践指导意义较弱。相对而言，基于排污异质性视角比较研究环境规制对长江经济带工业绿色转型影响的地区差异更具有针对性。

（二）理论分析

环境规制作为一种外生变量的主要目的是约束企业的排污行为，一般通过提高环境规制成本（如征收环境税等）实现。对不同排污水平的企业而言，其治污成本曲线不相同，受环境规制的影响也不相同。一般而言，污染水平较高企业受环境规制影响大于污染水平较低企业。

环境规制政策的制定主体是地方政府，地方政府实施环境规制政策的目标是促进地区工业绿色转型；工业绿色转型的市场主体是企业，企业绿色转型的目标是在环境规制政策约束条件下实现企业利润的最大化。这就决定企业主体必然会采取一定的措施来应对环境规制政策。

对工业企业而言，提升环境规制强度将直接导致企业的环境规制成本上升，表现为企业的预算约束线发生改变。为缓解上升的环境规制成本压力，企业通过两种策略应对：一是采取抵消策略，选择增加资源性生产要素投入，提高企业的经济产出以抵消环境规制成本，但也会导致企业排污量的增加；二是采用规避策略，选择增加绿色技术研发投入，提高企业的绿色技术水平，通过降低企业排污量来规避环境规制成本（胡建辉，2017）。如果将企业为应对环境规制作出的调整称为环境规制倒逼效应，则根据企业的两条应对路径可将环境规制倒逼效应分解为资源配置扭曲效应和绿色技术创新效应。其中，资源配置扭曲效应是指企业通过增加资源性生产要素投入获取经济产出以抵消环境规制成本的上升，最终引发排污量增加的效应；绿色技术创新效应是指企业通过绿色技术研发投入的增加来降低单位产出的排污量以规避环境规制成本的提升，最终引发排污量减少的效应（童健等，2016）。根据环境规制倒逼效应的传导机制可知，环境规制强度提升将导致企业的环境规制成本上升，进而影响企业的经济产出、绿色技术水平和排污量。

由于现实中的企业往往同时采用两条路径共同应对，因此环境规制倒逼效应取决于资源配置扭曲效应和绿色技术创新效应的合力。具体而言，若资源配置扭曲效应大于绿色技术创新效应，则企业的经济产出水平提升幅度大于绿色技术水平提升幅度，引发排污量增加，此时企业的环境规制成本增量等于环境规制强度提升和排污量增加的共同作用所提高的环境规制成本，与经济产出增加所抵消的环境规制成本之差。若资源配置扭曲效应小于绿色技术创新效应，则企业的经济产出水平提升幅度小于绿色技术水平提升幅度，引发企业的排污量减少，此时企业的环境规制成本增量等于环境规制强度提升所提高的环境规制成本，与排污量减少和经济产出增加的共同作用所抵消的环境规制成本之差。在两种效应的共同作用下，若企业的环境规制成本增量为零或为负数，即企业的环境规制成本没有增加，则表示企业有效地应对了由环境规制强度提升带来的影响。若企业的绿色技术水平提高，且排污量下降，则表示企业实现了绿色转型。因此，环境规制政策对工业绿色转型存在促进作用。

二 长江经济带环境规制强度与工业绿色转型效率的测算

(一) 测算方法

1. 环境规制强度测算方法

基于数据可获得性和测算结果可比性，借鉴赵肖伟（2014）的方法，认为污染综合指数的倒数可以衡量地方环境治理的努力程度，以此测算长江经济带11个省市环境规制强度。公式为：

$$ER_{it} = \frac{1}{E_{it}} = \frac{1}{\left(\sum_{j=1}^{3} \frac{E_{j,it}/Y_{it}}{E_{j,t}/Y_{t}}\right)/3} \tag{1}$$

式中，ER_{it} 表示第 i 个省市在第 t 个时期的环境规制强度，E_{it} 表示第 i 个省市在第 t 个时期的综合污染指数，$E_{j,it}$ 表示第 i 个省市在第 t 个时期第 j 种污染物的排放量，$E_{j,t}$ 表示全部省市在第 t 个时期第 j 种污染物的排放量之和，Y_{it} 表示第 i 个省市在第 t 个时期的工业增加值，Y_t 表示全部省市在第 t 个时期的工业增加值之和。其中，E_{it} 越小，表示地方政府污染治理的努力程度越低，此时即 ER_{it} 越大，即环境规制强度越高；反之则越低。

2. 工业绿色转型效率测算方法

构造包括"期望产出"和"非期望产出"的投入产出技术结构，以此来反映工业绿色发展效率。为便于比较，假设每个生产决策单元（DMU）有 m 种投入 $x = (x_1, x_2, \cdots, x_m) \in R_m^+$，产生 n 种期望产出 $y = (y_1, y_2, \cdots, y_n) \in R_n^+$ 和 k 种非期望产出 $b = (b_1, b_2, \cdots, b_k) \in R_k^+$，则第 j 个 DMU 第 t 期的投入和产出值可以表示为 (x_j, t, y_j, t, b_j, t)，其生产可能性集可表示为：

$$P^t(x^t) = \left\{ (y^t, b^t) \mid \bar{x}_{jm}^t \geq \sum_{j=1}^{J} \lambda_j^t x_{jm}^t, \bar{y}_{jn}^t \leq \sum_{j=1}^{J} \lambda_j^t y_{jn}^t, \bar{b}_{jk}^t \geq \sum_{j=1}^{J} \lambda_j^t b_{jk}^t, \lambda_j^t \geq 0, \forall m, n, k \right\} \tag{2}$$

SBM 超效率模型可表示为：

$$\rho^* = \min \frac{\frac{1}{m}\sum_{i=1}^{m}\frac{\overline{x}_i}{x_{i0}}}{\frac{1}{n+k}\left(\sum_{r=1}^{n}\frac{\overline{y}_r}{y_{r0}} + \sum_{l=1}^{k}\frac{\overline{b}_l}{b_{l0}}\right)} \quad (3)$$

$$\text{s. t.} \begin{cases} \overline{x} \geqslant \sum_{j=1,\neq 0}^{J}\lambda_j x_j \\ \overline{y} \leqslant \sum_{j=1,\neq 0}^{J}\lambda_j y_j \\ \overline{b} = \sum_{j=1,\neq 0}^{J}\lambda_j b_j \\ \overline{x} \geqslant x_0, \overline{b} \geqslant 0, \overline{y} \geqslant 0, \lambda_j \geqslant 0 \end{cases} \quad (4)$$

式中，x、y、b 分别为投入、期望产出和非期望产出的松弛量；λ_j 是权重向量，若其和为 1 则表示规模报酬可变（VRS），否则表示规模报酬不变（CRS）。模型的最优解是由其他 DMU 构建的生产可能性集内距离前沿最近的点，即目标函数 ρ^* 越小表明越有效率（成刚，2014）。

参考学术界和政府部门关于工业绿色发展效率评价的相关成果，从工业生产的要素投入、期望产出、非期望产出三个维度，选取相关指标来测算工业绿色发展效率。①要素投入。考虑劳动力、资本、能源资源三类核心工业生产投入变量。由于工业部门包含采掘业，制造业，电力、煤气及水的生产和供应业，本研究利用三类产业从业人员数之和来衡量工业劳动力投入。工业固定资产资本通过永续盘存法推算获得，折旧率参考单豪杰（2008）的方法处理，当年投资额采用规模以上工业企业固定资本投资作为度量指标。鉴于能源消耗数据难以获得，且电力和水资源是工业消耗的主要来源，本报告分别选用工业用电量和工业用水量来衡量能源资源投入。囿于数据来源，2009—2016 年工业用电量采用市辖区数据，2017—2018 年工业用电量以地级市全市数据为基础，按 2015 年市辖区工业产值占全市比重换算。②期望产出。利用规模以上工业企业总产值衡量，且均通过各省份工业生产者出厂价格指数调整为以 2009 年为基期的数据。③非期望产出。选取工业废水、工业二氧化硫、工业烟（粉）尘为工业污染物。

3. 工业排污强度测算方法

为进一步考察长江经济带环境规制与工业绿色转型在排污异质性条件下的差异,将长江经济带11省市样本按工业排污强度分为轻污染、中污染、重污染三组。划分方法采用熵权法-Topsis评价模型,基础指标由工业"三废"排放强度构成。排污强度越高,得分越低;反之则越高。指标体系为:

表1 工业排污强度指标体系

总指标	基础指标	权重
长江经济带省级工业排污强度指数	单位工业增加值工业废水排放量(万吨/亿元)	0.3330
	单位工业增加值工业二氧化硫排放量(吨/亿元)	0.3347
	单位工业增加值工业烟尘排放量(吨/亿元)	0.3323

资料来源:根据测算结果整理。

根据测算结果获得的各基础指标权重见表1,划分结果表明,上海、江苏、湖北为轻污染组,四川、安徽、湖南为中污染组,云南、重庆、江西、贵州为重污染组。

(二)数据来源

由于2008年中国工业行业分类口径仅有"大中型工业企业",2009—2010年中国工业行业分类口径既有"大中型工业企业",又有"规模以上工业企业",2011年后统一改为"规模以上工业企业"的统计口径。为保证数据可比性、连续性以及测度的准确性,研究时段设定为2009—2018年,工业企业数据均采用"规模以上工业企业"口径。

基础数据来源于《中国统计年鉴》(2010—2019)、《中国工业经济统计年鉴》(2010—2012)、《中国工业统计年鉴》(2013—2017)、《中国城市统计年鉴》(2010—2019)、《中国环境统计年鉴》(2010—2019)、《中国价格统计年鉴》(2010—2019),以及EPS数据库、中经网统计数据库等,缺省年份数据采用插值法补齐。涉及市场价值的指标均以2009年为价格基期调整。

三 长江经济带环境规制影响工业绿色转型效率的实证研究

（一）模型设定

根据理论机理分析，环境规制对工业绿色转型效率的影响存在促进作用，基于此构建环境规制对工业绿色转型影响的最小二乘模型。

$$\ln IGT_{it} = \phi_0 + \phi_1 \ln ER_{it} + \theta_1 \ln control_{it} + \varepsilon_{it} \tag{5}$$

式中，i 表示省市（$i=1,2,\cdots,30$），t 表示时间（$t=1,2,\cdots,10$）。IGT_{it} 表示工业绿色转型；ER_{it} 表示环境规制；$control_{it}$ 表示控制变量。基于数据可获得性，结合既有研究实证结果的显著性比对分析，$control_{it}$ 分别选取人均地区生产总值（PGDP，gross domestic product per person）衡量经济发展水平，采用劳均工业固定资产（IFA，industrial fixed assets per person）衡量要素禀赋，利用当年实际使用外资金额占工业固定资产比重（FDI，proportion of actual utilized foreign direct investment in industrial fixed assets）衡量对外开放水平，采用城镇人口比例（UR，urbanization rate）衡量城镇化率。

表2　长江经济带11省市主要指标样本描述性统计

变量	说明	样本量	极小值	极大值	均值	标准差
IGT	工业绿色转型	110	0.58	1.07	0.68	0.11
ER	环境规制强度	110	0.38	2.99	1.10	0.54
PGDP	经济发展水平（万元）	110	1.03	13.50	4.79	2.71
IFA	要素禀赋（万元/人）	110	90.20	552.46	285.08	97.83
FDI	对外开放水平（%）	110	0.81	16.39	6.71	3.38
UR	城镇化率（%）	110	29.89	89.60	54.85	14.06

资料来源：根据SPSS20.0软件计算结果整理。

（二）实证结果分析

1. 环境规制对长江经济带工业绿色转型效率的直接影响

以2009—2018年长江经济带11省市面板数据为样本，基于公式

(1) 进行回归。Hausman 检验结果显示应选择固定效应模型，回归结果见表3。方程（1）是环境规制对长江经济带工业绿色转型效率影响的整体回归结果；方程（2）、方程（3）、方程（4）分别是对轻污染省市、中污染省市、重污染省市的回归结果。

核心解释变量回归结果表明，环境规制对长江经济带工业绿色转型效率有正向影响，回归系数为 0.164 且在5%水平下显著，说明环境规制强度每增强1%，工业绿色转型效率提升0.164%，符合"波特假说"。按排污异质性回归结果显示，环境规制对工业绿色转型效率均有正向影响，但轻污染和中污染省市回归结果并不显著，仅重污染省市回归系数在10%水平下显著，即对重污染省市而言，环境规制强度每增强1%，工业绿色转型效率提升0.113%，说明环境规制对工业绿色转型效率的影响存在排污异质性特征。环境规制的成本效应主要通过降低企业的排污份额、征收排污税等形式发挥作用，提高了工业企业的治污成本，倒逼工业企业绿色转型。环境规制的成本效应存在排污异质性，排污强度越高的企业或地区每单位产出要付出的治污成本越高，环境规制的成本效应越显著，对工业绿色转型效率的促进作用也越强。

表3 环境规制对长江经济带工业绿色转型效率的直接影响回归结果

方程	（1）	（2）	（3）	（4）
lnER	0.164**	0.341	0.116	0.113*
	(0.058)	(0.151)	(0.1)	(0.045)
lnPGDP	0.542***	0.707**	0.284	0.216***
	(0.164)	(0.081)	(0.245)	(0.025)
lnIFA	0.193**	0.303	0.632**	0.1**
	(0.073)	(0.282)	(0.169)	(0.021)
lnFDI	0.016	-0.006	0.127*	-0.03
	(0.059)	(0.043)	(0.04)	(0.018)
lnUR	-1.512**	-1.88*	-1.287	-0.559**
	(0.632)	(0.464)	(0.991)	(0.143)
_cons	-1.255	-2.208	-2.101*	-0.984**
	(0.872)	(1.214)	(0.716)	(0.193)

续表

方程	(1)	(2)	(3)	(4)
Observations	110	30	40	40
R－squared	0.61	0.837	0.803	0.843

注：＊＊＊、＊＊、＊分别表示回归系数在1%、5%、10%水平下显著，括号内为系数检验的t值；下同。

资料来源：根据测算结果整理。

从控制变量回归结果看，有如下结论。

（1）经济发展水平对长江经济带工业绿色转型效率有显著的正向影响。根据总体回归结果，经济发展水平对长江经济带工业绿色转型效率的影响系数为0.542，且在1%水平下显著。经济发展水平到一定阶段，会展现出对绿水青山的追求，且经济发展水平越高对环境污染的容忍率越低，进而对工业绿色转型效率具有更强的动力，这一结果符合预期。污染异质性回归结果显示，轻污染省市回归结果大于重污染省市回归结果，两者经济发展水平对工业绿色转型效率的影响分别在5%、1%水平下显著，中污染省市不显著。轻污染省市经济发展主要依靠绿色产业的既有优势，重污染省市经济发展伴随产业淘汰、转型等过程，中污染省市则两者兼有，但对工业绿色转型效率的影响并未显现出来，相对而言，轻污染省市经济发展对工业绿色转型效率的推动作用更大。

（2）要素禀赋对长江经济带工业绿色转型效率有显著的正向影响。根据总体回归结果，要素禀赋对长江经济带工业绿色转型效率的影响系数为0.193，且在5%水平下显著，说明增加劳均固定资本对工业绿色转型效率具有显著的推动作用。排污异质性回归结果显示，中污染省市要素禀赋对工业绿色转型效率的影响系数高于重污染省市，两者均在5%水平下显著，说明中污染省市劳均固定资本对工业绿色转型发挥了更大的推动作用。可能的原因是中污染省市增加的资本属性偏向于绿色，而重污染省市则由于路径依赖，增加的资本对工业绿色转型促进作用不明显。轻污染省市要素禀赋对工业绿色转型的影响系数不显著，说明排污强度降低到一定程度后，工业绿色转型对资本的依赖程度大幅降低。

（3）对外开放水平对长江经济带工业绿色转型效率的影响较小，但对中污染省市有显著的正向影响。利用外资在推动长江经济带工业绿色转型中发挥的作用较小或尚未显现。排污异质性回归结果显示，利用外资对中污染省市工业绿色转型效率的影响系数为0.127，且在10%水平下显著，但是对轻污染和重污染省市工业绿色转型效率的影响系数均为负，且均不显著，说明利用外资促进工业绿色转型效率仅中污染省市得到显现，在其他省市发挥的作用较小或尚未显现。可能的原因是，轻污染省市具有绿色产业优势，利用外资并没有显著发挥推动工业绿色转型效率的作用；中污染省市设立了较强的环境准入门槛，对外资形成了绿色筛选作用，进而有效发挥了对工业绿色转型的促进作用；重污染省市环境准入门槛较低，进入的外资绿色化程度低，不仅没有推动工业绿色转型，反而还在一定程度上阻碍了工业绿色转型。

（4）城镇化率对长江经济带工业绿色转型效率的总体表现为显著的负向影响。根据总体回归结果，城镇化率对工业绿色转型效率的影响系数为-1.512，且在5%水平下显著，即城镇化率每提高1%，工业绿色转型效率降低1.512%。城镇化率的提高伴随人口向城镇集中、产业规模扩大、城镇用地扩张等过程，长江经济带城镇化率的提升带来的人口、产业、用地等要素扩张有1.512%流向了污染较严重的领域。排污异质性回归结果显示，排污强度越低省市的城镇化率提升对工业绿色转型的负向影响越大，该结论对轻污染省市发展具有警示作用。

2. 环境规制对长江经济带工业绿色转型效率的非线性影响

为考察环境规制对长江经济带工业绿色转型效率的非线性影响，在式（1）基础上增加环境规制的二次项，方程（1）—方程（4）分别为长江经济带11省市、轻污染省市、中污染省市、重污染省市的回归结果（见表4）。Hausman检验结果显示均应选择固定效应模型。结果显示，环境规制二次项对工业绿色转型效率的影响系数均为正，分别为0.229、0.079、0.677、0.210，说明环境规制对长江经济带工业绿色转型效率存在非线性影响，表现为环境规制对长江经济带工业绿色转型的正向影响呈逐渐增强态势。由于总体样本和重污染省市样本分别在1%、5%水平下显著，轻污染省市和中污染省市样本不显著，说明环境规制对长江经济带工业绿色转型效率的非线性影响也存在排污异质性差异,环境规制对排污强度较高省市的工业绿色转型的正向影响最大且最显著。

表4　环境规制对长江经济带工业绿色转型的非线性影响回归结果

方程	(1)	(2)	(3)	(4)
$lnER$	0.209**	0.228	0.057	0.278**
	(0.072)	(0.422)	(0.074)	(0.064)
$lnER^2$	0.229***	0.079	0.677	0.210**
	(0.067)	(0.391)	(0.416)	(0.054)
$lnPGDP$	0.518***	0.698**	0.406	0.076
	(0.162)	(0.135)	(0.176)	(0.090)
$lnIFA$	0.158**	0.300	0.605**	0.071**
	(0.063)	(0.298)	(0.152)	(0.016)
$lnFDI$	0.053	0.012	0.109*	-0.005
	(0.059)	(0.135)	(0.036)	(0.003)
$lnUR$	-1.387**	-1.758	-1.557	0.002
	(0.576)	(1.068)	(0.689)	(0.334)
$\_cons$	-1.415*	-2.610	-2.176**	-1.559**
	(0.732)	(1.633)	(0.533)	(0.290)
Observations	110	30	40	40
R-squared	0.666	0.837	0.814	0.920

资料来源:根据测算结果整理。

四　研究结论与政策建议

(一)研究结论

(1)长江经济带环境规制对工业绿色转型效率有正向影响,且存在排污异质性特征。长江经济带环境规制强度每增强1%,工业绿色转型效率提升0.164%,符合"波特假说"。环境规制对工业绿色转型效率的影响存在排污异质性特征,排污强度越高的地区对工业绿色转型效率的促进作用也越强。

(2)长江经济带环境规制对工业绿色转型效率存在非线性影响,重污染省市最显著。长江经济带11省市和排污异质性省市环境规制对工业绿色转型的正向影响均呈逐渐增强态势,但仅长江经济带11省市和重污染省市样本分别在5%、1%水平下显著。

(二)政策启示

(1)分类制定长江经济带排污异质性地区环境规制政策。当前长江经济带环境规制强度对工业绿色转型效率的促进作用显著,应充分发挥环境规制的正向影响效应,将长江经济带环境规制强度平均值提高到1.298以上。其中,上海等轻污染省市应将环境规制强度提高到1.468以上,浙江等中污染省市环境规制强度提高到1.298以上,重庆等重污染省市应将环境规制强度提高到0.926以上。

(2)构建长江经济带环境规制政策制定协商机制。由于长江经济带环境规制具有显著的排污异质性特征,不同地区适合的环境规制强度不相同,为避免不同地区间环境规制强度差异导致的"污染避难所效应",长江经济带各地区政府应通过协商机制与其他地区合作,共同制定符合整体工业绿色转型发展的环境规制政策。各协商主体可首先制定一个"适宜的"环境规制强度范围,然后再根据管辖范围内各地区排污异质性特征制定符合整体工业绿色发展的环境规制政策,避免发生"环境规制标准竞次"现象。

(3)加强重污染地区工业企业绿色技术创新的政策支持。绿色技术创新是推动工业绿色转型的根本动力,长期将发挥更重要作用。相对而言,重污染地区绿色技术创新水平较低,工业绿色转型仅靠环境规制政策的倒逼效应将无法持续,重污染地区政府应未雨绸缪,加大对工业企业绿色技术创新研发的政策支持,特别是鼓励一些大型企业增加绿色技术研发投入,释放绿色技术创新对环境规制促进工业绿色转型的中介效应。

参考文献

单豪杰:《中国资本存量K的再估算:1952—2006年》,《数量经济技术经济研究》

2008年第10期。

杜龙政等：《环境规制、治理转型对绿色竞争力提升的复合效应——基于中国工业的经验证据》，《经济研究》2019年第10期。

蒋伏心等：《环境规制对技术创新影响的双重效应——基于江苏制造业动态面板数据的实证研究》，《中国工业经济》2013年第7期。

李慧君：《中国工业经济的绿色转型》，博士学位论文，华中科技大学，2018年。

李玲、陶锋：《中国制造业最优环境规制强度的选择——基于绿色全要素生产率的视角》，《中国工业经济》2012年第5期。

李强：《河长制视域下环境规制的产业升级效应研究——来自长江经济带的例证》，《财政研究》2018年第10期。

李婉红：《排污费制度驱动绿色技术创新的空间计量检验——以29个省域制造业为例》，《科研管理》2015年第6期。

李旭颖：《企业创新与环境规制互动影响分析》，《科学学与科学技术管理》2008年第6期。

李璇：《供给侧改革背景下环境规制的最优跨期决策研究》，《科学学与科学技术管理》2017年第1期。

李阳等：《环境规制对技术创新长短期影响的异质性效应——基于价值链视角的两阶段分析》，《科学学研究》2014年第6期。

刘章生：《环境规制的绿色技术创新效应研究》，博士学位论文，华中科技大学，2017年。

娄昌龙：《环境规制、技术创新与劳动就业》，博士学位论文，重庆大学，2016年。

裴潇等：《民间投资、环境规制与绿色技术创新——长江经济带11省市空间杜宾模型分析》，《科技进步与对策》2019年第8期。

彭星、李斌：《不同类型环境规制下中国工业绿色转型问题研究》，《财经研究》2016年第7期。

钱争鸣、刘晓晨：《环境管制与绿色经济效率》，《统计研究》2015年第7期。

任胜钢：《长江经济带产业绿色发展战略与政策体系研究》，中国社会科学出版社2019年版。

阮陆宁等：《环境规制能否有效促进产业结构升级？——基于长江经济带的GMM分析》，《江西社会科学》2017年第5期。

沈能：《环境效率、行业异质性与最优规制强度——中国工业行业面板数据的非线性检验》，《中国工业经济》2012年第3期。

宋德勇等：《我国环境规制对绿色经济效率的影响分析》，《学习与实践》2017年第3期。

童伟伟、张建民：《环境规制能促进技术创新吗——基于中国制造业企业数据的再检验》，《财经科学》2012年第11期。

王锋正、姜涛：《环境规制对资源型产业绿色技术创新的影响——基于行业异质性的视角》，《财经问题研究》2015年第8期。

王国印、王动：《波特假说、环境规制与企业技术创新——对中东部地区的比较分析》，《中国软科学》2011年第1期。

王书斌、徐盈之：《环境规制与雾霾脱钩效应——基于企业投资偏好的视角》，《中国工业经济》2015年第4期。

王伟、孙芳城：《金融发展、环境规制与长江经济带绿色全要素生产率增长》，《西南民族大学学报》（人文社会科学版）2018年第1期。

吴超等：《中国重污染行业绿色创新效率提升模式构建》，《中国人口·资源与环境》2018年第5期。

吴传清、张雅晴：《环境规制对长江经济带工业绿色生产率的门槛效应》，《科技进步与对策》2018年第8期。

徐鹏杰：《环境规制、绿色技术效率与污染密集型行业转移》，《财经论丛》2018年第2期。

杨仁发、李娜娜：《环境规制与中国工业绿色发展：理论分析与经验证据》，《中国地质大学学报》（社会科学版）2019年第5期。

殷宝庆：《环境规制与我国制造业绿色全要素生产率——基于国际垂直专业化视角的实证》，《中国人口·资源与环境》2012年第12期。

余淑均等：《环境规制模式与长江经济带绿色创新效率研究——基于38个城市的实证分析》，《江海学刊》2017年第3期。

张成等：《环境规制强度和生产技术进步》，《经济研究》2011年第2期。

张华、魏晓平：《绿色悖论抑或倒逼减排——环境规制对碳排放影响的双重效应》，《中国人口·资源与环境》2014年第9期。

张娟等：《环境规制对绿色技术创新的影响研究》，《中国人口·资源与环境》2019年第1期。

张平等：《不同类型环境规制对企业技术创新影响比较研究》，《中国人口·资源与环境》2016年第4期。

张倩：《环境规制对绿色技术创新影响的实证研究——基于政策差异化视角的省级面板数据分析》，《工业技术经济》2015年第7期。

张英浩等：《环境规制对中国区域绿色经济效率的影响机理研究——基于超效率模型和空间面板计量模型实证分析》，《长江流域资源与环境》2018年第11期。

张治栋、秦淑悦：《环境规制、产业结构调整对绿色发展的空间效应——基于长江经济带城市的实证研究》,《现代经济探讨》2018 年第 11 期。

赵细康:《引导绿色创新:技术创新导向的环境政策研究》,经济科学出版社 2006 年版。

Borghesi S., Costantini V., Crespi F. et al., "Environmental Innovation and Socioeconomic Dynamics in Institutional and Policy Contexts", *Journal of Evolutionary Economics*, Vol. 23, No. 2, 2013.

Etzion D., "Research on Organizations and the Natural Environment, 1992 – Present: A Review", *Journal of Management*, Vol. 33, No. 4, 2007.

Hassan A., Ibrahim E., "Corporate Environmental Information Disclosure: Factors Influencing Companies' Success in Attaining Environmental Awards", *Corporate Social Responsibility & Environmental Management*, Vol. 19, No. 1, 2012.

Henriques I., Sadorsky P., "The Determinants of an Environmentally Responsive Firm: An Empirical Approach", *Journal of Environmental Economics & Management*, Vol. 30, No. 3, 1996.

Kemp R., Smith K., Becher G., "How Should We Study the Relationship between Environmental Regulation and Innovation?", *Innovation – Oriented Environmental Regulation*, No. 10, 2000.

Kriecher B., Ziesemer T., "The Environmental Porter Hypothesis: Theory, Evidence and a Model of Timing of Adoption", *Economics of Innovation and New Technology*, Vol. 18, No. 3, 2009.

Leeuwen G. V., Mohen P., "Revisiting the Porter Hypothesis: An Empirical Analysis of Green Innovation for the Netherlands", *Economics of Innovation & New Technology*, Vol. 67, No. 2, 2013.

Porter M. E., Vander L. C., "Toward a New Conception of the Environment Competitiveness Relationship", *The Journal of Economic Perspectives*, Vol. 9, No. 4, 1995.

Rexhauser S., Rammer C., "Environmental Innovations and Firm Profitability: Unmasking the Porter Hypothesis", *Environmental & Resource Economics*, Vol. 57, No. 1, 2014.

Woo C., Chung Y., Chun D. et al., "Impact of Green In – novation on Labor Productivity and its Determinants: an Analysis of the Korean Manufacturing Industry", *Business Strategy & the Environment*, Vol. 23, No. 8, 2014.

湘江流域生态补偿研究报告

李 浩 刘 陶[*]

摘 要：湘江属长江流域洞庭湖水系，是湖南省最大的河流。湘江流域是湖南省人口最稠密、城市化水平最高、经济社会文化最发达的区域。随着流域社会经济高速发展，人类活动强度不断增强，湘江流域生态环境承载力正承受巨大挑战，主要表现在历史遗留工矿区亟待生态环境修复、以湿地为代表的重点生态敏感保护有待加强，流域点面源污染需要进一步控制，城市粗放型扩张所造成的城市用地与生态用地矛盾有待解决。为了应对挑战，湖南省在全省推行水环境生态补偿机制，开展湘江流域退耕还林还湿，试点湘赣渌水流域横向生态补偿，创新长株潭城市群生态绿心地区生态补偿机制，取得了一定成效。下一步，湘江应以流域为单元完善生态补偿框架，并通过重点构建农业生态补贴政策、充分发挥市场机制在生态补偿中的作用、构建湘江流域生态补偿基金来推动湘江流域生态补偿。

关键词：湘江流域 生态补偿 机制 补偿基金

一 湘江流域基本情况

湘江流域位于北纬24°31′—29°，东经110°30′—114°，地处长岭之

---

[*] 作者简介：李浩，中国科学院地理科学与资源研究所地理学博士，UNESCO – IHE 博士后，湖北经济学院长江经济带发展战略研究院教授，曾长期任职长江水利委员会长江科学院；刘陶，湖北省社科院长江流域经济研究所副研究员。

南，南岭之北，东以幕阜山脉，罗霄山脉与鄱阳湖水系分界，西隔衡山山脉与资水毗邻，南自江华以湘、珠分水岭与广西相接，北边尾闾区滨临洞庭湖。流域面积为94660平方千米，其中湖南为85383平方千米，占总面积的90.2%，广西占9.8%，湘水流域面积占全省的40.3%，涉及长沙、湘潭、株洲、衡阳的全部、郴州、永州的大部分娄底的小部分及邵阳、岳阳的小部分。

（一）自然环境状况

1. 河流水系

湘江流域水系发育，支流众多，在湖南省境内的大小河流共有2157条，其中流域面积大于10000平方千米的支流共3条，流域面积在1000—10000平方千米的支流共14条。干流两岸呈不对称羽毛形态，其中右岸面积67816平方千米，占总流域面积的71.2%，流域面积超过10000平方千米的三大支流潇水、耒水和米水均分布在右岸；左岸流域面积为27344平方千米，只占总流域面积的28.8%，流域面积大于1000平方千米的主要支流有7条分布在左岸，其中涟水为最大，集雨面积为7155平方千米。

湘江在永州萍岛以上河段为上游，长252千米。灵渠以上山势陡峻，其他河段呈中低山地貌，河谷一般呈"V"形，河宽110—140米，平均比降0.61‰。河床多岩石，滩多流急，流量及水位变幅较大，具有山区河流的特性，其间汇入的较大支流有灌河、紫溪河、石期河等。永州萍岛至衡阳河段为中游，长278千米，河宽250—600米，平均比降0.13‰。河床多为卵石、礁石，滩多水浅，具有丘陵地区河流的特性，其间汇入的较大支流有潇水、舂陵水、

芦洪江（应水）、祁水、白水、归阳河、宜水、粟水等。衡阳至濠河口河段为下游，长326千米。沿河多冲积平原和低矮丘陵，河谷开阔，河道蜿蜒曲折，河宽500—1000米，平均比降0.05‰。河床多沙砾，间有部分礁石，浅滩较多，流量大，水流平缓，具有平原河流的特性，其间汇入的较大支流有耒水、蒸水、洣水、涟水、靳江、浏阳河、捞刀河、汨罗江、新墙河等。

表 1　　　　　　　　　湘江干流及主要支流基本情况

河流名称	流域面积（平方千米）	河长（千米）	落差（米）	平均坡降（‰）
干流	94660	856	115	0.13
潇水	12099	354	269	0.76
耒水	11783	453	349	0.77
洣水	10305	296	299	1.01
舂陵水	6623	223	169	0.76
蒸水	3470	194	105	0.54
芦洪江	1069	80	176	2.2
祁水	1685	114	—	—
白水	1810	117	—	—
宜水	1056	86	198	2.30
渌水	5675	166	81	0.49
涟水	7155	224	103	0.46
沩水	2430	144	167	1.16
涓水	1764	103	84	0.82
浏阳河	5960	222	127	0.57
捞刀河	2543	141	110	0.78
紫溪河	1011	72	328	4.56

2. 气温降水

湘江流域属亚热带季风湿润气候，雨量丰沛，年内分配不均，降水多集中在春夏之间，夏热冬冷，暑热期长，形成了流域内高温多湿的气候特征。因受季风影响，全年多北或东北风，平均风速 1.9—2.8 米/秒，由北向南逐渐减弱。7—8 月受太平洋高气压影响，盛吹南风，平均风速 3.5—5.4 米/秒。流域年均气温 16—18℃，7—9 月气温最高，平均 24—29℃，极端最高气温 43.6℃，极端最低气温 -12℃。湘江流域年均降水量 1300—1500 毫米，年内降水时间分配不均，降雨多集中在 4—6 月，占全年的 40%—45%；7—9 月干旱少雨，降水量约占年降雨量的 18%；1—2 月最少，仅占全年的 8%；地域分配不均，沿湘江的降雨量，南北多、中部少，上游广西全州、兴安一带，是湘江的暴雨区之一，雨量较多，中游衡阳盆地降水较少，下游长沙又比中游略高；

年际分配不均，一般雨量的变差为2—3倍，如湘潭1953年雨量2081毫米，是1963年雨量1029.4毫米的2.02倍；株洲1954年雨量1912.6毫米，是1963年雨量932.6毫米的2.05倍。

3. 径流洪水

湘江径流主要来源于降水，年内分配不均匀，3—7月径流量占全年的66.6%，其中5月最大，占全年的17.3%；8月至翌年2月径流量占全年的33.4%，其中1月最小，仅占全年的3.3%。湘江枯水径流一年中出现两次，第一次是10月至翌年2月的冬季枯水，这5个月的平均径流只占年径流量的21.2%，如湘潭站历年实测最小流量为100立方米/秒（1996年10月6日）。第二次是夏季内历年短暂的枯水。

湘江流域面积大，雨量丰沛，河网密布，水系成树枝状，呈南北向分布，干流中下游洪水过程多为肥胖单峰型。湘江流域的洪水主要由气旋雨形成，洪水时空变化特性与暴雨特性一致，每年4—9月为汛期，年最大洪水多发生于每年4—8月，其中5月、6月两月出现次数最多。次洪历时10天左右。

（二）生态状况

1. 陆地植被

从现代植物区系分区来看，湘江流域划归泛北极植物区，中国—日本植物亚区，即非热带区。在全国第三级植物区中，则分属于华东、华中、华南、滇黔桂区系，是四邻植物区系渗透交汇之处。因此，湘江流域植被的基本特点表现为，区系丰富，地理成分复杂，起源古老，种类众多，植物分布广泛，且无论纬向、经向及垂向地带方面，都反映出一定的分布规律。其植被属中亚热带常绿阔叶林区，主要植被类型有常绿阔叶林、常绿落叶阔叶混交林、落叶阔叶林、针叶林、灌草丛组成的次生植物类型、湿地植被以及竹林、竹丛等。

2. 鱼类资源

湘江水系共有鱼类147种（包括亚种），分属于11目24科，约占长江水系的鱼类总数（370种）39.7%。鲤形目是湖南最主要的类群，有102种，占该地区鱼类总数的69.4%；其次是鲇形目和鲈形目，分别为17种和13种，分别占11.6%和8.8%，其他各目15种，共占10.2%。鲤科鱼类最为丰富，有87种，占该地区鱼类总数的59.2%；

其次是鳅科和鱼尝科，分别为 11 种和 10 种，占该地区鱼类总数的 7.5% 和 6.8%；其余 21 科的种数较少，共计有 39 种，占该地区鱼类总数的 26.5%。

湖南省地方重点保护野生动物名录包括 4 目 11 科 27 种保护鱼类，在湘江水系都有分布。属于国家重点保护野生动物名录一级种类 1 种、二级保护种类 1 种，列入 IUCN 红色目录（1996）1 种，列入 CITES 附录二（Ⅱ）1 种，列入中国濒危动物红皮书（1998）6 种。据调查，湘江长株潭段的珍稀水生动物主要是中华鲟、胭脂鱼、江豚、鳡鱼、长薄鳅等品种。在 20 世纪 70 年代以前，湘江长沙段洄游性珍稀名贵鱼类——中华鲟、鳡鱼、鳗鲡等在渔业中均占有一定的比例。随着湘江流域特别是湘江干流的梯级开发，鱼类洄游通道建设不足，导致中华鲟、胭脂鱼等洄游性鱼类的种群数量急剧下降，鳡鱼几近灭绝。

3. 湿地资源

湘江流域湿地动物种类较为丰富，共有哺乳动物 35 种、鸟类 234 种、鱼类 113 种、两栖类 15 种、爬行类 32 种，共计有脊椎动物 413 种。在动物地理区上属东洋界华中区，并占有东部平原和西部山地 2 个亚区；在生态地理动物区划上属亚热带林灌、草地、农田动物群。湿地动物中列入国家一级保护野生动物的有白鹤、白头鹤、灰鹤、白枕鹤、东方白鹳、黑鹳、大鸨、中华秋沙鸭、白鳍豚、中华鲟等。

湘江流域湿地内有高等植物 51 科 101 属 194 种，其中列入国家一级重点保护植物的有长喙毛茛泽泻、莼菜、中华水韭 3 种，列入国家二级重点保护植物的有水蕨、粗梗水蕨、普通野生稻、莲、野菱 5 种。湘江流域湿地植物分属东柳湿地植被、东高草湿地植被、东低草湿地植被 3 个植被类型，旱柳湿地群系、芦苇湿地群系、荻湿地群系、东方香蒲湿地群系、菰湿地群系、双穗雀稗湿地群系、禾草湿地群系、短尖草湿地群系、弯囊苔草湿地群系、少花荸荠湿地群系、水芹湿地群系、石龙芮湿地群系、菱蒿湿地群系、石菖蒲湿地群系、水蓼湿地群系等 43 个植物群系。

4. 自然保护区

湖南省自然保护区类型以自然生态系统保护区为主，其次为森林生态系统保护区、水域及湿地生态系统保护区、野生生物类型、自然遗产类型等。根据湘江流域地理环境特征及地域差别，流域自然气候温暖湿润，具有我国动植物南北交会的区系特点，动植物资源丰富，但由于人为活动较多，因而以人工生态种类居多。

5. 森林公园与风景名胜区

截至 2019 年，湖南省级以上森林公园增至 121 处，湘江流域集中了湖南省内半数左右的国家级及省级森林公园，可见其在湖南省内景观及生态环境方面的重要性。湘江流域内，共有国家级风景名胜区 4 个，面积共计 1438 平方千米；省市级风景名胜区 19 个，面积共计 1875.83 平方千米。

（三）社会经济状况

1. 土地利用状况

湘江是湖南的母亲河，是孕育湖湘文明的生命之河。湘江流域是湖南省人口最稠密、城市化水平最高、经济社会文化最发达的区域。流域内分布的 1 个省会城市和 7 个地级市分别构成了湖南省的一个核心增长极（长株潭城市群）、一条沿京珠高速、京广铁路布局的经济主轴线（岳阳、长沙、株洲、湘潭、衡阳、郴州）和两个中南区域中心城市（永州、娄底）。

《湖南省土地利用总体规划（2006—2020）》对湖南省的区域划分和湘江流域内两个主要城市群做出了规划：长株潭城市群（长沙、株洲和湘潭）和四城市群（娄底、衡阳、郴州和永州）。该规划根据不同的土地利用等级设置了不同的目标，目标预计将在 2020 年完成。长株潭城市群位于湘江流域北部，由长沙、株洲、湘潭三大城市组成，沿湘江呈"品"字形分布。长株潭城市群耕地面积为 6283 平方千米，建设用地面积为 2855 平方千米，周边城镇可用建设用地达 13824 平方千米。四城市群的耕地面积为 11588 平方千米，建设用地为 3974 平方千米，其周边城镇的可用建设用地达 18291 平方千米。

2. 经济发展现状

湖南的经济活动和社会活动均与湘江紧密相关，且依赖于湘江。湘江流域下游是湖南省人口最集中、城镇化程度最高、发达水平最高的地区。其中，长沙市 2019 年地区生产总值 11574.22 亿元，同比增长 8.1%。其中，第一产业实现增加值 359.69 亿元，增长 3.2%；第二产业实现增加值 4439.32 亿元，增长 8.0%；第三产业实现增加值 6775.21 亿元，增长 8.4%。

表2　　　　2019年湘江流域生产总值及产业增加值　　　　单位：亿元

地区/项目	生产总值	第一产业增加值	第二产业增加值	第三产业增加值
湖南省	38153.68	3394.11	14430.39	20329.24
湘江流域	30056.38	2247.26	11711.72	16097.37
长沙	11574.22	359.69	4439.32	6775.21
株洲	3003.13	220.70	1358.7	1423.70
湘潭	2257.60	144.90	1113.1	999.60
衡阳	3372.68	380.08	1091.61	1900.99
岳阳	3780.41	380.62	1525.83	1873.96
郴州	2410.90	236.50	924.5	1249.90
永州	2016.86	350.33	625.97	1040.56
娄底	1640.58	174.44	632.69	833.45

3. 产业布局现状

湘江流域是湖南省最重要的制造业基地，区内各市依托各自的比较优势，发展出各具特色的制造业体系。

长沙是湖南制造业中心。依据区位熵指标测算的长沙在全国和湖南均有比较优势的制造业行业有8个，即专用设备制造业、印刷业和记录媒介的复制、通用设备制造业、医药制造业、饮料制造业、仪器仪表及文化办公用机械制造业、食品制造业和烟草制品业。其中，专用设备制造业和通用设备制造业的优势行业主要体现在工程机械（专用设备制造业）、商用空调（通用设备制造业）等细分行业类别上，同时，作为新兴优势产业，以汽车制造（越野车、客车、卡车和轿车）为主导产品的交通运输设备制造业近年也发展成为优势产业。上述产业已发展成龙头优势明显、配套体系较为完善的产业集群。此外，电子信息产业（以信息终端、电子元器件、网络设备、智能仪表、金融机具和软件为主导）、新材料产业（以先进电池材料、超硬材料、新金属材料、新型轻质材料、超细粉末材料、纳米材料为主导）、生物医药产业（以现代中药和生物医药为主导）也是长沙新兴优势制造业。

株洲是"一五"期间国家重点布局建设的8个老工业基地城市之一，已形成交通运输装备制造、有色金属冶炼及深加工、化工等多个主导产业。株洲市现有重点产业是：交通装备制造产业（以轨道交通设备制造、航空动力机械制造、汽车零配件制造等为重点）、有色金属冶金产业［以铅、锌及其合金产品、超细硬质合金棒（型）材，硬质合金异型产品、硬质合金模具材料、钢结合金、铸造碳化钨等为主导］、化工产业（以盐化工、硫化工、精细化工和化学建材等为主导）、陶瓷产业（以日用陶瓷、电力陶瓷、工艺陶瓷等为主导）、服饰产业、农产品加工产业（以肉食品加工、乳产品等为主导）。

湘潭是国家的老工业基地，湖南的工业重镇。目前湘潭拥有规模工业企业684家，其中大中型企业42家。已形成以冶金、机电、化纤纺织、新材料为主导产业的比较发达的工业制造体系，是全球最大的电解二氧化锰生产基地，是全国重要的机电、精细化工、氟化盐生产基地，是湖南省最大的钢铁、机电、建材工业基地。衡阳是"有色金属之乡"和"非金属之乡"。机械、冶金、化工、建材、纺织、食品加工等工业是其产业主要特色。其中，钢管及钢管材加工、有色金属冶炼及压延加工制造（电铅、电锌、铜、银等）、输变电设备及器材制造、汽车（重型、专用汽车）及零配件制造、盐化工及精细化工、煤电、医药制造（中成药保健品、血液制品）、新材料（化工、新能源、医用、粉末冶金等材料）等是具有较大优势的行业。

郴州既是"中国有色金属之乡"，也是沿海地区资金和技术向湖南转移的理想城市。郴州工业以有色、能源、建材、医药食品（含烟草）、化工机械和电子信息六大产业为支柱，其金银及稀贵冶炼、石墨建材、氟化工、基础化工原料、煤电水电、水泥、玻璃、石墨、新型制冷设备、视讯产品等具有较强的竞争力。

永州工业的主导产业是汽车和机电制造、食品加工、竹木林纸、制药、冶金化工、能源、建材、轻纺等产业，其中汽车制造、卷烟、造纸、制药、食品加工五大产业是支柱性产业。近年来，电机制造、发电设备、医药制造、制鞋业等产业的规模也不断扩大，形成了一定的优势。

娄底是湖南省重要的能源与原材料基地，目前已初步形成精品钢材及薄板深加工、有色冶炼及深加工、原煤开采及深加工、建材、机械铸造、农用机械、矿山机械、特种陶瓷、农产品深加工、现代中成药及生物医药10个具有比较优势的产业，其中，钢铁、水泥、煤炭年产量均超过千万吨。

岳阳地处湘江与长江的交汇处，具通江达海之优势。其产业以石油化工、食品加工、饲料、造纸、纺织、机械、建材、生物医药、火电产业为主导。八大产业完成工业增加值占全市规模工业的90%以上。其中，石油化工、食品和造纸等产业已形成产业集群发展态势。

湘江流域也是湖南省服务业发达地区，尤以省会长沙为盛。长沙服务业的主导产业是批发和零售业、商务服务业（会计、审计、资产评估、法律、广告策划等专业中介服务）、金融保险业、文化体育和娱乐业、住宿和餐饮业、出版业、影视传媒业、房地产业、休闲娱乐业、通信业、现代物流业、教育业、软件和信息业等，其服务业市场覆盖范围以长沙为核心，以全省为主体，部分行业（如影视传媒、休闲娱乐、现代物流等）市场覆盖到全国。其他各市中，除依托自身经济腹地发展起来的生产性服务和生活性服务业外，其主要特色反映在旅游业中，其中湘潭、株洲以红色旅游为主，衡郴永娄岳五市以生态旅游和人文旅游为主。

二 湘江流域生态补偿主要需求

（一）高度城市化地区需要以生态补偿提高城市品质

随着社会经济的发展，城乡居民对优美生态环境的追求日益成为城市发展的主流方向。而以往城市粗放型扩张所造成的城市用地与生态用地的矛盾也日益凸显。为了协调好这一矛盾，在高度城市化的区域开展增绿留白，建设绿心，实现城市与生态的和谐发展就成为重要的路径。生态建设无疑会提高城市品质，会产生良好的生态环境正外部效应，因此通过生态补偿，来保障这个正外部性持续发挥作用，就显得尤为重要。

(二) 工矿区生态环境修复需要生态补偿资金为保障

湘江流域是湖南省历史上的制造业基地，很多地区以资源型产业为主，并以此各自发挥优势，形成了许多各具特色的资源型小镇。但是，由于过度地开发利用，对生态环境造成了巨大破坏。沿湘江流域遗留下众多的工矿区，给生态环境留下了诸多隐患。

而这些诸多隐患中，最为不利的是土壤重金属的污染问题。湘江流域重金属的污染面积超过了5000平方千米，占流域面积多达5%，主要污染因子为镉、砷、铅、汞和铬，主要分布的区域为郴州三十六湾工业区、衡阳水口山工业区、株洲清水塘工业区、湘潭竹埠港工业区、长沙坪塘工业区和岳阳汨罗江工业园区。

工矿企业退出过程中，首先，退出企业需要有一定的安置补偿；其次，采取一些必要的修复措施也需要进行补偿；最后，还需要对土地进行重新归并整合后，重新进行规划与开发，这都需要有一定的生态补偿的措施予以保证。

(三) 流域水环境治理需要以生态补偿措施为补充

整个湘江流域水环境质量总体向好，但是工业生活等点源污染，农业面源污染排放量仍然较大，给流域水环境承载能力提出了巨大挑战。而湘江干支流长期受污染物排放累积影响，对湘江河道底泥造成了巨大污染。与此同时，湘江整体上渠道化严重，水生生境的连通性减弱，生态系统破碎化严重，水环境的自我修复能力日益减弱。

水环境治理离不开巡查执法、监督检查、监测管控等综合手段的保障，同时也需要生态补偿措施作为积极的补充。通过设立断面水质奖惩机制，这样既可以充分调动各地方政府开展水环境保护的积极性，也可以为流域水环境治理留出专门的治理基金。

(四) 重点生态敏感区保护以生态补偿措施为主导

开垦、开发等活动不断蚕食湿地面积。在经济利益的驱动下，一些开发商从自身利益出发擅自开发利用湿地，变更用途，使湿地的生态效益和湿地生态功能完全丧失，导致湿地面积不断缩减。湿地本来是江河湖泊的天然屏障，具有较高的环境承载力，但许多天然湿地过度地承载了工农业废水、生活污水、化肥、农药、除草剂等化学产品，致使湿地退化，水环境进一步恶化。近年来，福寿螺的暴发和凤眼莲的疯涨等生物入侵问题已逐渐显现，严重破坏了当地食物链、生态系统，改变了现有湿地生态系统的物质循环、能量流动和信息传递，导致生态平衡破坏，湿地物种稳定性退化。根据有关人员调查发现，在湘、资、沅、澧四水中，湘江流域的湿地面积流失最大。

三 湘江流域生态补偿主要举措

（一）推行水环境生态补偿机制

2019年，湖南省政府出台了《湖南省流域生态保护补偿机制实施方案（试行）》（以下简称《方案》），明确将在湘江、资水、沅水、澧水干流和重要的一、二级支流，以及其他流域面积在1800平方千米以上的河流，建立水质水量奖罚机制、流域横向生态保护补偿机制。主要做法为：

一是实施水质水量奖罚机制。对市州、县市区的流域断面水质、水量进行监测考核，水质达标、改善，获得奖励；水质恶化，实施处罚。如，当某地的出境断面水质优于Ⅱ类标准，或者比入境断面水质有改善，给予相应奖励；相反则给予相应处罚。同时，某地所有出境考核断面水量必须全部满足最小流量，否则扣减考核奖励。

二是实施流域横向生态保护补偿机制。流域的跨界断面水质只能更好，不能更差。如果上游的出境断面水质相比上年同期提升了，那么下游对上游进行补偿；如果水质下降了，上游给下游补偿。市州之间按每月80万元、县市区之间按每月20万元的标准相互补偿。鼓励上下游市州、县市区政府之间签订协议，建立流域横向生态保护补偿机制。《方案》发布1年内建立流域横向生态保护补偿机制，且签订3年补偿协议的市州、县市区，省级给予奖励。

《方案》明确，到2020年，全省85%以上市州、60%以上县市区建立流域横向生态保护补偿机制。各市州、县市区政府承担本行政区域内水环境质量保护和治理主体责任，省级主要负责引导建立跨市州的流域横向生态保护补偿机制。考核处罚和扣缴资金由省财政统筹用于流域生态补偿奖励。各市州、县市区获得的流域生态补偿资金，由当地政府统筹用于流域污染治理、流域生态补偿。

（二）开展湘江流域退耕还林还湿试点

湖南省，以河长制为组织形式，自2017年开始由省林业厅牵头负责湘江流域8市退耕还林还湿试点建设，湘江流域退耕还林还湿项目点选址基本位于湘江干流或其一级支流，原来基本上是低洼农田，现在改造成污染源与河流之间的生态隔离带，主要用于净化农业面源污染和农村生活污水。项目建有收集、排水简易设施，使污水不需动力自然流经生态隔离带，经林地、湿地植物吸收降解污染物后再排入湘江及其支流。

仅2017年一年，湘江流域已完成退耕还林还湿4631亩，为计划任务的107%。还林还湿建设的生态隔离带充分发挥效益，每年可净化污水8644万立方米，接近一座大型水库的库容。污水经过生态隔离带净化后，水质可以提升至Ⅳ类甚至局部Ⅲ类。同时，退耕还林还湿后，项目所在地形成良好的生态林及人工湿地景观，成为良好的休憩场所，还能吸引外地游客参观旅游。

（三）开展湘赣渌水流域横向生态补偿

渌水是湘江的一级支流，发源于江西省杨岐山千拉岭以南、宜春市袁州区水江乡的大塘西北部山坳，从沧下流入萍乡境内，向西流经金鱼石入湖南醴陵境内。在江西省境内称萍水河，是萍乡市的母亲河；在湖南省境内叫渌水，是醴陵市的母亲河。赣湘两省财政、生态环境部门就建立渌水流域横向生态保护补偿机制进行了反复对接、充分沟通和友好协商，双方本着互惠互利、共同促进的原则，就渌水流域横向生态保护补偿协议达成一致，并于2019年7月正式签订了《渌水流域横向生态保护补偿协议》。

两省商定以位于江西省萍乡市与湖南省株洲市交界处的国家考核金鱼石断面水质为依据，实施渌水流域横向生态保护补偿。若金鱼石断面当月的水质类别达到或优于国家考核目标（Ⅲ类），湖南省拨付相应补偿资金给江西省；若金鱼石断面当月水质类别劣于国家考核目标（Ⅲ类），或当月出现因上游原因引发的水质超标污染事件，江西省拨付相应补偿资金给湖南省。根据国家公布的水质监测数据和评价结果，按"月核算、年缴清"形式落实补偿。补偿期限暂定3年。

（四）创新长株潭城市群生态绿心地区生态补偿机制

2020年，湖南省政府为了在长株潭城市群地区建成生态绿色保护、产业绿色转型、社会绿色发展的生态补偿长效机制，有效调动绿心地区生态环境保护的积极性，促进绿心地区经济社会生态协调发展，并最终建成与绿心地区发展相适应的多元化生态补偿体系，形成"生态优先、绿色发展"的新格局，创新开展长株潭城市群生态绿心地区生态补偿机制的相关工作。

补偿区域主要包括长沙市的坪塘片区、暮云片区、同升片区、跳马片区、柏加—镇头片区5个片区，湘潭市的九华片区、昭山片区、岳塘片区、湘潭高新片区、易俗河片区5个片区，以及株洲市的天元片区、白马垄片区、云龙片区、荷塘片区4个片区。生态补偿资金主要用于绿心地区生态环境保护、生态修复提质和与绿心地区生态环境保护有关的民生保障、移民安置、乡镇财力补助以及对企业搬迁的适当补助等，主要包括公益林生态补偿、水环境生态补偿、其他生态用地补偿、产业发展转型补偿、生态宜居乡村建设补偿、创新型市场化补偿六类。

生态补偿分为定额补偿和定项补偿两种方式。定额补偿是指在确定绩效考核系数基础上，对绿心地区提供固定额度的补偿资金，原则上按照因素法分配。由省发展改革委和省两型社会建设服务中心牵头，会同省直有关部门联合制订年度考核方案，根据考核结果确定年度考核系数。由省财政厅综合考虑当年的财力情况与补偿需求确定定额补偿资金基数，并根据定额补偿资金基数和考核系数将定额补偿资金拨付给长株潭三市。定项补偿是指绿心地区根据《长株潭城市群生态绿心地区总体规划（2010—2030）（2018年修改）》及相关政策要求申报的省级补助资金。按照"渠道不变、用途不变"的原则，定项补偿资金从省直有关单位的现有省级专项资金中统筹安排，原则上按项目法分配。

生态补偿资金的来源主要包括：一是根据法律法规规定设立的生态保护、补偿方面的资金；二是省人民政府和长株潭三市人民政府安排的财政性资金；三是长株潭城市群区域内土地出让收入中安排的资金；四是生态效益补偿费；五是社会捐赠；六是其他资金。

四 湘江流域生态补偿存在的问题

（一）补偿机制有待健全

湖南的机构体制大体可以分为四个层级，分别为省级—市级—县级—乡镇。这种层级体制的好处在于，有利于自上而下的垂直管控，确保中央政府的统一指挥。行政层级设置过多的弊端在于机构臃肿，各层级、机构各自为政，工作效率低下，个人保护主义，以及在跨部门协作上缺乏主动性，并可能滋生严重的官僚主义。从水资源管理的角度来看，层级体制造成行政机构职能范围与自然水域管理范围难以契合。在流域内，上游的管理行为或管理缺失势必对下游造成影响，这就要求整体的协作，包括省内各级行政机构之间相互协调，以弥补长江水利委员会促成的现有的跨省协作。在这一方面还有待加强。

当某个机构既要开发又要保护某种资源时，则会产生潜在的利益冲突。水资源管理组织具有高度综合性，其在水资源开发和管理方面承担的决策、实施、监管和评估的职责不是相互独立的。决策和实施不分离易导致效率低下，而监管和评估由同一机构执行更加加剧了这种风险。

为实现流域综合管理，加强水资源管理，应对水资源管理战略实施中可能出现的矛盾冲突，湖南省政府成立了湘江流域保护协调委员会。该委员会主任由湖南省省长担任，副主任由各副省长担任，委员会成员包括了湖南省副秘书长，26位省级部门领导干部和流域内八市市长，省水利厅厅长担任协调办公室主任。

表3　　　　　　　　湘江流域生态补偿相关部门职责

编号	机构名称	主要职责
1	湖南省人民代表大会	对涉及政治、经济、教育、科学、文化、卫生、环境和资源保护、民政事务等重大问题进行决议；对省政府、省高级人民法院和省人民检察院的工作进行监督
2	农业委员会	农业发展战略和行动计划；农业灾害管理
3	长株潭"两型社会"试验区建设管委会	"环境友好型社会"建设协调和示范；"环境友好型社会"改革和行动成果和绩效评估

续表

编号	机构名称	主要职责
4	湖南省发展和改革委员会	湖南省社会经济规划和战略；经济改革和"环境友好型社会"推广；地方法律法规和价格改革
5	生态环境厅	环境保护战略和行动；水质管理；生态系统保护
6	财政厅	财政政策；财务预算管理；税费法律、法规和政策
7	林业局	林业资源开发和管理；生态系统建设；自然保护区管理
8	住建厅	城市发展战略和行动；水和污水处理；城市环境管理
9	水文局	水资源调研和水量水质研究
10	气象局	气象数据收集、分析和预报，如气象灾害预报；气候变化影响评估和参与气候变化战略发展
11	统计局	湖南省统计数据、经济核算和发展指标；经济社会发展调研和分析
12	水利河湖厅	水资源开发和水量水质管理；流域管理；水电开发；防汛抗旱

湘江流域保护协调委员会目前面临的一个重要挑战是缺乏湘江流域整体规划和完整的水资源综合管理法律框架、规划和法规。委员会面临的挑战有：①各部门对于各自相关的采取紧急行动保护流域价值的使命认识不足；地方政府未以部门指令和财政支持为先，持观望不作为态度；②管理有待加强：水资源管理权责不清或职责重叠，例如，生态环境厅、水利厅、住建厅和卫生厅各自实施水质监控，其数据信息不仅不向社会公布，各机构之间也未能共享；对饮用水的管理方面，水利厅、生态环境厅和住建厅都有涉及，但各自使用不同标准。③政府投资不足，社会及个人投资缺乏。④联合执法机制缺失，以采砂为例，河流和挖沙船作业受水利厅管控，河道和挖沙船受交通运输厅管制，权责的重叠导致了管理漏洞。⑤快速的城市化进程、城镇人口增加以及生活水平地提高，都造成了水资源保护的压力日益增加。

从事湘江流域管理的两个非政府组织分别为世界自然基金会长沙项目办公室和湘潭环境保护协会。世界自然基金会长沙项目办公室成立于1999年，致力于保护生物多样性，尤其是长江江豚和海豚，监测环境对流域和水资源的影响，促进水排放，保护生态多样性。湘潭环境保护协会成立于2007年,该机构致力于支持自然资源保护,宣传国家环境保护政策,提出环境改善建议,根据实地调研,报告环境污染案例,增强公众环保意识和知识,鼓励公众参与,表彰环境保护行为。

表4　　　　　　　　　湘江流域机构职能重叠和缺失

职责	参与机构	主要重叠的职能	主要缺失的职能
污染物控制	水利河湖厅、生态环境厅、农业委员会、住建厅	(1)水利厅和生态环境厅均参与开发和划定水环境功能区,并且有水质监测的职责;(2)参与所有界定流域内污染防治和水污染承载力之间的关系;(3)实施水资源管理相关的规划、政策和法规	(1)未建立有效的跨部门协作机制;(2)缺少统一排污标准体系
跨界污染防治的协调和管理	水利河湖厅、生态环境厅	(1)生态环境厅有指导和协调跨区域环境问题,污染纠纷的行政权力和责任;(2)水利厅有河道管理的责任,也有权管理和协调跨界水污染纠纷	
制定发展计划、政策和法规	人大常委会、发改委、水利河湖厅、生态环境厅、农业委员会、住建厅	均有制订计划、政策和法规的职责	(1)缺少协调各部门参与制定总体规划的机制;(2)缺少参与式的水和土地资源管理
水资源管理的监督	水利河湖厅、生态环境厅、两型委员会、人大常委会	均有关于水质和水量的管理和监测职能	缺少从下而上的群众参与式监督机制
法律、法规的执行	水利河湖厅、生态环境厅、农业委员会、住建厅	均有调整并减少流域内污染物排放的责任	缺少对法律、法规实施的监督执法职能
城市水资源管理的使用、保护和管理	水利河湖厅、生态环境厅、住建厅	(1)水利厅和生态环境厅均有开发、保护和管理城市水资源的责任;(2)住建厅负责城市有关水资源开发和保护水环境的相关城市基础设施项目建设,包括供水、排水和下水道的管网建设;(3)均有城市水供给应、城市水循环、排水、污水处理和排放监测的责任	

用水户协会成立的目的是提高农业用水利用效率，但是，与非政府组织类似，该协会与主管水资源管理和农业的政府机构间的共同利益没有得到充分的利用。因此，缺乏财政支持、技术知识和能力，其影响力也较为有限。

湘江流域非政府组织的作用和活动包括：①促进两型社会建设；②促进产业、政府和市场之间的协调合作；③通过扶贫、教育、跨文化交流和环境保护，促进地区可持续发展。然而，政府机构在制定或执行其权责时，很少迎合、咨询或考虑非政府组织，因而错失了更大范围公众参与环境和水资源管理的机会。

（二）缺乏地方区域间的奖惩

湘江流域生态补偿的暂行办法中关于补偿资金的配置问题，仍然是对于省财政拨款的纵向分配，由于上下游之间缺乏有效的协商平台，流域上下游地方政府之间并没有建立起更为密切的补偿或惩罚的横向联系。而横向的补偿，更具有针对性，上下流域之间，在产业布局、经济发展特色等各方面有着更为密切地联系，在经济上有共生之处，产业间有互补之处。因而横向的流域生态补偿操作上也更为灵活，流域间保护者与受益者的权责有待进一步明确。

（三）补偿方式有待拓展

资金补偿在短时期内能够弥补不同区域对于流域环境所做花费的成本，但是类似"输血"式的补偿方式虽然能在短时间内能对企业或居民因环保所带来的私人利益的减少做补偿，却是难以持续的，需要探索参与主体的利益关注点，并有针对性地展开补偿。上游的企业与民众如何依托多种形式生态补偿，转变传统的生产和生计方式，需要依靠多种多样的补偿方式，如教育补偿、产业补偿、技术培训等；对上游不利于环保的产业进行升级，技术的更新换代，或以新兴产业进行替代，也是值得思考的；此外，流域的城乡之间，有不少生态经济交错区域，作为流域生态补偿的组成部分，城乡间的生态补偿也是可以探索的方向之一。

（四）补偿标准有待完善

湘江流域上游的郴州、永州等地常常出现补偿成本较高，而补偿偏低的情况。"捧着金碗讨饭吃，饿着肚子保生态"是上游居民的生活常态。上游区域经济发展比不上湘江下游，而流域生态补偿的标准在省内是统一的，实际上各个地市对于流域治理的成本以及经济承受能力不一样，且当地企业与民众参与的意愿也不一样。笔者在调研期间了解到，以湘江流域对林区的补偿为例，分到保护区民众手中的才几十元一亩，远远不足以弥补生产成本的增加或是减少传统生计方式的损失。需要建立起一套较为系统客观的补偿标准，依据不同地区自然地理、经济社会发展程度的不同状况做出灵活性强的、不同标准的生态补偿。

五 湘江流域生态补偿对策与建议

（一）明确湘江流域生态补偿政策内涵

生态补偿，是指在中国范围内的为改进环境管理和环保成果而制定的一系列的政策和项目，采用各级政府之间，或政府和利益相关者之间协商或规定的财政转移的方式，以土地利用、土地利用变化或环境指标（如植被、某种使用用途的土地的比例、水质和水量指标）改善等形式确定具体的目标，从而提高环境管理和保护效果，尤其用于提高水资源和流域管理。

"生态补偿"一词为中国独有，国际上没有与"生态补偿政策框架"类似的概念，但有一系列相关的政策工具和方法。对湘江流域而言，国际上与之关系最为紧密的方法就是水基金和生态系统服务付费。

水基金，是指结合多种筹资渠道的金融机制，该基金为流域地区的关键利益相关者之间的谈判和决策制定提供了平台，该基金的创立有利于更持续有效地筹集资金，协调流域内的环境保护和管理活动。这种基金在拉丁美洲很受欢迎，而美国、加拿大和欧盟国家在面对本国越来越严峻的水资源管理难题时，也对该方法越来越感兴趣。

生态有偿服务或生态系统服务付费是国际上普遍采用的一种政策工具，有效弥补了传统命令与控制型的自上而下的流域管理方法的不足。可以说，这种方法与生态补偿最为类似。

生态系统服务是生态系统服务受益人（如下游水资源使用者）和服务提供者（如上游流域土地使用者）之间的一种直接的契约协议。服务受益者不断向服务提供者就其提供的既定生态系统服务或与服务相关的土地使用/土地使用变化提供补偿。

生态有偿服务通常定义为：①一种自愿的交易；②一个界定良好的生态系统服务或以土地利用方式来确保该生态环境服务；③至少有一个生态环境服务的买主；④至少有一个生态系统服务提供者；⑤只有提供者持续提供生态服务或继续使用土地才付费（有前提条件）。

当生态系统服务付费方案成功地实施，生态系统服务付费能为土地管理者提供经济诱因，鼓励他们保护甚至改善土地管理，并提供流域保护、碳汇和保护生物多样性等生态系统服务。同时，随着进程的推进，土地使用者对土地生态价值的认识正如那些提供补偿的受益者一样也在逐步提高。

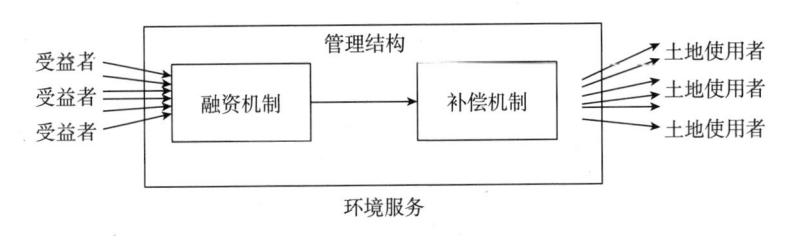

图1 生态系统服务付费

从国际上来说，多数情况下，对生态系统服务付费方案的管理结构纳入了从水基金中调取资金的做法，建立水基金主要用于持续支持该生态系统服务付费计划。据此，生态系统服务付费成为了水基金支持下可能实施的若干方案之一，也成了许多水基金中必不可少的组成部分。

（二）完善湘江生态补偿的主要和分层目标

完善湘江流域生态补偿：①从重末端治理到末端和源头治理并重的生态补偿机制；②从单纯政府主导到市场机制引入、公众积极参与的生态补偿机制；③从主要依靠工程措施到工程措施与管理措施并重的生态补偿机制；④从分部门的单一生态补偿到基于流域水资源综合管理的多部门的综合生态补偿机制。

为改善湘江流域水质，提高对水的可用性预测和保障水资源安全，推荐采用经济激励措施，尤其是生态补偿，以鼓励可持续的土地和水资源利用行为。在湖南甚至整个中国，现行的趋势是将管理作为一种惩罚性行动而非鼓励公众保护资源。

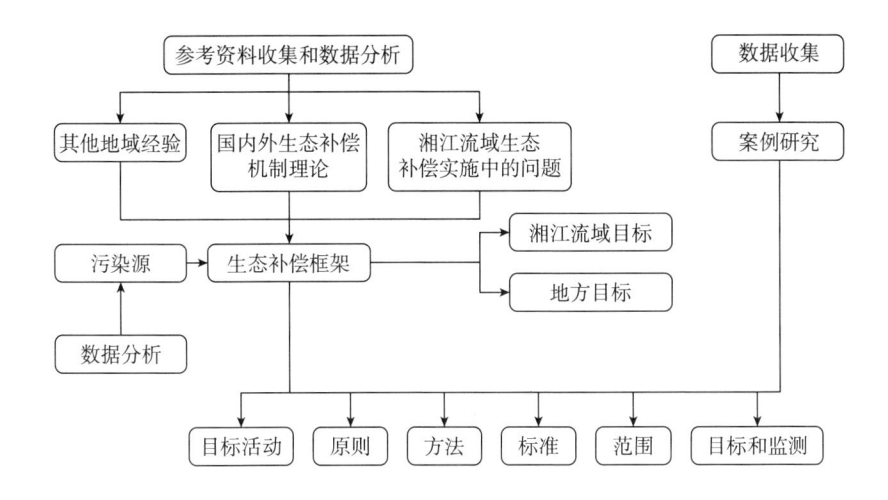

图2 湘江流域生态补偿政策制定框架

生态补偿将修订以往的管理方式，对提倡的行为进行奖励。湘江流域生态补偿政策目标：①提升湘江流域及其支流的环境水质；②改善湘江流域及其支流的水流动态，使环境质量、生态效益得到改善，环境流量适宜，降低旱灾损失，降低洪涝损害，提升洪涝环境效益；③受益人、当地自然资源使用者和管理者共同分担环境、生态管理费用；④通过建立补偿机制，对约定的自然资源管理行动进行支付或激励来增强湘江流域及其支流的环境和生态责任意识。

县级政府按照现有湘江保护与协调委员会的湘江域管理规划中的流域级目标制定生态补偿行动管理目标。由县级匹配的实施单位（水利、林业、农业或国土资源部门，或其他的主要机构如农村水用户协会或农户/土地使用者群体）选择村庄进行干预，以达成其相关目标。行动计划、实施费用、村级目标编制应与村民委员会、乡（镇）政府和其他主要利益相关者密切协商后制定。

（三）完善湘江流域生态补偿实施原则

对生态补偿政策产生效果的机制将为符合下列要求的行动提供资金：由湘江保护和协调委员会以及湘江重金属污染治理委员会制定，湖南省政府批准。定期修订《湘江流域总体管理规划》，行动应与其规划保持一致。改善湘江流域和（或）其支流的环境水质。改善湘江流域及其支流的水流动态：①环境质量、生态效益得到改善；②旱灾损失得以降低；③洪涝损害减少，洪涝环境效益得到提升。

实施生态补偿政策时应遵循以下原则：①应选择行政级别最低，最合适的管理机构对各项行动进行管理；②财政支付应视行动具体目标的实现情况而定；③具体行动目标实施情况与行动实施管理机构负责人的绩效评估相关；④行动成本来源于中央政府、省级政府、县级政府、当地社区，成本既包括资金也包括实物资本；⑤建立生态补偿基金，对所有资金进行管理。

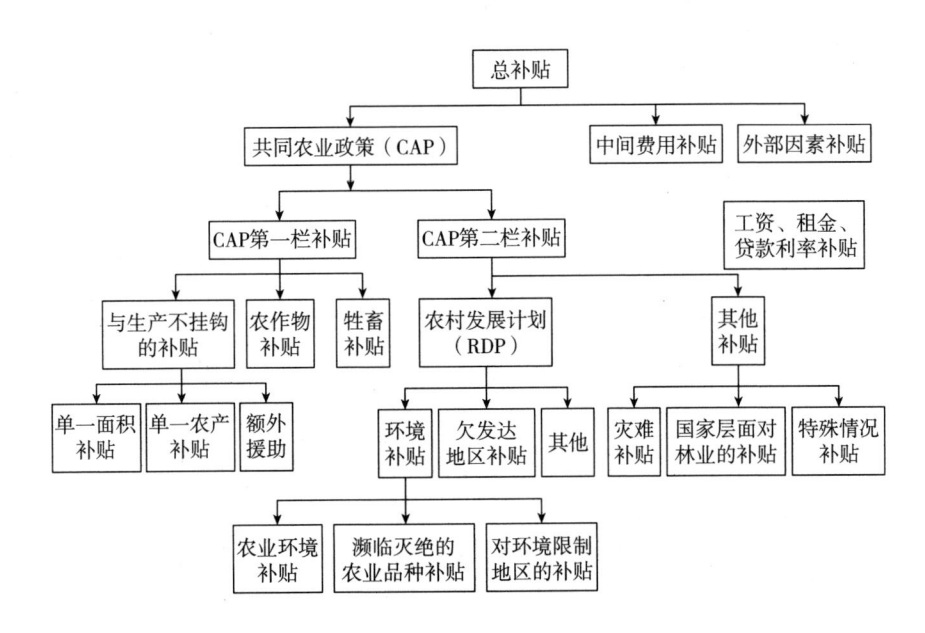

图3 欧洲农业生态补偿政策

（四）构建更为完善的农业生态补贴政策

农业生态补偿就是通过补偿，从源头上对人类生产及生活方式进行调节，推动流域水生态与环境状况的改善。其主要形式包括：①农业环境补贴。即根据土地和作物类型，每年按照种植面积进行补贴。在特殊情况下（如气候变化、生物多样性保护等），该补贴上限将适当增加的。②针对生态农业的其他扶持措施。即提供农场现代化、培训与咨询服务、农产品加工和营销投资、食品质量计划、生产者组织（POs）。

此外，支持非农业活动的多样化和开发旅游项目等措施等。③单一农场补贴。该补贴不与农民种植作物、养殖牲畜的类型与规模挂钩，给农户的生产决策提供了更多空间，增加了生态耕作农户种植作物和饲养牲畜的自主性和灵活性。

湘江流域未来农业生态补偿的方向为：①扩充农业补贴的方式与结构，从以保粮食安全的农业补贴，向兼顾保生态安全的农业补贴体系过度。②调整生态补偿金的使用方式，从以支持生态治理项目为主，逐步转向扶持农村基层的有机化、绿色农业生产组织和协会等；出台并实施农作物化肥农药使用标准，并据此确定相应的农业生态补贴额度。③通过补贴政策，鼓励农地集约化、规模化的耕种和经营方式，实现农田面源污染源可控。

（五）充分发挥市场机制在生态补偿中的作用

首先，要开展流域生态服务交易模式的创新，通过信用证交易、产权交易、排污权交易等方式，将生态服务价值市场化，并通过市场来对生态赋予进行重新配置。

表5　　　　　　　　　　国外生态服务交易模式汇总

主要案例	市场特征	主要举措
美国的流域银行系统	信用证交易	主要为水质信用交易，其中非点源污染者的信用通过采取被认可的最优管理行动而获得；当在特定时段被确认和计量的污染减排被转换为"减排信用证书"后，该行用额度可以用于交易
哥斯达黎加的生态服务支付计划	产权交易	私有土地所有者与公司或公共机构签署合同，承诺放弃部分污染权利，实施保护或重新造林的措施
新南威尔士的盐分排放许可交易	排污权交易	通过引入流域盐度上限和盐分排放许可证分配，赋予污染者盐分排放的权利。政府允许排放权交易；也允许排放者从盐分减排土地使用者手中购买盐分许可，鼓励森林再造和土地生态利用

其次，可通过创新融资体系，盘活生态资产，为生态补偿提供资金保障。目前有使用者收费、私营部门付费、政府债券、水银行、自然债

务互换、信托基金等模式来在市场上获取生态补偿资金，并保证其运转。

表6　　　　　　　　　　国外生态补偿金融体系

机制	描述	案例
使用费	向消费者收取的流域管理费	提高水价以筹集流域生态补偿费用，纽约（美国）、伯尔尼（瑞士）、埃雷迪亚（哥斯达黎加）、Pimampiro（厄瓜多尔）
私营部门付费	支付生态补偿费用的商家需要维持收入，或者作为建立声誉的资助	由哥斯达黎加的水电公司和法国雀巢公司支付的流域生态补偿费用
政府债券	由具有法律权利的，相信能够筹集到资金来偿还的机构进行公共借贷融资的方案	纽约发行债券来筹集流域管理项目的资金，以取代费用更高的过滤装置
水银行	为水利基础设施建设融资，由水资源管理部门合作设立的银行	荷兰水银行
自然债务互换	公共债务由外部机构按照一定折扣购买，如NGO，以此作为交换来资助保护行为	潜在未来流域服务资助模式的应用
信托基金	捐赠基金用于水利基础设施和流域管理	水保护基金，利用投资收益资助城市供水流域管理

最后，需要针对明确流域生态服务的买卖双方主体和服务内容设计补偿机制。生态服务的价值通常体现在具体的生态服务提供过程中。当生态产品买卖双方责权界限清晰，生态服务效益明显时，可通过买卖双方自主设计生态服务购买的具体内容，根据实际需要来签订生态补偿协议。

（六）构建湘江流域生态补偿基金

生态补偿政策需要源源不断的资金支持，启动一项专门从事生态补偿活动的基金有利于更好地评估各项补偿活动的效率，推动区域治理。该项基金可命名为湘江流域生态补偿基金。湖南成立和发展湘江流域生态补偿基金，能有效地在更大的流域规划框架内确定生态补偿工具和项目。这将有助于推动建立一个更加完整，灵活和适应性强的整体管理框架。湘江流域生态补偿基金将开启针对流域内目标明确的，面向某些产业或地点的具体实施活动。随着经验的累积以及资金扶持活动的成功实施，基金规模将得到增长。

表7　　　　　　　　　　国外生态服务购买案例

补偿行为	流域提供的服务	服务买方	服务卖方	案例
植树造林	控制土壤盐度，提供淡水	下游农民协会	政府和上游土地所有者	澳大利亚墨累—达令流域
减少输入农场管理	控制水质，提供淡水	私人瓶装矿泉水公司	上游农民	法国莱茵河—马斯河流域
保护、可持续管理和造林	提供淡水和野生动物栖息地	国家林业办公室和国家森林资助资金（FONAFIFO）	上游私有土地所有者	哥斯达黎加
保护、可持续管理和造林	水电开发与径流调控	EnergiaGlobal（水电公司）和FONAFIFO	上游私有土地所有者	哥斯达黎加Sarapiqui流域
水土保持	水土保持、控制泥沙、控制水质、径流调控	美国农业部（政府）	农民	美国
流域恢复	提供淡水和野生动物栖息地	巴拉那州（政府）	自治市和私有土地所有者	巴西巴拉那州

1. 生态补偿基金管理模式

资金通过生态补偿基金收集和支付。该基金（将适时扩展成为湘江流域生态补偿基金）由"两型委"管理，省财政厅监管。在与相关县政府协商并得到批准后，可以向目标村庄支付实施资金。支付比例将根据商定的目标实施成效而定［如具体实施和（或）成果］。初步的实施条款应由县级政府制定，草案应考虑村民委员会的直接参与，将与他们直接签订，同时应与国家在农村的投资计划的趋势一致（如退耕还林计划，该计划直接与农户签订协议并且将费用直接支付给农户）。

排除掉企业为了遵守取水和排水的许可要求而进行就地管理的活动后，当前用于湘江流域水量和水质管理的大部分资金来源于政府预算，由水利厅、环境保护厅、住房和建设厅等主要政府机构负责。湘江流域生态补偿方案的延伸可提高现有融资渠道的效力，可以通过在共同框架下对预算做出更好的协作使用来实现。同时，可通过吸引更为广泛的经济主体向流域提供更多的资金源，从而为水资源保护提供了一个可以拓宽融资基础的平台。

非点源污染治理行动需要数个机构的投入和支持。为将此项工作作为重点，促进各机构之间通力合作，并为地方相关活动支付费用，建议成立省级湘江流域生态补偿基金。最初，该资金应用于长株潭区域，在"两型委"的引导下用于具体的实施措施、领域和区域。之后，湘江流域生态补偿基金使用可扩展到以生态补偿解决湘江流域的难题，由湖南省人民政府对其管理结构进行决策。该基金资源支持：①非点源污染三年行动计划编制，包含地方非点源污染防控行动总体设计，及水资源管理知识意识行动。②非点源污染防控总体设计和知识意识行动在县级和地方的适应和实施。③为实施推荐的最佳管理实践的农民和村民提供奖励。生态补偿基金一般由中央财政划拨到湖南省财政，但这些资金非常有限。故应寻求其他资金来源，如地方政府和受益者出资。由于流域内的各级政府负责生态保护和环境污染治理，故地方政府应根据 GDP、人口、财政收入和水使用情况来分配每年的补偿金额。

减少非点源污染将有助于降低湘江流域河流的污染物负荷，且中国政府也在推进排污交易制度，一旦设立流域河流中氮、磷等污染物全面限制和管控标准，这些污染物的排污交易也将开始试行。湘江流域生态补偿基金可用于管理通过排污交易筹集的资金，进而扩大实施非点源污染防控的资金来源。

湘江流域生态补偿基金应由湘江保护协调委员会进行管理和使用，以增强对湘江流域的管理，协调活动开展，减少湖南省政府各部门以及非政府利益相关者通过使用生态补偿机制进行湘江流域管理时的冲突。鉴于"两型委"在生态补偿开发过程中所承担的作用，"两型委"应被列入湘江保护协调委员会成员。"两型委"的身份可以设定为基金管理员。湘江流域生态补偿基金工作组包括指导委员会以及由湘江保护协调委员会成员组成的工作组。

2. 生态补偿基金结构

湘江流域生态补偿基金可以有多种结构。为了推进更完整、更积极有效的湘江流域管理，混合基金结构被认为是最理想的结构。

这种结构的好处是它可以用两种不同基金来融资创建生态补偿新项目（资金需求和差距在当前管理体制下已经明确），协调垂直机构项目资金，从而更有效地支持流域获得产出。首先，实行小规模生态补偿实施活动；其次，提高流域内不同部门所实施的项目间的整体互补性，进而使规模增长。

表8　湘江流域生态补偿基金选择：资金结构

	方案1：创立独立基金	方案2：协调预资金	方案3：混合基金结构
定义	使用独立拨款专项资金开展湘江流域生态补偿项目	相关垂直机构用于支持湘江流域生态补偿基金活动的部门预算和特别项目	由用于新的实施活动的专项资金和用于支持湘江流域生态补偿基金的垂直机构项目预算共同组成
优点	（1）与其他独立的水资源环境管理部门的预算进行区分；（2）可用于政府预资金流未曾涉足的创新灵活的生态补偿项目活动	（1）无须投入新资金；（2）有助于推动机构间在流域投资上的大量合作；（3）减少资金重复利用和冲突（如林业和水资源部门在水土流失防治上的投入）和增加项目预资金流的有效性	（1）资金渠道多样化（2）促进两者融合（协调预资金流，提高其使用效率），推进切实管理（通过生态补偿项目，增强其灵活处理新问题和应对差距的能力）
缺点	（1）需获取新拨款资金；（2）能否可持续取决于政府是否愿意坚持投入	取决于为机构间开展大量合作探索有效做法，目前暂无实例	因资金结构更复杂，要求更大力度的行政管理

3. 生态补偿基金的主要发展步骤

水基金，是指结合多种筹资渠道的金融机制，该基金为流域地区的关键利益相关者之间的谈判和决策制定提供了平台，该基金的创立有利于更持续有效地筹集资金，协调流域内的环境保护和管理活动。这种资金在拉美地区日益流行，其发展主要包括以下五个步骤：

（1）建立该基金的"商业案例"进行可行性评估。首先确定水基金是否为提高流域管理效果的有效机制。因此，该步骤需要进行一系列技术研究，进而发现流域关键的环境、制度和法律问题，然后对基金活动和干预措施进行经济成本和效益估算。评估主要包括以下步骤：创建一个工作组，推广水基金理念和组织工作。工作组成员包括主要的政府代表和与流域相关的其他利益相关者；进行技术分析，确定当前水资源和水质状况和问题，以及解决这些问题的潜在的干预措施；进行成本效益分析，确定哪些干预措施可以最有效地实现既定目标；进行法律和制度分析，阐明水基金如何在无冲突的情况下建立和运行，以及在可能的情况下水基金如何巩固和支持原有的法律和政策；做出最终评价，根据以上分析，评价建立流域环境保护和修复的融资机制是否为一种具有成本效益的有效途径，评价该机制是否可以更好地改善现有水资源管理制度的其他方面。

（2）设计基金。一旦确定水基金是一种具有成本效益的有效途径，则需要设计基金，设计具体要根据不同的情况而定。首先，需要确定基金来源，基金可以来自水用户、政府财政拨款、捐助者、私营部门的利益相关者，以及其他关键利益相关者，如地方政府。部分设计应包括确定和发展基金的可持续资金来源。例如，水基金的某些部分常包含在"捐赠基金"里，利息收益可以作为基金活动的长期可持续资金来源。

（3）需要建立基金管理和实施框架。通常，董事会负责发展和完善基金的一般准则，而执行机构由合作机构代表和私营部门的主要利益相关者如工业和农业土地使用者组成，主要决定水基金资源的投资方式。

（4）制订战略计划。这一步工作是工作组在最初的可行性评估阶段就建立一个可由主要政府伙伴和利益相关者组成的代表机构，并制订出战略计划，概括出基金可支持的干预措施和活动。这一步骤主要取决于具体情况和其他现有的法律和监管框架以及干预措施，但同时也要基于技术、制度和经济分析，最理想的是要针对原有流域管理框架下管理不甚理想的目标活动，如主要自然生态系统和土地利用的保护和修复。初步战略计划制订后，便可以启动基金支持的活动，也可以开始资金管理运作。这些活动启动取决于战略计划及基金设计和管理结构。

（5）监测、评价和适应性管理。监测基金支持的干预措施，对实施成果进行评估，并根据评估结果修改基金运作和干预措施。水基金设立和运作最终是一种适应性过程，需要根据各种科技、金融、社会和政治因素，不断修改和调整目标、干预措施和指标。然而，不要把这些问题当成基金正常活动的一个阻力，而应该把对基金的持续评估和适应的过程视为一种机遇。随着时间的推移，过程不断得以改善，收获较好的做法从而提升基金业绩。

参考文献

曹建清：《湘江流域生态补偿机制构建研究》，吉林大学出版社 2012 年版。

黄薇、李浩：《赤水河流域生态补偿技术研究》，长江出版社 2012 年版。

姬鹏程：《加快完善我国流域生态补偿机制》，《宏观经济管理》2018 年第 10 期。

李浩、黄薇：《跨流域调水生态补偿机制研究》，《自然资源学报》2011 年第 9 期。

李浩、黄薇：《大型水库消落区治理与保护制度研究》，长江出版社 2015 年版。

李伟奇：《我国流域横向生态补偿制度的建设实施与完善建议》，《环境保护》2020 年第 17 期。

长江经济带化工行业上市公司环境信息披露研究报告[*]

万 庆 勾 煜[**]

摘 要： 以长江经济带11省市化工行业上市公司为样本，根据企业公开发布的年度报告、社会责任报告或环境报告书，采用文本分析法定量评价企业环境信息披露水平，并诊断分析当前企业环境信息披露中存在的突出问题，研究发现：长江经济带化工行业上市公司环境信息披露载体比较单一，披露内容大多属于证监会强制要求公开的环境信息，企业自愿披露其他环境信息的激励不足、内容偏少，环境信息披露水平总体偏低，企业环境信息披露制度建设亟须加强。

关键词： 环境信息披露 上市公司 化工行业 长江经济带

一 引言

改革开放以来，我国经济持续高速增长。与此同时，也面临着日益严峻的资源环境约束。党的十九大报告提出，"实行最严格的生态环境保护制度"，"构建政府为主导、企业为主体、社会组织和公众共同参与的环境治理体系"。其中，企业环境信息披露既是构建环境治理体系的一项基本制度安排，也是企业履行社会责任的具体体现，还是政府规

---

[*] 基金项目：湖北省高校人文社会科学重点研究基地开放基金项目资助项目"企业环境信息披露与区域空气质量：来自重污染行业上市公司的准自然实验证据"（项目编号：2019QHY001）。

[**] 作者简介：万庆，武汉工程大学管理学院副教授、硕士生导师；勾煜，武汉工程大学企业管理专业硕士研究生。

制企业环境行为的重要工具。近年来，由于涉及企业的重大环境污染事件时有发生，企业环境信息披露的必要性、真实性和有效性越来越受到政府和公众的关注。

长江经济带作为我国经济的重要发展轴，在支撑经济高速增长的同时，也逐渐成为生态环境问题集中激化的重点区域。随着国家长江经济带发展战略的实施，修复长江生态环境被摆在压倒性位置，共抓大保护取得阶段性成果，但生态环境形势依然十分严峻。其实，"问题在水里，源头在岸上，根子在产业"。沿江集聚的四十万家化工企业正是威胁长江生态环境的"心腹大患"，"化工围江"已严重阻碍长江经济带高质量发展。破解"化工围江"，不仅要推进化工企业"关改搬转"，还要强化针对化工企业的制度性约束。《长江经济带生态环境保护规划》明确提出，"重点企业应当公开污染物排放、治污设施运行情况等环境信息"。可见，企业环境信息披露已成为长江经济带生态环境治理的重要手段。

本报告以长江经济带 11 省市化工行业上市公司为样本，根据企业公开发布的年度报告、社会责任报告或环境报告书，采用文本分析法定量评价企业环境信息披露水平，并诊断分析当前企业环境信息披露中存在的突出问题，不仅可为完善上市公司环境信息披露制度提供思路，还可为长江经济带生态环境系统治理提供参考。

二 企业环境信息披露相关文献回顾

国外有关企业环境信息披露的研究起步较早，产生了一些具有开创性的研究成果。国内相关研究虽然起步相对较晚，但进展十分迅速，研究议题更加广泛，研究成果也较为丰富。本报告主要从企业环境信息披露的动机、评价方法、影响因素和外部效应等方面梳理相关文献。

（一）企业环境信息披露的动机

目前，国外学者关于企业环境信息披露的动机研究，形成了三种比较有代表性的观点，即合法性理论、利益相关者理论和自愿信息披露理论。相比之下，国内对环境信息披露的动机研究较少，主要是在这三种理论假说的指引下开展相应的实证和案例研究。

合法性理论认为，企业不能违反社会契约，需要披露环境信息来证明其存在的合法性。肖华和张国清（2008）分析了松花江事件后肇事公司及其所在行业的表现，认为在当时的制度背景下，涉事企业和同行业其他上市公司在其年报中披露更多的环境信息是一种为"正当性"辩护的自利行为。姚圣和李诗依（2017）考察了已经被查出违法违规的企业如何进行环境信息披露，发现2008年《环境信息公开办法（试行）》颁布实施后，国有非重污染企业更倾向于披露环境信息来改善自身形象，而国有重污染企业则通过减少环境信息披露来降低自身的环境风险。

利益相关者理论则认为，企业披露环境信息可以让利益相关者了解企业对待环保的立场态度，以获得利益相关者更有力的支持。大量研究表明，企业进行环境信息披露主要是由于受到来自政府和社会公众的外部压力所致。姚圣和周敏（2017）发现，外部政策变动所产生的压力仅是企业披露环境信息的部分动机，政府补助与避免被规制之间的权衡决定了环境信息披露的结果。孟晓华和张曾（2013）则认为，不同的利益相关者对企业环境披露的关注点与影响力存在差异，并具有阶段性特征。

自愿信息披露理论认为，环境信息披露可减少企业未来面临的环境成本和风险。环境绩效好的企业倾向于披露更多的环境信息，而环境绩效差的企业则相反。陈璇和淳伟德（2015）实证检验了企业环境绩效和环境信息披露之间相关性，验证了环境信息的自愿披露理论。沈洪涛等则认为，当企业业绩表现优异时，会积极进行信息披露，并且会提高披露质量进行"表白"，向外界传递较为可靠的信号，而当企业面临较大的合法性压力时，同样也会积极进行信息披露，并通过增加披露数量来为自己进行辩解。

（二）企业环境信息披露的影响因素

根据企业环境信息披露动机的相关理论，影响企业环境信息披露水平和质量的因素大体可以归为外部压力和内部治理两个方面，前者包括政府规制、公众监督、政治关联等，后者则涵盖企业规模、盈利能力、股权结构、高管特征等诸多方面。相比之下，内部治理因素的影响相对较弱。

1. 政府规制

企业披露环境信息的重要动机是应对政府规制。有实证研究发现，来自环保部门、证监会以及各级政府部门的政治压力，能充分解释企业环境信息披露的概率和水平。同时，有学者认为，环境监管制度差异会导致环境信息披露的行业差异，监管制度压力大的重污染行业环境信息披露水平通常较高。朱炜等（2019）也发现，国有企业对政府环境管制比较敏感，在管制压力下倾向于提高环境信息披露质量，而非国有企业更在意企业声誉，在内在动力驱动下会披露更多实质性内容。然而，也有研究表明，政府压力与环境信息披露质量并不存在显著的相关关系。此外，有学者考察了正式制度对企业环境信息披露的影响效应及机制。毕茜等（2012）认为，环境信息披露相关制度的实施提高了企业环境信息披露水平。杨连星等（2015）发现，分税制改革改变了地方政府的环境规制行为，进而对企业环境信息披露呈现显著的抑制效应。郑建明和许晨曦（2018）发现，"新环保法"提高了实际控制人行政级别在厅级及以上的企业环境信息披露质量。陈璇和钱维（2018）也发现，新《中华人民共和国环境保护法》实施一年后，各类企业都普遍增强了环境信息披露。唐国平和刘忠全（2019）研究发现，《中华人民共和国环境保护税法》（以下简称《环境保护税法》）出台之后，企业环境信息披露质量显著提高；在国有企业以及资产规模较大的企业中，《环境保护税法》的颁布对企业环境信息披露质量具有明显的提升作用。还有学者发现，深圳证券交易所出台的《社会责任指引》不仅推高了上市公司披露环境信息的概率，而且提升了环境信息披露质量（钱雪松、彭颖，2018）。

2. 公众监督

企业出于维护品牌声誉形象的目的，通常会有选择性地披露一些环境信息，来应对公众信任危机。一些实证研究表明，媒体关于企业环境表现的报道能显著促进企业提升环境信息披露水平。其实，上市公司环境信息披露质量受媒体报道倾向性的影响较大，而受媒体报道数量的影响相对较弱。有学者研究发现，纳入社会责任指数的公司具有较强的动机提升企业环境信息披露水平，这是因为环境保护责任在企业社会责任中占有重要的地位。然而，也有实证结果显示，企业环境信息披露水平并不会受到公众环保意识和社会监督水平的显著影响。

3. 政治关联

环境风险很高的上市公司通过建立政治关联，不仅减少了环境信息披露的数量，还减少了环境信息披露的及时性。有学者针对民营企业环境信息披露的研究发现，政治关联对环境信息披露的影响取决于政府能否提供民营企业所需的资源。孔慧阁和唐伟（2016）认为，国企的政治关联加剧了地方政府干预，会降低环境信息披露质量，而具有政治关联的非国企更愿意披露高质量的环境信息。

4. 企业规模

企业规模越大、实力越雄厚，对社会的影响力就越大，相应受各利益相关方的关注度就越高，进而就越有披露环境信息的压力和动力。唐久芳和李鹏飞（2008）针对上市公司的实证研究发现，上市公司规模对环境信息的披露具有正向效应，规模越大的公司披露环境信息的动机越强烈。朱金凤和薛惠锋（2008）则进一步发现，行业类型对两者关系具有调节效应，规模大的上市公司、重污染行业上市公司会披露更多的环境信息。

5. 股权结构

颉茂华和焦守滨（2013）针对四种不同所有权下的4家重污染企业的案例研究发现，国有控股的上市公司环境信息披露状况最好，外资控股和集体控股的上市公司环境信息披露状况次之，私有企业环境信息披露状况最不理想。彭珏等（2014）也发现了类似现象。傅鸿震（2014）进一步指出，终极控制股东的现金流量权对企业环境信息披露水平具有正向影响，而终极控制股东的现金流量权和控制权的分离度对企业环境信息披露水平具有负向影响；与终极控制股东为非国有的上市公司相比，终极控制股东为国有的上市公司具有更高的环境信息披露水平。

6. 高管特征

李强和冯波（2015）实证研究发现，高管薪酬激励与环境信息披露质量负相关，而高管股权激励与环境信息披露质量正相关。张国清和肖华（2016）认为，高管的人力资本特征通过影响高管层对制度压力的不同认知和理解，从而导致差异化的环境信息披露行为。姚海博等

(2018)考察了董事的专业背景对企业环境信息披露质量影响的内在过程，发现董事会中具有工商管理专业背景董事的比例越高，企业越愿意主动披露环境信息且质量越高，而董事会中具有法学专业背景董事的比例越高，企业越不愿主动披露环境信息且质量越差。

（三）企业环境信息披露的外部效应

无论是强制性披露还是自愿性披露，企业环境信息披露都会产生一定的经济社会效应。研究表明，这些效应主要集中在企业价值、经营成本和创新等方面。

1. 企业价值

已有研究表明，公司环境信息披露行为与公司价值弱正相关，选择披露环境信息的公司具有相对较高的市场价值。环境信息披露影响企业价值主要具有资本成本效应和预期现金流量效应两种渠道。张淑惠等（2011）发现，预期现金流量效应发挥主要作用。任力和洪喆（2017）也发现仅存在预期现金流量效应，而不存在资本成本效应，并且对企业价值存在实质性影响的是硬披露信息而不是软披露信息。此外，危平和曾高峰（2018）研究表明，上市公司环境信息的披露水平与股价同步性正相关，关注该公司的分析师会对年报中的环境信息进行解读，并将其反映在股价中，导致环境信息与股价同步性之间的正向关系随着分析师关注度的提高而降低。

2. 企业经营成本

企业环境信息披露有助于降低权益资本成本，但会受到再融资环保核查政策及其执行力度的调节作用。提高信息披露水平能显著降低企业的银行债务融资约束，信息披露质量高的公司更容易获得银行借款。韩丽荣等（2014）研究发现，企业披露的政府环境补贴越高，审计费用越低。叶陈刚等（2015）也发现，环境信息披露质量与股权融资成本显著负相关。倪娟和孔令文（2016）的研究表明，披露环境信息的企业能获得较多的银行贷款，并且债务融资成本较低。

3. 企业创新

张秀敏等（2016）对环境信息披露与企业研发创新之间的影响效应进行实证检验，发现企业环境信息披露对企业研发具有一定的"激励"效应，但两者间的影响效应因行业和所有制而异；相对于企业自身的环境信息披露而言,地方政府环境管制对企业研发创新具有促进效应。

三 企业环境信息披露水平评价方法与数据来源

(一)评价方法

本报告采用社会责任和环境信息披露研究中常用的"内容分析法"评价样本企业的环境信息披露水平。借鉴已有相关文献的研究思路,首先根据《环境信息公开办法(试行)》《上市公司环境信息披露指引》及《上市公司环境信息披露指南》,将上市公司环境信息披露内容分为披露载体、环境管理、环境成本、环境负债、环境投资、环境业绩与环境治理、政府监管与机构认证7个部分(见表1);然后,定量评价样本企业各项披露内容。对于披露载体部分,若企业仅在年报中披露环境

表1 企业环境信息披露水平评价指标体系

准则层	指标	准则层	指标
披露载体	上市公司年报	环境投资	环境保护总投资额
	社会责任报告		环保设施运行情况
	环境报告书		环保工程建设情况
环境管理	公司环境保护方针	环境业绩与环境治理	环保技术研发情况
	年度环境保护目标		清洁生产审核及评估情况
	突发环境事件应急预案		废水排放达标率
	环境教育与培训		固定废弃物综合利用情况
环境成本	万元GDP能耗		综合能耗下降情况
	总消耗水量		主要大气污染物减排情况
	综合能源消费量		废水减排情况
	排污费		节水量情况
环境负债	废水排放总量	政府监管与机构认证	"三同时"制度执行情况
	二氧化硫排放量		环境审计情况
	二氧化碳排放量		获得环境保护奖励
	烟尘和粉尘排放量		环境公益项目实施情况
	工业固体废物产生量		政府环保节能补助

信息，赋值10分；若同时在年报和社会责任报告中披露，赋值20分；若同时在年报和环境报告书中披露，赋值30分。对于其他部分的环境信息，则从显著性、量化性和时间性三个维度展开评价，赋值依据如下：

（1）显著性：判断依据为环境信息的披露位置。若环境信息仅在非财务部分披露，赋值1分；若在财务部分，如财务报表、财务报表附注和补充报表中披露，赋值2分；若既在财务部分披露又在非财务部分披露，赋值3分。

（2）量化性：判断依据为环境信息内容是定性还是定量描述。若披露的环境信息只是文字性描述，赋值1分；若披露的环境信息是简单量化分析，赋值2分；若披露的环境信息是量化对比分析，赋值3分。

（3）时间性：判断依据为环境信息反映的是当期、未来还是今昔对比的信息。若披露的环境信息同时包含当期、未来和今昔对比的内容，赋值3分；若同时披露当期和未来或今昔对比的环境信息，赋值2分；若仅披露当期的环境信息，赋值1分。

（4）计算样本企业环境信息披露水平综合得分。将七个部分32项指标的得分进行加总，最佳得分为291分。

（二）数据来源

依照同花顺软件行业分类，剔除挂牌ST的企业后，本报告选取2018年长江经济带11省市化工行业在上海和深圳证券交易所上市的174家A股上市公司作为研究样本，这些企业涵盖了基础化学、化学制品、化工新材料和化工合成材料4个二级行业，无机盐、石油加工、氯碱和纯碱等29个三级行业，其中有117家上市公司及其子公司属于地方环境保护部门发布的重点排污单位。样本公司披露的年报、社会责任报告和环境报告书从巨潮资讯网、上海证券交易所和深圳证券交易所网站及企业网站上手工收集获得。

四 长江经济带化工行业上市公司环境信息披露评价结果分析

（一）环境信息披露评价综合得分的总体分析

2018年，长江经济带化工行业174家上市公司环境信息披露水平评价平均得分为52.3分。其中，北化股份得分最高，为131分，但不及最佳得分的一半；上海石化次之，为125分；横河模具、三泰控股、天地数码、御家汇4家上市公司因不属于环境保护部门发布的重点排污单位而未披露环境信息，故得分为零。从图1可以看出，绝大多数上市公司环境信息披露评价综合得分处于10—80分的区间，远低于最佳得分的一半；上市公司在年报和独立报告中披露的环境信息文本内容行数大多少于50行。这表明，长江经济带化工行业上市公司环境信息披露水平总体偏低，绝大多数企业在年报和独立报告中披露的环境信息内容偏少、质量偏低。

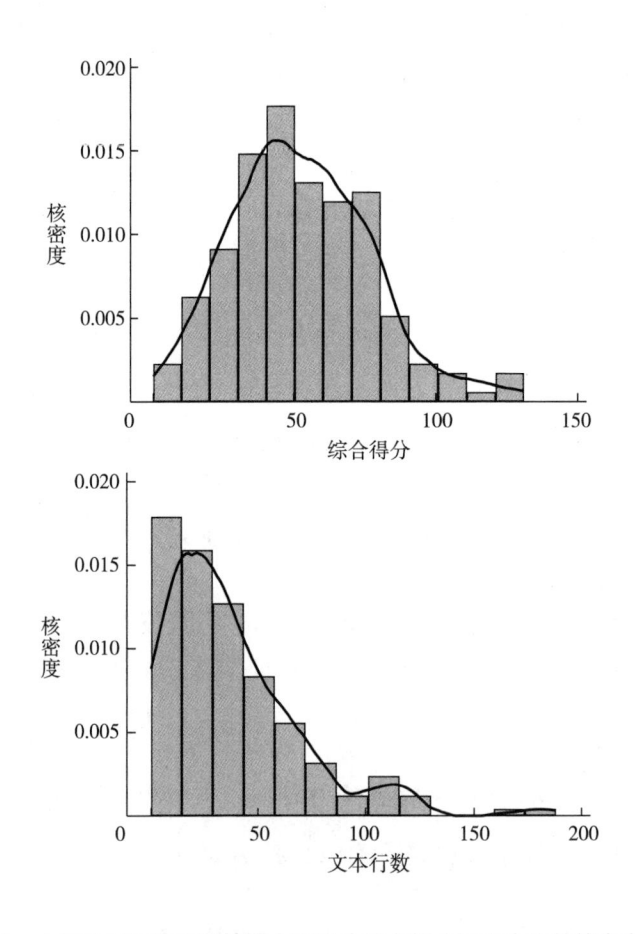

图1 上市公司环境信息披露水平评价综合得分及文本行数的直方图

根据表2，环境保护部门公布的117家重点排污单位的环境信息披露水平评价平均得分为61.5分，略高于全行业平均水平。而非重点排污单位的平均得分仅为33.5分，略高于重点排污单位得分的一半。这说明长江经济带化工行业上市公司的环境信息披露仍以强制性披露为主，属于非重点排污单位的上市公司披露环境信息的意愿不高且质量较低。

表2　上市公司环境信息披露水平评价综合得分的描述性统计

类型	企业数（家）	平均值（分）	标准差	最小值（分）	最大值（分）
全部样本	174	52.3	24.7	0	131
重点排污单位	117	61.5	20.6	26	131
非重点排污单位	57	33.5	21.9	0	125

（二）环境信息披露评价分项指标得分分析

1. 披露载体指标

从披露载体来看，绝大多数上市公司均在年度报告中披露了环境信息，但只有36家上市公司在社会责任报告中披露环境信息，仅澳洋健康、北化股份等少数上市公司专门编制了独立的环境报告书。这说明，长江经济带化工行业上市公司环境信息披露载体较为单一，仍主要通过年度报告对外披露环境信息，专门编制独立的社会责任报告或环境报告书来披露环境信息的企业较少。

2. 环境管理指标

根据表3，超过半数上市公司披露了企业环境保护方针，但仍有75家上市公司未披露，披露率为56.9%，平均得分为1.7分。由于指标性质的原因，99家上市公司均是在非财务部分以文字描述的方式对企业当年的环境保护方针进行披露，且缺乏时间维度的纵向对比分析。这表明长江经济带化工行业仍有部分上市公司缺乏明确的环境保护方针，环境保护缺乏方向性指引。

与企业环境保护方针类似，年度环境保护目标的披露情况也不容乐观。只有53家上市公司披露了年度环境保护目标，披露率仅30.5%，且均是在非财务部分进行文字描述，同样缺乏时间维度的纵向对比分析。该指标平均得分也偏低，仅为 0.9 分。这说明，上市公司环境保护目标较为模糊，缺乏明确的量化标准。

表 3　　　　　　　　　　上市公司环境管理指标披露情况

指标	披露企业数（家）	披露率（%）	平均值（分）
公司环境保护方针	99	56.9	1.7
年度环境保护目标	53	30.5	0.9
突发环境事件应急预案	124	71.3	2.2
环境教育与培训	96	44.8	1.4

从突发环境事件应急预案来看，该指标平均得分相对较高，为 2.2 分，披露率达 71.3%，124 家上市公司在非财务部分以文字描述的方式对企业当年的突发环境事件应急预案进行披露，但缺乏量化性描述和时间性维度的纵向对比。这说明，上市公司突发环境事件应急预案披露情况虽相对较好，但仍有较大的改进空间。

从环境教育与培训来看，有 96 家上市公司未披露对员工进行环境教育与培训，披露率为 44.8%。72 家上市公司在非财务部分以文字描述的方式披露对员工进行环境教育与培训，仅有 5 家上市公司披露了员工培训次数、1 家上市公司披露了投入的培训费用金额。该指标平均得分较低，为 1.4 分。这反映出部分上市公司对环境教育与培训重视不够，未形成践行生态文明的文化氛围。

3. 环境成本指标

根据表 4，除依法缴纳排污费的披露情况相对较好外，其余三项指标披露情况均极不理想。仅 6 家上市公司在非财务部分从量化性和时间性两个维度披露了万元 GDP 能耗，9 家上市公司披露了总消耗水量，6 家上市公司披露了综合能源消费总量，三项指标的披露率均不到 10%，平均得分较低。从依法缴纳排污费指标来看，87 家上市公司在财务部分对排污费缴费情况进行了披露，其中 59 家上市公司披露了当前的缴费情况，28 家上市公司比较分析了当年和往年的排污费缴纳情况。该指标平均得分为 3.1 分，披露率为 50%。这表明，相比于资源环境消耗实物信息，上市公司更重视货币化财务信息的核算和披露。

表4　　　　　　　　上市公司环境成本指标披露情况

指标	披露企业数（家）	披露率（%）	平均值（分）
万元GDP能耗	6	3.4	0.2
总消耗水量	9	5.2	0.3
综合能源消费量	6	3.4	0.2
排污费	87	50.0	3.1

4. 环境负债指标

根据表5，超过半数的上市公司披露了废水排放总量和二氧化硫排放量，披露率分别为55.2%、52.3%。有96家上市公司在非财务部分以数量化形式对当前的废水排放总量进行披露，其中5家上市公司还对当年和往年的废水排放总量进行了比较分析，指标平均得分较低，为2.3分。有91家上市公司在非财务部分以数量化形式对当前的二氧化硫排放量进行披露，其中仅2家上市公司对当年和往年的二氧化硫排放量进行对比分析，指标平均得分较低，为1.6分。披露二氧化碳排放量、固体废弃物产生量的上市公司极少，分别仅8家、11家，披露率不到10%。披露烟尘和粉尘排放量的上市公司相对较多，但不足一半，披露率为45.4%，且均是在非财务部分以数量化形式对当前的烟尘和粉尘排放量进行披露。该指标平均得分较低，为1.8分。从中可以看出，上市公司环境负债指标披露情况并不理想，披露率不高，且以简单描述为主，缺乏对比分析。

表5　　　　　　　　上市公司环境负债指标披露情况

指标	披露企业数（家）	披露率（%）	平均值（分）
废水排放总量	96	55.2	2.3
二氧化硫排放量	91	52.3	1.6
二氧化碳排放量	8	4.6	0.1
烟尘和粉尘排放量	79	45.4	1.8
固体废弃物产生量	11	6.3	0.2

5. 环境投资指标

从表6可以看出，仅环保设施运行情况的披露情况相对较好，其余三个指标的披露率均未超过50%。138家上市公司在非财务部分披露了环保设施运行情况，披露率在所有指标中最高，为79.3%，平均得分为2.9分。其中，64家上市公司仅以文字描述形式对当前的环保设施运行情况进行披露，56家上市公司以数量化形式对当前的环保设施运行情况进行披露，16家上市公司以货币化形式对当前的环保设施运行情况进行披露，2家上市公司还对当前和以往的环保设施运行情况进行对比分析。

表6　　　　　　　　　上市公司环境投资指标披露情况

指标	披露企业数（家）	披露率（%）	平均值（分）
环境保护总投资额	86	49.4	2.3
环保设施运行情况	138	79.3	2.9
环保工程建设情况	74	42.5	3.1
环保技术研发情况	35	20.1	1.2

从环境保护总投资额来看，有86家上市公司在非财务部分披露相关信息，披露率为49.4%，平均得分为2.3分。其中，64家上市公司以货币化形式对当年的环境保护总投资额进行披露，19家上市公司以文字描述形式对当年的环境保护总投资额进行披露，3家上市公司以货币化形式对当年和过去的环境保护总投资额进行对比分析。

从环保工程建设情况来看，有74家上市公司披露了相关信息，披露率为42.5%，平均得分为3.1分。有46家上市公司在财务部分以货币化形式对当年和过去的环保工程建设情况进行披露，24家上市公司在财务部分以货币化形式对当年的环保工程建设情况进行披露，2家上市公司在非财务部分以文字描述形式披露当年的环保工程建设情况，1家上市公司在财务部分和非财务部分进行披露。

从环保技术研发情况来看，有35家上市公司以货币化形式对相关信息进行了披露，披露率为20.1%，平均得分为1.2分。其中，27家上市公司在非财务部分进行披露，7家企业在财务部分进行披露，1家上市公司同时在两个部分进行披露；19家上市公司比较分析了当年和往年的环保技术研发情况。

以上表明，上市公司相对重视环境投资指标的披露，对环保设施运行情况的披露尤为充分，但对环保工程、环保技术的披露较少，可能与上市公司对环保工程、环保技术的投入不足有关。

6. 环境业绩与环境治理指标

从表7可以看出，除废水排放达标率指标的披露较为普遍外，其余6项指标的披露均不理想，披露率均未超过20%。从废水排放达标率指标来看，有131家上市公司在非财务部分披露了相关信息，披露率为75.3%，平均得分为3分。其中，127家上市公司以数量化形式进行披露，4家上市公司以文字描述形式进行披露。这表明，上市公司对环境业绩与环境治理指标的统计监测还不充分，这可能与上市公司缺乏专门的环境审计制度有关。

表7　　　　　上市公司环境业绩与环境治理指标披露情况

指标	披露企业数（家）	披露率（%）	平均值（分）
清洁生产审核及评估情况	10	5.7	0.2
废水排放达标率	131	75.3	3.0
固定废弃物综合利用率	25	14.4	0.5
综合能耗下降情况	6	3.4	0.1
主要大气污染物减排情况	13	7.5	0.3
废水减排情况	11	6.3	0.2
节水量情况	9	5.2	0.2

7. 政府监管与机构认证指标

根据表8，超过半数的上市公司披露了获得环境保护奖励和政府环保节能补助的相关信息，披露率分别为51.1%、69.0%。从获得环境保护奖励指标来看，63家上市公司披露获得一项环保证书，8家上市公司披露获得二项环保证书，17家上市公司披露获得三项及其以上环保证书。从政府环保节能补助指标来看，有47家上市公司在财务部分对当年的政府环保节能补助进行披露，73家上市公司在财务部分对当年和往年的政府环保节能补助进行对比分析。同时，59家上市公司在非财务部分以文字描述形式对当年的"三同时"制度执行情况进行披露，披露率为33.9%。21家上市公司在非财务部分披露了当年环境公益项目实施情况。此外，仅1家上市公司披露了环境审计情况。这表明，上市公司普遍重视对政府颁发的环境保护奖励和环保节能补助的披露，但对于环保制度和环保公益项目实施的披露尚不充分。

表8 上市公司政府监管与机构认证指标披露情况

指标	披露企业数（家）	披露率（%）	平均值（分）
"三同时"制度执行情况	59	33.9	1.0
环境审计情况	1	0.6	0.0
获得环境保护奖励	89	51.1	2.3
环境公益项目实施情况	21	12.1	0.5
政府环保节能补助	120	69.0	5.0

五 主要结论与政策启示

（一）主要结论

（1）长江经济带化工行业上市公司环境信息披露载体较为单一，年度报告仍是上市公司披露环境信息的主要载体，专门编制独立的社会责任报告和环境报告书来披露环境信息的上市公司较少。

（2）长江经济带化工行业上市公司环境信息披露具有明显的选择性和倾向性，以证监会强制要求披露的内容为主，自愿披露的激励不足、内容偏少。

（3）由于企业环境监测统计制度不完善，长江经济带化工行业上市公司环境信息披露内容偏少、质量较低，企业环境信息披露制度建设任重道远。

（二）政策启示

1. 鼓励企业通过独立的环境报告书披露环境信息

尽管上市公司年度报告发布制度较为健全，但由于其内容繁杂、篇幅较长，不便于公众快速获取相关环境信息，制约了其环境信息披露功能的发挥。相比之下，独立的环境报告书不仅主题鲜明，而且篇幅可控、重点突出，具有很强的可读性。因此，建议长江经济带 11 省市环保部门共同研究制定统一的环境报告书模板和编制规范，强制要求重点排污单位和重污染行业上市公司定期发布环境报告书，向社会公众披露环境信息，让环境信息披露制度真正落到实处、取得实效，为全国其他地区做出示范。

2. 增强企业环境信息披露内容的刚性约束

目前，证监会仅强制要求属于重点排污单位的上市公司披露排污信息、污染防治设施的建设和运行情况、建设项目环境影响评价及其他环境保护行政许可情况、突发环境事件应急预案、环境自行监测方案及其他应当公开的环境信息，但并未明确规定具体内容和核心指标。正因为如此，在环境信息披露实践中，上市公司普遍存在选择性、倾向性披露行为，披露内容十分随意。因此，长江经济带 11 省市应加强协调，在编制相关环境保护规划和实施方案时，要明确规定有关企业应当披露的环境监测项目和指标，最大限度地降低企业环境信息披露内容的随意性。

3. 引导企业完善环境监测统计体系和内部环境审计机制

以往上市公司环境信息披露水平和质量不高，客观上是因为企业缺乏必要的环境监测统计技术力量。不仅如此，企业内部环境审计机制发展滞后也是重要原因。因此，建议政府部门有针对性地引导企业完善环境监测统计体系和内部环境审计制度。一是加强重点企业相关专业技术人员的培训力度，做好企业环境监测统计人才储备。二是引导政府环境保护奖补资金更多地投入企业环境监测统计和内部环境审计工作中，激励企业通过购买服务的方式开展第三方环境审计。三是加大对重点企业环境监测统计设备的补贴力度，补齐硬件设施"短板"。

参考文献

肖华、张国清：《公共压力与公司环境信息披露——基于"松花江事件"的经验研究》，《会计研究》2008 年第 5 期。

姚圣、李诗依：《环境信息披露具有处罚效应吗？》，《经济与管理》2017 年第 2 期。

姚圣、周敏：《政策变动背景下企业环境信息披露的权衡：政府补助与违规风险规避》，《财贸研究》2017年第7期。

孟晓华、张曾：《利益相关者对企业环境信息披露的驱动机制研究——以H石油公司渤海漏油事件为例》，《公共管理学报》2013年第3期。

姚圣：《政治关联、环境信息披露与环境业绩——基于中国上市公司的经验证据》，《财贸研究》2011年第4期。

陈璇、淳伟德：《上市公司环境绩效与环境信息披露——对企业控制权和激励调节效应研究》，《西南民族大学学报》（人文社会科学版）2015年第10期。

沈洪涛等：《告白还是辩白——企业环境表现与环境信息披露关系研究》，《南开管理评论》2014年第2期。

王霞等：《公共压力、社会声誉、内部治理与企业环境信息披露——来自中国制造业上市公司的证据》，《南开管理评论》2013年第2期。

张秀敏等：《外部压力对企业环境信息披露的监管效应》，《软科学》2016年第2期。

王建明：《环境信息披露、行业差异和外部制度压力相关性研究——来自我国沪市上市公司环境信息披露的经验证据》，《会计研究》2008年第6期。

朱炜等：《实质性披露还是选择性披露：企业环境表现对环境信息披露质量的影响》，《会计研究》2019年第3期。

任月君、郝泽露：《社会压力与环境信息披露研究》，《财经问题研究》2015年第5期。

毕茜等：《环境信息披露制度、公司治理和环境信息披露》，《会计研究》2012年第7期。

杨连星等：《分税制改革影响了企业环境信息披露吗？》，《产业经济研究》2015年第3期。

郑建明、许晨曦：《"新环保法"提高了企业环境信息披露质量吗？——一项准自然实验》，《证券市场导报》2018年第8期。

陈璇、钱维：《"新环保法"对企业环境信息披露质量的影响分析》，《中国人口·资源与环境》2018年第12期。

唐国平、刘忠全：《"环境保护税法"对企业环境信息披露质量的影响——基于湖北省上市公司的经验证据》，《湖北大学学报》（哲学社会科学版）2019年第1期。

钱雪松、彭颖：《社会责任监管制度与企业环境信息披露：来自〈社会责任指引〉的经验证据》，《改革》2018年第10期。

沈洪涛、冯杰：《舆论监督、政府监管与企业环境信息披露》，《会计研究》2012年第 2 期。

季晓佳等：《媒体报道、政府监管与企业环境信息披露》，《中国环境管理》2019年第 2 期。

吴德军：《责任指数、公司性质与环境信息披露》，《中南财经政法大学学报》2011年第 5 期。

张彦、关民：《企业环境信息披露的外部影响因素实证研究》，《中国人口·资源与环境》2009 年第 6 期。

林润辉等：《政治关联、政府补助与环境信息披露——资源依赖理论视角》，《公共管理学报》2015 年第 2 期。

孔慧阁、唐伟：《利益相关者视角下环境信息披露质量的影响因素》，《管理评论》2016 年第 9 期。

郑若娟：《中国重污染行业环境信息披露水平及其影响因素》，《经济管理》2013年第 7 期。

唐久芳、李鹏飞：《环境信息披露的实证研究——来自中国证券市场化工行业的经验数据》，《中国人口·资源与环境》2008 年第 5 期。

朱金凤、薛惠锋：《公司特征与自愿性环境信息披露关系的实证研究——来自沪市A 股制造业上市公司的经验数据》，《预测》2008 年第 5 期。

颉茂华、焦守滨：《不同所有权公司环境信息披露质量对比研究》，《经济管理》2013 年第 11 期。

彭珏等：《市场化进程、终极控制人与环境信息披露》，《现代财经》（天津财经大学学报）2014 年第 6 期。

傅鸿震：《终极所有权结构对环境信息披露的影响——来自中国重污染行业上市公司的经验证据》，《现代财经》（天津财经大学学报）2014 年第 12 期。

李强、冯波：《高管激励与环境信息披露质量关系研究——基于政府和市场调节作用的视角》，《山西财经大学学报》2015 年第 2 期。

张国清、肖华：《高管特征与公司环境信息披露——基于制度理论的经验研究》，《厦门大学学报》（哲学社会科学版）2016 年第 4 期。

姚海博等：《董事专业背景与企业环境信息披露质量研究》，《预测》2018 年第 6 期。

唐国平、李龙会：《环境信息披露、投资者信心与公司价值——来自湖北省上市公司的经验证据》，《中南财经政法大学学报》2011 年第 6 期。

张淑惠等：《环境信息披露能提升企业价值吗？——来自中国沪市的经验证据》，《经济社会体制比较》2011 年第 6 期。

任力、洪喆：《环境信息披露对企业价值的影响研究》，《经济管理》2017 年第

3期。

危平、曾高峰：《环境信息披露、分析师关注与股价同步性——基于强环境敏感型行业的分析》，《上海财经大学学报》2018年第2期。

沈洪涛等：《再融资环保核查、环境信息披露与权益资本成本》，《金融研究》2010年第12期。

徐玉德等：《制度环境、信息披露质量与银行债务融资约束——来自深市A股上市公司的经验证据》，《财贸经济》2011年第5期。

韩丽荣等：《企业环境信息披露对审计费用影响的实证分析》，《当代经济研究》2014年第5期。

叶陈刚等：《外部治理、环境信息披露与股权融资成本》，《南开管理评论》2015年第5期。

倪娟、孔令文：《环境信息披露、银行信贷决策与债务融资成本——来自我国沪深两市A股重污染行业上市公司的经验证据》，《经济评论》2016年第1期。

张秀敏等：《企业环境信息披露促进了研发创新吗？》，《商业研究》2016年第6期。

三峡库区流域生态系统服务评估研究报告

夏晶晶[*]

摘　要：流域内自然过程和人类活动交互作用强烈的空间单元，为人类提供必要的生态产品和生态系统服务。随着长江经济带发展战略和黄河流域生态保护和高质量发展战略的不断推进，亟须针对流域生态系统的功能特征，开展流域生态系统服务评估研究，提高流域综合治理能力。本报告以三峡库区为研究区域，选取水资源供给、流域水环境容量、水土保持和水源涵养等指标，评估2015年三峡库区生态系统服务功能及其价值。结果表明：2015年三峡库区流域生态系统服务总价值为5097.73亿元，直接经济价值、间接经济价值和社会文化价值占比分别为13.10%、63.10%和23.75%。其中，重点开发区以水资源供给为主要服务，重点生态功能区多以水土保持和水源涵养为主要服务。三峡库区应坚持生态优先，绿色发展的战略定位，以流域资源环境承载能力引导社会经济发展和产业结构优化，积极探索低能耗、高产出的创新发展模式，提高资源利用率，加强环境治理，实现流域内人与自然的全面、协调、可持续发展。

关键词：三峡库区　流域生态系统服务　价值评估　权衡与协同

流域以水为纽带，是由水资源、土地资源、生物资源等自然要素与

---

[*] 作者简介：夏晶晶，武汉大学环境科学专业博士，武汉大学中国发展战略与规划研究院助理研究员、长江经济带发展战略研究中心副主任。

社会、经济等人文要素组成的复合生态系统,既是促进国民经济发展、创造物质财富的重要单元,又是加强生态文明建设,提供优质生态产品和功能的重要载体,兼有重要的资源功能、生态功能和经济功能。水文过程(水资源、水环境)是维持流域生态系统健康和社会安全稳定的关键制约因素。健康的流域生态系统不仅具有抵抗干扰、恢复自身结构和功能的能力,维持流域生态系统的完整性和功能稳定性,而且可以提供满足人类生存和发展需求的生态系统服务。从流域尺度开展生态系统服务评估研究,对于构建流域自然—社会协调发展格局,实现流域可持续发展具有重要意义。

三峡库区既是我国重要的战略水源地,也是长江流域的重要生态屏障和水土保持生态功能区,对整个长江流域土壤保持、水源涵养等生态服务功能具有重要意义。三峡工程建设中巨大的"自然—人工"二元干扰改变了三峡库区原有的生态系统结构和功能,带来了一系列的生态环境问题。三峡库区自然生态条件和社会经济特征复杂,其生态系统演变过程较好地反映了经济发展过程中两者相互影响的耦合关系,对三峡库区开展流域生态系统服务评估的研究对流域尺度的生态环境保护和综合管理乃至全国生态环境安全具有重要的意义和示范作用。

一 流域生态系统服务的内涵与基本特征

生态系统服务是自然生态系统直接或间接为人类带来的福祉,为人类生产和发展提供必要的物质基础和前提,反映了人类社会与自然生态系统相互依存和相互制约的复杂联系。由于不同的生态系统结构与组成差异较大,生态系统服务的内涵也应针对其自身的特征和功能而具有差异性。参照生态系统服务的定义,流域生态系统服务可定义为流域生态系统与生态过程所形成及所维持的人类赖以生存的自然环境条件与效用,包含了对人类生存和发展活动有贡献的生态产品和生态功能。

流域生态系统服务要素和主要过程如图 1 所示,流域内森林、草地、农田、城镇等通过河流湖库水系构成一个有机整体,流域内部自然生态条件和社会经济特征呈现高度的复杂性和异质性。流域物质、能量、信息的传递和循环流动过程直接关系着流域生态系统服务功能的提供，其中水文过程（水资源、水环境）是流域生态系统健康和社会经济持续发展的关键制约因素。流域生态系统的状态直接影响流域内部社会安全、经济安全、生态安全和水资源安全等方面。

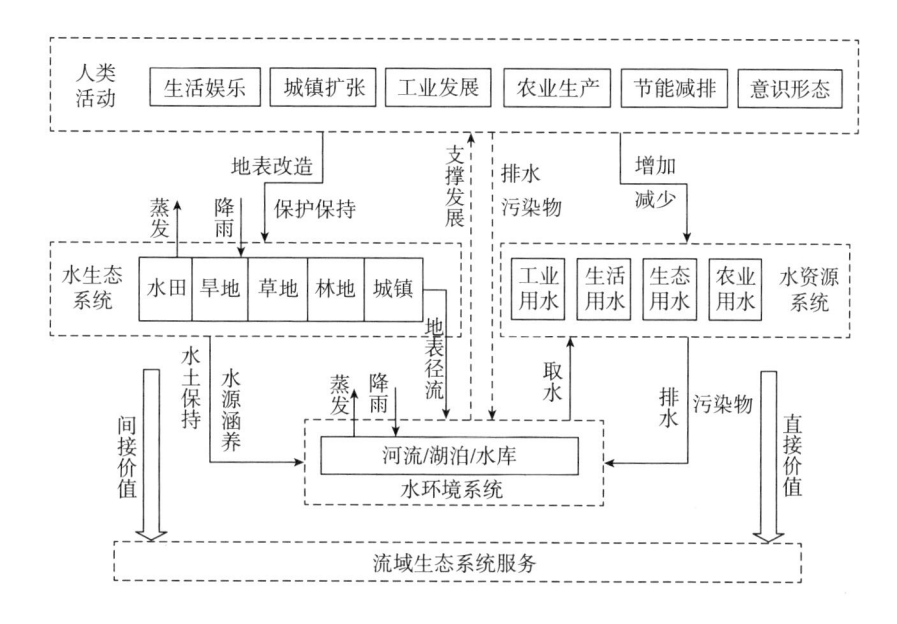

图1 流域生态服务要素及主要过程

流域生态系统是由社会—经济—自然要素组成的复合生态系统，具有以下基本特征：

第一，自然—社会—经济复合生态系统特征。流域是一种特定的自然地理区域，具有其特殊的区位特征。水是流域生态系统的核心，河湖水系是水的重要载体，也是流域生态系统的关键要素。人类社会的发展对资源需求量不断增加，与自然河湖生态系统间的联系逐渐加强，人类社会与自然生态系统之间逐渐形成了"水资源—水环境—水生态—社会经济"的相互耦合关系。流域内的社会经济发展活动导致城镇扩张，引起了资源消耗总量和污染物排放量增加，使流域水生态系统健康承受巨大的压力，这些压力同时又反过来限制流域经济发展，严重地影响了流域发展的协调性和可持续性。

第二，流域生态系统服务具有流动性。流域生态系统服务的流动性表现在流域景观系统中，在供给区产生的生态系统服务，在外界因素的驱动下沿着某一特定的方向和路径传递到使用区。水是流域的骨架，对于维持流域生态系统的完整性具有决定作用，水流是生态系统服务流动的重要载体。水传递的生态系统服务类型多种多样，传递距离远近各异，纵横交织的河流是流域物质运输和能量传递的重要通路。

第三，流域生态系统服务具有整体性。流域是一个完整的地理单元和生态系统。流域生态系统包含的要素很多，各要素自身具有不同的功能，也可以通过形成一个综合整体而获得新的更优的功能。流域生态系统的整体性包括其组成要素的完整性和生态学进程的完整性，反映了生态系统在外来干扰下维持自然状态、稳定性和自组织的能力，是维持流域生态系统服务提供的基础。

第四，流域生态系统服务具有动态性。流域生态系统各要素的种类、数量和空间配置，通过特定的组合方式形成相对稳定的结构，使生态系统具有一定的稳定性。但由于气候变化和人类活动的双重影响，生态系统服务又处于不断的变化之中。

第五，流域生态系统服务具有空间异质性。流域内部空间地理区位特征、地形地貌、资源环境禀赋以及人口和经济水平差异较大。流域生态系统服务的空间异质性可从自然和人为两个方面来分析，其中，自然因素是决定生态系统服务空间异质性的前提。流域内地形地貌分异是造成其空间异质性的主要原因，以土壤保持服务为例，生态系统植被覆盖度增加，土壤保持服务功能也随之线性增长；反之，流域内高程梯度递减，植被盖度逐渐减少，土壤保持服务也随之下降。而人为因素则导致了空间上生态系统服务的供给和需求差异，流域上下游的不同利益相关者的生产生活活动对生态系统服务的需求和消耗不一致，流域上下游之间的利益冲突日趋明显。

二　三峡库区流域生态系统服务评估方法

（一）流域概况

三峡库区位于重庆市与湖北省交界处，介于东经105°49′—111°40′，北纬28°31′—31°44′，流域面积达6.96万平方千米。三峡水库属于特大型水库，蓄水位达到175米时，库容可达393亿立方米，形成从位于湖北省宜昌市的三峡大坝至重庆市江津区约660千米的回水区。本报告三峡库区流域的范围包括从朱沱断面至三峡大坝之间的集水区，其中乌江流域只包括武隆断面以下集水区，嘉陵江流域只包括了北碚断面以下的集水区域，其余支流流域覆盖了整个集水范围。

三峡库区是长江流域的重要生态屏障，也是全国重要的水土保持生态功能区，对整个长江流域土壤保持、水源涵养等生态服务功能具有重要意义。三峡水库蓄水运行后便成为中国最大的淡水资源储备库，决定着库区周边省市及长江中下游流域3亿多人的用水安全。随着三峡水库"黄金水道"运能提升，库区经济社会发展加速，三峡水库岸线特别是干流岸线的资源价值大幅提高，沿江人口和产业集聚，工业化、城镇化扩张迅速，污染物排放日益增加，使库区水环境承受较大的压力。

（二）评估指标选取与数据来源

综合流域生态系统服务的特征和三峡库区的生态环境优势，选取水资源供给、流域水环境容量、水土保持和水源涵养作为三峡库区主要的生态系统服务评估指标。水资源供给评估数据主要包括生产用水、生活用水和生态环境用水数据；流域水环境容量计算基础数据包括流域水系、数字高程地图、土地利用和土壤属性等地理空间数据和气象、点源等统计监测数据；水土保持服务评估的基础数据包括数字高程地图、土地利用、土壤属性数据以及降雨监测数据；水源涵养服务评估的基础数据包括降水、蒸发的空间数据集和生态系统类型数据。具体数据类型及来源如表1所示。

表1　　流域生态系统服务评估基础数据类型及来源

数据名称	属性	分辨率	来源
生产用水	文本	区县	水资源公报
生活用水	文本	区县	水资源公报
生态环境用水	文本	区县	水资源公报
水系	SHAPE矢量	1∶1000000	长江水利委员会水文局

续表

数据名称	属性	分辨率	来源
数字高程地图	栅格	30 米	地理空间数据云网站
土地利用	SHAPE 矢量	1∶1000000	地球系统科学数据共享平台
土壤数据集	SHAPE 矢量	1∶1000000	全国生态环境调查数据库
点源	文本	—	生态环境部环境规划院
蒸散发数据集	栅格	1000 米	国家生态系统观测研究网络科技资源服务系统网站
降雨	文本/栅格	1000 米	中国气象科学数据共享服务网
生态系统类型数据	SHAPE 矢量	—	全国生态状况遥感调查与评估成果

（三）评估方法

1. 功能量评估

（1）水资源供给。水资源是流域内最重要的生产要素之一，为流域内居民和各生产部门提供生活和生产用水，是流域生态系统提供的最直接的服务功能。根据用户特性，流域水资源供给服务可分为生产用水、生活用水和生态环境用水三类，可通过流域内各用户的用水量来评估。

（2）流域水环境容量。流域水环境容量与水体特征、水质目标及污染物特性有关。基于流域水环境功能区划和确定的水文设计条件，将天然河道概化为计算河道，根据重要的水质控制断面位置将流域水系划分为计算单元，利用非点源模型估算流域污染负荷，进而计算流域的各计算单元的水环境容量，如式（1）所示。

$$L_x = 86.4 Q_n T_m C_0 - M_n \tag{1}$$

式中，L_x 为流域某单元的流域水环境容量（t）；Q_n 为断面流量（m³/s）；T_m 为当月天数（d）；C_0 为断面水质标准（mg/L）；M_n 为污染物负荷（t）。

（3）水土保持。水土保持是生态系统组分（如森林、草地等）发挥其结构与过程优势，减少由于水蚀所导致的土壤侵蚀的功能。采用修正通用水土流失方程（RUSLE），计算流域潜在和实际土壤侵蚀量，以两者的差值作为流域生态系统水土保持功能的评估指标。计算方法如式

(2)—式(4)所示。

$$A_p = R \cdot K \cdot LS \tag{2}$$

$$A_r = R \cdot K \cdot LS \cdot C \cdot P \tag{3}$$

$$A_c = A_p = A_r = R \cdot K \cdot LS \cdot (1 - C \cdot P) \tag{4}$$

式中，A_p 为潜在最大土壤侵蚀量（t/hm²·a）；A_r 为实际土壤侵蚀量（t/hm²·a）；A_c 为水土保持量（t/hm²·a）；R 为降雨侵蚀力因子（MJ·mm/hm²·h·a）；K 为土壤可蚀性因子（t·hm²·h/hm²·M·mm）；LS 为地形因子；$C \cdot P$ 为植被覆盖与管理—水土保持措施因子。

（4）水源涵养。水源涵养是生态系统通过其要素和相关过程对降水进行截留、渗透、蓄积，并通过蒸散发过程实现对水流、水循环的调控功能。采用水量平衡方程，计算降雨量与蒸散量之差来评估流域水源涵养功能量，计算方法如式（5）所示。

$$TQ = \sum_{i=1}^{j} (P_i - R_i - ET_i) \cdot A \tag{5}$$

式中，TQ 为水源涵养量（m³）；P_i 为降雨量（mm）；R_i 为地表径流量（mm）；ET_i 为蒸散发量（mm）；A_i 为第 i 类生态系统的面积；j 为研究区生态系统类型数。

2. 价值量评估

三峡库区生态系统服务价值包括三个部分：第一部分为由于生态系统服务的提供而产生的直接经济价值；第二部分为间接经济价值，由于利用了生态系统服务而对经济发展中工业、农业、渔业、旅游业、服务业等带来的效益，通过 GDP 来反映；第三部分为自然生态系统对于人所具有的"非消费性"价值，反映了自然生态系统对于人们在精神、道德、教育、审美等方面形成的价值观，通过社会发展水平和受教育程度来体现。

（1）直接经济价值。第一，水资源供给，采用市场价值法计算流域水资源供给服务价值，如式（6）所示。

$$V_{wr} = \sum_{i=1}^{n} WP_i \cdot Q_i \tag{6}$$

式中，V_{wr} 为水资源服务价值（元）；WP_i 为 i 种用途的供水水价（元/吨）；Q_i 为第 i 种用途用水量（吨），i 表示水资源用途，分别为生产用水、生活用水和生态环境用水。

第二，流域水环境容量。流域水环境容量的直接经济价值为由于利用了流域水环境容量而节省的污水处理费用，采用替代工程法计算，如式（7）所示。

$$V_{wec} = \sum_{i=1}^{n} P_{ci} \cdot M_i \tag{7}$$

式中，V_{wec}为流域水环境容量的直接经济价值（元）；P_{ci}表示i种污染物的单位处理成本（元/吨）；M_i为第i种污染物的流域水环境容量（吨），i表示污染物的种类，包括化学需氧量（COD）、氨氮含量指标（NH_3-N）、总氮量（TN）和总磷量（TP）。

第三，水土保持。流域生态系统水土保持服务的直接经济价值包括保持土壤养分价值和减少泥沙淤积价值，运用市场价值法和机会成本法进行估算。

保持土壤养分价值估算方法如式（8）所示。

$$V_{acl} = \sum_{i=1}^{n} A_c N_i P_i \tag{8}$$

式中，V_{acl}为保持土壤养分价值（元/年）；A_c为土壤保持量（吨/年）；N_i为土壤氮、磷、钾的纯含量；P_i为化肥（尿素、磷酸氢二铵和氯化钾）价格（元/吨）。

减少泥沙淤积价值估算方法如式（9）所示。

$$V_{Ac2} = A_c B/(1000 d\rho) \tag{9}$$

式中，V_{Ac2}为减少泥沙淤积的价值（元/年）；A_c为土壤保持量（吨/年）；B为农业年均收益（元/公顷）；d为土壤厚度（米）；ρ为土壤容重（吨/立方米）。

第四，水源涵养。采用替代工程法估算水源涵养服务的直接经济价值，计算公式如式（10）所示。

$$V_{TQ} = TQ \cdot P_R \tag{10}$$

式中，V_{TQ}为水源涵养服务价值（元）；TQ为水源涵养量（立方米）；P_R为单位库容水库建造成本（元/立方米）。

（2）间接经济价值。流域生态系统服务的间接经济价值表现为社会扩大再生产以及人民生活水平的提高，由GDP来反映。GDP由生产要素如人力、资本、土地、资源环境、原材料、管理、服务等来实现。本报告中三峡库区流域生态系统服务的间接经济价值通过估算水资源和流域水环境容量在生产要素的占比计算得到。

（3）社会文化价值。流域生态系统服务的社会文化价值难以通过有形的物质产品来估算，采用条件价值法利用社会发展水平和受教育程度来进行估算，计算公式如式（11）所示。

$$V_{cul} = e^{b + \alpha_1 CR + \alpha_2 SA + \alpha_3 IC} \tag{11}$$

式中，V_{cul}为流域生态系统服务的社会文化价值（元）；CR为城市化率（%）；SA为居民平均的文化层次（年）；IC为家庭年收入（元）；b为估计的误差扰动项；α_1、α_2和α_3为常数。

三 三峡库区流域生态系统服务评估结果与分析

（一）三峡库区流域生态系统服务功能

1. 水资源供给

以2015年三峡库区范围内各区县的用水情况及用途分类评估其流域水资源供给服务。2015年三峡库区总用水量为63.73亿立方米，其中生产用水50.84亿立方米，生活用水12.12亿立方米，生态环境用水0.77亿立方米，分别占总用水量的79.77%、19.02%和1.21%。生产用水中，第一产业用水18.89亿立方米，第二产业用水28.47亿立方米，第三产业用水3.48亿立方米，分别占总用水量的29.64%、44.67%和5.46%。2015年三峡库区用水组成如图2所示。

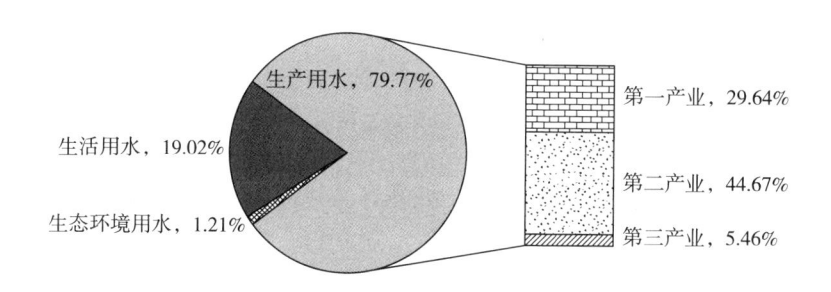

图2 2015年三峡库区用水组成

各区县用水量范围在 4105 万—87544 万立方米，具体如图 3 所示。重庆市梁平区、巫溪县、巫山县、渝中区、大渡口区、石柱县和湖北省兴山县、巴东县总用水量相对较少，在 1 亿立方米以下。总用水量最大的为重庆市永川区、綦江区、长寿区、万州区、涪陵区、江津区，总用水量均在 3 亿立方米以上，且依次递增，江津区总用水量最高，为 8.75 亿立方米，其次为涪陵区，总用水量为 5.03 亿立方米。三峡库区总用水量较高的区域主要分布在库区上游重庆市主城区周边"一小时经济圈"区域和库区腹地万州区。三峡库区各区县生产用水占总用水量的主要部分。除渝中区外，其余区县生产用水均超过总用水量的 60%。三峡库区用水集中于主城区及其外围"一小时经济圈"和以万州为次中心的社会经济和人口集聚程度较高的区域，其中都市核心区用水以生活用水为主，都市核心区以外以工业用水为主，库区腹地及东部发展水平较低的区域以农业用水为主。

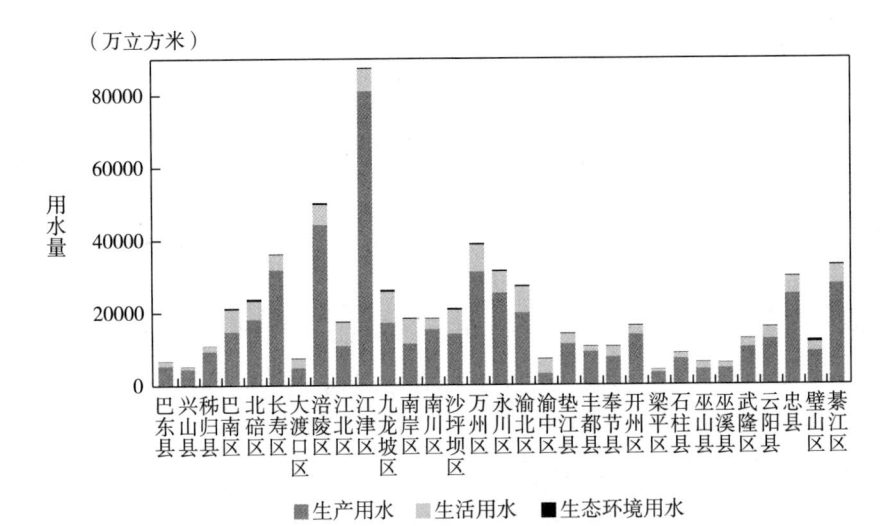

图 3 2015 年三峡库区各区县用水组成

（1）生产用水量。2015 年三峡库区生产用水 50.84 亿立方米，各区县产业用水量在 1500 万—81133 万立方米，如图 4 所示。其中，重庆市渝中区、梁平区、巫山县、巫溪县、大渡口区和湖北省兴山县生产用水较少，生产用水量在 5000 万立方米以下。生产用水量最大的为重庆市永川区、綦江区、万州区、长寿区、涪陵区、江津区，生产用水量依次增加，且超过 2.5 亿立方米。从用水组成来看，生产用水中大部分为第一产业和第二产业用水，第三产业用水相对较少。

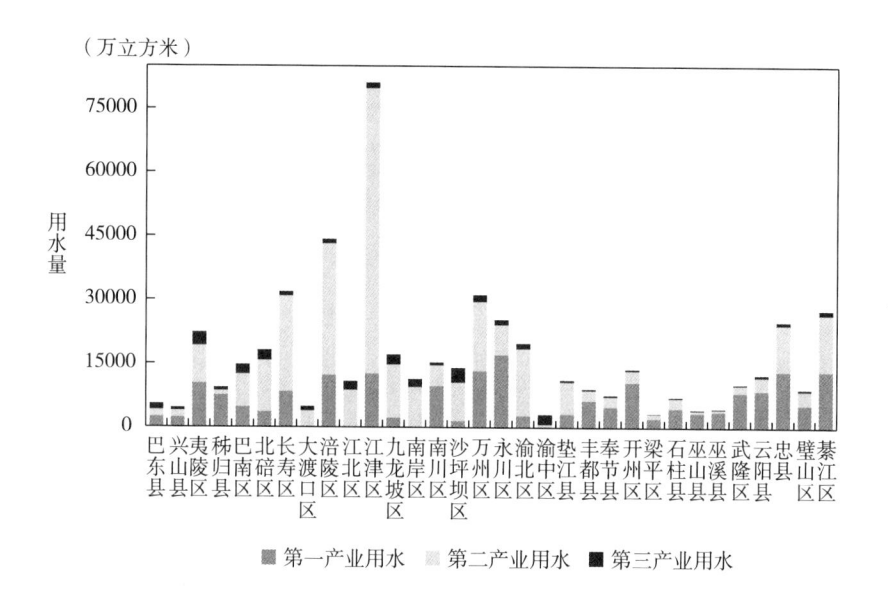

图 4　2015 年三峡库区生产用水组成

（2）生活用水量。2015 年三峡库区生活用水量达 12.12 亿立方米，各区县生活用水量在 710 万—8643 万立方米。其中，湖北省兴山县、巴东县、秭归县和重庆市梁平区、丰都县、巫溪县、石柱县和巫山县生活用水量相对较少，在 2000 万立方米以下，生活用水占比基本不超过 30%。生活用水量最高的为重庆市巴南区、江北区、江津区、九龙坡区、南岸区、沙坪坝区、万州区、渝北区，生活用水量均在 6000 万立方米以上，且依次递增，其中九龙坡区生活用水量最高，超过 8000 万立方米，生活用水占比达 32.8%。三峡库区生活用水量较高的区域整体上集中在库尾主城区和库区腹地万州区等人口密集的区域。

（3）生态环境用水量。2015 年三峡库区生态环境用水量达 7703.75 万立方米，各区县生态环境用水量差异明显。湖北省兴山县、巴东县、秭归县和重庆市梁平区、巫溪县、石柱县、巫山县和丰都县生态环境用水量相对较少，在 100 万立方米以下，生态环境用水占比均低于1%。生态环境用水相对较少的区域基本都为重点生态功能区，生态环境本底条件较好。生态环境用水量较高的有沙坪坝区、巴南区、万州区、涪陵区、九龙坡区、北碚区和璧山区，生态环境用水量均在450万立方米以上，且依次递增，璧山区生态用水量最高，为720万立方米，占总用水量的5.91%。三峡库区生态用水量较高的区域主要分布在库尾重庆市主城区周边和库区腹地万州区等社会经济发展程度较高的区域。这些区域开发强度较大，留存的生态空间相对较少，需要通过人为措施补给生态环境用水的需求量也较高。

2. 流域水环境容量

采用 P=90% 最枯月（2010年2月）水文条件代入水环境容量计算公式，计算三峡库区流域水环境容量。三峡库区 COD、NH_3-N、TP 和 TN 流域水环境容量分别为：19.86 万吨/年、9429.36 吨/年、5514.77 吨/年、775.43 吨/年，各区县流域水环境容量如图5所示。总体上，三峡库区仍有剩余水环境容量，能够支撑流域的发展需求，但也有局部区域水环境容量为负值。从水质指标来看，三峡库区 COD 和 NH_3-N 流域水环境容量基本还有剩余，尚可满足城市发展需求，但在部分支流或区县 TN 和 TP 的流域水环境容量明显小于流域污染物排放量，亟须加强污染物削减控制措施。

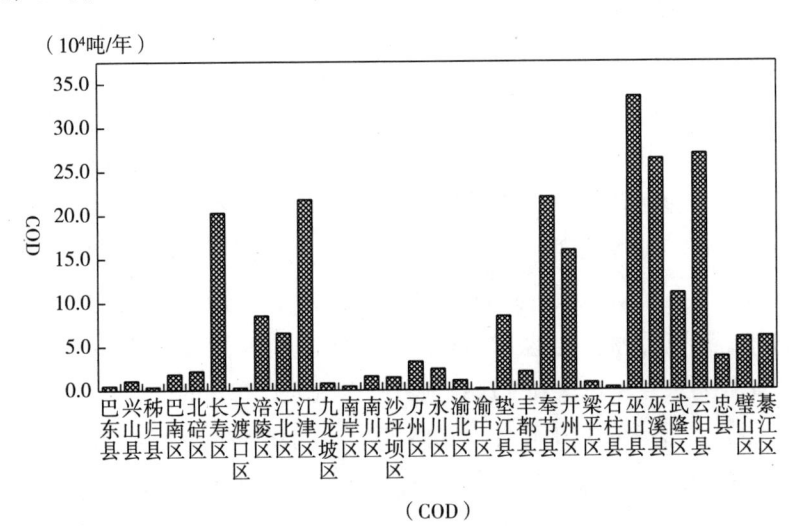

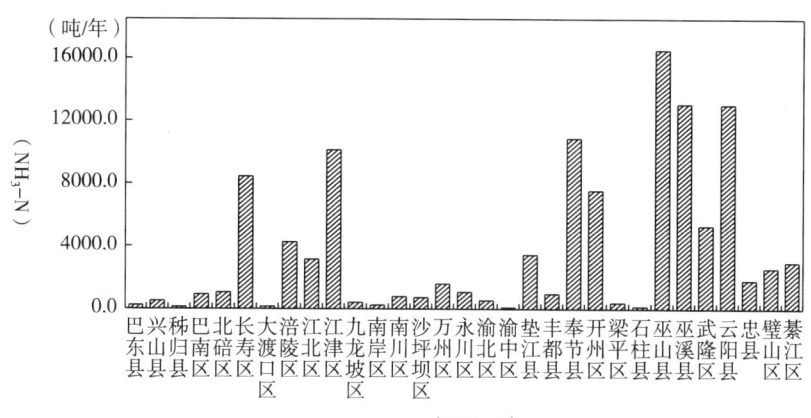

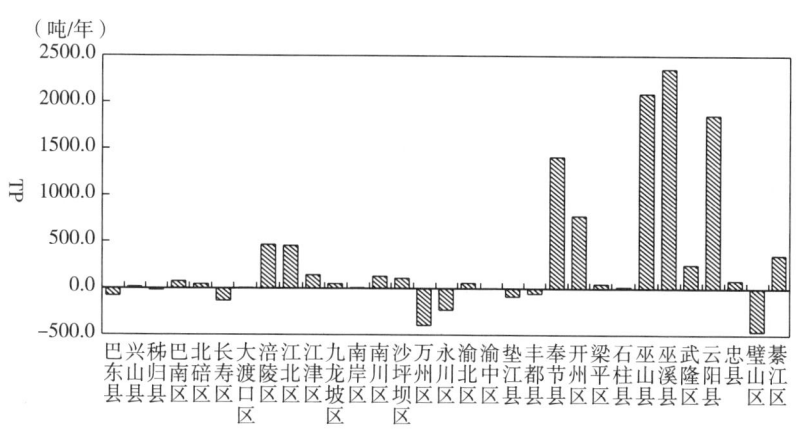

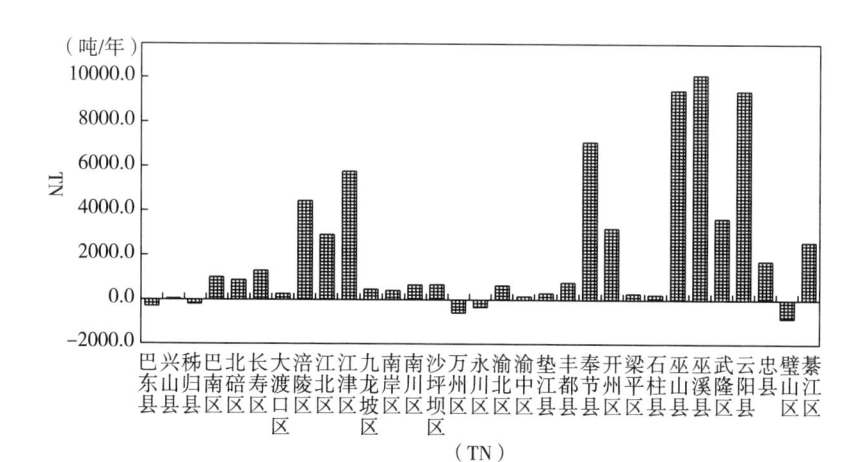

图 5 三峡库区流域水环境容量

江津区、长寿区、奉节县、巫山县、巫溪县和云阳县 COD 的流域水环境容量相对较多，超过 1.5 万吨/年；巴东县、秭归县、大渡口区、南岸区、渝中区和石柱县 COD 的流域水环境容量相对较少。奉节县、巫山县、巫溪县和云阳县 TN 的流域水环境容量相对较多，超过 500 吨/年；巴东县、秭归县、万州区、永川区、璧山区 TN 流域水环境容量为负值。奉节县、巫山县、巫溪县和云阳县 TP 的流域水环境容量相对较多，超过 100 吨/年；巴东县、秭归县、长寿区、万州区、永川区、垫江县、丰都县和璧山区 TP 流域水环境容量为负值。江津区、奉节县、巫山县、巫溪县和云阳县 NH_3-N 的流域水环境容量相对较多，超过 800 吨/年；巴东县、秭归县、大渡口区、南岸区、渝中区和石柱县 NH_3-N 的流域水环境容量相对较小，低于 30 吨/年。

从流域水环境容量核算结果来看，三峡库区水环境承受较大压力。三峡水库进行 175 米试验性蓄水后，首要发展任务由成库前的三峡工程建设和移民转变为成库后库区生态环境保护和移民安稳致富。三峡水库的蓄水运行给流域内城镇化发展带来了机遇和便利，使工业园区、城镇、人口等在水库岸边集聚。随着三峡库区城市化进程的快速推进，流域生态系统受到的人为干扰日益加剧，水环境保护形势发生巨大变化。一方面，高速发展的城镇化过程扩大了污染物的来源和排放量，人类生产、生活以及交通过程中产生的污染物排放量居高不下；另一方面，三峡库区地形地貌与岸坡地质结构复杂，雨量丰沛且暴雨集中，上游区域的水土流失导致土壤侵蚀量和入库泥沙量增加，加重了库区非点源污染。已有研究表明，非点源污染已成为三峡库区水体营养物质的主要来源，占入库污染负荷的 70% 以上，是三峡库区水环境安全的首要威胁。

3. 水土保持

三峡库区水土保持服务量为 102.54 亿吨/年，各区县水土保持服务如表 2 所示。水土保持服务较高的区域主要分布在东部植被覆盖度较高和受人类活动影响程度较低的区域，其中库区东北部巫溪县和开州区水土保持服务最高，其次为武隆区、丰都县、忠县、石柱县、云阳县、奉节县、巫山县以及湖北省巴东县和兴山县。三峡库区重庆市主城区及其周边，以及长寿区北部和涪陵区西部水土保持服务较低。

表2　　　　　　　　三峡库区各区县水土保持服务

区县	水土保持服务（10^8吨）	区县	水土保持服务（10^8吨）
巴东县	3.27	开州区	6.89
兴山县	3.85	梁平区	1.32
夷陵区	0.50	石柱土家族自治县	4.14
秭归县	3.85	巫山县	4.81
巴南区	2.01	巫溪县	9.68
北碚区	0.72	武隆区	2.71
长寿区	1.04	云阳县	6.27
大渡口区	0.07	忠县	2.27
涪陵区	3.38	璧山区	0.38
江北区	0.18	万州区	4.90
江津区	3.55	永川区	0.50
九龙坡区	0.25	渝北区	1.41
南岸区	0.22	渝中区	0.02
南川区	3.33	垫江县	0.83
沙坪坝区	0.25	丰都县	4.58
奉节县	6.26	大竹县	0.81
綦江区	4.32	开江县	0.21
赤水市	0.13	建始县	0.45
桐梓县	3.66	利川市	1.88
习水县	0.79	邻水县	1.81
合江县	2.12	神农架林区	2.71
泸县	0.06	长阳土家族自治县	0.14
合计	102.54		

4. 水源涵养

2015年三峡库区水源涵养服务量为431.40亿立方米，各区县水土保持服务量如表3所示。空间分布上，水源涵养服务呈现"中间高，两边低"的格局，沿库区东北向西南方向，水源涵养服务量先从最低值逐渐增加，至奉节县、万州区、梁平区、石柱县达到较高值，然后又逐渐降低。水源涵养服务量高值区出现于奉节县、巫山县南部，巴东县中部、丰都县南部、涪陵区东部和武隆区北部，最高值分布于巴东南部；低值区主要分布在湖北省宜昌市境内兴山县、重庆市巴南区南部以及江津区境内。

表3　　　　　2015年三峡库区各区县水源涵养服务

区县	水源涵养服务（10^8立方米）	区县	水源涵养服务（10^8立方米）
巴东县	11.31	开州区	24.54
兴山县	12.38	梁平区	9.52
夷陵区	1.75	石柱土家族自治县	16.83
秭归县	14.19	巫山县	19.15
巴南区	10.77	巫溪县	23.73
北碚区	3.72	武隆区	10.05
长寿区	8.89	云阳县	22.45
大渡口区	0.28	忠县	14.30
涪陵区	20.41	璧山区	3.80
江北区	0.63	万州区	21.97
江津区	19.13	永川区	6.23
九龙坡区	1.54	渝北区	7.83
南岸区	0.79	渝中区	0.01
南川区	13.88	垫江县	10.13
沙坪坝区	1.55	丰都县	19.21
奉节县	26.33	大竹县	6.57
綦江区	15.42	开江县	1.09
赤水市	0.41	建始县	1.60
桐梓县	9.86	利川市	9.44
习水县	2.47	邻水县	11.67
合江县	6.85	神农架林区	6.75
泸县	1.24	长阳土家族自治县	0.73
合计	431.40		

（二）三峡库区流域生态系统服务价值

2015年三峡库区流域生态系统服务总价值为5097.73亿元，其中直接经济价值、间接经济价值和社会文化价值分别为668.92亿元、

3217.94亿元和1210.87亿元，占比分别为13.1%、63.1%和23.75%。可见，三峡库区流域生态系统服务价值以生态系统服务带来的经济效益为主，应当进一步提高资源利用率和利用效率，减少经济发展所消耗的水资源和流域水环境容量。社会文化价值在流域生态系统服务价值中已经占有一定的比例。

各区县流域生态系统服务价值在45.48亿—409.73亿元，如图6所示。其中生态系统服务价值高值区在涪陵区、九龙坡区、万州区、渝北区、渝中区，生态系统服务价值在290亿元以上，这些地区流域生态系统服务直接经济价值较低，但产生的经济效益和生态效益明显。生态系统服务价值低值区在巴东县、兴山县、秭归县、大渡口区、石柱县和武隆区，生态系统服务价值低于70亿元，这些地区流域生态系统服务直接经济价值相对较高，但由于区域水土资源组合较差，资源环境承载能力较弱，生态系统产生的经济效益和生态效益较低。

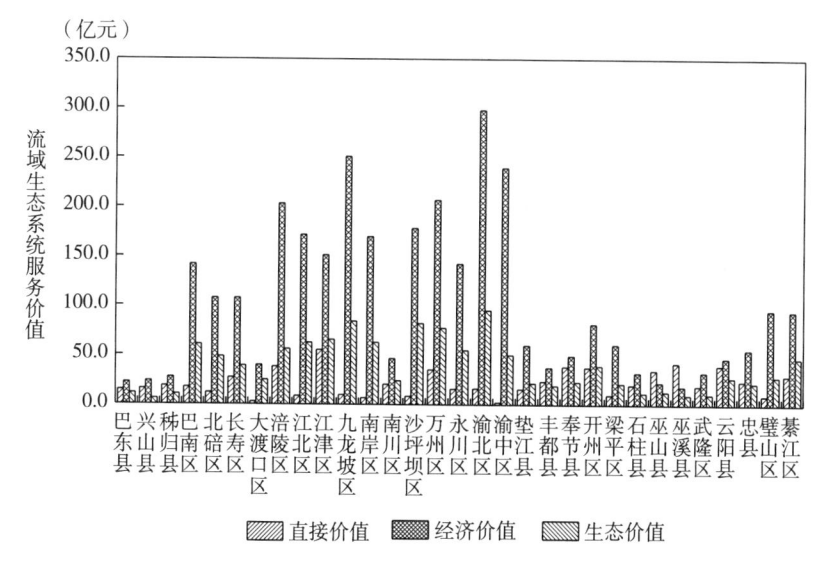

图6 2015年三峡库区各区县流域生态系统服务价值

2015年三峡库区流域生态系统服务的直接经济价值中，水资源供给服务为203.19亿元，流域水环境容量服务为94.94亿元，水土保持服务为122.23亿元，水源涵养服务为248.55亿元。各类型生态系统服务价值占比由高到低依次为水源涵养>水资源供给>水土保持>流域水环境容量，分别为30.38%、37.16%、18.27%和14.19%。各区县流域生态系统服务直接经济价值如图7所示。三峡库区流域生态系统服务直接经济价值低值区集中于主城区及其周边区域，长江干流西侧的生态服务价值明显低于长江流域东侧。从县域尺度各类生态系统服务直接经济价值占比来看，重庆市九大主城区及其周边社会经济发展程度较高的区域水资源供给服务占主导类型，其中渝中区水资源供给服务占比高达95%以上。巴东县、兴山县、秭归县、巫山县、巫溪县、石柱县和奉节县水土保持和水源涵养服务为主导类型。长寿区、江北区、奉节县、巫山县、巫溪县、武隆区和云阳县流域水环境容量价值相对较高。

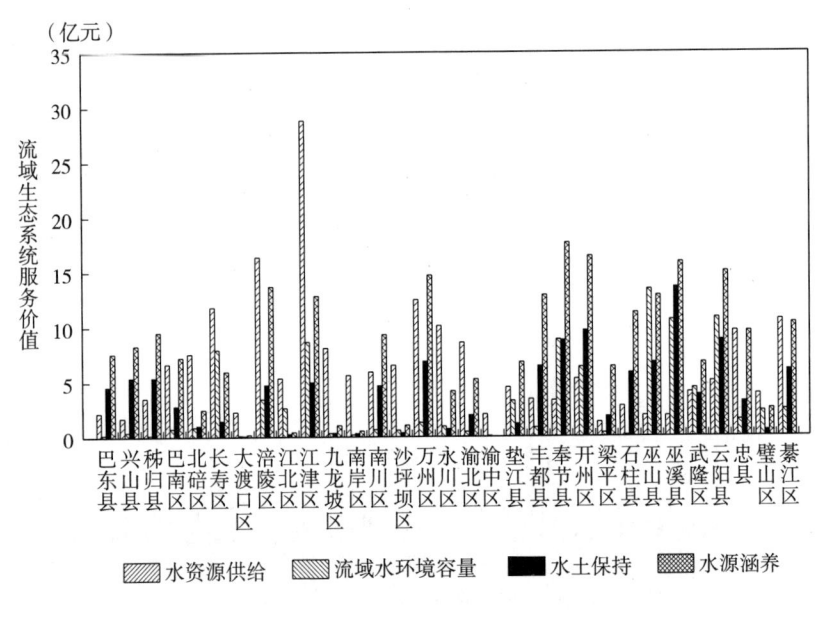

图7 2015年三峡库区各区县流域生态系统服务直接经济价值

（三）协同与权衡分析

采用相关性分析法对三峡库区各类流域生态系统服务之间的权衡与协同关系进行分析，结果如表4所示。当两种服务的相关性为显著正相关时（R>0，p<0.05），则认为服务间的相互作用关系为协同；反之，当两种服务的相关性为显著负相关时（R<0，p<0.05），则称为权衡；

当两种服务间相关系数绝对值小于 0.1 且未通过显著性检验时（p > 0.05），则认为服务间不存在相互作用关系。对于其中相关系数绝对值大于或等于 0.1 但未通过显著性检验的服务组合，则认为服务间可能存在一定的相互作用关系。

表 4　　　　　　　　三峡库区流域生态系统服务的相关性

相关性	水资源供给	流域水环境容量	水土保持	水源涵养
水资源供给	1.000	0.229	-0.114	-0.009
流域水环境容量	0.229	1.000	0.558**	0.568**
水土保持	-0.114	0.558**	1.000	0.963**
水源涵养	-0.009	0.568**	0.963**	1.000

注：**表示在 0.01 水平（双侧）下显著相关。

三峡库区水资源供给与流域水环境容量为正相关关系（R = 0.229），但不显著；与水土保持的相关性为负相关（R = -0.114），相关性也不显著；与水源涵养之间的相关性为负相关性，相关性系数低（R = -0.009），且不显著。流域水环境容量与水土保持和水源涵养之间保持着强正相关关系（R = 0.558**、R = 0.568**），且在 p = 0.01 水平下显著相关。水土保持和水源涵养之间保持着强正相关关系（R = 0.963**），且在 p = 0.01 水平下显著相关。由此可见，三峡库区四种生态系统服务之间存在一定的联系，虽然水资源供给与其他三种类型的相关性较低，但也表明了其与其他三种服务的相互作用形式。水资源供给与流域水环境容量之间为较弱的协同关系，与水土保持为较弱的权衡关系，可认为三峡库区水资源供给服务与水源涵养之间不存在相互作用关系。流域水环境容量、水土保持和水源涵养两两之间为协同关系。

生态系统服务权衡和协同关系在不同的时空尺度呈现出不同的特征。本报告中水资源供给与流域水环境质量为协同关系，而与水土保持为较弱的协同关系。在不同的气象条件、环境条件和社会条件（如人口分布）的影响下，供给服务呈现出较大的空间异质性。区位优势较好如城市化水平较高和沿江区域更易集聚人口和经济，对供给服务的需求量也明显高于其他区域。土地利用的变化也会影响生态系统服务协同和权衡，城镇化发展导致建设用地增加，林地面积下降，主要由林地提供的水土保持和水源涵养功能也会一起下降，而水资源的需求和消耗会增加。生态系统服务权衡与协同关系在不同的时空尺度表现出不同的特征，在政策和相关管理措施的制定过程中适当考虑空间尺度效应可以有效削弱供给服务和调节服务之间的权衡效应，而增强调节服务和文化服务之间的协同效应。

四 影响因素分析与优化管理启示

（一）影响因素分析

基于三峡库区水资源供给、流域水环境容量、水土保持和水源涵养服务的评估结果，以地形条件、降雨和气温、土地利用及社会经济条件为主要因素，分析流域生态系统服务的空间异质性及其影响机制。在进行地形、降雨和气温等具有空间显示特征明显的自然条件分析时，利用arcGIS 的随机采样功能，在三峡库区范围内随机选取 100 万个空间网格点，并利用 SPSS21.0 软件进行相关性分析。

1. 地形因素

地形因素对水土保持和水源涵养的影响作用较为强烈。高程、坡长、坡度是土壤侵蚀发生和发展的核心要素，不仅影响土壤侵蚀大小，还影响土壤侵蚀方式。高程、坡长因子、坡度因子与水土保持和水源涵养的相关性如表 5 所示。

表 5　三峡库区地形因素与水土保持和水源涵养的相关性

相关性	高程	坡度因子	坡长因子
水土保持	0.373**	0.897**	0.609**
水源涵养	0.195**	-0.095**	-0.075**

注：**表示在 0.01 水平（双侧）上显著相关；下同。

三峡库区水土保持和水源涵养与地形条件保持着显著的相关关系。水土保持与高程在 $p = 0.01$ 水平下保持着显著的中度相关关系（R = 0.373**），与坡度因子和坡长因子在 $p = 0.01$ 水平下保持着显著的强相关关系（R＝0.897**、R＝609**），表明在一定程度上，水土保持服务的供给会随着高程、坡度和坡长的升高而提升；反之会随之降低。流域上游"V"形河谷地势与三峡库区丰富的降雨量结合使该区域具有较高的水土流失潜力。坡长、坡度因子最能影响土壤保持服务的供给，可根据流域地形条件制定差异化土壤保持措施。由于流域生态系统结构的垂向分布有明显的层次性，随着海拔的增加，土地利用类型由受人类活动影响较大的建设用地和耕地转为林草地，生态系统服务价值也随之增加。此外，林地和草地生态系统能够适应坡度的提升，相应的生态系统服务也会随坡度增大而提高。

三峡库区水源涵养与高程在 $p=0.01$ 水平下保持着一定的正相关关系（R＝0.195**），与坡度和坡长在 $p=0.01$ 水平下保持着一定的负相关关系（R＝－0.095**、R＝－0.075**），但相关性较弱。可见，地形因素并非三峡库区水源涵养服务的主要影响因素，流域水源涵养服务受到气候条件、地形条件和下垫面特征等多重因素的综合影响，多重因素的相互作用也可能会使三峡库区水源涵养与地形条件的相关性受到影响。

三峡库区面积达6.96万平方千米，加之地形山高坡陡，地势起伏大，空间非线性特征使相关性的准确性和显著性受到较大影响。地形条件各要素之间相互联系、相互制约，共同对三峡库区水土保持和水源涵养服务起着重要的影响。

2. 气象因素

气候变化如温度变化和降雨模式的改变，可能对生态系统及其相关生态系统服务带来不利影响，这些影响对与流域水循环有关的生态系统服务尤为重要。降雨和温度对水土保持和水源涵养量有着重要影响。降雨是土壤侵蚀发生的驱动因素，也是水源涵养服务供给的基础。降雨和气温的变化会对生态系统调节水分等功能造成重大影响。降雨、气温与水土保持和水源涵养的相关性如表6所示。

三峡库区水土保持和水源涵养与降雨和气温条件保持着显著的相关关系。水土保持与降雨在 $p=0.01$ 水平下保持着显著的负相关关系（R＝－0.158**），但相关系数较小，与气温在 $p=0.01$ 水平下保持着显著的中度负相关关系（R＝－0.379**），表明在一定程度上，水土保持服务的供给会随着降雨和气温的升高而降低。水源涵养与降雨在 p = 0.01 水平下保持着显著的强正相关关系（R = 0.754**），与气温在 p = 0.01 水平下保持着显著的弱负相关关系（R = -0.180**），表明在一定程度上，水源涵养服务随降雨量的增加而升高，随气温的升高而降低。三峡库区土壤侵蚀以水力侵蚀为主，而雨量小、频次高的小降水事件并不一定会引起土壤侵蚀的发生。当降雨量达到侵蚀性降雨的标准之后，降雨量越大，土壤侵蚀和水土流失越严重，生态系统水土保持服务压力也越大。除了降雨量，次降雨强度、降雨频率和季节性降雨格局对土壤侵蚀也会产生较大影响。而降雨量越大，可供涵养的水源越多，越有利于流域生态系统水源涵养。由于气温随海拔高程的升高呈下降趋势，因此，气温对水土保持和水源涵养的影响规律与高程相似。

表 6　　三峡库区气候条件与水土保持和水源涵养的相关性

相关性	降雨	气温
水土保持	-0.158**	-0.379**
水源涵养	0.754**	-0.180**

3. 土地利用/植被覆盖

土地利用变化是人类活动改变自然生态系统最明显直观的表现形式，土地利用和植被覆盖等下垫面类型变化导致生态系统结构和功能重组，生态系统服务也随之变化。三峡库区土地利用类型以林地和耕地为主，分别占整个区域的 55% 和 30%。林地主要分布在江津南部、武隆—石柱、万州—巫山段及湖北兴山—秭归段；耕地主要分布在研究区东部巴东县和西部长寿区、垫江县和梁平区；草地在研究区东部零散分布；建设用地主要分布在重庆市主城区及其周边以及长寿区、涪陵区、万州区等经济条件较好的区县。不同土地利用/植被覆盖类型的水土流失和水源涵养服务量差异明显。城镇建设用地、耕地一般集中于地表起伏较缓和的区域，地形复杂地区多为林地，三峡库区地表起伏度从东到西、从北到南呈降低趋势，生态系统服务价值分布趋势与地表起伏保持一致。

从生态系统服务总量来说，三峡库区林地和耕地提供的水土保持和水源涵养服务最多，林地和耕地提供的水土保持服务分别为68.77亿吨和21.20亿吨，分别占水土保持总量的67.07%和20.67%；林地和耕地提供的水源涵养服务分别为261.38亿立方米和127.16亿立方米，分别占水源涵养总量的60.59%和29.48%。从不同土地利用类型提供服务的能力来看，单位面积水土保持服务从高到低排序为：林地＞草地＞耕地＞水域＞建设用地；单位面积水源涵养服务从高到低排序为：水域＞林地＞耕地＞草地＞建设用地。林地单位面积生态服务价值较高，其次为水域、耕地和草地，建设用地提供的生态服务价值最小，水源涵养价值为负值。可见，三峡库区生态系统服务价值主要由林地支撑，其次是水域、耕地和草地，建设用地的价值最小，且对水源涵养的贡献率为负值，对流域生态系统水源涵养功能起到负面作用。森林在一定程度上能够拦截降雨，起到对雨滴消能的作用，降低土壤侵蚀的程度，大部分雨水通过树叶表面形成径流到达地表，进一步降低了雨水的动能。林下植被和枯枝落叶层对雨水也能起到一定的拦截效应。不同的森林结构和树木特征（如树冠密度等）的水土保持服务也会有所差异。

4. 社会经济因素

流域生态系统的状态将直接决定经济发展速度与人类的生活质量。选取2015年三峡库区各区县城镇化率、人口密度、地均经济密度与区县尺度流域生态系统服务进行相关性分析，结果如表7所示。

表7　三峡库区社会经济发展水平与流域生态系统服务的相关性

相关性	水资源供给	流域水环境容量	水土保持	水源涵养
城镇化率	0.440*	-0.513**	-0.609**	-0.661**
人口密度	0.365*	-0.315	-0.823**	-0.764**
地均经济密度	0.452*	-0.320	-0.810**	-0.748**

注：*表示在0.05水平（双侧）下显著相关；**表示在0.01水平（双侧）下显著相关。

三峡库区流域水资源供给服务与城镇化率、人口密度和地均经济密度在 $p=0.05$ 水平下保持着中度正相关关系（ $R=0.440^*$、$R=$

0.365*、R=0.452*）；流域水环境容量与城镇化率在 p=0.01 水平下保持着显著的强负相关系（R=-0.513**），与人口密度和地均经济密度在 p=0.05 水平下相关性不显著；水土保持与城镇化率、人口密度和地均经济密度在 p=0.01 水平下均保持着显著的强负相关关系（R=-0.619**、R=-0.823**、R=-0.810**）；水源涵养与城镇化率、人口密度和地均经济密度在 p=0.01 水平下均保持着显著的强负相关关系（R=-0.661**、R=-0.764**、R=-0.748**）。区县的社会经济发展水平对三峡库区水土保持和水源涵养等生态调节服务的影响要比水资源供给和流域水环境容量显著。除了水资源供给，城镇化率、人口密度和地均经济密度与其他三种服务的相关性都为负值，可见社会经济发展对流域生态系统服务功能带来不利影响。本报告中水资源供给服务是以区县用水量来表征，具体通过人类生存和发展的实际需求和消耗来反映。水资源供给服务与社会经济发展水平的正相关关系一定程度上也反映了人口增长和流域经济发展对水资源的需求日益增大。

三峡库区经济发展对环境和资源的依赖程度较高，资源的需求量大，对生态环境的压力也持续增加，一部分经济成本转化为自然成本和社会成本。三峡库区流域水资源量充沛，但流域内部水资源量、水环境质量以及社会经济发展存在较大的地域不均衡性，位于库区西部的重庆市 9 大主城区以 6.65% 的土地面积和 4.85% 的水资源量，承载了重庆市 27.21% 的人口以及 41.89% 的经济产值，水资源开发利用率和用水效率高，流域生态系统承受较大压力。社会经济发展程度较高的区域可通过提高水资源利用率和用水效率来避免水资源的过度开发利用，三峡库区的主要用水用途为生产用水，积极探索提高水资源利用率和用水效率以控制生产用水尤为重要。

城镇化率对流域水环境容量的影响比人口密度和地均经济密度要显著，城镇化发展会引起流域内人口急剧集中、产业集中和社会经济活动强度增大，而带来一系列的资源消耗及环境污染等生态环境问题。流域城镇化过程对流域自然水文循环造成了一定程度的干扰和破坏，如对水土资源的不合理开发利用等，将会引起流域内资源形态以及生态系统结构和功能的变化，缩减生态空间，从而影响生态系统服务的提供。

（二）优化管理启示

1. 走"生态优先、绿色发展"的可持续发展道路

随着生态文明建设加快推进和长江经济带发展战略全面实施，如何协调经济发展与生态环境保护成为重点。推动长江经济带发展，要坚持"生态优先、绿色发展"理念，把生态环境保护摆上优先地位，在发展中保护、保护中发展。三峡库区既是我国生态环境重点保护区之一，也是全国集中连片贫困区之一，肩负着"加快资源开发促进经济发展"和"保护生态环境"的双重任务。三峡库区应秉持"绿水青山就是金山银山"的发展理念，依据国家主体功能区规划定位，以发展循环经济、绿色经济为方向，立足生态资源优势，实施差异化发展战略，推进优势特色产业发展，构建以生态工业园、生态农业园为空间载体的绿色产业体系，增强内生发展动力，以实现三峡库区经济社会可持续发展。

2. 以流域资源环境承载能力引导社会经济发展

三峡库区流域地形地貌条件复杂，资源环境禀赋区域差异明显，西部重庆一小时经济圈资源环境条件优越、社会经济发展程度高、区位优势明显，渝东北和库首地区水土资源条件较差。库区水资源总量丰富，但是流域水资源分布与人口、经济的分布极不对应，水资源与社会经济发展之间呈现不均衡模式。亟须按照人口资源环境相均衡、经济社会生态效益相统一的原则，以生态环境容量与资源承载力为约束，探索低能耗、高产出的创新发展模式，减少资源消耗，提高资源利用率，减轻环境污染，使经济发展、人口增长、生产方式与消费方式在资源和环境的承载能力之内。依据区县的主体功能定位，重点开发区作为支撑区域经济增长的重要区域，在资源环境可承载的前提下，科学确定开发内容和方式，将人口、空间开发和经济规模控制在水土资源和环境容量的允许范围之内。同时，为适应高质量发展的要求，加大产业优化调整力度，严格控制耗水量大或污染严重的企业发展，进一步提高水资源的利用效率，尤其是工业用水的重复利用率，缓解因城市扩张而带来的水资源过度开发和生态环境压力过大等问题。重点生态功能区水资源量充沛，但资源环境承载能力较弱，生态脆弱性较高，缺乏集聚工业和人口的条件，在保证其主体功能不降低的同时因地制宜发展资源环境可承载的特色产业。

3. 切实加强库区污染治理，稳步提升生态环境质量

三峡库区生态环境保护的首要任务是提高库区污染控制水平，保护库区环境质量稳定，提高生态服务功能，提升生态环境监管和综合管理水平。合理确定和调整产业结构和布局，加大工业污染治理力度，着力提高工业废水处理率、循环使用率，强化工业废水污染治理。加强对面源污染的控制，因地制宜在农村居民集中居住点推广建设污水处理设施，推广绿色生产，引导农民逐步改变生产生活方式，减少化肥和农药的使用量，引导畜禽养殖户建设废水处理回用设施、畜禽粪便处理系统和利用系统。加强水土流失综合治理，着力推进重点区域水土保持工程建设以及水土流失动态监测和监管水平。构建三峡库区流域生态环境综合监管体系，提升环境监管能力，加强环境风险预警和控制能力；健全和完善应急机制和措施，有效预防和妥善处置水污染事故；建立健全和完善以生态环境保护为核心的绩效考核机制，为三峡水库的水环境安全提供强有力的监督保障。

参考文献

陈能汪等：《流域生态系统服务研究进展与展望》，《生态与农村环境学报》2012年第28期。

江波等：《基于供需耦合机制的流域水生态系统管理》，《生态学杂志》2018年第37期。

雷冬梅、徐晓勇：《城镇化背景下滇池流域生态系统健康评价指标体系研究》，《资源开发与市场》2018年第34期。

许典子等：《三峡库区水资源生态足迹及承载力时空演变研究》，《人民长江》2019年第50期。

章茹等：《城镇化过程对鄱阳湖流域生态系统的影响》，《长江流域资源与环境》2014年第23期。

郑小康等：《流域城市化对湿地生态系统的影响研究进展》，《湿地科学》2008年第1期。

Caputo Jesse, Beier M. Colin, Luzadis Valerie A., et al., "Integrating Beneficiaries into Assessment of Ecosystem Services from Managed Forests at the Hubbard Brook Experimental Forest, USA", *Forest Ecosystems*, Vol. 3, No. 1, 2016.

Qiao Xuning, Gu Yangyang, Zou Changxin, et al., "Temporal Variation and Spatial

Scale Dependency of the Trade – offs and Synergies Among Multiple Ecosystem Services in the Taihu Lake Basin of China", *Science of The Total Environment*, Vol. 651, 2019.

Schröter Matthias, Barton David N, Remme Roy P, et al., "Accounting for Capacity and Flow of Ecosystem Services: A Conceptual Model and a Case Study for Telemark, Norway", *Ecological Indicators*, Vol. 36, 2014.

Shi Yingyuan, Xu Gaohong, Wang Yonggui, et al., "Modelling Hydrology and Water Quality Processes in the Pengxi River Basin of the Three Gorges Reservoir Using the Soil and Water Assessment Tool", *Agricultural Water Management*, Vol. 182, 2017.

Xia Jingjing, Xu Gaohong, Guo Ping, et al., "Tempo – Spatial Analysis of Water Quality in the Three Gorges Reservoir, China, after its 175 – m Experimental Impoundment", *Water Resources Management*, Vol. 32, No. 9, 2018.

Xiao Qiang, Hu Dan, Xiao Yang, "Assessing Changes in Soil Conservation Ecosystem Services and Causal Factors in the Three Gorges Reservoir Region of China", *Journal of Cleaner Production*, Vol. 163, 2017.

Xu Xibao, Yang Guishan, Tan Yan, et al., "Ecosystem Services Trade – offs and Determinants in China's Yangtze River Economic Belt from 2000 to 2015", *Science of The Total Environment*, Vol. 634, 2018.

Zhu A – Xing, Wang Ping, Zhu Tongxin, et al., "Modeling Runoff and Soil Erosion in the Three – Gorge Reservoir Drainage area of China Using Limited Plot Data", *Journal of Hydrology*, Vol. 492, 2013.

长江经济带科技型企业创新生态评价研究报告[*]

吴传清 孟晓倩 尹礼汇[**]

摘 要：优化创新生态是全面提升科技型企业创新综合实力和竞争力的有效路径。从创新主体、创新支持、创新资源和创新环境四个维度构建科技型企业创新生态评价指标体系，并对长江经济带11省份创新生态发展水平进行评价，评价结果显示长江经济带下游地区创新生态发展水平远远高于中上游地区，江苏、浙江和上海的创新生态发展水平较高，贵州和云南创新生态发展水平最低；长江经济带上中下游地区的创新生态发展水平都呈上升趋势，其中中游地区增长速度最快，上游次之，下游最慢。优化长江经济带科技型企业创新生态，需要完善"五链"协调机制、完善创新资源集聚和高效配置机制、完善创新型成果转化激励机制、完善产学研融合协同创新机制和完善科技型企业创新保障机制。

关键词：科技型企业 创新生态 长江经济带 熵权法

---

[*] 基金项目：国家社会科学基金项目"推动长江经济带制造业高质量发展研究"（19BJL061）。

[**] 作者简介：吴传清，武汉大学经济与管理学院教授、区域经济学专业博士生导师、产业经济学专业博士生导师，武汉大学中国发展战略与规划研究院副院长、长江经济带发展战略研究中心主任，武汉大学区域经济研究中心主任；孟晓倩、尹礼汇，武汉大学经济与管理学院博士研究生。

一 引言

党的十九届四中全会提出要完善科技创新体制机制，建立以企业为主体、产学研深度融合的科技创新体系，提升产业基础能力和产业链现代化水平。在创新驱动成为中国经济增长新动力背景下，创新生态逐步成为现阶段和未来产业与科技型企业提升和保持竞争优势的关键，优化创新生态是全面提升企业创新综合实力和竞争力的有效路径。而科技型企业作为知识和技术创新的主要支撑载体，是科学技术转化成现实生产力的重要载体，承载着未来科学技术发展的方向。长江经济带发展，是我国重点推进的国家重大战略，长江经济带集聚的人口和创造的GDP均占到全国40%以上，是我国经济和活力中心。推动长江经济带高质量发展，要以科技型企业为中心，建立创新生态评价体系，研究长江经济带11省份创新生态发展现状，培育发展先进产能，优化创新生态发展水平，加快科技创新。

关于科技型企业的内涵界定，学术界众说纷纭。Shearman 和 Burrell（1988）认为，科技型企业是以从事高技术产业为主要经营领域的各类技术类企业，创新水平较高。史竹琴（2017）指出，科技型企业是指依靠某一项科技成果或尖端技术而设立的企业，具有高成长性，未来收入预期较好。李恩平等（2017）认为，科技型企业是指在发展过程中将科技创新作为企业的核心价值源泉，将科技成果转化为现实生产力，提供相关技术服务的企业。国家科技部火炬中心将"科技型中小企业"定义为：依托较多的科技人员去从事科学技术研发活动，取得自主知识产权并将其产权转化为高新技术产品或服务，从而实现创新可持续发展的企业。结合以上所述，科技型企业一般具备以下基本内涵和显著特征：以技术创新为主；以科技型人员的创新为基础；将最新的科技成果转为现实企业生产水平，主要生产科技类产品及服务。

关于创新生态的研究，学术界主要从创新生态的内涵和现状进行分析研究。吕玉辉（2011）、杜德斌（2012）等对创新生态的内涵进行研究；史竹生（2019）、邵云飞、王玲杰（2020）等从创新生态视角对国内外不同地区创新生态现状进行了比较实证研究（见表1）。

表1 "创新生态"相关研究文献一览

作者（时间）	相关文献
吕玉辉（2011）	创新生态是指实施和影响创新活动的机构和制度的总和
杜德斌（2012）	创新生态是企业、大学、研究机构等创新机构和政府、中介等创新服务机构与创新环境相互作用而形成的动态整体
史竹生（2019）	基于创新生态的视角运用DEA模型对安徽省中小企业创新效率进行评价研究，显示各城市企业的创新效率呈显著差异化，整体创新效率不高
邵云飞、刘博（2020）	利用创新生态理论对成都市新经济企业创新生态系统各要素现状与可行性进行了比较分析
王玲杰（2020）	对中瑞创新生态的比较研究，对中国优化创新生态提出推动全员创新、全面创新和全链式创新

关于科技型企业创新生态的研究，学术界主要从科技型企业创新生态的构成要素和创新生态评价进行研究。在创新生态要素构成方面，林仁红（2015）认为，创新生态要素包括科技金融子系统、科技人才子系统、技术市场子系统、外部人才子系统等。刘雪芹（2016）将企业创新生态分为基础体系、运行支撑体系、演化引导体系三大要素。史竹琴（2017）将科技型企业创新生态分为创新基础层、创新主体层、创新协同层、创新支持层、创新载体和环境五大要素。段杰（2020）将创新生态核心要素分为创新主体、创新资源、创新环境和创新能力；关于科技型企业创新生态评价，相关学者通过建立不同的指标体系对不同的科技型企业进行评价研究（见表2），主要运用能值分析、DEAHP模型、熵值法、Topsis法、层次分析、因子分析等方法对不同地区科技型企业的创新生态进行评价研究。

不同学者围绕科技型企业创新生态问题进行了深入研究，认为创新生态环境的提升是企业提升竞争优势的核心，尤其是科技型企业，如微软、谷歌、阿里巴巴等公司依赖于创新生态的建立和完善，科技型企业创新产品技术含量高，知识密集程度水平较高，通过技术创新来生产满足需求的创新产品，实现企业创新发展。

表 2　　　　　　　　科技型企业创新生态评价相关文献

作者（时间）	主要内容
梁巧转（2007）	利用能值分析方法对科技型企业创新生态系统进行评价分析
任腾等（2015）	利用 DEAHP 模型方法对全国 31 个省份的生态经济系统发展水平进行评价分析
谢延钊，郝寿义（2015）	建立创新倾向、现有创新能力、企业创新氛围、R&D 投入强度、创新产品的研发、投产及销售能力的指标体系对科技型中小企业创新能力进行评价
孙琪等（2016）	利用熵值法和 Topsis 相结合方法，对浙江省创新生态系统进行评价研究
李恩平等（2017）	利用大数据技术围绕中小型科技型企业的创新能力将科技创新能力进行全面评价
郭晋宇（2017）	建立评价指标体系，对山西科技创新城创新生态系统进行了研究
高艳妮（2018）	构建创新主体竞争力、系统组织能力、创新环境适宜度以及系统恢复力四维西安市科技型企业创新系统评价指标体系
李洋（2018）	利用因子分析法对互联网企业的创新生态整体发展水平进行了健康性评价
刘敏（2018）	构建了高技术企业创新生态系统可持续发展评价指标体系，运用因子分析和 Topsis 综合评价法，对我国 29 个省市的高技术企业可持续发展情况进行了评价

科技型企业创新生态即指：以科技型企业为主体，大学、科研机构、政府、金融机构等各创新组织组合为系统要素载体和创新环境要素（基础设施、政策、文化等）间相互依赖、相互作用和相互适应而形成的复杂网络结构，通过整合人力、技术、土地、资本、数据等创新要素，实现创新要素集聚，获取创新优势，为创新生态的各个主体带来价值创造，最终实现创新资源共享、优势互补、风险共担。

二　科技型企业创新生态评价指标选取与评价方法

（一）评价指标

借鉴相关研究成果，本报告从创新主体（创新企业、创新投入和创新产出)、创新支持(财政和金融支持)、创新资源(高校和科研机构)和创新环境(经济、自然、创业和法制环境)等层面构建省域科技型企业创新生态评价指标体系,涉及4个一级指标、10个二级指标共29个三级指标的指标体系(见表3)。

本报告侧重从省域比较的视角,研判长江经济带科技型企业创新生态发展水平。相关数据采自《中国科技统计年鉴》《中国高技术产业统计年鉴》《中国火炬统计年鉴》以及EPS数据库、各省市统计年鉴。

表3　　　　科技型企业创新生态评价指标体系

一级指标	二级指标	三级指标	权重
创新主体	创新企业	高科技产业企业数(个)	0.0356
		高新技术企业数量(个)	0.0359
	创新投入	高科技产业从业人员年平均人数(人)	0.0367
		高科技产业RD活动人员折合全时当量(人年)	0.0377
		高科技产业RD经费内部支出(万元)	0.0379
		科技活动人员数(万人)	0.0350
		研究与试验发展RD人员全时当量(人年)	0.0343
		研究与试验发展RD经费内部支出(万元)	0.0349
		研究与试验发展RD经费投入强度	0.0315
	创新产出	高科技产业专利申请数(件)	0.0391
		高科技产业产值占GDP比重	0.0315
		有效发明专利数(件)	0.0364
		高新技术企业产品销售收入(亿元)	0.0348
		高科技产业出口交货值(亿元)	0.0431
创新资源	高校和科研机构	高等学校个数(所)	0.0315
		高等学校RD从业人员数(人)	0.0319
		发表科技论文数	0.0326
		教育经费(万元)	0.0315
		每万人在校大学生人数	0.0304

续表

一级指标	二级指标	三级指标	权重
创新环境	经济环境	外商直接总额（万美元）	0.0348
		GDP输出值（亿元）	0.0323
		第二、第三产业占比	0.0302
	创业环境	科技企业孵化器数量	0.0350
		技术市场成交额（万元）	0.0387
	法制环境	政府创新政策数量（条）	0.0300
	自然环境	电力消费量（亿千瓦小时）	0.0320
		工业污染治理完成投资（亿元）	0.0331
创新支持	财政支持	科技公共财政支出（亿元）	0.0335
	金融支持	投资金额（万元）	0.0381

科技型企业创新生态评价从以下四个方面进行度量：

（1）创新主体。主要从科技型企业主体角度来度量长江经济带创新生态发展水平，主要包括创新企业（高科技产业企业数和高新技术企业数量）、创新投入（高科技产业从业人员年平均人数、高科技产业RD活动人员折合全时当量、科技活动人员数、R&D人员全时当量、高科技产业RD经费内部支出、R&D经费内部支出、R&D经费投入强度）和创新产出（高科技产业专利申请数、高科技产业产值占GDP比重、有效发明专利数、高新技术企业产品销售收入和高科技产业出口交货值）3个二级指标共14个三级指标。

（2）创新资源。衡量不同省份高校和科研机构创新发展基础水平，主要包括5个三级指标：高等学校个数、每万人在校大学生人数、高等学校RD从业人员数、发表科技论文数和教育经费等。

（3）创新环境。度量企业所处的创新环境水平，主要包括经济环境（外商直接总额，GDP输出值和第二、第三产业占比）、创业环境（科技企业孵化器数量和技术市场成交额）、法制环境（政府创新政策数量）和自然环境（工业污染治理完成投资和电力消费量）4个二级指标共8个三级指标。

（4）创新支持。从企业创新资金来源角度来度量科技型企业创新生态发展水平,主要有政府科技财政支持和金融机构资金支持 2 个三级指标。

(二)评价方法

评级指标体系确立的直接目的是为了得到科技型企业创新生态综合评价结果,判断长江经济带科技型企业创新生态发展水平,而各指标权重会影响最终的评价结果。

在综合评价指标体系的应用中,确定指标权重的方法主要分为两种:主观赋权法和客观赋权法。客观赋权法主要根据原始数据信息所提供的信息量来确定指标权重,而主观赋权法更多是根据主观上对各指标的重视程度来确定指标权重。结合两者特点,本报告采用客观赋权法——熵权法评价长江经济带科技型企业创新生态发展水平。

使用熵值法确定权重,可消除确定权重的人为主观因素。根据熵值大小,即各项指标值的变异程度,可计算出不同指标的权重。具体计算过程如下:

首先,利用极差标准化方法对各项指标进行无量纲化处理,然后将数据进行标准化。数据标准化采用公式为:

正向指标:

$$Z_i = \frac{X_i - X_{\min}}{X_{\max} - X_{\min}}, \quad i = 1, 2, 3, \cdots, n$$

负向指标:

$$Z_i = \frac{X_{\max} - X_i}{X_{\max} - X_{\min}}, \quad i = 1, 2, 3, \cdots, n$$

其中,Z_i 为数据标准化值,X_i 为数据原始值,$X_{\max}$ 为原始数据组中最大值,$X_{\min}$ 为原始数据组中最小值。

其次,利用熵权法公式计算指标客观权重,首先计算各指标熵值,然后计算各指标权重,各项指标的权重计算结果如表 3 所示。

最后,为了全面、科学和客观地掌握省域科技型企业创新生态发展水平,在获得评价指标标准值和权重系数的基础上,应用线性加权综合法将评价指标值和权重系数"合成"省域创新生态发展水平评价值。记为:

$$x_i = \sum_{j=1}^{31} z_{ij} w_j, \quad i = 1, 2, \cdots, n$$

其中，x_i 为第 i 个省份的创新生态发展绩效评价值，z_{ij} 为标准化后的数据，w_j 为熵权法算出的权重。

三 长江经济带科技型企业创新生态发展水平评价

考虑到指标数据的可得性和严谨性，本报告在实证分析时没有将法制环境指标纳入其中。表 4 展示了长江经济带 11 省份科技型企业创新生态评价结果。从表 4 可知，长江经济带着力推动科技成果转化和高技术产业发展，科技进步和创新对全国经济社会发展的支撑引领作用不断增强，创新生态发展水平实现了快速提升。

（一）创新生态发展水平整体评价

从长江经济带创新生态整体发展水平来看，长江经济带创新生态发展水平呈现稳步上升的趋势，高于长江经济带以外地区和全国平均水平，且和长江经济带以外地区的创新生态发展水平差距逐渐加大，体现了长江经济带创新生态发展水平增长速度较快，2013—2018 年长江经济带创新生态发展水平由 2013 年的 0.95 上升至 2018 年的 1.49，增长率为 56.8%。从长江经济带上中下游地区创新生态发展水平来看，各地区创新生态发展水平都呈上升趋势，且上中下游地区差异明显，下游地区的创新生态发展水平远远超过了中上游创新生态发展水平。从增长速度来看，长江经济带上中下游排名为：中游＞上游＞下游，上中下游增长率分别为 57.1%、71.2% 和 50.3%，中游地区创新生态发展水平增长较快。

从长江经济带沿线 11 省份创新生态发展水平来看，下游地区的江苏省、浙江省和上海市创新生态发展水平在长江经济带排名前三位，分数都在 2 以上，上游地区的创新生态发展水平较低，其中贵州和云南两个省份的创新生态发展水平最低，不到 0.5，需要借助西部大开发和西部陆海通道的契机提高创新生态发展水平，营造良好的创新生态环境。在创新生态发展水平增长速度上来看，江西和湖北创新生态发展水平增长率分别为 85% 和 71%，增长率较高。湖南和安徽省的创新生态排名分别从 2013 年的第 15 名和第 14 名上升到 2018 年的第 12 名和第 10 名，创新生态排名实现了快速的上升。2013—2018 年，长江经济带技术创新投入和产出都实现了逐年增加,表现出对技术创新的高度重视。长江经济带 11 个省份之间的创新生态发展水平差距较大,创新生态发展水平具有强省份集聚效应,拥有先发基础优势的江苏、浙江等省份在前期拥有更多的大型先进企业、高素质人才、雄厚的资金和创新的技术,创新资源实现持续集聚。从全国来看,长江经济带沿线 11 省份中分别有江苏、浙江、上海、湖北、四川和安徽 6 个省份创新生态发展水平占据全国前十名,占比超过 50%。

表4 2013—2018 年长江经济带 11 省份科技型企业创新生态评价结果

年份 地区	2013 得分	排名	2014 得分	排名	2015 得分	排名	2016 得分	排名	2017 得分	排名	2018 得分	排名
上海	1.40	6	1.51	6	1.79	4	1.85	6	1.96	6	2.12	6
江苏	2.97	2	3.16	2	3.39	2	3.63	2	3.81	2	4.18	2
浙江	1.43	5	1.55	5	1.78	5	1.97	4	2.12	4	2.40	4
安徽	0.73	14	0.82	11	0.88	12	1.03	10	1.07	10	1.19	10
江西	0.45	18	0.48	18	0.57	18	0.63	18	0.72	18	0.84	17
湖北	0.86	7	0.97	7	1.07	7	1.22	7	1.33	7	1.46	7
湖南	0.65	15	0.71	15	0.80	14	0.82	14	0.99	12	1.07	12
重庆	0.49	17	0.57	17	0.59	17	0.71	17	0.75	17	0.83	18
四川	0.86	8	0.90	10	0.97	9	1.07	9	1.15	9	1.35	8
贵州	0.28	25	0.33	25	0.33	25	0.36	25	0.40	25	0.45	23
云南	0.33	24	0.35	24	0.38	24	0.39	24	0.42	23	0.45	24
长江经济带	0.95	1	1.03	1	1.14	1	1.24	1	1.34	1	1.49	1
非长江经济带	0.71	2	0.77	2	0.84	2	0.92	2	1.01	2	1.10	2
上游地区	0.49	3	0.54	3	0.57	3	0.63	3	0.68	3	0.77	3
中游地区	0.66	2	0.72	2	0.81	2	0.89	2	1.01	2	1.13	2
下游地区	1.93	1	2.08	1	2.32	1	2.48	1	2.63	1	2.90	1
全国	0.79		0.87		0.94		1.03		1.13		1.24	

注:长江经济带 11 省份排名为全国排名。
资料来源:根据测算结果整理。

（二）创新生态发展水平分类评价

1. 创新主体

从长江经济带创新主体发展水平与全国平均水平比较而言，长江经济带创新主体发展水平整体保持平稳上升态势，优于长江经济带以外地区和全国平均水平。2013—2018年长江经济带创新主体发展水平由2013年的0.69稳步上升至2018年的1.03，增长率为49.3%。从长江经济带上中下游地区创新主体发展水平比较而言，上中下游地区差异显著，特别是下游地区与中上游地区创新主体发展水平的差距较大，下游地区发展水平超过了中上游发展水平之和。从增长速度来看，长江经济带上中下游排名为：中游＞上游＞下游，上中下游增长率分别为64.5%、78.6%和39.7%，中游地区创新主体发展水平增长速度较快，具有后发优势，较易引进先进技术，下游地区则具有先发优势，持续引领长江经济带创新主体发展水平。

从长江经济带沿线11省份创新主体发展水平来看，差异显著，且未有收敛迹象。下游地区的江苏、浙江和上海的创新主体发展水平在长江经济带排名前三位，3个省份的高新技术企业数量占长江经济带比重达57%，东部沿海地区创新主体集聚效应明显。科技型企业的创新投入和产出指标在长江经济带中都占据较高比例，江苏、浙江和上海3省份的高新技术企业数量占据长江经济带比重达57%。江苏、浙江、上海、湖北和四川创新主体发展水平稳居全国前十位，引领长江经济带乃至全国创新发展水平，推动长江经济带创新主体利用高效化。上游地区的贵州、云南创新主体发展水平排名靠后。

表5　2013—2018年长江经济带11省份科技型企业创新主体评价结果

年份 地区	2013 得分	2013 排名	2014 得分	2014 排名	2015 得分	2015 排名	2016 得分	2016 排名	2017 得分	2017 排名	2018 得分	2018 排名
上海	1.16	4	1.20	4	1.25	5	1.31	5	1.37	6	1.45	5
江苏	2.28	2	2.38	2	2.50	2	2.67	2	2.82	2	3.03	2
浙江	1.11	5	1.19	5	1.30	4	1.41	4	1.54	4	1.75	4
安徽	0.47	13	0.56	11	0.61	11	0.68	11	0.75	10	0.82	10
江西	0.29	18	0.30	18	0.39	17	0.45	17	0.52	16	0.62	16

续表

年份 地区	2013 得分	排名	2014 得分	排名	2015 得分	排名	2016 得分	排名	2017 得分	排名	2018 得分	排名
湖北	0.56	9	0.61	9	0.69	8	0.76	7	0.82	7	0.93	7
湖南	0.41	15	0.45	14	0.51	14	0.55	14	0.64	14	0.71	14
重庆	0.36	16	0.41	16	0.47	15	0.55	15	0.62	15	0.68	15
四川	0.64	7	0.63	8	0.66	9	0.74	8	0.78	8	0.85	8
贵州	0.13	23	0.16	23	0.20	22	0.18	24	0.22	23	0.25	22
云南	0.12	24	0.13	24	0.17	24	0.19	23	0.21	24	0.23	24
长江经济带	0.69	1	0.73	1	0.79	1	0.86	1	0.93	1	1.03	1
非长江经济带	0.48	2	0.51	2	0.54	2	0.59	2	0.64	2	0.71	2
上游地区	0.31	3	0.33	3	0.37	3	0.42	3	0.46	3	0.51	3
中游地区	0.42	2	0.46	2	0.53	2	0.58	2	0.66	2	0.75	2
下游地区	1.26	1	1.33	1	1.42	1	1.52	1	1.62	1	1.76	1
全国	0.55		0.59		0.63		0.69		0.74		0.82	

注：长江经济带11省份排名为全国排名。
资料来源：根据测算结果整理。

2. 创新支持

从长江经济带创新支持发展水平与全国平均水平比较来看，长江经济带创新支持发展水平高于长江经济带以外地区和全国平均水平。从长江经济带上中下游地区创新支持发展水平比较来看，上中下游地区创新支持水平呈稳定的梯度递增格局，上游地区最弱，中游地区较强，下游地区最强。上游和中游地区差异较小，但差距呈逐步扩大的态势，下游地区创新支持水平远远高于中上游地区。从增长速度来看，长江经济带上中下游排名为：中游＞下游＞上游，上游地区无论从创新支持水平或增长速度来看，都低于中下游地区。

从长江经济带沿线11省份创新支持发展水平比较而言，沿线11省份创新支持发展水平省际差异显著，不同年份的创新支持水平呈波动趋势。下游地区的江苏、上海和浙江的创新支持水平在长江经济带排名前三位，在全国分列第3名、第4名、第5名，远超全国平均水平，其中江苏省的财政科技支出占长江经济带比重达到52%。江西省创新支持水平排名上升最快，2013—2018年从第25名上升到第12名，创新支持水平快速提升。上游地区的重庆、贵州和云南的创新支持水平较低，而且不同年份的波动较大。

表6 2013—2018年长江经济带11省份科技型企业创新支持评价结果

年份 地区	2013 得分	2013 排名	2014 得分	2014 排名	2015 得分	2015 排名	2016 得分	2016 排名	2017 得分	2017 排名	2018 得分	2018 排名
上海	0.10	4	0.12	4	0.27	3	0.22	4	0.25	3	0.27	4
江苏	0.11	3	0.15	3	0.23	4	0.23	3	0.24	4	0.27	3
浙江	0.07	5	0.11	5	0.18	5	0.22	5	0.21	5	0.19	5
安徽	0.05	7	0.05	8	0.06	9	0.12	6	0.10	8	0.12	6
江西	0.02	25	0.02	21	0.03	19	0.04	19	0.04	16	0.06	12
湖北	0.03	11	0.06	12	0.07	7	0.10	7	0.11	6	0.11	7
湖南	0.03	16	0.04	12	0.04	13	0.04	20	0.07	13	0.07	10
重庆	0.02	18	0.03	16	0.02	26	0.05	16	0.03	20	0.03	19
四川	0.03	13	0.04	11	0.06	10	0.06	10	0.05	14	0.09	9
贵州	0.01	27	0.02	23	0.02	25	0.03	22	0.03	19	0.04	17
云南	0.03	14	0.02	24	0.03	23	0.02	23	0.03	18	0.02	22
长江经济带	0.04	1	0.06	1	0.09	1	0.10	1	0.11	1	0.12	1
非长江经济带	0.03	2	0.04	2	0.06	2	0.08	2	0.09	2	0.07	2
上游地区	0.02	3	0.03	3	0.03	3	0.04	3	0.04	3	0.04	3
中游地区	0.02	2	0.04	2	0.05	2	0.06	2	0.07	2	0.08	2
下游地区	0.08	1	0.11	1	0.19	1	0.20	1	0.20	1	0.21	1
全国	0.04		0.05		0.07		0.09		0.09		0.09	

注：长江经济带11省份排名为全国排名。
资料来源：根据测算结果整理。

3. 创新资源

从长江经济带创新资源发展水平与全国平均水平比较来看，长江经济带创新资源发展水平整体保持平稳上升态势，优于长江经济带以外地区和全国平均水平，但是2013—2018年的增长率为30%，较低于全国31%的增长率。从长江经济带上中下游地区创新资源发展水平比较而言，上中下游地区差异不是很显著，呈收敛趋势，具体排名为下游＞中游＞上游。从增长速度来看，长江经济带上中下游排名为：上游＞中游＞下游，上中下游增长率分别为48.6%、26.3%和25.0%，上游地区创新资源增长速度较快。

表7　2013—2018年长江经济带11省份科技型企业创新资源评价结果

年份 地区	2013 得分	排名	2014 得分	排名	2015 得分	排名	2016 得分	排名	2017 得分	排名	2018 得分	排名
上海	0.57	10	0.61	12	0.63	10	0.64	12	0.66	12	0.68	11
江苏	0.96	1	1.11	1	1.08	1	1.10	1	1.15	1	1.20	1
浙江	0.54	12	0.56	14	0.63	11	0.67	10	0.70	9	0.72	9
安徽	0.49	15	0.61	11	0.56	13	0.57	14	0.58	14	0.59	14
江西	0.44	16	0.44	20	0.50	16	0.54	16	0.56	15	0.58	15
湖北	0.74	4	0.80	5	0.81	5	0.83	5	0.85	5	0.87	6
湖南	0.54	11	0.58	13	0.61	12	0.64	11	0.68	10	0.72	10
重庆	0.42	18	0.49	17	0.48	18	0.50	17	0.52	17	0.53	17
四川	0.59	9	0.63	10	0.72	8	0.74	8	0.76	7	0.82	7
贵州	0.21	26	0.28	25	0.30	24	0.35	24	0.39	24	0.43	24
云南	0.28	23	0.33	23	0.35	23	0.38	23	0.40	23	0.43	23
长江经济带	0.53	1	0.59	1	0.61	1	0.63	1	0.66	1	0.69	1
非长江经济带	0.41	2	0.46	2	0.47	2	0.49	2	0.51	2	0.53	2
上游地区	0.37	3	0.43	3	0.46	3	0.49	3	0.52	3	0.55	3
中游地区	0.57	2	0.61	2	0.64	2	0.67	2	0.70	2	0.72	2
下游地区	0.64	1	0.72	1	0.72	1	0.74	1	0.77	1	0.80	1
全国	0.45		0.51		0.52		0.54		0.56		0.59	

注：长江经济带11省份排名为全国排名。
资料来源：根据测算结果整理。

从长江经济带沿线11省份创新资源发展水平来看，江苏、湖北和四川创新资源水平最高，江苏省创新资源在全国排名第一位，而上海的创新资源 2018 年仅排名第 11 位，说明上海市的高校和科研机构创新产出较低，需加大对创新资源的投入和培养提高上海市整体创新生态发展水平。贵州、云南和重庆创新资源发展水平排名比较靠后，创新资源较低。

4. 创新环境

从长江经济带创新环境发展水平与全国平均水平比较而言，长江经济带创新环境发展水平和发展速度都高于长江经济带以外地区和全国平均水平。从长江经济带上中下游地区创新环境发展水平比较而言，上中下游地区创新环境发展水平呈稳定的递增格局，上游地区最弱，中游地区较强，下游地区最强，上中下游地区的发展差异呈逐步扩大的态势。从增长速度来看，长江经济带上中下游排名为：中游＞下游＞上游，增长率分别为 45%、41% 和 27%。

从长江经济带沿线 11 省份创新环境发展水平比较来看，11 省份的创新环境发展水平省际差异显著。下游地区的江苏、浙江和上海的创新环境水平在长江经济带排名前三位，远超全国平均水平。江苏省科技型企业孵化器数量为 695 个，占长江经济带整体的 35.5%。安徽、湖北和四川的创新环境发展水平排名上升较快，分别从 2013 年的第 16 名、第 15 名和第 17 名上升到 2018 年的第 12 名、第 9 名和第 11 名，创新环境发展水平增长率分别为 36%、59% 和 50%。贵州和云南创新环境提升水平较低，排名发生了大幅度下滑，分别从第 23 名和第 22 名下降到第 28 和第 25 名，增长率仅为 4% 和 14%。中西部重庆、成都、武汉等中心城市科技型企业的发展处于快速上升期，产业链条和创新生态还没有形成完整的链条，内部市场主体规模较小，但通过税一系列的优惠政策，如税收、落户等政策，创新环境方面得到优化，吸引了大量企业入驻，推动创新生态发展水平快速提高。

针对长江经济带科技型企业创新生态发展水平的现状，长江经济带要实现创新生态的高质量发展，可从以下几个方面入手：

（1）需要完善货币财政政策体系。中央和地方政府可通过运用财政资金转移，降低税收水平，通过低息贷款和财政补贴等方式支持科技研发活动，推进科技型企业创新生态发展。

表8　2013—2018年长江经济带11省份科技型企业创新环境评价结果

年份 地区	2013 得分	2013 排名	2014 得分	2014 排名	2015 得分	2015 排名	2016 得分	2016 排名	2017 得分	2017 排名	2018 得分	2018 排名
上海	0.63	6	0.69	6	0.75	6	0.87	6	0.88	6	0.97	6
江苏	1.18	1	1.19	1	1.28	1	1.40	1	1.43	2	1.59	2
浙江	0.77	4	0.81	4	0.84	5	0.91	5	0.94	5	1.08	4
安徽	0.44	16	0.41	17	0.44	17	0.52	12	0.53	15	0.60	12
江西	0.32	20	0.33	20	0.35	20	0.36	20	0.40	20	0.43	19
湖北	0.44	15	0.48	13	0.49	13	0.57	8	0.61	9	0.70	9
湖南	0.38	18	0.39	18	0.43	18	0.42	18	0.49	18	0.53	18
重庆	0.33	19	0.36	19	0.37	19	0.38	19	0.40	19	0.43	20
四川	0.42	17	0.46	16	0.46	15	0.49	15	0.54	14	0.63	11
贵州	0.28	23	0.28	26	0.24	28	0.24	29	0.27	27	0.29	28
云南	0.29	22	0.30	24	0.30	22	0.29	24	0.30	26	0.33	25
长江经济带	0.50	1	0.52	1	0.54	1	0.59	1	0.62	1	0.69	1
非长江经济带	0.44	2	0.48	2	0.48	2	0.50	2	0.55	2	0.60	2
上游地区	0.33	3	0.35	3	0.34	3	0.35	3	0.38	3	0.42	3
中游地区	0.38	2	0.40	2	0.42	2	0.45	2	0.50	2	0.55	2
下游地区	0.75	1	0.77	1	0.83	1	0.92	1	0.95	1	1.06	1
全国	0.46		0.49		0.50		0.53		0.57		0.63	

注：长江经济带11省份排名为全国排名。

资料来源：根据测算结果整理。

（2）协调区域发展。长江经济带各区域创新生态发展水平存在显著差异，需要建立良好合适的区域协调发展体制机制，实现不同层次地区的均衡发展。一方面要提高资源的合理最优配置水平，增强集聚的外部扩散效应，促进经济良性整体发展。另一方面要加强产业、区域间联系强度，促进资本、劳动、技术等生产要素和商品的流通。另外，要根据区位优势、比较优势合理定位各省市分工，避免各省、市之间产业结果趋同造成的浪费。

（3）完善人才政策。注重创新人才的培养，构建产学研一体化合作平台，促进企业、政府、高校、科研机构等的相互交流，加强资源互通共享。

（4）实现投资多元化。积极鼓励民间多元资本，培育提高风险投资群体数量，也要充分利用全球金融市场，制定优惠政策，吸引海外各种资本的投资，加大对于风险投资的力度。

（5）加强技术创新。逐渐形成技术创新合作互助网络，各种技术创新的资源通过网络化联系实现快速资源共享和流动，完成整合和优化配置，多种不同机构的相互交流提高技术创新的成功率，实现技术创新对产业发展的促进作用，提高产业效能。

四 优化长江经济带科技型企业创新生态的对策建议

建设现代化经济体系，推动长江经济带经济高质量发展，增强国际竞争力，从根本上讲要靠创新。"十四五"时期，提升长江经济带科技型企业创新生态发展水平，必须进一步完善科技创新体制机制改革，优化区域创新生态，提高长江经济带科技型企业创新生态发展水平。

（一）完善"五链"协调机制

加强长江经济带创新链、产业链、资金链、人才链、政策链"五链统筹"，围绕主导产业，长江经济带要完善产业链、健全人才链、优化政策链、部署创新链、完善资金链，形成"五链融合贯通"的科技型企业创新生态环境。

一是促进全链式产业链创新。加快长江经济带产业链全面完善创新，提升全链式产业链创新水平。完善创新全流程接力机制，推进长江经济带不同省份跨区域的生产体系建设，以不同地方区域的知识产权交易平台为主要载体，体现人才价值资本、技术、数字等要素的市场化，形成产业链配套体系的集聚化和价值高端化。

二是沿产业链整合创新资源。重点要对长江经济带产业重要的核心技术进行识别；引导创新资源，以科技型企业为主体，以完善长江经济带全产业链为目的，建设一批企业重点实验室、科技研发中心、企业创新中心等科研机构。

三是科学合理布局创新资金链条。把创新目标定位为资金使用效率最大化，合理分配创新资金的有效使用，建立完善充分的资金链条。围绕产业链上下游协同发展的创新机构，构建形成完整创新平台支持建设资金链条；同时，要积极调动社会各行业风险投资，围绕资金完整链条布局，建设一批具有较强创新能力的科技金融服务平台。

（二）完善创新资源集聚和高效配置机制

一是加强高端要素培育。加强长江经济带核心技术创新发展，努力攻克"卡脖子"技术，加强金融科技水平发展，鼓励长江经济带国有银行、民营银行和各金融机构开展科技创新活动，加强对中小微企业的扶持，形成多元化银行创新实施体系。

二是集聚创新资源打造"创新共同体"。集聚长江经济带创新资源，加强创新资源的合理利用。在区域经济的高速发展下，全方面集聚、配置人才、企业、产业等创新资源。长江经济带科技园区的升级快速发展，要结合自身现状和特点及优势，以形成具有较高竞争力的世界级产业集群为主要目标，在形成创新生态四类主要要素（高校、科研机构、企业、金融等投融资机构）的创新共同体中，形成城市创新生态系统和创新创业社区。

三是完善创新资源高效配置机制。加大政府创新投入，促进部门协调，提高创新资源高效配置效率。加强对长江经济带中西部地区政策倾斜，推动创新生态快速发展，加速区域经济一体化，进一步完善高校协同配置创新生态资源。通过创新全产业链利用资源的融合与衍生特点，配合产业要素间的交叉，形成联动发展的新格局。

（三）完善创新型成果转化激励机制

一是推动技术成果与产业发展深度融合。充分利用长江经济带高校创新资源和技术成果水平，促进高校、科研机构和企业的合作，将技术成果和企业产业链进行融合，使科技成果能有所用，实现科技成果转化为产业发展，提高两方面融合效率，促进企业快速发展和技术成果的有效转化。

二是发挥企业在科技成果转化中的主体作用。提高长江经济带科技型企业的创新水平和能力，充分发挥好以科技型企业为主体的产学研机制。加快推进以科技成果转化为核心的现代服务体系，分担科技型企业在创新过程中的系统风险。加强长江经济带科技型企业在科技成果转化过程中的资金支持。设立科技型企业科技成果转化基金，提高资金支持和保障，为科技型企业开展成果转化应用提供资金支持。

三是提升科技成果转化率。依托长江经济带产业技术研究院，全力推动技术研发、成果转化、人才培养、企业培育、产业升级等功能的有机融合，促进产业关键技术攻关、科技成果转移转化、原创性技术创新和自主知识产权培育。建立高校院所的考核标准和机制，提升科研成果奖励水平，建立成果持有人的资金支持激励、金融配套激励等全链条的激励机制，全方位激励高校院所科技成果的转化。

（四）完善产学研融合协同创新机制

一是突出企业创新主体和技术创新核心地位。支持大中小企业和各类创新主体协同创新，推动科技成果转化机制的实现，积极发展创新动能，提升产业基础创新水平和产业链现代化水平。要突出科技型企业在技术创新中的决策者、投资者和组织者地位，在集聚产业创新资源、推动重大研发成果应用中，加强长江经济带上中下游、大中小微企业合作，在技术创新决策、研发投入、科研组织实施等各个环节，切实发挥企业主体和市场导向作用。

二是搭建协同创新联盟或共同体。高校不仅要顺应企业技术创新的多样化需求，更要主动联系企业，在深入磋商中激发和挖掘企业技术创新需求，会同有关科研院所，探索合作举办技术研究院和专项研发中心，创造条件结成协同创新联盟或共同体。通过设立产学研协同创新管理委员会，发挥高校吸引企业家参与机制的作用，促进现代企业制度、现代大学制度、现代科研管理制度相结合，根据企业需求，精准承担技术研发项目、调整人力资源开发模式，形成以市场需求为导向、以企业为主体、高校及科研机构发挥主动性的长效机制，在相同或相近领域技术创新攻关上形成更大合力。

三是搭建产学研深度融合的资源服务平台。利用大数据、人工智能、网络通信等前沿技术手段，大力整合科技成果信息共享平台、科技中介服务平台、知识产权和技术交流交易平台等资源，按产业链汇聚融合研发创新资源，共建基于大数据的产学研协同创新资源服务平台。以产业知识图谱刻画创新生态中各要素及关系，以深度学习等感知智能技术挖掘并强化各要素间的对接，为创新生态的各线下参与方赋能，为技术转移人员、科研人员、政策制定者和其他服务人员提供辅助决策，孵化以科技创新为驱动的产业集群，打造承载这些产业集群的空间实体，匹配与之相融合的政策体系和服务体系，实现各种创新生态要素的动态多维组合，演化形成线上线下融合的科技创新生态。

（五）完善科技型企业创新保障机制

一是强化支持创新政策统筹协调。组织开展创新政策实时监控，对创新政策的制定和实施实现协调统筹机制，对新制定创新政策进行及时严格审查。加强中央和地方两级政府的政策统筹协调，确保中央和地方政策之间能够相互支持和配合。

二是建立健全科学分类的创新评价制度体系。推进长江经济带不同要素之间合理的考核评价体系，实施按照绩效分类评价，将评价结果作为政府科技经费支出的重要参考。对评价进行实时监控，定期进行修改和完善，探索实施政府、公众和社会组织等全方位参与的新型考核评价机制。

三是要积极培育创新文化机制。创新环境的好坏对企业创新水平的高低有重要的作用，创新文化氛围的营造可以极大地鼓励企业创新，激发企业创新精神，让企业能够敢于创新、有创新精神，培养良好的创新学术文化氛围，提高科技型人员的创新素质和能力。

参考文献

包宇航、于丽英：《创新生态系统视角下企业创新能力的提升研究》，《科技管理研究》2017年第6期。

陈伟：《基于科技型中小企业视角的企业创新生态系统治理机制分析》，《商业经济研究》2017年第11期。

陈战波、朱喜安：《科技型中小企业持续创新能力评价体系研究》，《技术经济与管理研究》2015年第3期。

段杰：《粤港澳大湾区创新生态系统演进路径及创新能力：基于与旧金山湾区比较的视角》，《深圳大学学报》（人文社会科学版）2020年第2期。

高艳妮：《西安科技型企业创新系统现状评价及创新生态系统构建研究》，硕士学位论文，西安理工大学，2018年。

康敏：《共生视角下科技型企业创新生态系统稳定性及治理研究》，硕士学位论文，哈尔滨工程大学，2017年。

李恩平、郭晋宇：《中国省际全要素能源效率差异的空间统计分析》，《统计与决策》2017年第6期。

李露：《基于ANP法的科技企业创新绩效评价研究》，《科学管理研究》2016年第5期。

李洋：《互联网企业创新生态系统运行及评价研究》，硕士学位论文，陕西师范大学，2018。

刘丹等：《科技型小微企业创新生态系统网络治理研究》，《科技进步与对策》2019年第4期。

刘佳：《西安市科技型中小企业创新效率研究》，硕士学位论文，西安理工大学，2013年。

吕玉辉：《企业技术创新生态系统探析》，《科技管理研究》2011年第16期。

任腾、陈晓春：《基于DEAHP模型的区域生态经济系统可持续发展评价》，《湖南大学学报》（自然科学版）2015年第3期。

邵云飞、刘博：《完善新经济企业创新生态系统的研究——以成都市为例》，《电子科技大学学报》（社会科学版）2020年第5期。

史竹琴：《科技型中小企业创新生态系统构建与运行机制研究》，博士学位论文，太原理工大学，2017年。

苏屹、刘敏：《高技术企业创新生态系统可持续发展机制与评价研究》，《贵州社会科学》2018年第5期。

王玲杰：《创新生态的中瑞比较研究》，《中州学刊》2020年第3期。

王娜、王毅：《产业创新生态系统组成要素及内部一致模型研究》，《中国科技论坛》2013年第5期。

温科等：《产业创新生态的运行现状、发展潜力与类别》，《科技管理研究》2020年第4期。

谢延钊、郝寿义：《科技型中小企业创新指数评价体系研究》，《现代管理科学》2015年第4期。

Shearman C., Burrell G., "New Technology – based Firms and the Emergence of New Industries: Some Employment Implications", *New Technology, Work and Environment*, 1988 (3): 87 – 99.

长江经济带数字经济发展研究报告[*]

刘 钒 马 祎[**]

摘　要： 基于改进的长江经济带数字经济发展指数评价体系，从基础型、技术型、资源型、融合型和服务型数字经济五个维度，系统评价长江经济带 11 个省份的数字经济发展质量。结果表明，长江经济带数字经济发展水平从下游向中上游呈逐渐降低的趋势，基本与地区经济发展水平呈正相关关系；下游地区数字经济发展优势明显，中游地区稳中有进，上游地区亟待突破。整体上，长江经济带数字经济发展存在认识不足、区域不平衡、同质化倾向、低端化重复、受新冠肺炎疫情冲击大等不足。后疫情时代，长江经济带应着力完善数字经济发展顶层设计，加强数字经济发展区域合作，打造数字经济重要载体及品牌，推进新型基础设施建设，强化数字技术人才培养，加速企业数字化转型，加快公共服务数字化转型，把数字经济打造成高质量发展的新引擎。

关键词： 长江经济带　数字经济　高质量发展

一　长江经济带数字经济发展的重要意义

数字经济正在加速向经济社会发展各领域、各环节渗透，日益成为

---

[*] 基金项目：湖北省软科学研究重点项目"湖北省发展'数字科技'驱动经济社会转型升级的战略路径研究"（2020EDA013）；湖北省科协科技创新智库研究项目"以数字经济引领高质量发展的湖北实践与发展方略"（HBKX2019YJKT15）。

[**] 作者简介：刘钒，博士，武汉大学发展研究院副院长、副教授、硕士生导师；马祎，武汉大学发展研究院硕士研究生。

驱动经济增长和发展方式转变的强大动力。党的十八大以来，习近平总书记在多个场合多次提出了"做大做强数字经济"的重要论述和系列指示。2019年国务院政府工作报告提出"深化大数据、人工智能等研发应用，壮大数字经济"。2020年国务院政府工作报告再次提出："全面推进'互联网+'，打造数字经济新优势"。党和政府的高度重视，为长江经济带加快数字经济发展提供了重要指导。

大力发展数字经济，对于我国新时代高质量发展具有重要意义。2017年，我国数字经济规模为26.70万亿元人民币，同比增长17.24%，占我国GDP的比重由2016年的30.61%上升至32.28%。2018年，全国数字经济规模达到31.3万亿元，占GDP比重上升至34.8%。2019年，全国数字经济增加值规模达到35.8万亿元，占GDP比重达到36.2%。可见，数字经济对我国经济增长的促进作用十分明显，日益成为加快实体经济转型升级和推动供给侧结构性改革的重要支撑。

高质量发展要求提高供给体系的质量，充分挖掘供给侧要素的潜力，提高全要素生产率。发展数字经济高度契合高质量发展的内涵。通过促进数字经济和实体经济的融合，一方面能够推动传统企业进行信息化转型，另一方面能够激发各类创新主体的创新潜力，推进信息技术由助力经济发展的辅助工具向引领经济发展的核心引擎转变。建设现代化经济体系，保证经济顺利实现高速增长到高质量发展的转型，理应高度重视数字经济的战略作用，全方位保障数字经济的良性发展。

长江经济带11省市集聚了全国40%以上的人口和经济总量，是我国经济发展的重心所在。2016年3月，国家发展改革委等三部门联合出台《长江经济带创新驱动推动产业转型升级方案》，强调创新驱动实现产业转型升级是长江经济带绿色发展的重要任务。2016年9月，《长江经济带发展规划纲要》正式明确了"一轴、两翼、三极、多点"的发展新格局。2018年4月，习近平总书记在深入推动长江经济带发展座谈会上指出，"推动长江经济带发展是关系国家发展全局的重大战略"，长江经济带的建设要切实贯彻"五大发展理念"，从根本上实现"共抓大保护、不搞大开发"。数字经济高度契合高质量发展的特征，使其成为长江经济带各地区着力推动高质量发展的重要手段。

长江经济带横跨东西、连南接北，集沿海、沿江、沿边、内陆为一体，具有经济发展不同阶段的特征，非常有利于数字经济发展。中国信息通信研究院的数据统计显示：2017年长江经济带数字经济规模超过12万亿元，占GDP比重的32.60%。在上游，贵州的大数据产业做得有声有色；在中游，湖北武汉的"中国光谷"、安徽合肥的"中国声谷"特色鲜明；在下游，长三角加快建设科技创新策源地，一大批各具特色的战略性新兴产业在长江集聚发展，数字经济已经逐渐成为长江经济带各省市转型发展的重要驱动力。

2020年伊始暴发的新冠肺炎疫情，给长江经济带各省市经济发展带来了重大损失。在新一代数字技术的强有力支撑下，数字经济及其衍生的新商业模式成为对冲疫情不利影响、保企业稳就业的重要力量，加快了经济社会各个领域的数字化转型进程。当然，新冠肺炎疫情也暴露出长江经济带中上游地区数字经济发展相对滞后、传统产业数字化基础薄弱、数字技术与实体经济融合不够、数据开放共享水平不高等诸多短板。因此，在后疫情时代，长江经济带各省市要紧紧抓住数字经济发展的窗口期，通过技术创新、政策创新、机制创新、模式创新，大力推动数字产业化和产业数字化融合发展，不断优化数字经济发展环境，通过高水平数字经济助推高质量发展。

二 长江经济带数字经济发展环境

（一）数字经济发展规模

据《中国数字经济发展与就业白皮书（2018）》显示，长江经济带数字经济发展迅速，见表1。从规模上看，长江经济带数字经济规模达到12.2万亿元，其中，下游地区数字经济规模最高，达到65718亿元；上游地区数字经济规模第二，为32381亿元；中游地区数字经济规模最低，仅为23817亿元。其中，江苏省、浙江省、上海市、湖北省和四川省排在前五位，总量均超过了1万亿元。从占比来看，2017年长江经济带数字经济占GDP比重为32.60%，其中，下游地区数字经济占比最高，达到39.20%；上游地区数字经济占比第二，为27.50%；中游地区数字经济占比最低，仅为27.10%。其中，上海市、浙江省、江苏省、湖北省和重庆市排在前五位，占比均超过了30%。从增速方面看，2017年长江经济带数字经济同比增长21.60%，其中上游地区数字经济增速最高，达到24.60%；中游地区数字经济增速第二，为22.20%；下游地区数字经济增速最低，为20.20%。其中，贵州省、江西省、四川省和安徽省排在前四位，均超过23%。

表1　　2017年长江经济带三个地区数字经济统计数据

单位：亿元、%

地区	数字经济规模	占GDP的比重	增速
上游	32381	27.50	24.60
中游	23817	27.10	22.20
下游	65718	39.20	20.20

资料来源：根据《中国数字经济发展与就业白皮书（2018）》提供的相关统计数据整理。

无论是数字经济规模还是占GDP比重，下游地区都处于领先地位，中上游地区处于落后位置；但是从增速上来看，上游地区的增速最高。可见，长江经济带下游地区在数字经济规模总量上有着绝对的优势，但中上游地区也处于追赶之势。

（二）数字经济发展政策环境

长江经济带各省市普遍重视数字经济发展，积极贯彻落实"数字中国"战略，制订实施数字化发展规划和行动计划，加快推进新一代信息技术与经济社会发展紧密融合。例如，浙江省将数字经济列为"一号工程"，提出"争创国家数字经济示范省"；上海提出要建立"亚太数据之都"；贵州省创造性提出资源型、融合型、技术型和服务型"四型"数字经济；重庆市将数字经济发展定位为全市推动高质量发展和创造高品质生活的"牛鼻子"，要求举全市之力推动数字产业化和产业数字化协同发展……为实现数字经济战略目标，各省市陆续出台了一系列政策和指导文件，见表2。这些政策文本从不同方面对数字经济发展进行了规划和引导，以更好地支持本地数字经济加快发展。

表2　长江经济带各省市数字经济发展的政策文件

地区	时间	政策
浙江	2019年4月	《浙江省人民政府关于加快推进5G产业发展的实施意见》
	2018年9月	《浙江省数字经济五年倍增计划》
	2018年1月	《关于进一步加快软件和信息服务业发展的实施意见》
	2017年3月	《关于深化制造业与互联网融合发展的实施意见》
上海	2019年10月	《上海加快发展数字经济推动实体经济高质量发展的实施意见》
	2017年1月	《关于本市加快制造业与互联网融合创新发展的实施意见》
	2017年1月	《上海市工业互联网创新发展应用三年行动计划（2017~2019年）》
江苏	2018年12月	《关于进一步加快智能制造发展的意见》
	2018年5月	《江苏省新一代人工智能产业发展实施意见》
安徽	2018年10月	《支持数字经济发展若干政策》
	2018年9月	《关于加快建设"数字江淮"的指导意见》
湖北	2017年2月	《湖北省云计算大数据发展"十三五"规划》
	2017年2月	《湖北省软件和信息技术服务业"十三五"发展规划》
	2017年5月	《关于深化制造业与互联网融合发展的实施意见》
湖南	2016年11月	《湖南省软件和信息服务业发展规划》
重庆	2018年12月	《重庆市加快"互联网+医疗健康"发展行动计划》
	2018年11月	《重庆市进一步加强跨境电子商务发展工作方案》
	2018年5月	《重庆市深化"互联网+先进制造业"发展工业互联网实施方案》
四川	2018年11月	《关于加快推进四川省数字经济与实体经济深度融合发展的实施意见》
	2018年3月	《成都市推进数字经济发展实施方案》
江西	2019年2月	《江西省实施数字经济发展战略的意见》
贵州	2018年6月	《关于促进数据云计算人工智能创新发展加快建设数字贵州的意见》
	2018年2月	《贵州省实施"万企融合"大行动打好"数字经济"攻坚战方案》
	2017年3月	《关于推动数字经济加快发展的意见》
	2017年2月	《贵州省数字经济发展规划》
云南	2019年2月	《关于成立建设"数字云南"领导小组的通知》

三 长江经济带数字经济发展质量评价

2016年，G20峰会通过的《二十国集团数字经济发展与合作倡议》对数字经济进行了如下定义："以使用数字化的知识和信息作为关键生产要素、以现代信息网络作为重要载体、以信息通信技术的有效使用作为效率提升和经济结构优化的重要推动力的一系列经济活动。"据此，将"数字经济发展质量"界定为：通过充分的技术应用和深入的产业融合，将市场容量优势、产业需求优势、制度供给优势转化为数字经济发展的品质优势，不断催生数字经济的新产业、新业态、新模式，推进数字经济发展的效率变革与动力变革，实现数字经济发展向速度与质量并重的根本性转变。

（一）评价方法

1. 评价指标体系

本报告综合考虑长江经济带数字经济发展需求和数据可得性，从基础型数字经济、资源型数字经济、技术型数字经济、融合型数字经济和服务型数字经济五个方面对长江经济带数字经济发展质量进行综合评价。其中，基础型数字经济和资源型数字经济是数字技术实现的物理载体，是保障数字经济高质量发展的基础；技术型数字经济是数字经济发展的主线，是推动数字经济高质量发展的核心驱动力。只有依靠数字化技术不断创新，才能不断催生数字经济新产业新业态新模式，用新动能推动新发展；融合型数字经济和服务型数字经济重点体现数字经济与生产和生活领域的融合创新。只有推动数字经济与传统产业融合创新，推动数字技术对传统产业进行全方位改造，才能持续激发数字经济高质量发展。构建的数字经济发展质量评价指标体系见表3。

具体而言，基础型数字经济主要是指数字基础设施建设，包括电子信息制造业、信息通信业、软件和信息技术服务业等，体现了数字经济的"硬实力"。因此，本报告选用互联网域名数、移动电话普及率、光缆线路长度、电子信息制造业发展指数和数据中心数量作为数字基础设施的衡量指标。

资源型数字经济体现了对数据资源的利用能力，包括潜在的数据规模和数据资源的集聚和应用，如移动用户规模、手机 App 的历史访问记录、互联网用户数等。因此，选用政府信息公开数量作为数据应用的衡量指标，选用移动互联网接入流量、移动互联网用户数和宽带接入用户数作为潜在数据资源的衡量指标。

表3　　　　数字经济发展质量评价指标体系

一级指标	二级指标
基础型数字经济	移动电话普及率
	光缆线路长度
	互联网域名数
	电子信息制造业发展指数
	数据中心数量
资源型数字经济	政府信息公开数量
	移动互联网接入流量
	移动互联网用户数
	宽带接入用户数
技术型数字经济	高技术产业专利申请数
	高技术产业 R&D 人员折合全时当量
	生产设备数字化率
	在统孵化器数量
	高等学校发表科技论文
融合型数字经济	有电子商务交易活动企业占比
	农业电商综合示范县数量
	大中型工业企业 R&D 项目数
	两化融合管理体系贯标示范企业
服务型数字经济	网络零售额占 GDP 比重
	公共图书馆电子阅览室终端数
	科技服务业固定资产投资占全社会固定资产投资比重
	政务服务机构微博数量

技术型数字经济主要体现为数字领域的技术投入，技术转化和技术输出。对于我国目前数字经济发展阶段来说，技术性数字经济主要体现

在技术自主研发、技术获取与改造升级。因此,选取高等学校发表科技论文、高技术产业专利申请数、高技术产业R&D人员折合全时当量、生产设备数字化率和在统孵化器数量五项指标来衡量技术型数字经济发展水平。

融合型数字经济主要体现为互联网技术、通信技术与第一、第二产业的融合带来的规模增长。融合型数字经济的发展与基础型信息经济的发展相辅相成,都是数字技术和设施在传统产业中的应用。因此,从数字技术与工业、农业的融合角度出发,选取有电子商务交易活动企业占比、农业电商综合示范县数量、大中型工业企业R&D项目数和两化融合管理体系贯标示范企业数作为衡量指标。

服务型数字经济主要指信息技术与第三产业的融合,是针对消费者各方面生活需求提供的便捷、高效、快速的数字服务。具体包括基础应用（社交、网络搜索等）、公共服务（教育、医疗、政务和出行）和商务类应用（网上购物、生活服务、旅行等）等方面。因此,本报告选取网络零售额占GDP比重、公共图书馆电子阅览室终端数、科技服务业固定资产投资占全社会固定资产投资比重和政务服务机构微博数量作为服务型数字经济的衡量指标。

2. 评价指标赋权

本报告采用熵权法对评价指标进行赋权。

（1）数据来源。考虑到数据指标的可获得性与可比性,本报告从《中国统计年鉴》《中国信息产业年鉴》《中国科技统计年鉴》《中国高技术产业统计年鉴》等专题数据库中遴选2015—2018年长江经济带沿线11个省市的统计数据进行量化分析。

（2）数据标准化。将指标数据进行标准化无量纲化处理：假设给定了k个指标X_1,X_2,…,X_k,其中$X_i = \{x_1, x_2, …, x_n\}$；假设对各指标数据标准化后的值为$Y_1$,$Y_2$,…,$Y_k$,那么：

$$Y_{ij} = \frac{x_{ij} - \min(X_i)}{\max(X_i) - \min(X_i)}$$

（3）计算指标的信息熵。根据信息论中的信息熵定义,一组数据的信息熵可以根据以下公式来计算：$E_j = -\ln(n)^{-1} \sum_{i=1}^{n} \ln p_{ij}$ ($j = 1$, 2, …, p)。

(4) 确定指标的权重。根据信息熵的计算公式，计算出各个指标的信息熵为 E_1，E_2，…，E_k。通过信息熵计算各指标的权重：$W_i = \dfrac{1-E_i}{k-\sum E_i}$ ($i=1, 2, …, k$)。

使用 Matlab 软件测算出各个指标的权重，见表4。

表 4　　　　　数字经济发展评价指标的权重

一级指标	一级指标权重	二级指标	二级指标权重
基础型数字经济	0.175	移动电话普及率	0.050
		光缆线路长度	0.040
		互联网域名数	0.019
		电子信息制造业发展指数	0.052
		数据中心数量	0.014
资源型数字经济	0.162	政府信息公开数量	0.063
		移动互联网接入流量	0.035
		移动互联网用户数	0.021
		宽带接入用户数	0.043
技术型数字经济	0.264	高技术产业专利申请数	0.062
		高技术产业 R&D 人员折合全时当量	0.050
		高技术产业投资额	0.031
		在统孵化器数量	0.074
		高等学校发表科技论文	0.047
融合型数字经济	0.177	有电子商务交易活动企业占比	0.026
		农业电商综合示范县数量	0.030
		大中型工业企业 R&D 项目数	0.070
		两化融合管理体系贯标示范企业	0.051
服务型数字经济	0.222	网络零售额占 GDP 比重	0.092
		公共图书馆电子阅览室终端数	0.036
		科技服务业固定资产投资占全社会固定资产投资比重	0.037
		政务服务机构微博数量	0.057

（二）评价结果分析

选用功效系数法作为规范化方法，将指标得分映射到 [60，100] 这个分数间，按照百分制中 60 分及格、100 满分的原则进行评分。利用上述评价指标及其赋权测算 11 个省市数字经济发展质量，结果见表 5。

1. 总体评价

（1）数字经济地域差异明显。长江经济带数字经济发展指数基本符合从东向西逐渐降低的趋势，与地区经济发展水平呈正相关（见图 1）。从 2015 年开始，长三角地区的江苏省、浙江省和上海市一直稳居前三位；中部地区除江西省之外，都处于第二梯队；第三梯队主要集中在西部地区，除四川省之外的西部省份亟须突破。

表 5　　2015—2018 年长江经济带数字经济发展质量得分

地区	省份	2015 年 总指数（分）	排名	2016 年 总指数（分）	排名	2017 年 总指数（分）	排名	2018 年 总指数（分）	排名
长江下游地区	上海	73.40	3	74.50	3	77.30	3	79.20	3
	江苏	79.60	2	83.80	1	85.50	1	86.50	1
	浙江	74.50	1	80.50	2	82.60	2	83.70	2
长江中游地区	安徽	64.40	6	69.80	5	71.60	5	72.60	5
	江西	63.10	8	63.20	9	65.50	9	66.80	10
	湖北	66.60	5	69.30	6	70.70	6	71.10	6
	湖南	64.20	7	65.80	7	68.10	7	68.20	7
长江上游地区	重庆	62.70	9	63.80	8	65.80	8	67.60	8
	四川	70.60	4	72.60	4	76.10	4	76.70	4
	贵州	60.40	10	62.70	10	64.10	10	67.90	9
	云南	60.30	11	60.50	11	61.30	11	63.10	11

（2）长三角数字经济优势突出。长三角地区依托高水平的技术人才资源、良好的产业基础、极佳的地理位置以及与国际社会的密切交流，不仅是我国经济中心地带，而且是国内数字经济发展的"排头兵"。

（3）长江中游地区稳中求进。长江中游地区凭借传统产业基础和新兴产业领域的消费红利，紧紧跟随经济发达地区的步伐，在数字经济发展上取得了不俗成绩。其中，湖北、湖南等地高水平大学众多、高素质技术人才丰富，为若干重点城市群发展数字经济提供了坚实基础。

（4）长江上游迎来重大机遇。长江上游地区除四川省凭借在服务型数字经济领域的优异表现跻身第二梯队之外，其他各省数字经济发展相对一般。但是，长江上游地区作为新时代西部大开发战略和"一带一路"倡议的政策交会区域，数字经济发展前景不可小觑，特别是在资源型数字经济和基础型数字经济等方面或可取得率先突破。

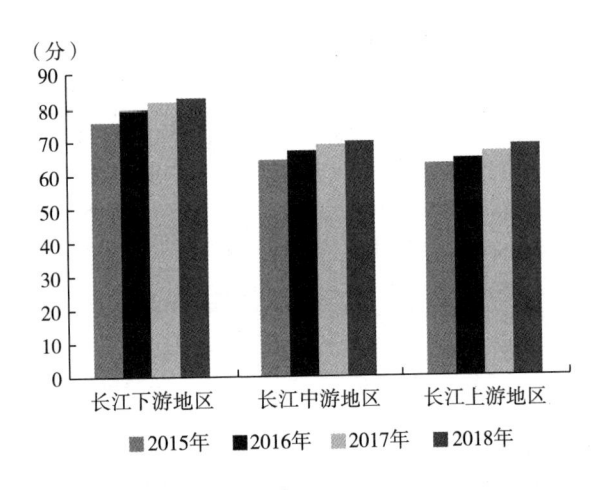

图1 2015—2018年长江经济带平均数字经济发展指数

2. 基础型数字经济评价

从基础型数字经济的评分情况来看（见图2），江苏、上海两省不仅在互联网接入量、每百人拥有计算机数这些代表传统基础设施的指标上位居前两位，在数据中心数量这种代表着新型基础设施的指标上也是名列前茅，稳居基础型数字经济第一梯队，尤其是江苏省一直遥遥领先；浙江、重庆、四川、湖南、安徽和湖北处于第二梯队，评分普遍在14—16分；江西、贵州和云南三省评分略高于12分。但是从具体的指标数据来看，尤其是在传统数字基础设施方面，得益于我国不断推进的互联网普及工作，长江上游地区与中下游地区的差距并不是特别明显。

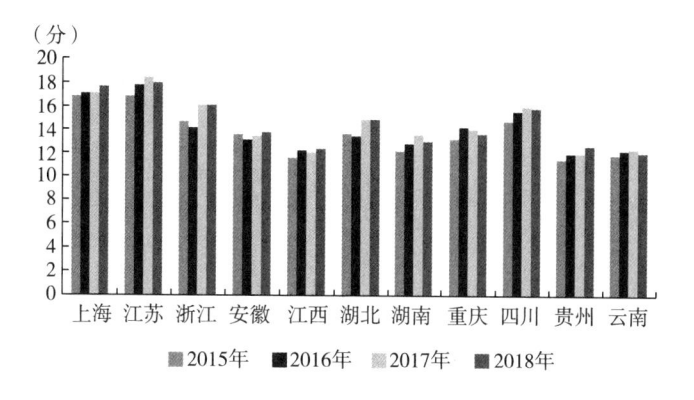

图 2 长江经济带各省市基础型数字经济指数评分

浙江省在 2015 年、2016 年的基础型数字经济评分略高于 14 分，2018 年则已达到 16 分，仅次于江苏和上海。2018 年，浙江省基础型数字经济各二级指标均排名前三位（见表 6）。因此，此处选取浙江省作为代表性省份进行剖析。浙江省是我国经济发展活跃度最高的地区之一，拥有阿里巴巴、海康威视、网易等多个数字领域领军企业，还拥有浙江大学、西湖大学、之江实验室等一批重点高校和科研机构。浙江省充分发挥自身优势，不断推进新型基础设施建设，陆续制定出台《浙江省数据中心"十三五"发展规划》等一系列政策，不断夯实"数据+"发展基石。2019，浙江省发布了"一大关键动力、两大基础支撑、三大重点领域"构成的六大数字化转型重点任务，先后与中国电子科技集团、阿里巴巴、腾讯等数字科技领军企业建立了共同推进数字经济的紧密合作关系。

表 6　　2018 年浙江省基础型数字经济指标统计数据

浙江省基础型数字经济指标数据		排名
移动电话普及率（部/百人）	144.80	2
光缆线路长度（千米）	3021204	2
互联网域名数（万个）	149.20	2
电子信息制造业指数	74.70	2
数据中心数量（个）	22	3

3. 资源型数字经济评价

从资源型数字经济的评分情况来看（见图3），浙江、江苏和四川凭借超高的宽带接入数量和极其透明的政务开发平台，形成了第一梯队；贵州、湖北、安徽、上海和湖南位于第二梯队；而云南、江西和重庆在数字经济资源领域相对滞后，说明三省市在对数据生产要素价值的开发上尚未成熟，数字产业化还有很大提升空间。

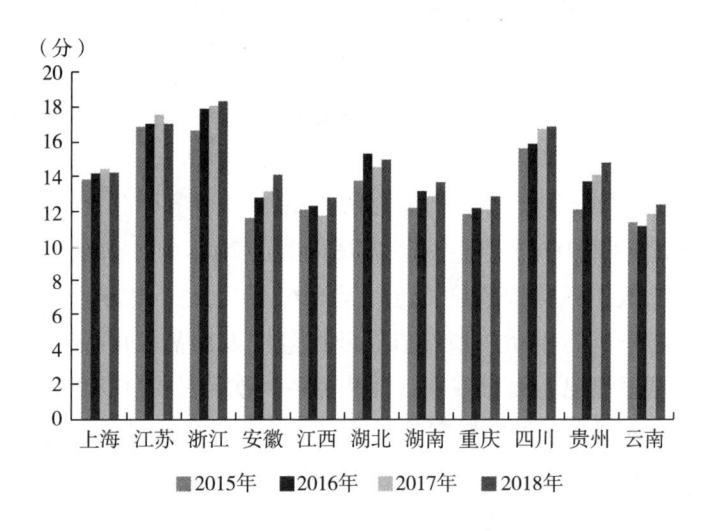

图3 长江经济带各省市资源型数字经济指数评分

贵州省作为长江上游省份，经济社会发展水平相对落后，但在数字资源领域表现良好。2015年，贵州省资源型数字经济得分刚过12分，到2018年已经实现"弯道超车"进到第五位。将各省份2018年的资源型数字经济指标和数字经济发展指数进行交叉分析（见图4），可以看到两者之间存在一定正相关关系，仅有贵州省由于在资源型数字经济上的出色表现而处于第二象限。因此，此处选取贵州省作为代表性省份进行剖析。贵州省依靠良好的气候环境以及丰富的能源资源，通过地方政府多方位创新统筹，以我国首个国家级大数据综合试验区为依托，大力实施大数据战略行动，试图把大数据打造为重要支柱产业。华为、阿里巴巴等数字领域龙头企业纷纷在贵州开展布局，助推贵州大数据产业飞速发展。贵州省发展资源型数字经济的经验包括三个方面。一是开放数据环境。2016年，贵州省正式启动"云上贵州"共享平台建设，推动政府数据共享，成为我国首个把法人单位、人口、空间地理、宏观经济四大基础数据库放在一个云平台进行全面共享的地区。二是完善顶层设计。贵州省政府在数字经济发展中发挥了非常重要的角色，其贯彻落实《促进大数据发展行动纲要》，适时出台各种政策法规，全力营造良好的产业发展环境。三是深挖大数据价值。贵州省积极探索数据服务机制，率先建设全国大数据交易市场，深挖大数据价值，发现和培育优秀的大数据商业模式，积极鼓励产业链上下游企业交换共享行业数据。

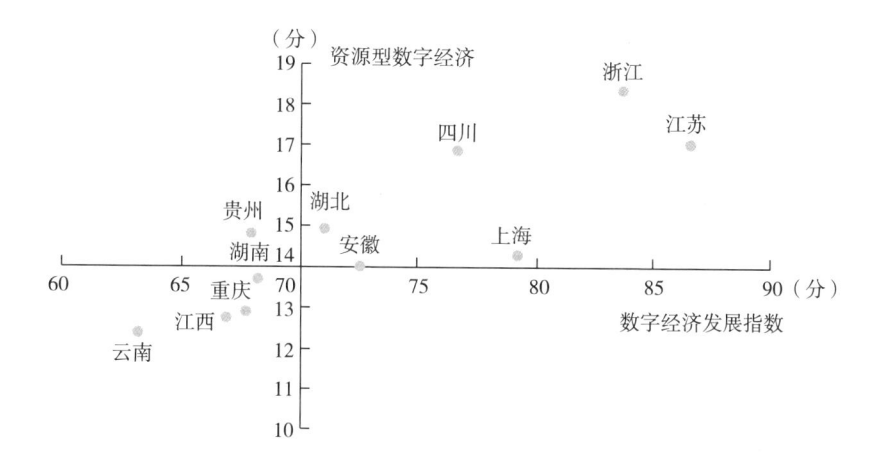

图4 2018年资源型数字经济与总发展指数交叉分析

4. 技术型数字经济评价

从技术型数字经济的评分情况来看（见图5），长江经济带各省份之间的差距较小。主要原因在于，长江沿线各省份普遍重视发展以数字科技为代表的高新技术，对高技术发展和高新技术产业的投入热情普遍较高，从而催生了大量的数字技术成果产出。上海、江苏、浙江、湖南、湖北和安徽等省份，由于在资金和技术上拥有较好基础，在数字技术领域居于领先地位，其余五个省份暂时处于第二梯队。

湖南省在数字经济质量评价中处于中游位置，但2018年湖南省技术型数字经济居第三位。对技术型数字经济与数字经济发展指数的交叉性分析表明（见图6），相较于整体数字经济发展水平，湖南省技术型

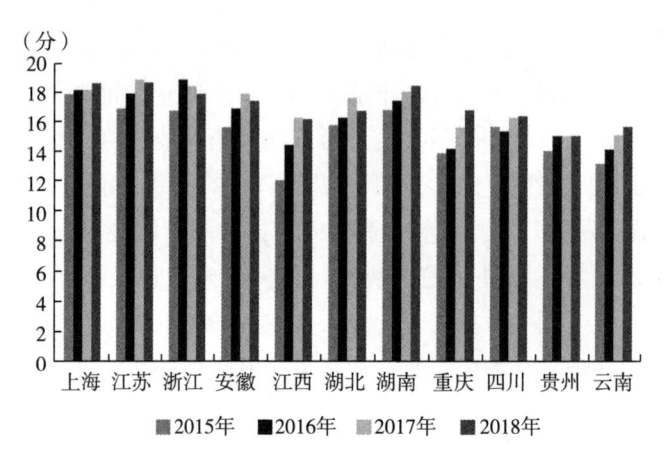

图 5　长江经济带各省市技术型数字经济指数评分

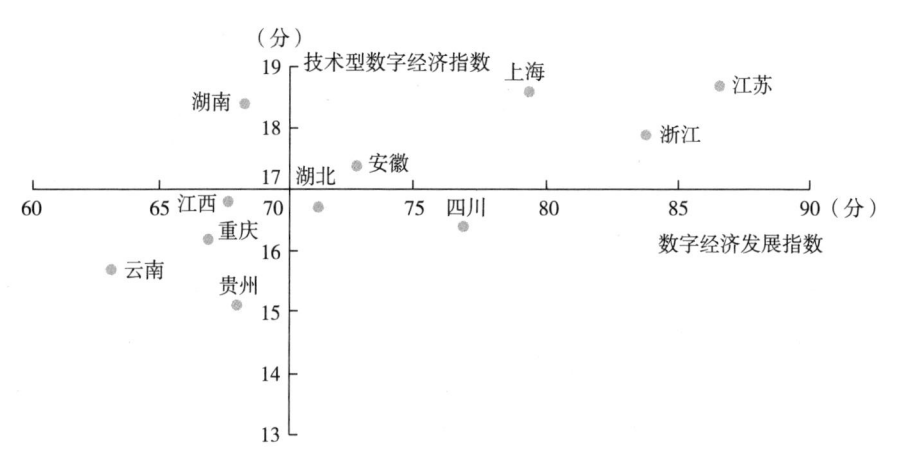

图 6　2018 年技术型数字经济与总发展指数交叉分析

数字经济具有较大优势。因此，此处选取湖南省作为代表性省份进行剖析。湖南省以建设科技强省为目标，在人才、资金、机制等多方面积极推动科技创新，先后出台了《湖南省"十三五"科技创新规划》《长株潭国家自主创新示范区建设三年行动计划》、激发科技创新活力"20条"等政策。尽管湖南省对高新技术创新的投资并不突出，但在企业技术获取与技术改造方面投入较高，使湖南省在 R&D 人员折合全时当量和技术获取与改造支出等指标方面均有良好表现。尤其是，湖南省在超算中心、工业机器人、工业互联网等方面取得了很大进展。湖南省推动技术型数字经济发展的经验可以总结为两个方面：一是依托产业基础明晰数字经济发展方向，选择未来产业突破相对最优的布局方案，促进包括数字技术在内的综合性科技实力不断提升。二是鼓励企业加大数字化技改投资力度，并通过税收优惠全力激发企业数字化改造的积极性，整体推动产业数字化与智能化转型。

5. 融合型数字经济评价

融合型数字经济重点指数字经济与第一、第二产业的融合，体现为新一代信息技术与传统产业的融合带来的规模增长。2015—2018年，上海和江苏的融合型数字经济指数一直位居前列，并列为第一梯队；其中江苏在两化融合方面表现突出，拥有全国最多的两化融合国家级示范企业，在数字化研发设计工具和关键工序数控化方面也首屈一指。浙江、四川、湖北和重庆的指数得分均在14分左右，位列第二梯队。安徽、江西等其余省份指数得分均在12分左右，处于第三梯队（见图7）。

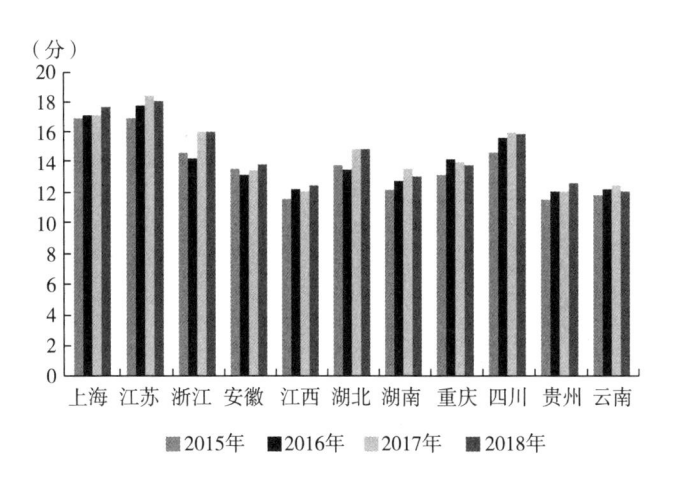

图7 长江经济带各省市融合型数字经济指数评分

江苏省从2015年以来，在数字经济融合领域一直遥遥领先，特别是两化融合水平甚至居全国首位。因此，此处选取江苏省作为代表性省份进行剖析。"十三五"以来，江苏省扎实推进两化融合和智能制造等工作，在两化融合国家级示范企业数、数字化研发设计工具普及率和关键工序数控化率等方面居全国首位，融合型数字经济发展卓有成效。江苏省已成为国内两化融合的标杆，拥有江苏数控、埃斯顿自动化、扬力集团、博众精工、南瑞继保等一大批智能装备制造领军企业。其主要发展措施包括：加快推进工业互联网应用、推广普及企业管控关键系统、规上企业电商普及应用、传统制造企业的智能化及服务化转型。

6. 服务型数字经济评价

近年来，共享经济、体验经济、平台经济等创新服务方式不断涌现，服务业数字化正在从金融、电商等生活领域向生产领域扩散。总体来看，上海、浙江、江苏和四川的服务型数字经济评分较高，并且呈现出明显的阶梯形上升趋势（见图8）。江苏、浙江两省由于本地企业的服务优势，致使其电商行业、直播带货非常发达。四川省以成都为核心带动全省在教育、医疗等方面的数字消费。安徽和江西处于第二梯队，湖北、湖南、贵州以及云南则处于第三梯队。

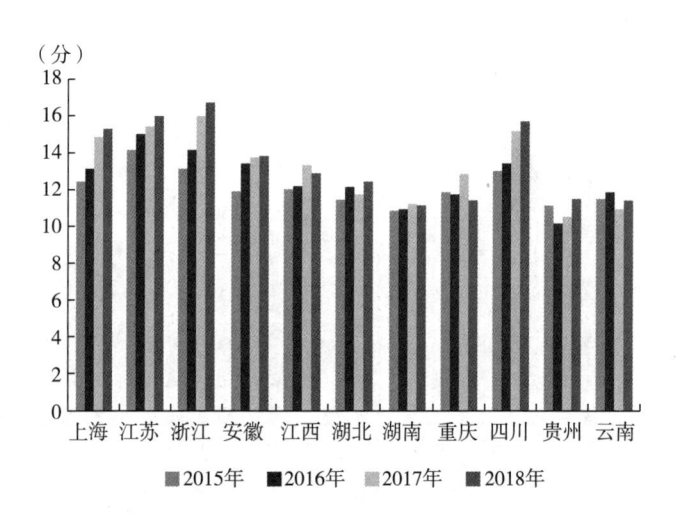

图 8　长江经济带各省市服务型数字经济发展指数评分

四川省位于中国内陆腹地，人口总量位居全国前列，符合服务型数字经济高度依赖市场的特点。四川省会成都市对资本、人才等服务要素的吸引力逐年上升。因此，此处选取四川省作为代表性省份进行剖析。四川省服务型数字经济增长迅速，医疗、教育、电商、餐饮、文化娱乐、康养等重点服务行业的数字化程度不断深化，以成都为核心形成了一批极具潜力的数字创业企业。近几年，四川省成长为我国动漫产业的主要集聚区。成都东郊记忆文化创意产业基地每年举办几十场次动漫类活动，以动漫为主要业态的商家也多聚集于此。四川省还是西部电子商务创新创业中心，是连接"一带一路"国家的重要枢纽和"向西开放"的战略前沿，电子商务尤其是跨境电商发展迅速。四川省针对文化、娱乐、电商、共享等新型服务业态出台了多个专门规划，加快文化产业聚集区建设，开展电商"三万"行动提质升级，鼓励引导共享经济发展。

四 长江经济带数字经济发展的短板

2015年，长江经济带各省市数字经济质量评价平均得分为67分。这一数据到2018年已经提高到73分。可见，长江经济带数字经济呈现出非常好的发展态势，新业态新模式层出不穷，为经济发展注入新动力。然而，长江经济带数字经济发展也面临不小的困难。例如，区域发展不平衡问题较为突出，基于数字经济培育新模式新业态有待加强，企业数字化转型意愿不足，制造业数字化关键核心技术供给不够，缺乏数字经济发展区域协调机制等。

（一）区域发展不平衡问题较为突出

从前文分析可知，长江经济带上中下游地区的数字经济发展存在较大差距。下游地区无论是在硬件、软件还是在产业融合等各个方面，都表现出较高发展水平；上游地区虽然部分城市发展势头良好，但由于起步较晚，总体上还有很大进步空间。长江经济带数字经济区域发展失衡在多个维度有所反映。

一是基础设施建设与利用不平衡。随着"宽带中国""普遍服务"等一系列工作深入推进，各省市信息基础设施不断完善，但区域和城乡发展不平衡的矛盾依然突出。由基础性数字经济评价可见，2018年长江下游地区基础型数字经济指数均超过了16分，其中上海和浙江甚至超过18分；下游地区基础型数字经济指数最高的是四川省，剩余三个省市均未超过14分。从具体指标分析，2017年，上海、江苏、浙江三省的互联网域名数和网站数均位居全国前列（见图9），在11省市中遥遥领先；相比之下，贵州、云南、江西等省份相对落后。

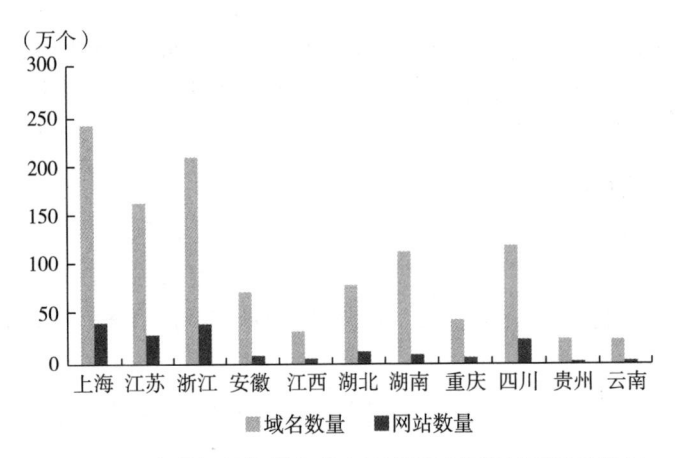

图 9　2017 年长江经济带各省市互联网域名数量和网站数量

二是高技术人才和资源分布不平衡。2018 年，中游地区本科生数量位居全流域第一位（见图 10），然而下游地区的硕博士研究生数量遥遥领先。可见，下游地区作为我国发展最快、开放程度最高、创新能力最强的区域之一，对高技术人才的吸引力非常大，大量吸引了上中游地区的本科以上优秀人才。即便是武汉、成都等拥有百万大学生的城市，也面临着人才外流的难题。

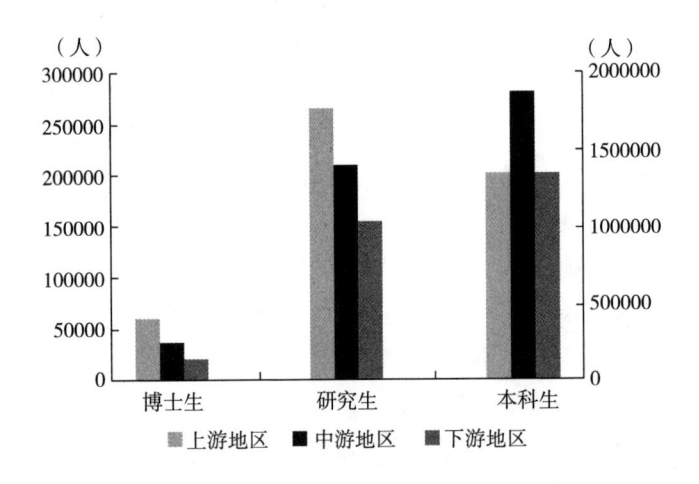

图 10　2018 年长江经济带各地区本科生、研究生和博士生数量

资料来源：根据武书连《挑大学选专业——2018 年高考志愿填报指南》提供的相关数据整理。

三是新兴数字产业发展不平衡。以大数据、人工智能、区块链等为代表的新一代数字产业是数字时代的战略性先导产业，其快速发展能够极大带动传统产业转型升级。长江经济带新一代数字技术企业的总部和研发部门主要集中在上海、浙江等少数省份，上中游地区鲜有大型的新兴数字技术企业。例如，引领我国新一代数字技术创新的阿里巴巴等互联网龙头企业，互联网细分行业领军企业蚂蚁金服、携程、美团评等都位于下游地区。

（二）基于数字经济培育新模式新业态有待加强

长江经济带基于数字经济培育新模式新业态，经常会出现伪创新、同质化、低端化等问题。"劣币驱逐良币"的现象造成许多行业过于追求短期效益，导致新模式新业态的潜力尚未得到充分挖掘。

一是数字产业配套能力不强。经济学原理早已证明，产业配套能力对新模式新业态的发展存在显著关联效应。长江经济带整体上数字产业链条还不完善，数字化服务延伸不够，数字行业人才红利释放不够，导致数字产业化的配套不尽如人意。

二是数字经济效益提升较慢。基于数字经济培育新模式新业态需要较大的投入，加之劳动力、融资成本等全面上涨的叠加影响，加大了数字行业中新模式新业态企业的生产经营压力。新经济企业盈利能力偏弱已成为制约长江经济带数字经济发展的重要因素之一。

（三）企业数字化转型不足且意愿相对较低

由前文讨论可见，2018年，安徽、江西、湖南、重庆、贵州和云南六个省市的融合型数字经济指数均低于14分。从各省市两化融合管理体系贯标示范试点企业数量来看（见图11），仅有江苏省和浙江省两化融合程度较高，其他省市两化融合程度较低。因此，企业信息化和工业化发展不平衡的问题比较突出。许多企业"不会数字化、不敢数字化、不想数字化"。究其原因，有的企业技术能力不足以支撑数字化；有的企业不愿承受风险而不敢数字化；有的企业跳不出原来的舒适圈而不想数字化。

从企业云平台应用率来看（见图12），安徽省一枝独秀，其余省份均低于全国平均水平（40.40%），江西、湖南和贵州三个省份甚至低于20%。可见，尽管长江经济带各省市相继出台了一系列促进企业云发

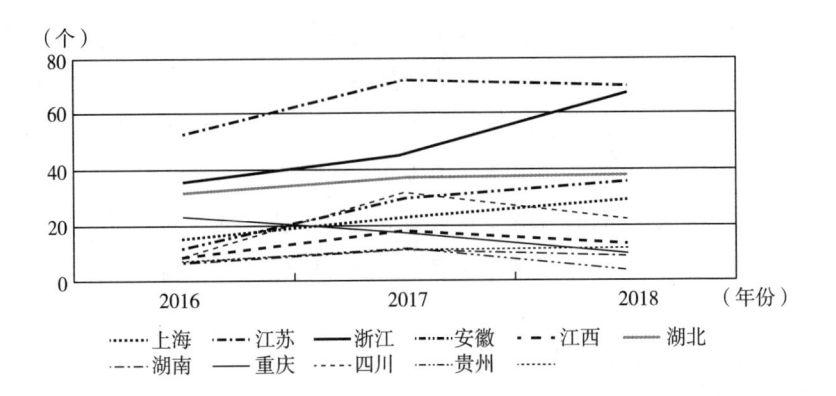

图11 2016—2018年长江经济带各省市两化融合管理体系贯标示范试点企业数

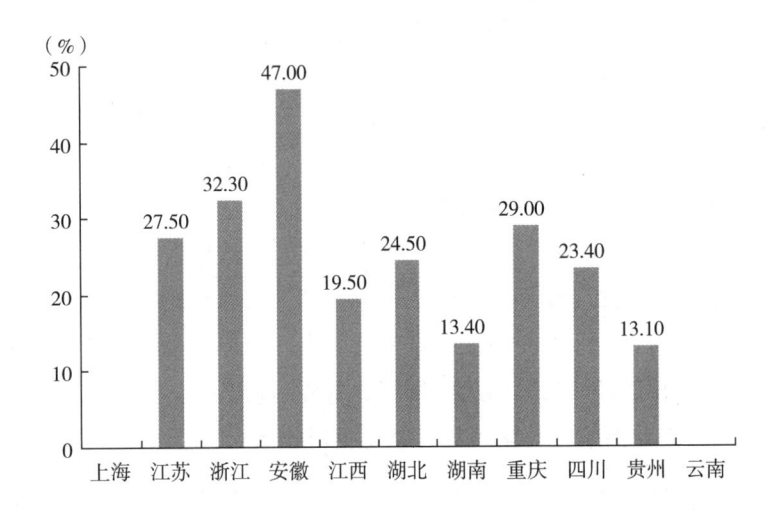

图12 截至2017年10月长江经济带各省市企业云平台应用率

资料来源：根据《中国数字经济发展报告（2017）》提供的相关数据整理。

展的政策，但全流域的企业云平台应用率仍普遍较低。一方面，受到云平台技术水平、服务质量、市场需求大小等因素影响，企业主动尝试的意愿不强；另一方面，由于我国在数据安全等方面缺乏相应法律法规，因而企业对核心技术和资源共享的意愿普遍不高。

（四）制造业数字化关键核心技术供给不足

长江经济带各省市的传统制造业大多面临产能过剩、增长慢、效益低等"短板"，制造业数字化智能化转型的关键技术、核心技术与产共性技术的有效供给不足。

一是关键核心技术短缺。长江经济带缺乏一流的公共研发载体，总体上还未形成从基础研究、应用研究、技术开发到技术转化的"无梗阻"创新链条。"重模仿、轻创新，重引进、轻开发"的现象依然存在，关键核心技术受制于国外的情况尚未根本改变。由于国产设备制造技术短缺，许多高端装备核心技术均由国外掌握，企业普遍存在生产设备数字化水平不高的问题。2017年，全国整体生产设备数字化率为44.80%，关键工序数控化率为46.40%。在长江经济带各省市中，只有上海、江苏、浙江和湖南的生产设备数字化率高于全国平均水平（见图13），其他省份均达不到全国平均水平。

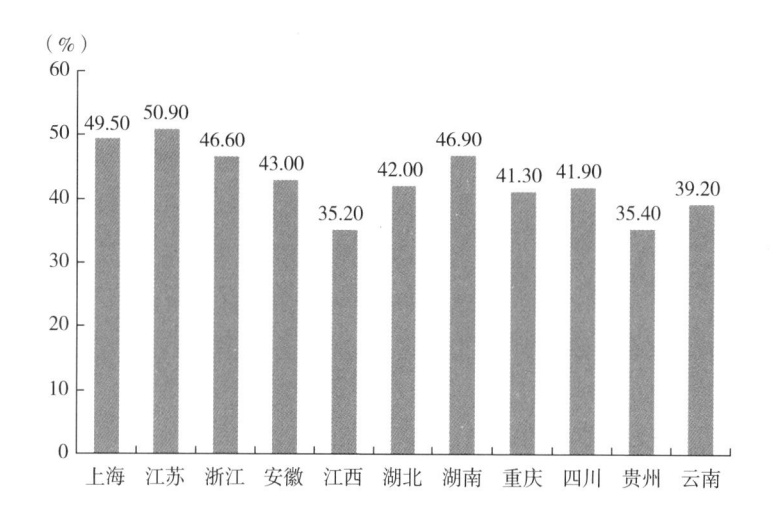

图13　2017年长江经济带各省市生产设备数字化率

资料来源：根据《2017中国数字经济发展报告》提供的相关数据整理。

二是智能制造技术薄弱环节比较明显。长江经济带各省市都有先进制造业布局，但创新产出质量、产业层级仍处于低端。部分企业仍以加工技术和生产工艺改良为主，工艺先进但产品不高新的现象仍然存在。2017年，我国初步具备探索智能制造基础条件的企业比例为5.60%。智能制造就绪率主要是通过工业企业关键工序数控化程度、管理信息化与企业底层装备数控化的集成和内部采购、生产、销售等环节的集成等几方面来分析。从长江经济带智能制造就绪率看（见图14），只有江苏、浙江和重庆的智能制造就绪率高于全国水平，江西、湖北、湖南、贵州和云南等省份的智能制造就绪率均在4%以下。这表明长江经济带整体上智能制造水平还不高，技术薄弱环节暴露比较明显。

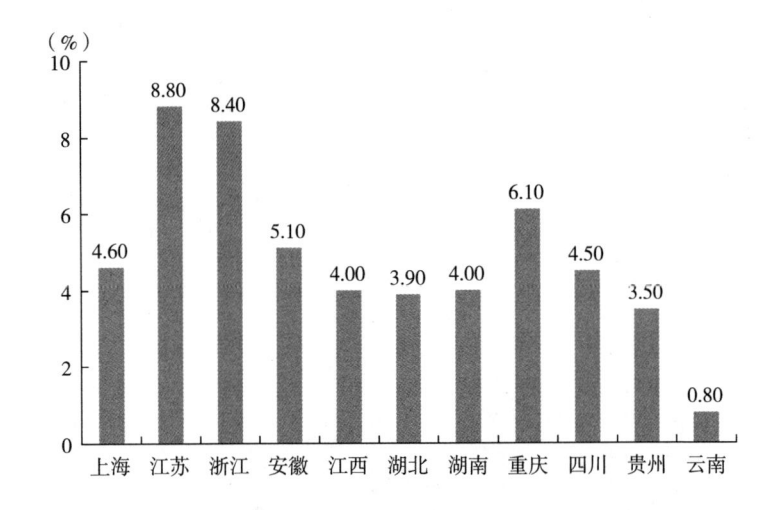

图14　2017年长江经济带各省市智能制造就绪率

资料来源：根据《中国数字经济发展报告（2017）》提供的相关数据整理。

（五）缺乏数字经济发展区域协调机制

长江经济带部分省市在长三角一体化、成渝双城经济圈等国家战略指引下，已经比较重视省域协调与合作，建立了不少省级经济、社会、科技发展的协商平台。但是，由于传统区域竞争的影响，各省市之间存在一定的边界效应，区域协调机制不健全、区域合作不完善等问题依然存在，各省之间、省内地区之间"相互较劲""互不服气"的心态依然存在。因此，长江流域主要区域中心城市向周边的辐射力度不够、带动作用不强，某种程度上也限制了数字经济的快速发展。即便是区域一体化最为成熟的长三角地区，诸如政务信息等重要数据要素也存在互不流通的问题，一体化背景下的政府"数字红利"还未得到充分释放。

五 推进长江经济带数字经济发展的对策

后疫情时代,全球产业链、供应链将进入深度调整的新阶段。数字经济在促进产业转型升级、推动新兴产业发展中的作用将进一步放大。长江经济带应抢抓后疫情时代的重要窗口期,着力破解数字经济发展的困难与制约,使数字经济成为促进全流域高质量发展的核心驱动力。

(一)完善长江经济带数字经济发展顶层设计

一是建议国家发改委牵头制定《促进长江经济带数字经济发展若干意见》,并联合11省市政府共同参与制定实施细则,进一步鼓励长江经济带加速引育互联网行业的知名企业,并给予税费、人才、融资等多方面的政策优惠。

二是加大数字经济薄弱地区的政策支持力度。长江中游的江西和上游的云南、贵州等地区应是国家政策支持的重点。例如,帮助上述地区完善数字经济顶层设计与全局规划;明确后发地区的数字经济发展重点;制定发达地区帮扶后发地区的协调机制;加快后发地区的信息基础设施投入;帮扶后发地区开展人员数字技能培训等。

三是健全长江经济带数字经济发展法律法规,完善知识产权保护、数据交易、隐私保护、数据开放共享等重要领域的法律法规,加快修订滞后落后的管理规章,更好地发挥行业公约对法律法规体系的有效补充作用。

(二)加强长江经济带数字经济发展区域合作

一是探索成立长江经济带数字经济区域合作联席机制,并设立专门办事机构,可由11省市的发改、经信、科技等部门共同参与,负责分析研判长江经济带数字经济发展的新情况新问题,协调长江经济带数字经济发展合作相关事宜,建立完善长江经济带数字技术风险防控合作机制,建立长江经济带数字经济发展评价指标体系并开展第三方考核评价。

二是强化大型互联网企业的社会责任。长三角地区集聚了众多国内知名互联网企业,在助力长三角发展的同时也不可避免地加剧了对数字人才、数字技术和商业利润的"虹吸效应",进而加大了区域间数字经济发展鸿沟。因此，长江经济带数字经济协调发展，有必要从制度层面给予大型互联网企业更多社会责任，推动行业领军企业为落后地区提供更多技术、资金上的支持和专项服务，更多地发挥领军企业的带动作用。

三是扩大长江经济带数据资源的开放共享。由长江经济带数字经济区域合作联席机制协调指导跨区域的信息资源一体化工作，协调建立跨区域的信息资源产权管理制度，协调建立跨区域的信息收集和数据管理平台，协调建立以信息资源增值服务为主的信息资源共享利益补偿机制。

（三）打造长江经济带数字经济重要载体和品牌

一是引导"互联网+""智能+""人工智能+"等数字业态企业集聚式发展，优化布局长江经济带数字经济发展空间。目前，长江经济带已形成长三角和成渝两大数字经济热点区，可以上海、南京、成都、重庆、武汉、杭州为试点打造长江经济带数字经济中心，形成数字产业进一步聚集的态势。

二是鼓励长江经济带中心城市、副中心城市等一批有条件的地区，结合自身产业定位，选取区域内实力较强的互联网产业基地，加快建设一批特色鲜明的数字经济产业园，形成一批较高知名度的数字园区品牌。

三是着力打造长江经济带数字行业的企业品牌。遴选部分数字经济龙头企业进行企业品牌建设，加强数字企业品牌的宣传推介，鼓励企业牵头举办数字经济峰会、论坛等活动，打造长江经济带数字企业的国内外品牌形象。

（四）推进长江经济带新型基础设施建设

2019年以来，党中央多次提出要加快推进新型基础设施建设。2020年以来，习近平总书记多次指出，"要抓住产业数字化、数字产业化赋予的机遇，加快5G网络、数据中心等新型基础设施建设"。突如其来的新冠肺炎疫情进一步凸显了"新基建"的紧迫性和必要性。长江经济带各省市应紧抓"新基建"发展的机遇，扎实深入推进新一代信息基础设施建设。

一是要做好顶层设计，统筹兼顾，因地制宜，不能一哄而上，各地政府不仅要重视设施建设，研究出台新基建规划方案，也要重视生态体系和运营，以及相应的人才供给；二是通过财税措施鼓励数字化企业积极参与新基建相关项目的建设和相关技术的研发；三是重视"建用并重"，加快关键核心技术创新，夯实安全底座，串联"数据孤岛"，强化应用牵引，提升"新基建"服务经济社会的能力；四是以智慧城市和数字政府双重抓手，推进工业化、信息化与城镇化深度融合，实现公共服务供给与数字化治理能力结合。

（五）强化长江经济带数字技术人才培养

长江经济带应依托丰富的教育资源，立足现有产业发展基础，突出问题导向、需求导向，加快数字技术专业化人才培养。

一是鼓励各类高校围绕区块链、人工智能、5G等新一代数字技术，加大数字技术专业人才培养，鼓励不同类型高校之间建立数字人才联合培育措施；二是将工匠精神、科学精神和互联网精神与人才培养深度融合，强化科学精神、创造性思维和创新能力塑造，引导更多受教育者勇于创新、勤于思考、善于合作；三是探索建立适应数字经济发展要求的人才特殊考核评价机制，针对数字经济和数字技术发展迅猛、迭代迅速等鲜明特点，建立数字人才需求目录和人才数据库，促进数字技术专业人才在政府、企业、高校、智库间的柔性流动；四是围绕数字经济新职业，完善终身教育的公共服务体系，提高新一代信息技术相关知识在全生命周期教育的普及程度，大幅提高全民信息化素养；五是强化针对数字经济新职业的技能培训，为更多劳动者提供普惠性的数字技术技能培训。

（六）加速长江经济带企业数字化转型

新冠肺炎疫情倒逼企业数字化转型的趋势非常明显，线下零售、旅游、餐饮等服务性行业受冲击非常大，而远程办公、线上零售等数字化业态则逆势上扬。长江经济带企业对数字化转型的重视前所未有地提升，需要进一步加速。

一是提高供应链管控能力，将数字技术贯通到生产、研发、供应、销售等各个业务流程，减少产品流动过程中的不必要损耗，实现产业链业务由线下汇聚到线上，为消费者提供更加便利的智能化服务；二是引导企业加速应用新一代信息技术，不仅是生产线的自动化，在企业管理、远程协同、线上办公等领域都应该加速铺开；三是加强平台赋能，帮助中小微企业转型。例如，组织长江经济带开展数字化转型伙伴行动，搭建平台企业（转型服务供给方）和中小企业（转型服务需求方）的对接机制，鼓励平台企业开发更多转型产品、服务、工具，形成数字化转型的市场能动性。

（七）加快长江经济带公共服务数字化转型

长江经济带各地方政府应坚持用户体验优先的原则，扎实推进"数字政府"建设，把公共服务数字化转型的着力点放在保证信息时效、打破"信息孤岛"、推进数据开放等长期存在的问题上。

一是面向"十四五"制定新时代公共服务数字化转型工作方案，进一步明确经济调节、政府运行、社会治理、市场监管等重要公共服务领域的政府数字化履职内容；二是充分发挥省区市统筹"数字政府"建设的协调作用，加强纵向工作指导和横向工作联系，将分散在各部门的信息化职能统筹整合，构建统一领导、上下贯通、统筹有力的省域数字政府建设体系；三是进一步丰富完善跨部门、跨地域、跨系统的"政务云"平台，建设政务大数据共享交换机制，推进各级政府部门之间的数据互通。

参考文献

李佳：《数字浙江建设未来三年路线图 到2022年实现突破进展》，央广网（CNR News）。

李伟：《数字经济是高质量发展的重要推动力》，《北京日报》2019年6月3日第14版。

马剑、吴帅帅：《浙江：数字经济引领开放共享创新发展》，新华网（xinhuanet）。

赛迪顾问：《2017中国数字经济指数（DEDI）研究报告》。

吴传清等：《长江经济带产业发展报告（2019）》，社会科学文献出版社2020年版。

习近平：《在深入推进长江经济带发展座谈会上的讲话》，《求是》2019年第17期。

张巍巍等：《江苏智能制造产业发展步入快车道》，《群众》2018年第4期。

张雪玲、陈芳：《中国数字经济发展质量及其影响因素研究》，《生产力研究》2018年第6期。

中国信息通信研究院：《中国数字经济发展与就业白皮书（2018年）》。

周德文：《化"危"为"机"推动中小企业数字化转型》，《团结报》2020年3月28日第2期。

左越等：《我国数字经济高质量发展制约因素及应对策略》，《科技创新导报》2019年第18期。

长江经济带创新主体协同发展研究报告

张司飞　何伶俐　王生玺[*]

摘　要：区域创新主体协同创新、联动创新可以实现资源充分自由流动，提高全要素生产率，激发经济增长新潜能。本报告基于三螺旋理论将区域创新主体分为大学和科研机构、政府以及企业，并引入耦合关联模型和耦合协同模型研究长江经济带区域创新系统中三个创新主体的协同创新能力，实证研究结果显示：长江经济带东中西部地区创新主体协同发展能力差异明显，其中大学和科研机构以及企业子系统的创新能力在各地区间的差距较大，制约三个创新主体的协同发展。因此，长江经济带各地区要完善大学和科研机构子系统的创新激励机制，释放企业在创新系统中的活力，发挥政府子系统的统筹作用，因地制宜促进各区域三大创新主体协同发展，打造长江经济带创新一体化发展格局。

关键词：长江经济带　区域创新能力　三螺旋模型　耦合协同度

一　长江经济带创新主体协同发展现实基础

经济发展进入新常态，创新作为驱动经济持续高质量增长的关键因素受到前所未有的关注。长江经济带是唯一连接中东西部的经济带，其区域由西向东涵盖 11 个省市，110 个地级及以上城市，覆盖全国 1/5 的国土，人口数量和经济总量超过全国 40%，辐射范围十分广泛。为

---

[*] 作者简介：张司飞，武汉大学中国中部发展研究院副研究员，硕士研究生导师；何伶俐、王生玺，武汉大学中国中部发展研究院硕士研究生。

大力推进作为新时代三大发展战略之一的长江经济带发展战略的实施，《长江经济带发展规划纲要》于 2016 年审议通过，提出长江经济带开发要深入推进改革创新和新动能开发，长江经济带的区域创新文化和生态文化建设将作为区域长期规划的重点。2019 年，长江经济带的科研经费近 7030 亿元，占全国 GDP 约 2.5%，表明长江经济带对创新的高度重视。

科技强国战略下，创新是经济发展第一动力。影响区域创新能力的内外因素较多，难以通过简单的外在刺激快速提高，其提升过程是复杂的系统工程。专业化分工可以提高效率，高层次的创新也需要各创新主体之间合作分工。创新主体协同创新、联动创新可以实现资源充分自由流动，提高全要素生产率，激发经济增长新潜能。研究长江经济带各地区创新主体协同发展能力，掌握各地区创新主体的创新发展潜力和成长空间，有助于长江经济带创新主体间资源共享、优势互补提高创新效率，降低创新风险，增强长江经济带创新竞争实力，以此推动区域经济高质量发展。长江经济带涉及地区较多，各地区资源禀赋、产业结构、经济发展水平及方式等存在较大差异，因此要因地制宜促进各区域三大创新主体协同发展。

长江经济带横跨中国中东西部三大区域，三大区域的经济发展差距逐步缩小，下游地区的长三角城市群得益于良好的区位优势、资源禀赋以及改革开放的机遇，经济发展水平较高，不断将技术、资源由中心向外围扩散。中部地区由于其独特的地理位置，发挥沟通东西部发展的桥梁作用，并在此过程中，中部地区整合东西部资源，吸纳东部中部地区人才、技术，并基于此提升原有工业的附加值，深化产业转型和经济改革，发展高新技术产业。中部地区日益完善的交通基础设施加快东部地区的技术、资源等向东部的扩散。西部地区由于地理交通不便，导致发展落后、竞争力不强，国家在大力扶持西部地区后，"一带一路"建设打通中国对外的陆路贸易，为西部地区提供新的发展机遇，虽然西部地区没有深度积累的本土产业，产业格局尚未形成，但西部地区发展可以通过汲取东中部地区发展经验，合理产业布局，避免了先发展后治理的路线，具有后发优势。

《长江经济带发展规划纲要》为长江经济带建设指明长期规划方

向，只有通过区域联动、整合资源、整合发展空间、各创新主体有序的分工合作才是推动长江经济带经济持续高质量发展的关键。长江经济带除了三个沿海省市外，其余均为内陆城市，而这些内陆城市具有巨大的发展潜能，内陆城市拥有丰富的自然资源，广袤的土地以及巨大的人口数量，市场广阔，潜力较大，东部沿海地区因为特有的地理优势和政策优势赢得发展先机，并以此为基础挖掘内陆地区增长潜力，推动长江经济带分工合作、协同发展新格局的构建。但2019年长江经济带城市协同发展能力测度结果显示上海、南京、杭州、武汉、成都、重庆、苏州、长沙、无锡、宁波是长江经济带110个地级及以上城市中城市协同发展能力排名前十的城市，上海市城市协同发展能力排名首位且遥遥领先，定义上海市城市协同能发展力为100分，对其他城市的协同发展能力做标准化处理，排名第二位的南京48.35分，排名第十名的宁波24.68分，差距明显，且城市总协同能力由地区经济协同发展能力、科创协同发展能力、交流服务能力和生态发展能力四个方面进行测度，长江经济带从上游到下游的西中东部地区的经济、科创、交流服务、生态发展的协同能力仍呈现西低东高的态势，相比于2017年数据，各城市协同发展能力都在逐步提升。

长江经济带城市综合创新能力总体呈现东部地区领先，中部地区各城市创新发展能力仍存在较大差异，西部地区落后的分布格局。东部地区各城市得益于自身良好的发展基础、优越的创新资源在长江经济带创新能力空间格局中处于领先地位。中部地区幅员广阔，各城市创新能力发展差异明显，原始创新能力一般的城市，后期着力于建设突破关键技术并加快建设重大科技基础设施，发展势头较好。西部地区在科技创新方面基础薄弱，区域创新体制机制不完善、地区创新意识不强等因素仍是制约西部地区创新发展的主要原因。城市创新能力与区域完善的科技基础设施和制度保障以及科研机构的创新研究成果产出和市场的成果转化关系密切，大学和科研机构、政府、企业对区域创新能力具有重大影响，三个创新主体的协同发展，可以为地区释放更大的创新潜力提供要素支撑。

二 长江经济带创新主体协同发展理论基础

大学和科研机构、政府、企业是区域创新系统中的主要创新主体，各主体间知识技术、人才、信息、资金等创新要素有序流动，在创新系统的运作过程互相影响，使区域创新系统的结构和运行机制得到优化，进一步吸引人才、知识技术、资金等创新要素流向创新系统，各创新主体间产生协同效应，这种关系即为创新三螺旋模型。三螺旋理论既是国内创新研究的主流理论，也是目前研究创新系统的重要理论模型。三螺旋模型中的创新主体在保留自己独特身份的同时发挥原本属于其他机构的作用，在三大创新主体相互作用螺旋上升的过程之中，创新系统的内部组织效率得到进一步提升，提高区域创新能力。

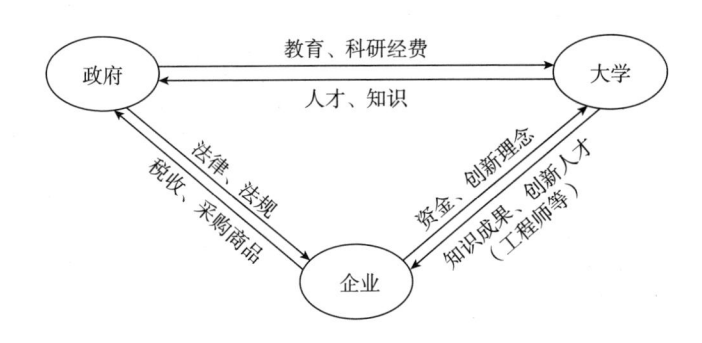

图1 "企业—大学—政府"的互动关系

（一）政府与企业互动关系

政府在区域经济发展中统筹调控，通过制定行业的法律法规规范行业发展以及制定产业政策间接影响区域内企业的科技创新活动。在区域产业创新链中政府通常扮演管理与参与的双重角色。

一方面，政府制定法律法规为企业提供制度保障。政府主要通过营造公平非垄断的竞争市场和保护企业创新产出即知识产权维持地区创新活力提供制度保障。一方面，垄断会让市场失去竞争力，降低企业创新的意愿，政府会通过制定相关行业政策以及法律法规对除特定行业外的垄断和不正当竞争进行限制，创新型企业在初创阶段多为中小企业，垄断企业利用垄断地位阻碍市场公平竞争，政府的干预可以给予初创企业相对自由的市场竞争环境，以此鼓励创新。另一方面，知识产权作为创新型企业重要资产，如果得不到有效保护，将会极大地挫败创业者的信心，而保护知识产权的重要手段是政府出台法律法规，企业的知识产权得不到有效保护会抑制企业的创新投入。初创型企业在市场竞争中处于弱势地位，政府通过给予扶持补贴等政策倾斜让初创型企业的根本利益和投资回报得到有效的保障，给予创业者信心，激发区域创新活力。

另一方面，政府制定优惠政策激励企业创新。创新企业在创业的初始成长阶段往往资金、技术、人力资本的基础较为薄弱，抵抗市场风险的能力也较为薄弱，政府通过财政资金支持，税收优惠减免、减少中小企业的社会负担等方式减少初创企业的运营成本，根据区域经济发展现状及未来发展规划对特定的行业、领域和企业采取政策倾斜，制定有利于区域创新发展的规则。创新型企业的集聚是区域创新活力的体现，政府通过完善科技创新体制机制，营造区域良好的科技创新环境，为吸引创新型企业做好前期准备。除此之外，政府的政策优惠也会提高区域技术创新效率，提高全要素增长率，激励区域内现有企业产出更多的创新成果，促进区域经济持续高质量增长。

（二）大学和科研机构与企业的互动关系

在大学和科研机构与企业的互动关系中，主要包括大学和科研机构以自己的研究成果为载体进行创业，成立创新型企业，以及企业向大学和科研机构购买技术成果或者企业与大学和科研机构协作共同开发两种模式。

一方面，大学和科研机构是企业人才的供应站。大学和科研机构以其独特的社会地位，源源不断地向社会输出专业化人才，为区域发展提供高素质人力资源。在大学和科研机构与企业互动的关系中，第一种模式是大学和科研机构将技术研究成果出售给企业，间接向企业提供创新资源；第二种模式是大学和科研机构通过培养专业人才向区域直接提供创新人才，实现创新人才由大学和科研机构向企业的流动，通过多样化途径畅通该流动渠道有利于提高区域创新潜力，激发区域创新活力，释放经济增长新潜力。

另一方面，企业是大学和科研机构研究成果的转化站。企业相比于大学和科研机构更了解市场现时需求和技术成果转化的商业化运作模式，企业对大学和科研机构技术研究成果的市场化转化分为直接购买技术成果和协作共同开发两种方式，直接购买技术的方式中大学和科研机构不参与后期科技研究成果的市场运营，协作共同开发模式企业根据市场需求现状对大学和科研机构的研究提出要求并为其提供资金、市场数据等方面的支持，大学和科研机构也会参与后期研究成果的商业转化，承担市场风险。大多数的大学和科研机构会专门为科研人员提供科技研究成果商业化转化的咨询服务，大学和科研机构与企业的互动会互相提升商业创新能力。

（三）大学与政府互动关系

大学和科研机构与政府的互动关系相比于大学和科研机构与企业的互动关系更为直接，大学作为公共组织的一种存在于大多数国家，其科研基础设施、科研项目资金、人力成本等往往需要当地政府的支持，除此之外，政府根据国家发展规划站在区域发展全局的角度，对大学和科研机构的研究方向进行引导，以适应区域创新发展。大学把这些投入转化为实际的理论和技术，并不断为社会提供更加满足社会需要的专业人才。

一方面，政府是大学和科研机构主要的资金来源。大学由于其特殊的社会地位，不以营利为主要目的，另外，大学的研究项目通常较难直接转化为商业成果，带来直接的商业利益。大学和科研机构的前期理论研究和应用研究通常具有较大的不确定性，也很难商业化，对于以利润为目标的企业来说风险较高，但对国家未来长远的发展具有重要的意义，这一阶段通常需要政府提供充足的资金支持。

另一方面，政府通过大学和科研机构引导区域创新方向。政府站在全局考虑国家和区域的产业布局和未来发展方向，政府通过对未来发展重点领域和行业的科研项目提供更多的资金支持引导大学和科研机构的研究方向，为区域经济发展提供适应时代发展专业人才。大学和科研机构不仅产出科研成果，也会向区域经济发展输出满足社会现时发展需要的专业性人才。

三 长江经济带创新主体协同发展现状

(一) 模型设计

本报告借鉴物理学中"耦合"的概念,以长江经济带各区域的三大创新主体为研究对象,运用耦合关联度模型和耦合协同模型对各子系统数据进行处理并以此综合测度长江经济带各地区创新主体的协同创新能力。耦合协同模型的作用是分析几个要素之间协同发展的程度,本报告以此模型定量分析三螺旋模型中大学和科研机构、企业以及政府三个创新主体相互关联协同发展的程度,并基于此研究长江经济带各地区创新主体协同发展能力的差异。n 个子系统的耦合关联度模型为:

$$C_n = \left[\frac{(u_1 u_2 \cdots u_n)}{\prod (u_i + u_j)} \right]^{\frac{1}{n}} \tag{1}$$

式中,u_n 表示第 n 个子系统的有序度,由于本报告研究的区域创新主体包括大学和科研机构、政府、企业共三个子系统,所以其耦合关联度模型可表示为:

$$C = [(X+Y+W)/(X+Y)(X+W)(Y+W)]^{1/3} \tag{2}$$

式中,X、Y、W 分别代表各区域的大学和科研机构子系统、政府子系统、企业子系统的有序度。观察式(2),显然 C 的值处于 0 和 1 之间,在现实情况中,C 的值不可能达到 1,当耦合关联度 C 趋近于 1 时,则各子系统间的要素趋于良性共振耦合状态即各子系统完全关联;耦合关联度 C 等于 0 时,各子系统内部要素处于无序状态,子系统间无关联。通常情况下,耦合关联等级的划分如表 1 所示,当区域创新体系中子系统间的耦合关联度为极度时,区域协同创新系统处于成熟状态;当耦合关联度为高度时,区域协同创新系统处于稳定阶段;当耦合关联度为中度时,区域协同创新系统处于成长阶段;当耦合关联度为低度时,区域协同创新系统还只是处于萌芽阶段。

耦合关联度模型虽然可以在一定程度上反映各子系统间的协同发展程度,但其较难反映子系统整体的协同效应,同时也存在伪评价问题,为了客观评价区域内大学和科研机构、政府以及企业子系统的协同发展

表1　　　　　　　　　耦合关联度等级划分

耦合关联度 C	耦合等级	评价说明
(0, 0.3]	低度关联	各子系统间关系不紧密
(0.3, 0.5]	中度关联	各子系统间初步相互关联
(0.5, 0.8]	高度关联	各子系统间协作密切
(0.8, 1]	极度关联	各子系统互相促进,协同发展

程度,引入耦合协同度模型作为耦合协调模型的补充,其公式为:

$$D = \sqrt{C \cdot T} \tag{3}$$

式中,C 为耦合关联度,D 为耦合协同度,其中 $a+b+c=1$,a 代表大学和科研机构的贡献系数,b 代表政府的贡献系数,c 企业的贡献系数。根据相关研究及本报告的理论需要,取 $a=0.4$,$b=0.3$,$c=0.3$。根据现实情况使 T 在0到1之间取值,根据公式不难发现,D 的取值也为0到1之间,D 的等级划分结果如表2所示。

表2　　　　　　　　　耦合协同度等级划分

耦合协同度 D	(0, 0.1]	(0.1, 0.2]	(0.2, 0.3]	(0.3, 0.4]	(0.4, 0.5]
协同等级	极度失调	严重失调	中度失调	轻度失调	濒临失调
耦合协同度 D	(0.5, 0.6]	(0.6, 0.7]	(0.7, 0.8]	(0.8, 0.9]	(0.9, 1]
协同等级	勉强协调	初步协调	中度协调	良好协调	极度协调

(二) 指标体系构建

三螺旋模型的创新主体虽然仅包括大学和科研机构、政府以及企业,但各创新主体间的影响因素众多,关系错综复杂,要使实证结果能定量地反映区域创新主体的协同发展程度,发现影响区域创新发展的关键因素,就要求指标体系既要构建的全面,覆盖所有的关键因素,又要避免涵盖作用不大的指标。因为中介机构相关指标并非区域创新的直接参与者且其数据获得难度较大,所以接下来的实证研究不考虑中介机构的指标。本报告借鉴《中国区域创新能力报告》以及国内主流创新研究方法用创新资源投入与创新成果产出的比值衡量区域产出能力,构建长江经济带创新主体协同发展能力测评指标体系，并选取其中能反映各子系统对区域创新体系作用的代表性指标进行分析。

1. 区域大学和科研机构子系统指标体系

大学和科研机构在三螺旋模型中均是作为区域创新体系的知识供给者，是知识聚集最为密集的场所，大学和科研机构的科研人员是理论创新和应用创新最为活跃的人群，所以将两者作为一个创新主体进行考量，指标的数据也是两者相关指标数据之和。

表3　　　　　　　　大学和科研机构子系统指标体系

一级指标	二级指标	三级指标
创新资源投入 XI	人力资源 XI1	XI11 大学和科研机构从业人员
		XI12 R&D 人员合计
		XI13 项目投入人员
		XI14 R&D 人员全时当量
	资金资源 XI2	XI21 R&D 经费内部支出
		XI22 R&D 经费外部支出
		XI23 项目投入经费
	创新平台建设 XI3	XI31 大学和科研机构总数
		XI32 R&D 课题数
创新成果产出 XO	论文著作 XO1	XO11 发表科技论文
		XO12 出版科技著作
		XO13 专利申请数
	创新效益 XO2	XO21 专利所有权转让及许可数
		XO22 专利所有权转让及许可收入
		XO23 形成国家或行业标准数

大学和科研机构子系统指标体系包括创新资源投入和创新成果产出两个一级指标，其中创新资源投入从人力资本投入、资金投入、大学和科研机构的创新平台建设三个角度分析，全面反映大学和科研机构作为区域创新体系技术研究成果的主要输出方的资源投入情况。二级指标人力资本投入主要通过大学和科研机构 R&D 人员全时当量、科研项目投入人员数、R&D 从业人员数以及大学和科研机构从业人员数等指标来

具体衡量。二级指标资金投入通过大学和科研机构科研项目投入经费、R&D 经费内部支出和 R&D 经费外部支出等指标具体衡量。创新平台是科研人员进行科学研究的基础，创新能力较强的区域大学和科研机构聚集，二级指标创新平台建设通过区域大学和科研机构总数以及 R&D 课题数等指标具体衡量。一级指标创新成果产出由论文著作总数和创新效益两个二级指标构成，大学和科研机构论文著作总数通过专利申请总数、出版科技著作总数以及发表科技论文总数等具体指标衡量；区域大学和科研机构创新效益指标通过专利所有权转让和许可总收入、形成国家或行业标准数以及专利所有权转让和许可总数等具体指标衡量。

2. 区域政府子系统指标体系

区域创新协同发展体系中政府子系统指标体系由创新资源投入和区域创新环境两个一级指标构成，其中政府创新资源投入一级指标通过基础设施建设情况以及资金投入情况两个二级指标反映，衡量政府资金投入的具体指标包括区域教育经费占财政支出的比重、高新技术企业减免税、企业研发费用减免、企业使用来自政府部门的科技活动资金、政府科技投入占比以及地方财政科技支出费用，以上这些具体指标都是衡量政府对区域创新的资金投入情况，包括政府对大学和科研机构科研项目的资金投入以及政府对企业的优惠政策，这些资金支持是政府引导地区创新方向的主要方式；衡量政府对地区创新基础设施建设的具体指标包括地区移动电话普及率、公共图书馆数量以及互联网用户数，地区基础设施建设是地区创新的硬件环境基础，直接影响大学和科研机构、企业的创新投入产出比。

一级指标区域创新环境包括区域市场环境和区域科技成果转化能力两个二级指标。区域市场环境主要衡量地区的经济发展水平和居民消费潜力，地区的经济发展水平、产业结构、资源禀赋等对区域创新产生重要影响。二级指标区域市场环境通过城镇登记失业率、人均地区生产总值以及地方政府财政支出三个具体指标量化；二级指标区域科研成果转化能力衡量地区对研究成果商业化和产业化的能力，是地区创新市场环境的重要衡量指标，由区域科技市场成交合同额具体衡量，反映区域市场环境对科技研究成果的转化能力，大学和科研机构的科技成果跨区域流动相对比较容易，因此，科技研究成果的转化能力才是通过创新释放地区经济增长新动能的关键环节。

表4　　　　　　　　政府子系统指标体系

一级指标	二级指标	三级指标
创新资源投入 YI	资金投入 YI1	YI11 地方财政科学技术支出
		YI12 政府科技投入占GDP比重
		YI13 企业使用来自政府部门的科技活动资金
		YI14 企业研究开发费用加计扣除减免税
		YI15 高新技术企业减免税
		YI16 教育经费占财政支出的比重
	基础设施 YI2	YI21 互联网用户数
		YI22 公共图书馆数量
		YI23 移动电话普及率
区域创新环境 YE	市场环境 YE1	YE11 地方政府财政支出
		YE12 居民消费水平
		YE13 人均地区生产总值
		YE14 城镇登记失业率
	成果转化能力 YE2	YE21 科技市场成交合同额

3. 区域企业子系统指标体系

区域企业子系统指标体系类似于大学和科研机构子系统指标体系，由创新资源投入和创新成果产出两个一级指标构成，在区域创新体系中企业创新主体以营利为目标，是最为关注投入产出比的创新主体。一级指标创新资源投入通过创新机构建设、资金资源投入和人力资源投入三个二级指标测度区域内企业为创新付出的成本，其中人力资源投入指标通过R&D项目人员折合全时当量、参与R&D项目人员数量、R&D人员折合全时当量以及R&D人员数等具体指标衡量；资金资源投入指标通过企业技术改造经费支出、购买境内技术经费支出、消化吸收经费支出、引进技术经费支出、新产品开发经费支出、项目经费内部指出、R&D经费外部支出以及R&D经费内部支出等具体指标衡量区域内企业购买技术成果的支出和将技术成果商业化的支出，人力资本投入和资金投入是区域内企业创新最直接的投入指标；企业的创新机构建设指标通过有新产品销售的企业数量、创新机构数量以及有R&D活动的企业数量等具体指标衡量,反映区域内企业的自主创新意愿和自我创新能力,企业是创新科研成果转化的主要载体,创新企业的集聚彰显地区的创新活力,是衡量区域创新能力的重要指标。

一级指标创新成果产出包括创新技术产出和创新效益产出。创新技术产出是企业创新活动的直接成果,通过专利所有权转让及许可数量、有效发明专利数量以及专利申请数量等具体指标衡量,有效专利发明及申请数量直接反映企业创新能力,专利所有权转让及许可是区域内企业通过创新活动获得收益的另一种方式;创新效益衡量企业创新活动最直观的收益,通过企业科研项目数量、新产品开发项目数量、新产品销售收入以及专利所有权转让及许可收入等具体指标进行测度,科研项目数和新产品开发项目数是企业未来持续创新的重要保障,新产品销售收入是企业产品创新带来的直接收益。

以上就是耦合关联模型和耦合协同模型中衡量大学和科研机构、政府以及企业三个子系统创新能力的全部指标,三个子系统的衡量指标都是从创新投入和创新产出两个角度分类,为凸显三个创新主体在区域协同创新系统中的作用和功能不同,针对每个区域创新主体的特点设计不同的子系统创新能力衡量指标,以此来凸显三个创新主体在区域创新体系中不同的功能,从而找出长江经济带各区域之间创新主体协同发展能力的差异的主要原因。

表5　　　　　　　　　企业子系统指标体系

一级指标	二级指标	三级指标
创新资源投入W	人力资源投入WI1	WI11 R&D人员数
		WI12 R&D人员折合全时当量
		WI13 R&D参加项目人员
		WI14 R&D项目人员折合全时当量
	资金资源投入WI2	WI21 R&D经费内部支出
		WI22 R&D经费外部支出
		WI23 项目经费内部支出
		WI24 新产品开发经费支出

续表

一级指标	二级指标	三级指标
创新资源投入 W	资金资源投入 WI2	WI25 引进技术经费支出
		WI26 消化吸收经费支出
		WI27 购买境内技术经费支出
		WI28 技术改造经费支出
	创新机构建设 WI3	WI31 有 R&D 活动的企业
		WI32 机构数
		WI33 有新产品销售的企业
创新成果产出 WO	创新技术 WO1	WO11 专利申请数
		WO12 有效发明专利数
		WO13 专利所有权转让及许可数
	创新效益 WO2	WO21 专利所有权转让及许可收入
		WO22 新产品销售收入
		WO23 新产品开发项目数
		WO24 科研项目数

（三）实证分析

1. 数据来源及标准化处理

为了比较长江经济带省级区域创新能力的差别，本报告以长江经济带的上海市、江苏省、浙江省、安徽省、湖南省、湖北省、江西省、四川省、重庆市、云南省、贵州省共 11 个省级地区为研究对象。本报告涉及的区域创新能力测度指标较多，需要的基础数据也较多，为了保证实证研究结果的可信度，本报告研究数据均来自官方公开数据，包括《工业企业科技活动统计年鉴》《中国科技统计年鉴》《中国统计年鉴》，充分保证了数据的客观性和权威性。在个别指标中，有个别省份存在数据缺失的现象，由于此类情况相对较少，本报告一律取零。

原始数据通常存在不一致的量纲，不能直接计算比较，因此首先用极差法对原始数据进行标准化处理。

x'_{ij} 是区域创新体系中各子系统第 i 个地区、第 j 个指标的原始数值，为 x'_{ij} 运用极差法得到的标准化值。α_{ij}、β_{ij} 是区域创新系统临界值点上序参量的最大、最小值。对原始数据运用极差法标准化处理的公式如下：

$$x'_{ij} = \frac{x_{ij} - \beta_{ij}}{\alpha_{ij} - \beta_{ij}}, \quad x'_{ij}为正指标,\ i=1,2,\cdots,n;\ j=1,2,\cdots,m \quad (4)$$

$$x'_{ij} = \frac{\alpha_{ij} - x_{ij}}{\alpha_{ij} - \beta_{ij}}, \quad x'_{ij}为正指标,\ i=1,2,\cdots,n;\ j=1,2,\cdots,m \quad (5)$$

式中，$x'_{ij} \in [0,1]$，n为样本数，m为各子系统中的指标数。在区域创新体系中各子系统的指标系统中多数为正指标，适用式（4），只有在区域创新政府子系统中指标"城镇登记失业率"为负指标，适用式（5）。

区域创新体系各子系统的指标体系中如何确定各指标的权重对实证研究结果至关重要，确定权重的方法很多，包括模糊综合评价法、德尔菲法、层次分析法等。为了避免主观赋予权重容易导致误差，本报告运用熵值法确定各指标的权重，利用各评价指标自身在各子系统创新能力中的贡献客观确定权重系数，计算方法如下：

①计算第i个样本的第j个指标的比重

$$P_{ij} = \frac{x'_{ij}}{\sum_{i=1}^{n} x'_{ij}}, \quad i=1,2,\cdots,n;\ j=1,2,\cdots,m \quad (6)$$

根据式（6）并以前文所得的标准化数据为基础，可以计算出各子系统第i年第j个指标的比重P_{ij}。

②计算第i个样本第j个指标的熵值

子系统指标体系的熵值公式为：

$$e_j = -k \sum_{i=1}^{n} P_{ij} \cdot \ln p_{ij}, \quad i=1,2,\cdots,n;\ j=1,2,\cdots,m \quad (7)$$

式中，$k = \frac{1}{\ln n}$，若$P_{ij}=0$，则令$\ln p_{ij}=0$。

根据式（6）并以前文所得数据为基础可以计算出子系统中各指标的熵值和效用值。

③计算第i个样本的第j个指标的权重

子系统指标比重的计算公式为：

$$\lambda_j = \frac{D_j}{\sum_{j=1}^{m} D_j}, \quad j=1,2,\cdots,m,\ \lambda_j \geq 0,\ \sum_{j=1}^{m} \lambda_j = 1 \quad (8)$$

根据以上公式计算大学和科研机构、政府以及企业子系统的指标体系权重，得到结果如下：

表6　大学和科研机构子系统耦合协同评价指标体系三级指标权重

一级指标	二级指标	三级指标	熵值	效用值	三级权重
创新资源投入 XI	人力资源 XI1	XI11 大学和科研机构从业人员	0.93	0.07	0.15
		XI12 R&D 人员合计	0.90	0.10	0.23
		XI13 项目投入人员	0.86	0.14	0.33
		XI14 R&D 人员全时当量	0.88	0.12	0.28
	财力资源 XI2	XI21 R&D 经费内部支出	0.85	0.15	0.31
		XI22 R&D 经费外部支出	0.83	0.17	0.35
		XI23 项目投入经费	0.84	0.16	0.33
	创新平台 XI3	XI31 大学和科研机构总数	0.94	0.06	0.39
		XI32 R&D 课题数	0.91	0.09	0.61
创新成果产出 XO	论文著作 XO1	XO11 发表科技论文	0.91	0.09	0.27
		XO12 出版科技著作	0.90	0.11	0.32
		XO13 专利申请数	0.86	0.14	0.41
	创新效益 XO2	XO21 专利所有权转让及许可数	0.83	0.17	0.22
		XO22 专利所有权转让及许可收入	0.71	0.29	0.36
		XO23 形成国家或行业标准数	0.66	0.34	0.42

表7　政府子系统耦合协同评价指标体系三级指标权重

一级指标	二级指标	三级指标	熵值	效用值	三级权重
创新资源投入 YI	财力资源 YI1	YI11 地方财政科学技术支出	0.87	0.13	0.16
		YI12 政府科技投入占 GDP 比重	0.88	0.12	0.15
		YI13 企业使用来自政府部门的科技活动资金	0.88	0.12	0.14
		YI14 企业研究开发费用加计扣除减免税	0.81	0.19	0.23
		YI15 高新技术企业减免税	0.78	0.22	0.26
		YI16 教育经费占财政支出的比重	0.94	0.06	0.07
	基础设施 YI2	YI21 互联网用户数	0.92	0.08	0.37
		YI22 公共图书馆数量	0.94	0.06	0.28
		YI23 移动电话普及率	0.92	0.08	0.35

续表

一级指标	二级指标	三级指标	熵值	效用值	三级权重
区域创新环境 YE	市场环境 YE1	YE11 地方政府财政支出	0.95	0.05	0.16
		YE12 居民消费水平	0.86	0.14	0.40
		YE13 人均地区生产总值	0.89	0.11	0.31
		YE14 城镇登记失业率	0.96	0.04	0.13
	成果转化 YE2	YE21 科技市场成交合同额	0.69	0.31	1

表8　企业子系统耦合协同评价指标体系三级指标权重

一级指标	二级指标	三级指标	熵值	效用值	三级权重
创新资源投入 WI	人力资源 WI1	WI11 R&D 人员数	0.83	0.17	0.24
		WI12 R&D 人员折合全时当量	0.82	0.18	0.26
		WI13 R&D 参加项目人员	0.83	0.17	0.24
		WI14 R&D 项目人员折合全时当量	0.82	0.18	0.26
	财力资源 WI2	WI21 R&D 经费内部支出	0.83	0.17	0.13
		WI22 R&D 经费外部支出	0.86	0.14	0.10
		WI23 项目经费内部支出	0.82	0.18	0.13
		WI24 新产品开发经费支出	0.80	0.20	0.14
		WI25 引进技术经费支出	0.79	0.21	0.15
		WI26 消化吸收经费支出	0.81	0.19	0.14
		WI27 购买境内技术经费支出	0.82	0.18	0.13
		WI28 技术改造经费支出	0.90	0.10	0.07
	创新机构 WI3	WI31 有 R&D 活动的企业	0.76	0.24	0.29
		WI32 机构数	0.69	0.31	0.38
		WI33 有新产品销售的企业	0.73	0.27	0.33
创新成果产出 WO	创新技术 WO1	WO11 专利申请数	0.78	0.22	0.28
		WO12 有效发明专利数	0.75	0.25	0.32
		WO13 专利所有权转让及许可数	0.70	0.30	0.39
	创新效益 WO2	WO21 专利所有权转让及许可收入	0.71	0.29	0.35
		WO22 新产品销售收入	0.81	0.19	0.23
		WO23 新产品开发项目数	0.82	0.18	0.22
		WO24 项目数	0.83	0.17	0.21

表9　　　　　　　　　子系统二级指标权重

二级指标	权重
人力资源 XI1	0.40
财力资源 XI2	0.46
创新平台 XI3	0.14
论文著作 XO1	0.29
创新效益 XO2	0.71
财力资源 YI1	0.79
基础设施 YI2	0.21
市场环境 YE1	0.53
成果转化 YE2	0.47
人力资源 WI1	0.24
财力资源 WI2	0.48
创新机构 WI3	0.28
创新技术 WO1	0.48
创新效益 WO2	0.52

表10　　　　　　　　　子系统一级指标权重

一级指标	权重
创新资源投入 XI	0.48
创新成果产出 XO	0.52
创新资源投入 YI	0.62
区域创新环境 YE	0.38
创新资源投入 WI	0.64
创新成果产出 WO	0.35

2. 耦合关联度和耦合协同度实证结果

运用耦合协同模型测度长江经济带创新主体的协同发展能力，需要将区域创新系统分为若干子系统，本报告基于三螺旋模型，按照创新主体将区域创新系统分为大学和科研机构子系统 X、政府子系统 Y 以及企业子系统 W。首先根据子系统指标体系中三级指标的数据计算二级指标序参量的有序度，根据二级指标的有序度计算结果逐级向上求出一级指标序参量的有序度。

X_{ij} 为区域创新体系中某个子系统第 i 个样本的综合评价函数，各子系统指标体系的序参量有序度的计算公式如下：

$$X_{ij} = \sum_{j}^{m} \lambda_{ij} x'_{ij}, \quad i = 1, 2, \cdots, n; \quad j = 1, 2, \cdots, m \qquad (9)$$

计算结果如表 11、表 12、表 13 所示。

表 11 　　　　大学和科研机构子系统序参量的有序度

二级指标	人力资源 XI1	财力资源 XI2	创新平台 XI3	论文著作 XO1	创新效益 XO2
上海	0.37	0.47	0.50	0.44	0.22
江苏	0.64	0.90	0.78	0.74	0.40
浙江	0.38	0.47	0.52	0.32	0.12
安徽	0.23	0.21	0.42	0.22	0.11
江西	0.11	0.08	0.22	0.09	0.01
湖北	0.29	0.26	0.47	0.36	0.07
湖南	0.22	0.18	0.39	0.21	0.05
重庆	0.12	0.10	0.20	0.14	0.03
四川	0.35	0.24	0.45	0.26	0.11
贵州	0.06	0.02	0.17	0.06	0.01
云南	0.10	0.04	0.20	0.10	0.01

表 12 　　　　政府子系统序参量的有序度

二级指标	财力资源 YI1	基础设施 YI2	市场环境 YE1	成果转化 YE2
上海	0.59	0.28	0.78	0.19
江苏	0.78	0.46	0.64	0.17
浙江	0.59	0.48	0.53	0.03
安徽	0.31	0.26	0.18	0.05
江西	0.15	0.21	0.15	0.02
湖北	0.27	0.31	0.28	0.18
湖南	0.27	0.32	0.19	0.03
重庆	0.09	0.15	0.25	0.05
四川	0.23	0.47	0.20	0.06
贵州	0.09	0.21	0.11	0.01
云南	0.07	0.32	0.11	0.02

表 13　　　　　　　　　企业子系统序参量的有序度

二级指标	人力资源 WI1	财力资源 WI2	创新机构 WI3	创新技术 WO1	创新效益 WO2
上海	0.22	0.62	0.09	0.19	0.55
江苏	0.99	0.93	0.94	0.67	0.76
浙江	0.68	0.40	0.75	0.38	0.61
安徽	0.24	0.19	0.19	0.25	0.20
江西	0.07	0.14	0.05	0.05	0.06
湖北	0.22	0.19	0.10	0.12	0.14
湖南	0.18	0.19	0.11	0.09	0.16
重庆	0.10	0.17	0.05	0.06	0.13
四川	0.16	0.14	0.07	0.12	0.18
贵州	0.03	0.03	0.01	0.02	0.04
云南	0.03	0.03	0.02	0.02	0.02

以表 14、表 15、表 16 中二级指标序参量有序度的计算结果为基础，倒推各子系统一级指标的有序度，计算结果如表 14、表 15 所示。

表 14　　　　　　　　　　一级指标有序度

	资源投入 XI	成果产出 XO	资源投入 YI	创新环境 YE	资源投入 WI	成果产出 WO
上海	0.44	0.28	0.52	0.50	0.38	0.38
江苏	0.78	0.49	0.71	0.42	0.95	0.71
浙江	0.44	0.18	0.57	0.29	0.56	0.50
安徽	0.25	0.14	0.30	0.12	0.20	0.22
江西	0.11	0.04	0.16	0.09	0.10	0.06
湖北	0.30	0.16	0.28	0.23	0.18	0.13
湖南	0.22	0.10	0.28	0.12	0.17	0.12
重庆	0.12	0.06	0.11	0.16	0.12	0.10
四川	0.32	0.15	0.28	0.13	0.13	0.15
贵州	0.06	0.02	0.12	0.06	0.02	0.03
云南	0.09	0.04	0.13	0.06	0.03	0.02

表 15　　　　　　　　各子系统综合有序度

	X	排名	Y	排名	W	排名
上海	0.36	2	0.51	2	0.38	3
江苏	0.63	1	0.60	1	0.87	1
浙江	0.31	3	0.46	3	0.54	2
安徽	0.19	6	0.23	5	0.21	4
江西	0.07	9	0.13	8	0.08	9
湖北	0.23	5	0.26	4	0.16	5
湖南	0.16	7	0.22	7	0.15	6
重庆	0.09	8	0.12	9	0.11	8
四川	0.23	4	0.23	6	0.14	7
贵州	0.04	11	0.09	11	0.03	10
云南	0.06	10	0.10	10	0.03	11

根据耦合关联度公式以及前面几张表格中计算的区域创新子系统指标体系有序度结果，可以进一步计算区域创新系统中各子系统的耦合关联度 C，计算结果如表 16 所示。

表 16　　　　　区域创新系统的耦合关联度及等级

地区	耦合关联度	等级	排名
上海	0.37	中度关联	3
江苏	0.84	极度关联	1
浙江	0.44	中度关联	2
安徽	0.16	低度关联	4
江西	0.05	低度关联	9
湖北	0.15	低度关联	5
湖南	0.12	低度关联	7
重庆	0.07	低度关联	8
四川	0.13	低度关联	6
贵州	0.02	低度关联	11
云南	0.02	低度关联	10

以表17中区域创新各子系统耦合关联度计算结果为基础可以根据耦合协同度公式计算得出各子系统的耦合协同度，计算结果如表17所示。

表17　　　　　各区域创新系统的耦合协同度及等级

地区	D	等级	排名
上海	0.39	轻度失调	3
江苏	0.76	中等协调	1
浙江	0.43	濒临失调	2
安徽	0.18	严重失调	4
江西	0.07	极度失调	9
湖北	0.18	严重失调	5
湖南	0.14	严重失调	7
重庆	0.08	极度失调	8
四川	0.16	严重失调	6
贵州	0.03	极度失调	11
云南	0.04	极度失调	10

为具体分析长江经济带各地区创新主体协同发展能力差异的关键原因，基于各子系统指标体系序参量有序度数据进一步计算两个子系统间的耦合关联度和耦合协同度，计算结果如表18、表19所示。

表18　　　　　　　　两系统耦合关联度

	X-Y	排名	X-W	排名	Y-W	排名
上海	0.46	2	0.43	3	0.47	3
江苏	0.55	1	0.60	1	0.60	1
浙江	0.43	3	0.44	2	0.50	2
安徽	0.32	6	0.32	4	0.33	4
江西	0.22	9	0.20	9	0.23	9
湖北	0.35	4	0.31	5	0.31	5
湖南	0.30	7	0.28	7	0.30	6
重庆	0.23	8	0.22	8	0.24	8

续表

	X－Y	排名	X－W	排名	Y－W	排名
四川	0.34	5	0.29	6	0.29	7
贵州	0.17	11	0.13	11	0.15	10
云南	0.20	10	0.14	10	0.14	11

表19　　　　　　　　　两系统耦合协同度

	X－Y	排名	X－W	排名	Y－W	排名
上海	0.45	2	0.40	3	0.45	3
江苏	0.58	1	0.67	1	0.66	1
浙江	0.41	3	0.43	2	0.50	2
安徽	0.26	6	0.25	4	0.27	4
江西	0.15	9	0.12	9	0.16	9
湖北	0.29	4	0.24	5	0.26	5
湖南	0.24	7	0.21	7	0.24	6
重庆	0.16	8	0.15	8	0.17	8
四川	0.28	5	0.23	6	0.23	7
贵州	0.10	11	0.06	11	0.09	11
云南	0.13	10	0.08	10	0.10	10

四　长江经济带创新主体协同发展的时空分异

本报告的实证研究基于三螺旋模型，通过区域内三个创新主体即大学和科研机构、政府、企业之间的协同创新能力衡量区域的创新能力及其发展潜力，对实证研究结果的几张表格的指标进行分析可以以此为基础探究长江经济带各地区创新主体协同发展现状。

（一）子系统的综合有序度分析

观察表15中区域内各子系统综合有序度的计算结果，将大学和科研机构子系统X、政府子系统Y、企业子系统W按照得分高低分别进行排名，可以以此分析区域内各创新主体的发展现状。

在大学和科研机构子系统 X 中，江苏省以 0.63 的得分高居榜首，大学和科研机构是知识最为密集地方，源源不断地向区域创新系统输送专业人才，为当地的创新能力的提升提供了强有力的支持，江苏省高校集聚，观察表中结果显示湖北省仅排名第五，说明大学和科研机构子系统的创新能力不仅受高校数量的影响，还受到很多复杂因素的影响，包括科研资金投入、创新平台建设等创新资源投入情况以及科研质量等因素。排名靠前的主要是东南沿海的省份，随后是中西部的省份。存在明显的东中西部阶梯分布。得分较高的第一集团主要由长三角地区的江苏省、上海市、浙江省组成，第二集团主要由中部的安徽省、湖北省、湖南省组成，而第三集团主要是由西部省份组成，东中西的阶梯显现明显。地区间差异也较大。排名第一的江苏省得分高达 0.63，而排名最后的贵州省得分只有 0.04，从中可以看出长江经济带各地区之间在教育科技资源和科技环境方面差异明显，以江苏、上海、浙江代表的第一集团的得分保持在 0.3 以上，其他省份的得分普遍处于较低水平，即使是排名第六的安徽省也只有 0.19，地区间差距较大。

在政府子系统 Y 中，江苏省得分 0.60 位居榜首，这可能主要是得益于江苏省拥有地理优势、资源优势以及众多政策优势且发展程度较先进，在创新方面的经验丰富。与大学和科研机构子系统的排名相比，四川省的排名有所下降，湖北省和安徽省的政府子系统有序度的排名较大学和科研机构子系统有序度的排名有所上升，显示湖北省和安徽省政府在提升地区创新能力方面投入了更多的创新资源，营造了更适合创新创业的地区市场环境。政府子系统的有序度排名整体上与大学和科研机构排名分布情况类似，中部地区和西部地区的省份排名靠后。在政府子系统中也可以发现与大学和科研机构子系统中类似的特点：一是东中西部的阶梯分布。第一集团仍是由江苏、上海、浙江占据，第二集团主要由中部的省份组成，而第三集团主要是由西部省份组成，东中西的阶梯显现明显。二是总体差距较大。排名第一的江苏省为 0.60 与最后一名的贵州省 0.09 之间的差距较大，表明了长江经济带的区域发展的不均衡，但在政府子系统中，区域间得分的差异缩小，这一特点与大学和科研机构子系统完全不同，这与中国从中央到地方的行政体系相关，也充分说明了政府活动在中国创新活动中的突出作用。政府通过建设创新基础设施构建良好的信息交互网络以及制定法律法规、政府政策重点支持、税收优惠等方式，为创新营造自由的创新环境，引导大学和科研机构以及企业从地区发展实际需要出发开展创新活动。

在企业子系统 W 的排名中，排名第一的仍是江苏，得分 0.87，长三角是长江经济带地理优势最为明显，经济发展基础也最好的地区，创新的市场环境较好，是高新技术企业最为聚集的地区，企业的创新能力也最强。企业子系统同样也呈现出东中西部阶梯状分布，位于第一梯队的东部地区与位于第二梯队的中部地区和位于第三梯队的西部地区差距明显，排名靠前的江苏省、浙江省企业子系统有序度都达到 0.5 以上，其余各省的企业子系统有序度基本上都低于 0.4，排名最后的云南省仅 0.03。这一特点与大学和科研机构子系统的情况类似，表明长江经济带各地区的企业创新能力差距同样明显。

（二）耦合关联度及协同度分析

从表 16、表 17 中长江经济带 11 个省份创新耦合关联度及协同度的结果，可以看出，耦合关联度方面只有江苏、浙江、上海三个省份达到了中度及以上关联，其余省份均为低度关联。协同度方面江苏为中等协调，其余省份均为失调。由此看来，长江经济带各区域的协同创新水平除了个别省份外普遍偏低，说明长江经济带各区域创新主体协同发展能力仍然较弱。江苏一直都是长江经济带各地区中各方面发展较为均衡的省份，在大学和科研机构、政府、企业的子系统有序度中均排名第一，并在耦合协同度中排名第一，说明各创新主体的创新能力较强，更有利于各创新主体的协同发展，而各创新主体协同发展水平较高也有利于各创新主体的创新产出。长江经济带的耦合关联度和耦合协同度存在明显的梯度，位于东部地区的长三角创新能力较强，安徽省其次，安徽省大学和科研机构的创新能力虽然仅排名第六，而湖北省和四川省的大学和科研机构的创新能力较强，分别排名第四和第五，但安徽省的企业创新能力较强，导致三个创新子系统的耦合关联度和耦合协同度较高。

（三）两系统耦合关联度和协同度分析

表 18 和表 19 是长江经济带的 11 个省级地区两系统耦合关联度和协同度得分和排名情况，之所以在三系统之后对两系统进行分析，是因为可以通过对比各地区两系统的数据与三个子系统的耦合关联度和耦合

协同度数据分析影响区域创新主体协同发展的主要因素，对抓住区域创新主体协同发展制约因素，因地制宜推动区域协同创新发展具有重要意义。

在大学和科研机构与政府的耦合关联度和耦合协同度中，排名第一的都是江苏省，在前文区域创新系统各子系统有序度的计算结果中可以发现，江苏省的大学和科研机构以及政府子系统的有序度均排名第一，大学和科研机构这一方面较其他区域具有非常明显的优势，而且其政府子系统的得分也很靠前，政府在区域创新系统中的作用十分重要，其大学和科研机构与政府的耦合协同度也较高，两者的互动关系较为显著。紧随其后的区域分别为上海、浙江等东部沿海省份，这些省份与江苏省的情况具有一定相似性，在大学和科研机构以及政府的子系统的综合有序度中排名靠前，所以在大学和科研机构与政府两系统的耦合关联度和耦合协同度的排名也很靠前。剩下的省份的耦合协同度排名相对较为落后，这主要是由于区域自身子系统创新能力不强导致的。在中西部，大学和科研机构以及政府的综合有序度表现相对东部地区得分较低，其中，位于西部地区的四川省的大学和科研机构子系统有序度排名第四，排名超过中部地区，这也直接带动了大学和科研机构与政府、企业的两系统耦合协同度排名靠前，说明区域创新体系中单个子系统的创新能力不强会直接导致该子系统与其他子系统的两系统耦合关联度和耦合协同度较低，说明难以与其他子系统产生有效的协同创新。

观察大学和科研机构与企业的两系统耦合关联度和耦合协同度耦合度的计算结果，排名第一的是江苏省，江苏省企业子系统的综合有序度排名靠前，所以可以与大学和科研机构以及政府子系统形成良好的互动，进行有效的合作。随后的排名顺序为浙江省和上海市，这些排名靠前的省份并不意外，唯一比较明显的特征是四川省排名的相对靠前，和排名第五的湖北省的大学和科研机构与企业的耦合协同度十分接近，超过位于中部的湖南省和江西省。四川省在大学和科研机构的创新能力具有显著的优势，湖南省和江西省无论是大学和科研机构子系统的创新产出能力还是政府、企业子系统的创新产出能力均不如四川省，对于两系统之间的协同创新产生了不利的影响，这是在这里排名后移的根本原因。

观察政府与企业的耦合关联度和耦合协同度的计算结果，排名第一的是江苏省，这与大学和科研机构与企业的两系统耦合关联度和耦合协同度排名靠前的原因相同，江苏省的创新系统中企业子系统的综合有序度不仅排名靠前且得分较高，且在政府子系统的综合有序度得分较高，有利于企业子系统与政府子系统进行良好互动，协同创新，形成合力。随后的排名是浙江省和上海市。这里湖北省和江西省作为中部地区排名靠后的原因同大学和科研机构与企业协同关系较弱的原因相同，都是由于其企业子系统的实力相对薄弱，导致两者之间不能形成较好的合作，协同创新能力相对匮乏。

同时观察区域创新系统的三系统和两系统的耦合关联度和耦合协同度计算结果，可以发现当大学和科研机构子系统、政府子系统以及企业子系统三者中存在一个"短板"，首先会影响该子系统与其他两个子系统的有效互动，进而影响整个区域创新系统的协同创新能力。因此，长江经济带各区域创新主体协同创新应将关注的重点放在各区域创新能力较差的创新主体上，对创新能力较弱子系统的补强可以大大提升区域创新系统的协同创新效率；但当区域创新系统中各子系统的创新能力均较弱时，应该考虑对地区具有相对创新优势的创新主体进行扶持，并发挥其对其他创新主体的带动作用，进而提升区域创新系统中各创新主体的耦合协同创新能力。

五 长江经济带创新主体协同发展对策建议

创新是引领发展的第一动力，是建设现代化经济体系的战略支撑。新常态经济发展阶段，劳动、资本等要素积累速度将趋缓，全要素生产率增长较慢制约经济增长，创新是长江经济带经济高质量发展的必然要求。创新是一项系统工程，长江经济带区域创新能力的提升需要各个创新主体协同配合，促进各创新主体间有效的信息交流并形成协同创新，相互促进的形势才能真正提升区域创新协同发展能力。而长江经济带多数省份仍处于创新主体协同度较低的发展阶段，立足于长江经济带各区域发展现状，本报告提出以下几点建议与思考。

(一) 因地制宜选择区域创新主体协同发展模式

从区域创新系统中大学和科研机构子系统、政府子系统、企业子系统的综合有序度和三系统及两系统的耦合关联度和耦合协同度的计算结果可以发现，长江经济带由西向东各地区创新主体的协同发展水平呈现明显的由东向西递减的态势，东部沿海地区的长三角区域协同创新能力普遍较高，中西部地区区域创新能力不强，究其原因有两种类型：一种是四川省这种，三个子系统中有一个子系统创新能力较强；另一种类型是三个子系统的创新能力均较弱，这两种情况应该重点支持区域内较强创新主体的发展，并以此带动其他子系统的创新能力的提升。

(二) 发挥政府在创新系统中的统筹作用

从实证研究结果可以看出，政府在区域创新系统各创新主体协同创新中发挥着重要的作用。政府要发挥其职能优势，对区域创新活动及未来创新方向进行宏观调控，从法律法规制定、行业监管、对重点领域、重点行业的政策扶持等多方面着手，充分发挥政府在创新系统中的统筹作用。

完善的法律法规制度，为创新营造公平公正公开的市场竞争环境，是对创新型企业最好的利益保障机制。知识产权是科研机构重要的成果产出，是创新型企业资产重要的组成部分，建立健全法律法规制度对知识产权妥善保护，有利于保护创业者的创新积极性，激发创新潜力，增强企业以及大学和科研机构等创新主体参与创新活动的意愿和信心。除了建立健全知识产权法律法规体系，还必须要严格执法，健全区域知识产权侵权查处机制，优化审判机制，尽可能消除创新主体的后顾之忧，切实保障创新创业者的根本利益。

垄断企业会通过行业垄断地位获得超过行业平均利润的超额利润，并倾向于巩固垄断地位，抑制创新。促进市场中创新资源充分自由地流动，避免不必要的成本，加强行业垄断及不正当竞争监管与执法力度，改进新产品新技术新商业模式的准入管理规定，赋予市场更多的自由选择权，激发市场创新活力，营造鼓励创新、支持创新的有序市场环境。同时要关注区域内市场分割的情况，纠正政府有市场分割倾向的不正当补贴和其他政策支持，畅通创新资源在区域创新系统各创新主体间的流动通道，为提升区域创新系统运行效率提供稳健的制度保障。

在区域创新系统各创新主体中政府处于统筹调控其他创新主体，并根据区域经济发展现状引导创新方向的地位，政府通过协调经济、科技、社会等方面政策的实施，决定经济发展发展方向，创新的市场环境同样需要政府协调各方来营造，要充分发挥大学和科研机构作为知识和专业人才输出的创新主体以及企业作为科技研发成果商业化和产业化的创新主体的最大效用，及时对现有政策进行评估，扫除不利于区域创新的障碍。区域创新既要发挥政府的统筹作用又要适当控制行政力量过多地干预市场。

（三）释放企业在创新系统中的活力

区域创新系统的活力取决于高新技术企业的集聚和企业高质量快速的技术研发成果的商业化和产业化能力，确定企业在区域创新系统中的主体地位，是提升区域创新系统中各创新主体协同发展水平的根本途径。

企业的创新意愿和创新能力直接影响区域创新能力，企业是最了解市场需求的创新主体，因此要扩大企业在区域创新决策中的话语权，建立高质量的常态化企业技术沟通机制，促进信息在区域创新系统内的流动，创新型企业在成长阶段大多规模较小，抵抗风险的能力较弱，畅通沟通渠道有助于政府更有针对性地提供扶持政策。

鼓励支持创新型企业通过直接和间接融资方式获得社会的资金支持，直接融资方式包括鼓励创新型企业科创板上市等，对于不符合直接融资要求的创新企业，积极鼓励银行、国有创投机构探索间接融资新思路，支持战略性新兴产业发展。

（四）建立完善的大学和科研机构的创新激励机制

大学和科研机构作为创新主体之一在区域创新系统中的职能是输出知识、技术研究成果以及专业人才，是区域创新系统最为重要的知识来源，知识密集的地区具有巨大的创新潜力，所以要积极优化高校和科研体系，激发大学和科研机构知识输出潜能，进而为区域创新能力提高提供重要支撑。

应向作为科技成果的主要研究人员合理分配研发成果的收益，一方面，对于企业直接购买技术成果单独进行商业化运作的模式，应让科技成果研发最主要的工作成员享受科技成果最直接的收益；另一方面，对于企业与科研机构协同创新、共享技术研究成果的模式，企业可以通过股权、分红等激励方式激发科研人员创新热情，优化创新成果的收益机制有利于提高前沿科研人员的创新成果研发积极性。

区域创新系统要加大对大学和科研机构基础研究的支持，基础研究短时期内无法带来经济收益，但却对国家和区域长远的发展战略具有重大意义，要尊重科学规律，坚定对基础研究的信心，这就既要根据区域经济发展现状适当引导科研机构创新活动发展方向，也要对需要长期投入创新资源的项目保持开放包容的态度。建立健全大学和科研机构的项目研究评价制度，科学全面地评价高校和科研机构的创新质量。加快完善大学和科研机构的技术研究成果转移平台建设，提高研究成果的转化效率。

区域创新能力的长期提升的重点在于高校及科研机构对创新人才的培养及输出，科研机构要打造适应新时代发展的创新人才培养模式，培养具有创造性思维和科学精神而且敢于承担创新风险的高素质全面发展的创新型人才，尊重创新型人才的个性发展，健全各专业创新型人才的流动机制，大学和科研机构培养的创新型人才要满足社会发展需要，区域创新系统也要畅通信息交互流动渠道，保证专业人才到能产生最大社会价值的岗位，发挥区域协同创新系统的最大发展潜力。

（五）打造长江经济带创新一体化发展格局

长江经济带一体化发展是大势所趋，要积极打造长江经济带创新一体化发展格局，积极推动金融、服务、人才等资源的共享，发挥跨区域政策联动效应，积极探索跨区域产学研协同创新路径。在人力资源共享方面，通过资格认定、项目资金支持等推动科技人员跨区域开展创新服务，转化科技成果，跨区域打通大学和科研机构与企业两个创新主体的创新渠道；在金融资本共享方面，要以跨区域财政支持制度改革为抓手，选择第三方服务机构，破解地方财政独立核算等制度限制，推动创新资源跨地区流动共享，优化资源配置；在服务共享方面，长江经济带各地区要积极共建产业园区、研发机构、服务平台等创新主体，建立利益分享机智，推进跨区域创新政策交叉覆盖，注重强化交易市场、公共服务、监管机制的协同效应，采用市场化运作方式，整合创新创业的主体和服务机构，形成全产业链的知识产权运营生态体系。

参考文献

陈红喜：《基于三螺旋理论的政产学研合作模式与机制研究》，《科技进步与对策》2009 年第 24 期。

方卫华：《创新研究的三螺旋模型：概念、结构和公共政策含义》，《自然辩证法研究》2003 年第 11 期。

冯之浚：《国家创新系统的理论与政策》，北京经济科学出版社 1999 年版。

盖文启：《创新网络——区域经济发展新思维》，北京大学出版社 2003 年版。

高树仁：《基于三螺旋模式的大学知识创新理论研究》，硕士学位论文，大连理工大学，2008 年。

康健、胡祖光：《基于区域产业互动的三螺旋协同创新能力评价研究》，《科研管理》2014 年第 5 期。

李海波等：《区域创新测度的新探索——三螺旋理论视角》，《科学与管理》2011 年第 6 期。

刘明玉、袁宝龙：《环境规划与绿色创新效率的空间异质效应：基于长江经济带工业企业数据》，《财会月刊》2018 年第 24 期。

柳卸林：《21 世纪的中国技术创新系统》，北京出版社 2000 年版。

孟卫东、佟林杰：《三螺旋视阈下外部资金对高校学术创新绩效影响因素的实证研究》，《中国科技论坛》2014 年第 3 期。

苏峻、姚志峰：《孵化器的孵化——三螺旋理论的解释》，《科技进步与对策》2007 年第 3 期。

汤易兵：《区域创新视角的中国政府—产业—大学关系研究》，博士学位论文，浙江大学，2007 年。

吴敏：《基于三螺旋模型理论的创新系统研究》，《中国科技论坛》2006 年第 1 期。

吴传清、黄磊：《长江经济带工业绿色发展效率及其影响因素研究》，《江西师范大学学报》（哲学社会科学版）2018 年第 3 期。

徐辉、王正青：《大学—产业—政府的三重螺旋：内涵、层次与大学的变革》，《西南大学学报》（社会科学版）2007 年第 5 期。

张在群：《政府引导下的产学研协同创新机制研究》，博士学位论文，大连理工大学，2013 年。

周春彦等：《国内外三螺旋研究的理论前沿与实践探索》，《科学与管理》2011 年第 4 期。

周亚庆、张方华：《区域技术创新系统研究》，《科技进步与对策》2001 年第 2 期。

Friedman J., Silberman J., "University Technology Transfer: Do Incentives, Management, and Location Matter?", *Journal of Technology Transfer*, Vol. 28, No. 1, January 2003.

Isaksen A., Kalsaas B. T., "Suppliers and Strategies for Upgrading in Global Production Networks: The Case of a Supplier to the Global Automotive Industry in a High – cost Location", *European Planning Studies*, Vol. 17, No. 4, April 2009.

Leydesdorff L., "The Triple Helix: An Evolutionary Model of Innovations", *Research Policy*, Vol. 29, No. 2, February 2000.

环境异质性对长江经济带创新发展的影响机制研究报告

范 斐 于海潮 连 欢[*]

摘 要： 探索绿色发展与创新驱动的深度融合对推动长江经济带高质量发展具有重要意义。本章采用主客观赋权法与 TOPSIS 法对长江经济带创新能力的现状进行综合评价，利用改进的 DEA 模型测度 2004—2017 年长江经济带沿线 108 个城市的创新绩效，采用面板门槛模型，探究长江经济带沿线城市污染排放（EP）、环境治理（GE）、人居环境（RE）等环境异质性因素对创新绩效的影响机制。结果表明：①研究期内，长江经济带上、中、下游地区城市的创新绩效整体上在波动中稳步提升，且存在较大的空间非均衡性。②污染排放对沿线城市创新绩效的影响呈现显著的双门槛特征，跨越第二门槛之后，污染排放对沿线城市的创新绩效产生一定的抑制作用。③环境治理对创新绩效的正面双门槛影响随着城市人均 GDP 的提高不断增强；而人居环境的正面单门槛影响随着城市人均 GDP 的提高不断下降。

关键词： 环境异质性 创新绩效 门槛效应

一 引言

2018 年 4 月，习近平总书记在湖北视察时指出："要着力实施创新

---

[*] 作者简介：范斐，武汉大学中国中部发展研究院/区域与城乡发展研究院副教授，博士生导师；于海潮，武汉大学中国中部发展研究院博士研究生；连欢，武汉大学中国中部发展研究院硕士研究生。

驱动发展战略，把长江经济带得天独厚的科研优势、人才优势转化为发展优势。"这为新时代长江经济带创新驱动经济转型发展指明了方向。创新在推动长江经济带经济转型、高质量发展的过程中起到了至关重要的作用，不仅对经济增长形成乘数效应，还可以为就业、生产力、出口、外汇等的增长提供支持。因此，要不断提升区域竞争力，实现区域经济的可持续发展就离不开区域创新。目前学术界对创新驱动经济发展的研究主要是基于两个方面：一是从理论上探讨创新发展的概念、内涵和外延，从经济发展的本质以及世界经济体在创新驱动发展过程中的经验总结和中国建成小康社会走创新发展之路的紧迫性，并在探讨创新发展的主要特征，深入研究创新发展机制的基础上，明确长江经济带创新发展战略的路径选择。二是从质量管理学、技术创新管理学、战略管理学和形式逻辑学等学科领域出发，通过学科融合，运用综合评价方法，对长江经济带创新发展能力进行评价，揭示创新绩效演化趋势，科学测度创新发展与工业转型之间的联系，有助于对长江经济带实现创新驱动经济高质量发展提供合理的政策建议。

同时，区域创新绩效可以在一定程度上代表区域创新能力的大小，是一定量的创新资源投入和创新成果产出所表现出来的生产效率。学术界目前对区域创新绩效的研究主要是围绕以下两个方面展开的：一是集中于特定产业或者企业的创新绩效分析，如刘树林通过创新绩效的动态变化观察高技术产业技术创新演变规律，结果表征中国高技术产业创新整体绩效较高，呈现"U"形变化轨迹（刘树林、姜新、蓬余谦，2015）。周海涛（2016）等基于千余家企业的微观数据，发现政府的科技经费投入的增加有助于企业创新效率的提升。二是集中于创新绩效的评价研究，大都以DEA模型测度并分析了特定国家或者特定区域的创新绩效（刘迎春，2016），在测算其创新绩效的基础上，就各区域如何配置创新资源，提高效率等问题进行了积极的探讨。总体而言，学术界关于创新绩效的研究对象涉及企业、产业和区域，分析工具主要有传统参数线性模型、主成分分析模型、非参数DEA模型、随机前沿SFA模型等。然而，现有研究较少关注环境异质性对国家重点区域创新绩效的影响作用，尚未深入揭示影响区域创新系统的环境因素。

相关研究显示，一个地区创新绩效的提升，不仅受创新资源投入影响,还很大程度上由区域环境所决定(李琳、陈文韬,2009),创新作为一项内生变量还必须嵌入当地社会经济环境、制度框架等,才能提高创新绩效。正因为区域环境异质性,使同一创新要素在不同地区会产生不同的作用效果(唐未兵,2014)。如相关研究表明,上海的 R&D 投入在长三角地区处于最高水平,但是产出效率却有待提升,究其原因,主要是因为上海的创新资源并未与区域产业环境有效结合,降低了创新要素的配置效率。为此,长江经济带在依赖创新驱动经济发展转型中,还需要重视区域环境异质性对创新绩效的影响。

围绕长江经济带创新绩效与区域经济转型的话题,不同的学者从不同的角度关注环境异质性对长江经济带创新发展的影响,大多侧重于两个方面:一是环境规制与创新绩效之间的关系,以及不同类型的环境规制对区域创新绩效的影响。研究发现,一定程度的环境规制有助于创新绩效的提升,费用型环境规制倾向于短期影响,在一定程度上抑制了区域创新绩效的提升,而在一个更长期的过程中,投资型环境规制有助于区域创新绩效的提高(余淑均、李雪松、彭哲远,2017)。二是构建生态环境、经济增长以及科技创新的实证模型(严翔、成长春,2018),勾勒生态与能源约束对科技创新发展的融合传导机制或是建立长江经济带科技创新与绿色发展综合评价指标体系,测算二者的耦合协调水平(滕堂伟、孙蓉、胡森林,2019)。但现有研究依然存在以下不足:首先,虽然创新绩效与区域环境的研究受到学术界的重视,大多数已有研究也更多是概念化的论述、对策建议探讨,通常是将区域创新绩效的差异笼统地归结为区域环境差异,较少文献利用计量模型探讨不同的区域环境因素是对城市创新绩效的影响程度。其次,目前大部分目前的研究都是基于案例分析不同环境因素对区域创新绩效的影响,没有充分考察同一区域内的异质性问题,由于各个城市的创新环境和经济发展水平是不一致的,不同城市对创新绩效的影响和大小可能各不相同,而且不同区域环境因素组合将对创新绩效产生什么作用效果,有待于进一步通过国内外案例、面板数据等进行深入研究(王业强、郭叶波,2017)。

长江经济带在资源与环境双重约束下,不仅要注重创新资源的投入与产出,更要关注创新驱动与生态环境的协同发展(李强、韦薇,2019)。基于此,本报告在创新发展相关研究的基础上,构建长江经济带创新发展能力评价指标体系，利用主客观赋权法与 TOPSIS 模型计算长江经济带沿线各省市创新发展能力状况。聚焦于区域环境异质性这一视角，用改进的 DEA 模型测度长江经济带沿线 108 个城市的创新绩效，分析创新绩效在长江经济带存在的时序演化、空间分布特征。考虑到沿线城市经济发展、技术水平的差异，长江经济带沿线城市环境异质性与创新绩效可能存在非线性关系，比如沿线城市的创新绩效是否会受某一因素影响在跨过某一门槛前后呈现不同的特征？因此，本报告采用面板门槛模型，对于长江经济带不同城市的创新驱动能力与其环境异质性影响因素之间的联系进行研究，分析提升城市创新绩效的区域环境条件，以期增强长江经济带创新驱动力的实证解释能力。

二 研究方法与数据

（一）主客观赋权法

为了实现指标赋权的主客观统一，本报告利用主观赋权法和客观赋权法，共同确定满足主客观条件的指标的权重。

利用主观赋权法确定的主观权重向量为：

$$\omega = (\omega_1, \omega_2, \cdots, \omega_m)^T \tag{1}$$

由客观赋权法确定的客观权重向量为：

$$\mu = (\mu_1, \mu_2, \cdots, \mu_m)^T \tag{2}$$

设各项指标的综合权重为 $W = (w_1, w_2, \cdots, w_n)^T$。标准化后的决策矩阵为 $Z = (z_{ij})_{n \times m}$。建立最小二乘法优化决策模型，通过构造拉格朗日函数求解可得：

$$W_{m1} = B_{mm}^{-1} \left[C_{m1} + \frac{1 - e_{1m}^T B_{mm}^{-1} C_{m1}}{e_{1m}^T B_{mm}^{-1} e_{m1}} e_{m1} \right] \tag{3}$$

式中，$B_{mm} = \text{diag} \left[\sum_{i=1}^{n} z_{i1}^2, \sum_{i=1}^{n} z_{i2}^2, \cdots, \sum_{i=1}^{n} z_{im}^2 \right]$；

$W_{m1} = (w_1, w_2, \cdots, w_m)^T \quad e_{m1} = (1, 1, \cdots, 1)^T$；

$$C_{m1} = \left[\sum_{i=1}^{n} \frac{1}{2}(\omega_1 + \mu_1) z_{i1}^2, \sum_{i=1}^{n} \frac{1}{2}(\omega_2 + \mu_2) z_{i2}^2, \cdots, \sum_{i=1}^{n} \frac{1}{2}(\omega_m + \mu_m) z_{im}^2 \right]^T \tag{4}$$

(二) TOPSIS 模型

本章将 TOPSIS 模型引入长江经济带沿线 108 个城市创新发展综合水平评价中，测算长江经济带沿线城市创新发展状况。TOPSIS 模型主要运算步骤如下：

1. 构建标准化矩阵

$X = \{x_{ij}\}_{m \times n}$，对指标进行标准化处理：

$$x_{ij} = \begin{cases} (x_{ij} - x_{\min})/(x_{\max} - x_{\min}) & x_{ij} \text{为效益型指标} \\ (x_{\max} - x_{ij})/(x_{\max} - x_{\min}) & x_{ij} \text{为成本型指标} \end{cases}$$

$$(i = 1, 2, 3, \cdots, m; j = 1, 2, 3, \cdots, n) \quad (5)$$

式中，x_{ij} 为标准化后的数值，表示第 i 个样本的第 j 个指标值。

2. 确定"最优方案" X^+ 和"最劣方案" X^-

$$X^+ = \{x_1^+, x_2^+, x_3^+, \cdots, x_n^+\}, x_j^+ = \max_j\{x_{ij}\}(i = 1, 2, 3, \cdots, m) \quad (6)$$

$$X^- = \{x_1^-, x_2^-, x_3^-, \cdots, x_n^-\}, x_j^- = \min_j\{x_{ij}\}(i = 1, 2, 3, \cdots, m) \quad (7)$$

3. 计算单个样本与 X^+ 和 X^- 的距离和

$$D_i^+ = \sqrt{\sum_{j=1}^{n} w_j (x_{ij} - x_j^+)^2} (i = 1, 2, 3, \cdots, m) \quad (8)$$

$$D_i^- = \sqrt{\sum_{j=1}^{n} w_j (x_{ij} - x_j^-)^2} (i = 1, 2, 3, \cdots, m) \quad (9)$$

式 (8) 和式 (9) 中，w_j 为指标数据间的权重系数。

4. 计算各个样本与"理想"样本的相对贴近程度

$$C_i = \frac{D_i^-}{D_i^+ + D_i^-} \quad (i = 1, 2, 3, \cdots, m) \quad (10)$$

式 (10) 中 C_i 为第 i 个样本与"最优方案"的贴近度，$0 = C_i = 1$。

(三) 改进的 DEA 模型

由于传统的 DEA (Data Envelopment Analysis) 模型对有效决策单元无法作进一步的精确划分，因此本研究采用改进的 DEA 模型来测算创新绩效。设有 n 个决策单元 DMU_k ($k = 1, 2, \cdots, n$)，每一个决策单元有 m 个输入指标，S 个输出指标，输入向量为 $X_k = (x_{1k}, x_{2k}, \cdots, x_{mk})^T$，

输出向量为 $Y_k = (y_{1k}, y_{2k}, \cdots, y_{sk})^T$。其中，$x_{ik}$ 与 y_{rk} 分别表示 DMU_k 的第 i 个输入指标值和第 r 个输出指标值，v_i、u_r 分别为相应指标的权重系数；C_m、B_s 是根据输入指标、输出指标重要性大小构造的判断矩阵；λ_m、λ_s 分别是断矩阵 C_m、B_s 的最大特征值。

改进的 DEA 模型的具体形式见式 (11)。

$$\begin{cases} \min \sum_{r=1}^{s} u_r y_{r,n+2} \\ s.t. \sum_{i=1}^{m} v_i x_{i,n+2} = 1 \\ \sum_{r=1}^{s} u_r y_{r,n+1} - \sum_{i=1}^{m} v_i x_{i,n+1} = 0 \\ \sum_{r=1}^{s} u_r y_{rj} - \sum_{i=1}^{m} v_i x_{ij} \leq 0, j \neq n+1 \\ (C_m - \lambda_m E_m) v \geq 0 \\ (B_s - \lambda_s E_s) u \geq 0 \\ u_r \geq 0, r = 1, 2, \cdots, s \\ v_i \geq 0, i = 1, 2, \cdots, m \end{cases} \quad (11)$$

由上述模型求得公共权重 u_r^*，v_i^*，利用公式：

$$\theta_k^* = \sum_{i=1}^{s} u_r^* y_{rk} / \sum_{i=1}^{m} v_i^* x_{ik} \quad (12)$$

求出各个的相对绩效值，值越大表明绩效越高。

(四) 门槛回归模型

门槛回归模型是由 Hansen (1999) 提出的，其基本思想为：当某一解释变量处于不同区间时，其对被解释变量产生的影响具有显著差异。长江经济带城市环境异质性各解释变量与创新绩效之间可能表现为非线性关系，因此传统的线性回归并不能很好地解释两者之间的关系，运用门槛模型回归更为贴近现实。为此，本报告首先设定单一门槛回归模型：

$$Y_{it} = \alpha X_{it} + \beta_1 T_{it} \times I(T_{it} \leq \delta_1) + \beta_2 T_{it} \times I(T_{it} > \delta_1) + C + \varepsilon_{it} \quad (13)$$

式 (13) 中，Y 为第 i 个地区第 t 年的被解释变量，X 为控制变量，T 为门槛变量，δ 为固定的门槛值，α 为 X_{it} 对被解释变量的影响系数，β_1 和 β_2 分别是门槛变量 T_{it} 在 $T_{it} \leq \delta_1$，$T_{it} > \delta_1$ 时对被解释变量的影响系

数，C 为常数项，$\varepsilon_{it} \sim (0, \sigma^2)$ 为随机扰动项，$I(\cdot)$ 为示性函数。同理，二重门槛检验和三重门槛检验的公式如下，相应地，β_3 和 β_4 的意义类似于 β_1：

$$Y_{it} = \alpha X_{it} + \beta_1 T_{it} \times I(T_{it} \leq \delta_1) + \beta_2 T_{it} \times I(\delta_1 < T_{it} \leq \delta_2) + \beta_3 T_{it} \times I(\delta_2 < T_{it} \leq \delta_3) + C + \varepsilon_{it} \quad (14)$$

$$Y_{it} = \alpha X_{it} + \beta_1 T_{it} \times I(T_{it} \leq \delta_1) + \beta_2 T_{it} \times I(\delta_1 < T_{it} \leq \delta_2) + \beta_3 T_{it} \times I(\delta_2 < T_{it} \leq \delta_3) + \beta_4 T_{it} \times I(\delta_3 < T_{it} \leq \delta_4) + C + \varepsilon_{it} \quad (15)$$

（五）指标数据处理与选取

1. 被解释变量创新绩效

城市创新绩效（INE）。从创新投入来看，科技人才资源和科技财力资源是科学活动和基础研究进行的前提保障。其中，科学研究、技术服务从业人员数所代表的智力、知识、技能，是区域创新活动得以完成的人力保障。财政科技支出强度表征区域科技开发的投资力度，是区域创新活动的主要推动力。从创新产出来看，科技论文数与发明专利数代表了区域知识和技术层面科技研发成果。因此，在测算长江经济带城市创新绩效时将科技人员数（万人）、地区财政科技支出（万元）作为投入指标，将检索科技论文数（篇）和检索三大专利申请数（件）作为产出指标。

2. 核心解释变量

污染排放（EP）。对污染排放这个指标而言，大部分学者对中国环境污染指标数据的来源主要是城市污染物浓度和工业污染物排放量。本报告参照王亲（2012）的指标构建方法，选取工业废水排放量（万吨）、工业烟（粉）尘排放量（万吨）、工业二氧化硫排放量（万吨）3 个指标，并运用熵值法综合 3 类指标来整体衡量污染排放，指数越大（小）意味着污染物排放越多（少）。

环境治理（GE）。大部分学者用环境治理投资额这一指标反映中国城市环境的治理情况，这一指标涵盖面较广，主要是指城市用于污水排放处理、园林绿化、市容改善等方面的费用支出总额。由于中国的污染物来源主要是工业污染，仅用单一因素的环境治理投资额不能更全面、准确地代表环境治理。以"三废"为主要原料生产的产品价值还可以在一定程度上代表环境治理的经济效益。基于此，选择工业二氧化硫去除率（%）、生活污水处理率（%）、工业固体废物综合利用率（%）3个指标，并运用熵值法综合3类指标衡量城市环境治理，指数越大（小）意味着环境治理越好（不好）。

人居环境（RE）。城市人居环境的优化有利于居民身体健康和生活质量改善，提高劳动力的工作效率，促进城市创新绩效的提高。基于此，选择建成区绿化覆盖率（%）作为衡量城市居住区绿化状况的经济技术指标，高建成区绿化率的城市代表了较高的居住舒适度，同时也在一定程度上代表了城市的生态效益和绿色环境。选择人均绿地面积（平方米）反映一个城市的绿化数量和质量，在一定程度上代表了城市居民生活福利保健水平，同时也在一定程度上反映了城市的生态文明建设情况。因此，本报告运用熵值法综合2类指标衡量城市人居环境，指数越大（小）意味着人居环境越好（不好）。

3. 门槛变量

人均GDP（Eco）。将长江经济带108个城市2004—2017年的人均GDP水平作为门槛变量T_{it}，以2004年为基期进行平减。人均GDP是衡量一个地区经济发展水平的重要标志，不同人均GDP的城市，科技发展环境是不同的，人均GDP越高，表征较高的区域经济发展水平。

4. 控制变量

本报告将其他可能影响到创新绩效的相关变量加以控制，控制地区的规模差异有助于对核心解释变量的研究。考虑到城市创新绩效的高低是城市经济情况、基础设施建设、投资与消费以及创新氛围等众多因素作用的结果，本报告引入第三产业增加值占GDP的比重（%）、公路货运量（万吨）、全社会用电量（万千瓦时）、社会消费品零售总额（万元）等作为控制变量。地区产业布局情况和工业发展规模与环境质量和创新绩效密切相关，第三产业占GDP的比重作为产业结构高级化的代名词，代表城市产业规模（Ind），有利于考察产业结构变化的情况。用社会消费品零售总额（万元）表示地区消费需求以及消费对创新的拉动作用，以2004年为基期进行平减，代表城市的消费规模（Cons），居民消费水平的提高，有利于实现需求引领和供给侧结构性改革相互促进，带动经济转型升级。用公路货运量（万吨）表示城市的基建规模（Inf），城市基础设施建设水平的提高，有助于营造良好的创新环境，促进不同类型的创新要素在区域内部的自由流动。用全社会用电量（万千瓦时）表示地区的经济活力，代表城市的经济规模（V_{it}），一个城市的经济活力越高，其对创新型人才的吸引就会越大，营造良好的创新氛围，有助于城市创新绩效的提升。

5. 数据来源及处理

本报告以长江经济带 108 个地级以上城市为研究样本，其中上游地区包括重庆、四川、贵州、云南四省份 33 个城市，中游地区包括江西、湖北、湖南三省份 36 个城市，下游地区包括上海、江苏、浙江、安徽四省份 41 个城市。其中检索科技论文数（篇）、检索科技论文合作数（篇）主要来源于中国期刊全文数据库，检索三大专利申请数（件）主要来源于《中国专利全文数据库》（知网版），本报告构建的面板回归模型中的核心解释变量、控制变量以及门槛变量的原始数据均来自《中国城市统计年鉴》（2005—2018）、《中国统计年鉴》（2005—2018）、《中国科技统计年鉴》（2005—2018）以及相关城市所在省份的统计年鉴等。

三　实证分析

（一）长江经济带创新发展综合水平现状

1. 构建长江经济带沿线城市创新发展能力评价指标体系

关于区域创新发展的评价方面，本报告综合借鉴国内外相关研究，将区域创新发展要素分类融入知识创新、产业创新、服务创新与创新环境四个系统中（柳卸林、高太山，2014）。其中，选择中英文论文数，创新人才、专利数和科技经费来衡量城市知识创新整体实力的大小，较强的知识创新能力可以使城市摆脱经济发展对物质生产要素的过度依赖，实现要素驱动向创新驱动的转变。选择互联网数、移动电话数和邮电业务总量表示社会信息化发展的便捷化程度和社会进步效率的高低；随着社会整体水平的提高，医疗条件和教育质量也随之提高，选择医生数和医院床位数衡量城市的医疗基础设施发展水平；采用教育经费支出与高校数量作为衡量城市教育质量的指标，尤其是高等教育培养的高质量人才会转变为宝贵的人力资源，成为创新发展的内生动力。经济发展水平和产业经济能耗衡量城市的产业发展的经济环境；选择第三产业所占的比重和第三产业从业人数作为衡量产业多元化丰富发展的指标，反映城市产业创新能力的高低。采用城市道路建设和城市建设用地衡量城市创新的服务水平，便捷的城市交通网络和快速发展的城市建设有助于创新活动的高效运转；高校教师数、公共管理和社会组织人员数可以衡量城市的创新服务人员水平，保障创新活动的有效进行。

基于此，在构建长江经济带沿线城市创新发展能力的指标体系时，其指标体系必须要能够客观真实地反映目前长江经济带108个城市的创新发展能力，对其创新发展能力达到最真实、最有效的评价。本研究综合知识创新、创新环境、产业创新、服务创新4个系统21个指标全面反映长江经济带各城市创新发展能力。采用主客观赋权法得到评价指标权重（见表1）。

表1　　长江经济带各城市创新发展能力评价指标体系

总目标层	子目标层	准则层	指标层	AHP权重	熵权权重	综合权重
长江经济带创新发展能力评价指标体系	知识创新系统（K）	研发投入	X_1：科学研究、技术服务从业人员数（万人）	0.09	0.08	0.10
			X_2：科技经费支出（万元）	0.10	0.08	0.08
		专利申请	X_3：三大专利申请受理数（件）	0.08	0.09	0.06
		发表论文	X_4：发表国际论文数（篇）	0.06	0.08	0.08
			X_5：发表国内论文数（篇）	0.06	0.08	0.07
	创新环境系统（E）	教育水平	X_6：教育经费支出（万元）	0.06	0.02	0.07
			X_7：普通高校数（个）	0.06	0.03	0.03
		医疗水平	X_8：医院床位数（个）	0.03	0.02	0.02
			X_9：医生数（人）	0.03	0.03	0.02
		信息水平	X_{10}：邮电业务总量（万元）	0.04	0.02	0.05
			X_{11}：年末移动电话用户数	0.04	0.03	0.04
			x_{12}：年末互联网宽带用户数	0.05	0.07	0.05
	产业创新系统（I）	经济发展	X_{13}：就业人数（万人）	0.06	0.05	0.05
			X_{14}：地方公共财政支出（万元）	0.07	0.06	0.08
		产业产出	X_{15}：第三产业占GDP比重（%）	0.05	0.08	0.05
			X_{16}：第三产业从业人数（万人）	0.05	0.05	0.03
		经济能耗	X_{17}：全社会用电量（万千瓦时）	0.03	0.06	0.06

续表

总目标层	子目标层	准则层	指标层	AHP权重	熵权权重	综合权重
长江经济带创新发展能力评价指标体系	服务创新系统（S）	服务人员	X_{18}：普通高校专任教师数（人）	0.01	0.01	0.02
			X_{19}：公共管理和社会组织从业人员数（万人）	0.01	0.02	0.01
		服务水平	X_{20}：道路面积（万千米）	0.01	0.02	0.01
			X_{21}：城市建设用地（平方千米）	0.01	0.02	0.02

2. 长江经济带创新发展水平现状

长江沿线集聚了 2 个综合性国家科学中心、11 个国家级自主创新示范区、90 个国家级高新区、161 个国家重点实验室、667 个企业技术中心，占据了全国的"半壁江山"。现在已有的 19 个国家级新区，长江经济带占有 11 个，分别为上海浦东新区、重庆两江新区、浙江舟山群岛新区、贵州贵安新区、四川天府新区、湖南湘江新区、南京江北新区、云南滇中新区、江西赣江新区以及武汉长江新区和合肥滨湖新区。2015 年 5 月 8 日，国务院印发的《中国制造 2025》提出，实施五项重大工程（制造业创新中心建设工程、智能制造工程、工业强基工程、绿色制造工程、高端装备创新工程），促进制造强国建设。根据 2016 年 4 月 12 日国家工信部、发展改革委、科技部和财政部联合印发的《制造业创新中心建设工程实施指南（2016—2020 年）》，国家级制造业创新中心是以企业为主体、以独立法人形式成立，由企业、科研院所、高校等创新主体自愿组合形成的新型创新载体。截至 2019 年 6 月，国家工信部认定的国家级制造业创新中心已达 13 家，位于长江经济带的国家级制造业创新中心共有 6 家，分别为国家信息光电子创新中心（武汉）、国家集成电路创新中心（上海）、国家智能传感器创新中心（上海）、国家数字化设计与制造创新中心（武汉）、国家先进轨道交通装备创新中心（株洲）、国家先进功能纤维创新中心（苏州）。

长江经济带是全国创新资集聚的核心区域，R&D 经费支出规模较大，强度较高。2016—2017 年长江经济带各省级行政区 R&D 经费投入情况，如表 2 所示，2017 年，长江经济带 R&D 经费支出总体呈现下游、中游、上游梯度递减的空间分异特征，地区间的差距呈扩大趋势。长江经济带下游地区投入的R&D经费最多，达到5296.50亿元，中上游地区分别为1524.50亿元、1256.12亿元。

下游地区是长江经济带创新资本最活跃的地区，江苏科研经费投入绝对值最高，达到2260.06亿元，上海、浙江紧随其后，研究与试验发展经费都高达千亿以上；上海经费投入强度最大，达到3.93%，其中，江苏、浙江、安徽经费投入强度均达到2%以上。属于中游地区的湖北无论是R&D经费投入还是投入强度都领先于江西省和湖南省，但是与下游地区相比仍有一定的差距。上游地区的贵州和云南的投入的研究与试验发展经费较少，低于全国R&D经费支出的平均水平，是长江经济带R&D经费支出强度的"洼地"。充足的科技经费投入可以增强长江经济带的区域创新能力，为长江经济带的创新发展发展提供资金支持和金融保障，因此，中上游地区的创新驱动发展应着重于R&D经费的投入以提升区域创新能力。

表2　2016—2017年长江经济带11省市研究与试验发展（R&D）经费情况

地区	R&D经费（亿元）		R&D经费投入强度（%）	
	2016年	2017年	2016年	2017年
全国	15676.74	17606.12	2.11	2.13
上海	1049.31	1205.20	3.82	3.93
江苏	2026.87	2260.06	2.66	2.63
浙江	1130.62	1266.33	2.43	2.45
安徽	475.13	564.91	1.97	2.09
江西	207.30	255.80	1.13	1.28
湖北	600.04	700.62	1.86	1.97
湖南	468.84	568.53	1.50	1.68
重庆	302.18	364.63	1.72	1.88
四川	561.41	637.85	1.72	1.72
贵州	73.40	95.88	0.63	0.71
云南	132.76	157.76	0.89	0.96

资料来源：国家统计局，2017年、2018年全国科技经费投入统计公报。

2017年，长江经济带沿线各省市专利申请受理数量为408751件，占全国专利申请受理件数的50%，授权发明专利数量147381件，其中，国内三大专利申请数量为173325件。2017年，长江经济带高技术产业研究与试验研发机构7725个，较2010年的1619个增长了4倍之多；高技术产业研究与试验发展人员全时当量33.85万人，是2010年R&D人员全时当量的2.15倍之多；高技术产业研究与试验发展经费内部支出高达1299亿元，比2010年的349亿元增长了3.72倍；高技术产业研究与试验发展项目数为46706个，较2010年的13643增长了3.42倍。2016年，长江经济带沿线技术市场流出省市成交额为3664亿元，较2010年的1093亿元增长了3.35倍。2016年，SCI收录长江经济带沿线各省市科技论文130813篇，占全国49.27%；EI收录科技论文93350篇，占全国45.68%。

（二）长江经济带创新发展能力评价

根据表1区域创新发展能力评价指标体系，利用TOPSIS法与主客观赋权法得到长江经济带11省市创新发展能力综合评测得分（见表3），限于篇幅，仅列出2004年、2010年、2017年的平均得分。

表3　　长江经济带11省市创新发展能力得分与排序

地区	2004年 得分	2004年 排序	2010年 得分	2010年 排序	2017年 得分	2017年 排序
上海	1.46	1	2.86	1	4.97	2
江苏	0.99	4	2.56	2	7.22	1
浙江	0.97	5	2.17	3	4.49	3
安徽	1.12	2	1.39	6	2.56	6
江西	0.93	6	1.03	8	1.47	9
湖北	1.04	3	1.75	4	3.15	4
湖南	0.86	7	1.34	7	2.55	7
重庆	0.77	11	1.02	9	1.91	8
四川	0.85	8	1.46	5	2.91	5
贵州	0.83	10	0.84	11	1.08	11
云南	0.85	8	1.01	10	1.37	10

2004年长江经济带省级创新发展综合水平排在前五位的分别是上海、安徽、湖北、江苏、浙江；2010年长江经济带省级创新发展综合水平排在前五位的是上海、江苏、浙江、湖北、四川。其中，2004—2010年，上海市的创新发展综合水平一直位于长江经济带首位，江苏、浙江都进步了2个位次，四川进步了3个位次。2017年省级区域创新发展能力排在前五位的分别是：江苏、上海、浙江、湖北、四川；2010—2017年，长江经济带省级创新发展综合水平前五名并未发生改变，江苏的创新发展能力提升最快，跃居首位。

研究期内，上海的创新发展能力一直位于长江经济带的前列，与其他省、直辖市相比，上海创新资源占绝对优势地位，万名就业人员中R&D人员数、R&D经费内部支出占地区生产总值的比重、企业R&D人员占其从业人员比重等指标均遥遥领先于全国水平。江苏、浙江、湖北三个地区的创新发展能力在研究期内一直位列前五，这些地区是中国传统的教育资源大省，具有众多的高等院校与科研院所，科教资源丰富，高新技术企业、科技型中小企业、新型研发机构、科技企业孵化器等各类创新主体集聚，逐步形成了以创新为主要引领和支撑的经济体系和发展模式。重庆和四川的创新发展能力都有了不同程度的提高，从长江经济带创新发展能力排名的末位到中间位置。湖南省的创新发展能力得分在研究期间从0.86提升至2.55，但其在长江经济带创新发展能力排名的位置却一直未变；江西省的创新发展能力得分虽然有所提高，但是江西在长江经济带创新发展能力排名却不断下降。贵州和云南的创新发展能力排名一直居于长江经济带的末位，这与该地区创新内生动力不足，科研经费投入较少，教育资源匮乏等因素有关。

1. 长江经济带各城市创新发展能力的时间演变特征

为了对长江经济带沿线108个城市的创新发展能力进行分析，本报告利用主客观赋权法，综合知识创新、创新环境、产业创新、创新服务四个系统，并再次利用主客观赋权法与TOPSIS法，最终得到2004—2017年长江经济带沿线108个城市创新发展能力。根据各城市所属的省、市、区，将长江经济带108个城市划分为长江上游、长江中游、长江下游，并计算长江经济带上、中、下游城市创新发展能力的平均值（见表4）。

表4 长江经济带上、中、下游三大地区创新发展能力平均得分

地区	2004年	2005年	2006年	2007年	2008年	2009年	2010年	2011年	2012年	2013年	2014年	2015年	2016年	2017年
上游	1.58	1.62	1.67	1.66	1.70	1.74	1.76	1.78	2.00	2.22	2.12	2.14	2.26	2.41
中游	1.90	1.84	1.92	1.95	1.95	2.01	2.03	2.11	2.11	2.12	2.19	2.32	2.37	2.55
下游	3.53	3.67	3.62	3.76	4.05	4.05	4.43	4.78	5.10	5.30	5.15	5.43	5.56	5.89
平均值	2.33	2.38	2.41	2.46	2.57	2.60	2.74	2.89	3.07	3.21	3.15	3.30	3.39	3.62

可以发现，长江经济带沿线城市的创新发展能力平均分数由2004年的2.33提高到2017年的3.62，长江经济带上中下游地区创新发展能力呈现出在高低交错中逐年提高的趋势。长江经济带上中下游地区的创新发展能力出现了明显的空间非均衡性，下游地区城市创新发展能力要远远高于中游地区和上游地区，并且与中游、上游地区的创新发展能力差距进一步扩大。研究期内，长江经济带下游地区的城市创新发展能力提高了2.36，中、上游地区分别提高了0.65和0.83，下游地区的城市创新发展能力提高的速度要高于中上游地区。长江经济带下游地区的创新发展能力要高于整个长江经济带创新发展能力的平均值，而中下游地区的城市创新发展能力平均分数要低于整个长江经济带的平均值。

究其原因，长江经济带下游地区拥有发达的经济基础与较好的科技进步环境，有助于下游地区的城市综合创新能力进一步提高，较大程度上实现创新发展经济发展。中上游地区由于人才流失、科技基础薄弱、缺乏创新支柱产业的支撑，技术进步对经济增长的贡献较小。随着长江经济带创新驱动战略的实施，中上游地区的创新发展能力有所提高，但是与下游地区相比仍然存在较大差距。整体而言，长江经济带下游地区的创新发展综合水平明显优于中上游地区，不同指标对创新发展综合水平的贡献也出现了差异性。

2. 长江经济带各城市创新发展能力的空间分异特征

根据长江经济带108个城市创新发展的能力分数，分别列出2004年与2016年长江经济带沿线城市创新发展能力数值（见表5）。

表5　长江经济带沿线城市创新发展能力数值（2004年、2017年）

城市	2004年	2017年	城市	2004年	2017年	城市	2004年	2017年
上海市	8.33	9.81	宿州市	0.36	0.68	益阳市	0.47	0.42
南京市	3.03	4.37	六安市	0.35	0.59	郴州市	0.46	0.49
无锡市	1.20	1.88	亳州市	0.25	0.39	永州市	0.44	0.51
徐州市	0.86	1.50	池州市	0.18	0.23	怀化市	0.51	0.55
常州市	0.81	1.94	宣城市	0.26	0.32	娄底市	0.38	0.36
苏州市	1.47	4.85	南昌市	1.12	1.53	重庆市	3.60	6.17
南通市	0.76	2.04	景德镇市	0.26	0.24	成都市	2.82	4.92

续表

城市	2004年	2017年	城市	2004年	2017年	城市	2004年	2017年
连云港市	0.41	0.95	萍乡市	0.19	0.27	自贡市	0.33	0.24
淮安市	0.42	1.04	九江市	0.44	0.63	攀枝花市	0.18	0.16
盐城市	0.57	1.36	新余市	0.28	0.28	泸州市	0.34	0.42
扬州市	0.64	1.36	鹰潭市	0.18	0.14	德阳市	0.33	0.37
镇江市	0.58	1.14	赣州市	0.56	0.96	绵阳市	0.64	0.76
泰州市	0.49	0.90	吉安市	0.30	0.46	广元市	0.29	0.28
宿迁市	0.21	0.60	宜春市	0.35	0.50	遂宁市	0.24	0.24
杭州市	2.65	4.05	抚州市	0.30	0.43	内江市	0.28	0.23
宁波市	1.46	2.31	上饶市	0.44	0.59	乐山市	0.32	0.38
温州市	1.23	1.77	武汉市	3.41	4.06	南充市	0.47	0.55
嘉兴市	0.58	1.01	黄石市	0.43	3.62	眉山市	0.20	0.32
湖州市	0.43	0.73	十堰市	0.42	0.51	宜宾市	0.35	0.41
绍兴市	0.68	1.45	宜昌市	0.49	0.71	广安市	0.22	0.26
金华市	0.73	1.11	襄阳市	0.50	0.76	达州市	0.36	0.45
衢州市	0.33	0.46	鄂州市	0.20	0.14	雅安市	0.14	0.16
舟山市	0.32	0.43	荆门市	0.31	0.32	巴中市	0.23	0.33
台州市	0.76	1.15	孝感市	0.36	0.48	资阳市	0.15	0.20
丽水市	0.37	0.51	荆州市	0.48	0.59	贵阳市	1.03	1.43
合肥市	1.30	2.22	黄冈市	0.39	0.60	六盘水市	0.18	0.36
芜湖市	0.38	0.86	咸宁市	0.25	0.30	遵义市	0.38	0.75
蚌埠市	0.41	0.51	随州市	0.15	0.19	安顺市	0.18	3.74
淮南市	0.38	0.41	长沙市	1.92	2.23	昆明市	1.55	2.14
马鞍山市	0.21	0.41	株洲市	0.53	0.58	曲靖市	0.28	0.51
淮北市	0.27	0.25	湘潭市	0.56	0.53	玉溪市	0.17	0.36
铜陵市	0.23	0.23	衡阳市	0.65	0.78	保山市	0.23	0.32
安庆市	0.39	0.54	邵阳市	0.47	0.60	昭通市	0.22	0.39
黄山市	0.34	0.31	岳阳市	0.48	0.62	丽江市	0.20	0.29
滁州市	0.32	0.45	常德市	0.43	0.62	普洱市	0.22	0.32
阜阳市	0.39	0.63	张家界市	0.41	0.40	临沧市	0.11	0.21

从表5中可以看出，长江经济带沿线108个城市创新发展能力排名

分布并不均匀，基本呈现长江经济带下游、中游、上游地区依次递减分布的格局，处于创新发展能力排名前25%的城市基本位于长江经济带的下游地区。2017年长江经济带沿线城市创新发展能力前十排行榜中，上海、重庆、成都分别以9.81、6.17、4.92位居前三甲，苏州、南京、武汉、杭州、宁波、长沙、合肥列第4位至第10位。与2004年相比，前两位未发生改变，上海与重庆仍然是创新发展能力最高的两个城市。苏州进步最快，由第10位上升至第4位，进步了6个位次，这与苏州高新区密集的创新型企业、丰富的科技创新平台和浓厚的创新氛围密不可分。

2004年，长江经济带沿线城市创新发展能力排名前25%的城市一般为直辖市或省会城市，一共有18个城市位于长江经济带下游地区，分别为上海、南京、杭州、苏州、宁波、合肥、温州、无锡、徐州、常州、台州、南通、金华、绍兴、扬州、嘉兴、镇江、盐城；共有5个城市位于长江经济带中游地区，分别为武汉、长沙、南昌、衡阳、赣州；共有5个城市位于长江经济带上游地区，分别为重庆、成都、昆明、贵阳、绵阳。这些城市拥有较为优良的经济发展环境，雄厚的资金基础和丰富的科技创新资源，其创新发展能力要远远高于周围其他城市。与2004年相比，2017年创新发展能力排名前25%的城市有19个位于长江经济带下游地区，长江经济带下游城市创新发展能力较强的现象并没有改变，分别为上海、苏州、南京、杭州、宁波、合肥、南通、常州、无锡、温州、徐州、绍兴、扬州、盐城、台州、湛江、金华、淮安、嘉兴；共有4个城市位于长江经济带中游地区，分别为武汉、长沙、南昌、赣州；共有4个城市位于长江经济带上游地区，分别为重庆、成都、昆明、贵阳。与2004年相比，属于长江经济带沿线城市创新发展能力排名前25%的城市变化较小，淮安市和赣州市创新发展能力提高较快，进入长江经济带沿线城市综合创新水平前列。

2017年，长江经济带的创新发展能力排名25%—75%的城市共有36个位于长江经济带的中上游地区，下游地区共有18个城市。与2004年相比，虽然城市创新发展能力都有了不同程度的提高，但是长江经济带中上游地区创新发展能力得分较低的城市所占比重仍然较大。

2004年，长江经济带沿线城市创新发展能力排名后25%一共有16个城市位于上游地区，分别为遂宁、巴中、保山、昭通、广安、普洱、眉山、丽江、安顺、攀枝花、池州、六盘水、玉溪、资阳、雅安、临沧；2016年，长江经济带上游地区仍有16个城市位于沿线城市创新发展能力排名后25%，上游地区创新发展能力较低的城市占比仍然较大，分别为宣城、巴中、眉山、保山、普洱、丽江、广元、广安、遂宁、自贡、池州、内江、临沧、资阳、攀枝花、雅安，说明上游地区综合创新能力较弱，创新对经济发展的促进作用较弱。2004年，共有6个城市位于长江经济带中游地区，分别为景德镇、咸宁、鄂州、萍乡、鹰潭、随州；共有5个城市位于长江经济带下游地区，分别为铜陵、马鞍山、宿迁、宣城、亳州。2017年，共有8个城市位于长江经济带中游地区，分别为荆门、咸宁、新余、萍乡、景德镇、随州、鄂州、鹰潭；共有3个城市位于长江经济带下游地区，分别为宣城、淮北、铜陵。在研究期间，位于长江经济带上游的城市创新能力较弱的格局并没有改变，而下游地区的城市创新能力提高较快，亳州市和马鞍山市已经脱离沿线城市创新发展能力排名的后25%，创新发展能力得到进一步提高。

（三）长江经济带沿线城市创新绩效分析

利用改进的DEA模型分别计算出2004—2017年长江经济带108个地级以上城市的创新绩效（见图1）。测算结果表明：长江经济带沿线城市的创新绩效平均值由2004年的0.081提高到2017年的0.103，呈现出在高低交错中逐年提高的趋势，且存在较为明显的空间分异现象。下游地区城市的创新绩效平均值要远远高于中游地区和上游地区，并且与中游、上游地区城市的创新绩效差距进一步扩大。究其原因，长江经济带下游地区的城市拥有发达的经济基础与较好的科技环境，已基本完成工业化、现代化，创新资源禀赋较强，因此多年来创新产出与投入可以保持同步快速增长。研究期内，长江经济带下游地区城市的创新绩效平均值高于整个长江经济带沿线城市的创新绩效平均值，而中游和下游地区城市的创新绩效平均值低于整个长江经济带的平均值。长江经济带中上游地区属于中等发达、欠发达地区，大多属于农业区、初步工业化地区，大多数城市的创新绩效在研究期内一直处于中低水平，面临总体创新能力不高、创新资源的区域与产业分布欠均衡、创新创业环境待改善等问题，属于典型的创新要素低投入、低产出地区。长江经济带上、中、下游地区城市的创新绩效平均值分别提高0.026、0.013、0.028，可见，长江经济带下游、上游地区的城市创新绩效提高速度相差不大，但是要高于中游地区。这一变化表明：随着长江经济带创新驱动发展战略的实施，中上游地区的创新要素投入有所增加，创新产出在逐年交错中表现出同比例增加的状态，但是与下游地区相比仍然存在较大差距。

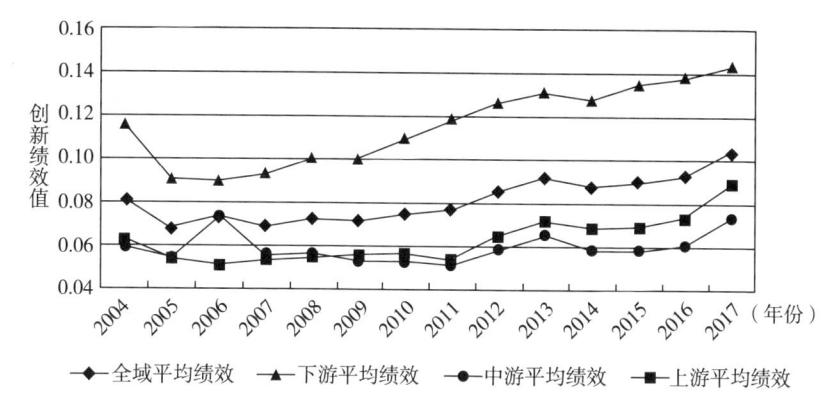

图 1　长江经济带创新绩效平均值变化趋势

（四）门槛回归分析结果

借助 Stata15.1 软件，采用城市面板数据进行回归分析。通过式（3）及 Stata15.1 软件得到检验和计算结果，对模型进行 Hausman 显著性检验，结果显示拒绝原假设，因此选择固定效应模型分析，其中抽样方法为 Bootstrap 法，Bootstrap 次数为 300 次，结果如表（6）—表（8）所示。

表 6　环境要素门槛效果检验

指标	污染排放（EP）	环境治理（GE）	人居环境（RE）
单一门槛检验	32.04***	23.22***	31.18***
	(0.00)	(0.00)	(0.00)
双门槛检验	29.15***	10.31**	24.25
	(0.00)	(0.04)	(0.00)
三门槛检验	0.00**	-0.00	0.00**
	(0.05)	(0.97)	(0.03)

注：表中数据为门槛检验所对应的 F 统计量，***、**和*分别表示在1%、5%和10%的水平下显著，括号内为 P 统计量；下同。

表7　　　　　　　　　　门槛值估计

门槛变量	门槛估计值1	95%置信区间	门槛估计值2	95%置信区间
污染排放（EP）	7904	[4346，123251]	24428	[23458，25396]
环境治理（GE）	7819	[5835，107898]	24032	[8559，121365]
人居环境（RE）	7094	[6802，24189]		

表8　　　　　　　　环境要素双门槛模型参数估计

变量	污染排放（EP）	环境治理（GE）	人居环境（RE）
交通规模	-0.01 (-0.89)	0.00 (0.80)	0.01 (1.45)
产业规模	0.22*** (7.5)	0.20*** (7.16)	0.18*** (5.96)
经济规模	0.10*** (13.04)	0.10*** (11.88)	0.070*** (8.42)
消费规模	-0.00 (-0.21)	-0.023** (-2.51)	0.015 (1.54)
$E \cdot I(T_{it}<\delta_1)$	0.16** (2.26)	0.03 (0.26)	0.20*** (4.23)
$E \cdot I(\delta_1<T_{it}<\delta_2)$	0.26*** (4.81)	0.40*** (4.41)	0.10** (2.39)
$E \cdot I(T_{it}<\delta_3)$	-0.12** (-2.36)	0.47*** (4.91)	
Constant	-0.75*** (-6.28)	-0.074*** (-12.12)	-0.077*** (-10.80)
R^2	0.34	0.41	0.42
N	1620	1620	1620

注：括号内为t统计量。

检验结果如表3-6所示，污染排放（EP）和环境治理（GE）和人居环境（RE）分别在1%的显著性水平下通过单门槛检验，污染排放（EP）和环境治理（GE）分别在1%、5%的显著性水平下通过双门槛检验，同时，污染排放（EP）和人居环境（RE）在5%的显著性水平下通过三门槛检验。因此本报告对人居环境（RE）采用单门槛检验，对其余两个变量均采用双门槛检验进行分析，这是因为：①污染排放（EP）的单门槛和双门槛的显著性相同，且都高于三门槛检验；②环境治理（GE）的单门槛和双门槛都显著，说明在单门槛之后，还存在一个显著的门槛变量；③人居环境（RE）的单门槛显著性最高。

根据表7、表8可得，污染排放（EP）对长江经济带沿线城市创新绩效的影响具有显著的双门槛特征。当人均GDP在7904元以下时，沿线城市的污染排放指标对创新绩效的弹性系数为0.16，污染排放对沿线城市的创新绩效呈现正向相关关系；跨过这一门槛以后，其对创新绩效的弹性系数变为0.26，污染排放对长江经济带沿线城市创新绩效的正向促进作用显著提高。研究发现，在城市工业经济发展的初期，有较多高能耗高污染的产业大规模化地进行工业生产，导致能耗、水耗、污染物排放强度不断上升，而工业革命又是一个技术变革的过程，产业的快速集聚，同时加快了人才、资金等创新资源迅速向城市靠拢，提高了城市的创新绩效。当人均GDP跨越第二个门槛24428元之后，弹性系数的方向和大小都有所改变，污染排放对长江经济带沿线城市创新绩效呈现负向相关关系。通过观察样本，2012—2017年，高于第二门槛的城市由69个上升到了102个，污染排放对长江经济带沿线94.4%的城市的创新绩效产生了一定的抑制作用。这是因为随着自然资源的消耗和环境恶化，污染排放会对城市经济的持续增长造成一定的负面影响，在环境管制缺失的情况下，企业基于利润最大化的动机在更多地追求经济效益，在规模经济形成的同时必然伴随着污染排放的持续增加，而过多的污染排放会进一步导致环境恶化，产生负外部效应。随着地方政府对环境保护力度的增加，必然会增加对污染物排放的检测与管控，而对于污染治理则必然会增加企业的生产成本，从而在一定程度上降低了城市的创新绩效。

环境治理（GE）对长江经济带沿线城市创新绩效的影响具有显著的双门槛特征。当人均GDP在7819元以下时，环境治理对创新绩效的影响不显著；当人均GDP处于第一门槛与第二门槛之间时，其对创新绩效的弹性系数变为0.40；当人均GDP高于24032元时，环境治理对沿线城市创新绩效的弹性系数又提高到0.47，其对沿线城市创新绩效的促进作用有了显著提升。通过观察样本，可以发现：2004年，共有50个城市跨越第一门槛，主要分布在长江经济带的中下游地区。随着长江经济带沿线城市经济发展水平的提高，2012年之后，只有39个城市处于第一门槛与第二门槛之间，环境治理对沿线所有城市的创新绩效都会产生显著较大的促进作用。2017年，除了邵阳、保山、昭通、丽江、普洱和临沧之外，长江经济带沿线所有城市都跨越第二门槛，说明环境治理对经济发展的正外部性正在不断增强。究其原因，一方面，随着城市化进程的推进，经济和社会的快速发展加重了城市的环境污染，进而突出了城市治理环境的紧迫性，而城市人口集中，拥有较高的技术和管理水平，有利于污水、垃圾处理装备的正常运转和维护，形成规模化的治理体系，从而降低治理污染的机会成本，为环境治理提供了市场需求；另一方面，由于城市工业经济的发展，大部分企业已经有了经营基础和资金链条，对技术的创新的投入强度也越来越大，不仅可以减少对环境的污染，还增加了城市工业废物的循环再利用，提高了城市的创新绩效。

人居环境（RE）对长江经济带沿线城市创新绩效的影响具有显著的单门槛特征。当城市的人均GDP在7094元以下时，人居环境对沿线城市创新驱动能力的弹性系数为0.20；跨过这一门槛以后，人居环境对沿线城市创新绩效的弹性系数为0.10，依然对城市创新绩效产生积极影响，但影响程度却有所下降。这是因为，随着人均GDP的提高，城市的基础设施建设日益完善，居民生活水平和生活便利性不断提升，人才资源和高技术企业更倾向于选择绿色环境较好、生活环境优美的城市集聚。通过观察样本，2004年，在长江经济带108个城市中，共有53.7%的城市处于第一门槛之下，这时长江经济带沿线城市的人居环境对全域一半以上的城市的创新绩效具有显著的正向影响；随着时间的推移，2008年，共有10个城市的人均GDP处于第一门槛以下，占长江经济带沿线城市比例的10.80%，分别为位于下游地区的阜阳和亳州、中游地区的黄冈，以及位于上游地区的巴中、安顺、保山、昭通、丽江、普洱、临沧。2012年起，长江经济带沿线所有城市的人均GDP均跨越第一门槛，但是人居环境对长江经济带沿线城市创新绩效的正向作用有一定的减弱。

四 结论与讨论

长江经济带创新驱动能力测度结果基本上反映了沿线各城市的创新驱动能力发展状况：长江经济带上、中、下游地区创新驱动能力逐年提升，但呈现出较为明显的空间非均衡性；下游地区的创新驱动能力明显优于中游、上游地区，且与中游、上游地区的差距不断增大；长江经济带沿线108个城市创新驱动能力排名分布并不均匀；处于创新驱动能力排名前25%的城市基本位于长江经济带的下游地区，处于排名后25%的城市基本位于长江经济带的上游地区；与研究基期相比，虽然城市创新驱动能力都有了不同程度的提高，但是长江经济带中上游地区创新驱动能力得分较低的城市所占比重仍然较大。因此，未来长江经济带下游地区应进一步发挥先发优势，瞄准国际创新趋势、特点进行自主创新，促使长江经济带自主创新站在国际技术发展前沿，力求在卡脖子领域和技术取得重大突破，中上游应进一步提高创新驱动能力，进行多种模式的创新，既要在优势领域进行原始创新，也要对现有技术进行集成创新，还应加强引进技术的消化吸收再创新。

从改进的DEA模型计算结果来看，长江经济带沿线城市的创新绩效测度结果基本反映了区域创新能力的发展状况：长江经济带上、中、下游地区城市的创新绩效呈现出在高低交错中逐年提高的趋势；下游地区城市的创新绩效明显优于中游、上游地区，且与中游、上游地区的差距不断增大。因此，应逐步加大对长江经济带中下上游地区城市创新资源的投入力度，发挥长江经济带下游的辐射带动作用，通过创新激发地缘优势，推动创新要素资源沿江跨区域自由流动、互通共享和高效整合。以协调联动发展方式促进长江经济带全域创新绩效的整体提升，促进资金链、产业链、创新链"三链"在长江经济带深度融合，构建长江经济带区域协同创新共同体。改进长江经济带的经济发展、产业结构与创新资源的利用方式，大力优化科技创新环境，通过提升城市的创新绩效以真正实现长江经济带的创新驱动发展，改变以传统资源驱动的发展模式，提高经济发展的质量与效益。

对比不同人均 GDP 门槛数值下的污染排放（EP）、环境治理（GE）、人居环境（RE）对长江经济带沿线城市创新绩效的影响。结果表明，当人均 GDP 在 7094 元以下时，污染排放、人居环境都对沿线城市的创新绩效起到了显著的促进作用，其中，人居环境对城市的创新绩效促进作用的弹性系数最大，因此，在人均 GDP 低于 7094 元的沿线城市中，相对于污染排放和环境治理，可以通过改善城市人居环境的方式提升城市的创新绩效。当人均 GDP 处于 7094—7904 元时，污染排放对沿线城市创新绩效的促进作用要大于人居环境。当人均 GDP 处于 7904—24032 元时，污染排放、环境治理与人居环境都对沿线城市的创新绩效产生了一定的积极影响，其中，环境治理对沿线城市创新绩效的促进作用最大。当人均 GDP 高于 24032 元时，环境治理对城市创新绩效的促进作用进一步增强。当人均 GDP 高于 24428 元时，污染排放对城市创新绩效会产生一定的抑制作用，因此，相对于其他两种方式，在沿线人均 GDP 高于 244428 元的城市中，可以通过治理污染、节能减排等方式提升城市的创新绩效。因此，在长江经济带创新驱动经济发展的同时，不仅要注重区域科技资源的投入与产出效率，同时也要注重环境异质性对长江经济带创新绩效的影响，加大环境治理力度，针对不同区域的环境保护情况实施差异性的环境治理方案，为创新驱动经济高质量发展提供更大空间。

建设清洁美丽的万里长江是一项系统工程，要把全社会的思想统一到"生态优先、绿色发展"和"共抓大保护、不搞大开发"上来，牢固树立"绿水青山就是金山银山"理念。以创新激发长江经济带绿色增长内生活力，依托区域人才、智力密集优势，在改革创新和发展新动能上做"加法"，在淘汰落后过剩产能上做"减法"，以新动能作为自身发展动力，大力激发创新创业创造活力，实现由要素驱动、投资驱动向创新驱动的转变，以持续的创新不断推动长江经济带的产业更迭和经济体系优化，使绿水青山产生更多的生态效益、经济效益和社会效益，实现经济发展与生态环境保护的互荣共进，引领长江经济带高质量发展。

参考文献

曹贤忠等:《长三角城市群 R&D 资源投入产出效率分析及空间分异》,《经济地理》2015 年第 1 期。

范柏乃等:《中国科技投入的经济发展效应区域差异分析》,《经济地理》2013 年第 12 期。

范斐等:《中国地级以上城市科技资源配置效率的时空格局》,《地理学报》2013 年第 10 期。

范斐等:《区域科技资源配置效率的空间溢出效应研究》,《中国软科学》2016 年第 4 期。

解雪梅、赵杨:《区域技术创新效率研究:基于上海的实证》,《中国科技论坛》2012 年第 5 期。

李琳、陈文韬:《中国区域创新环境差异的实证分析》,《中国科技论坛》2009 年第 7 期。

李强、韦薇:《长江经济带经济增长质量与生态环境优化耦合协调度研究》,《软科学》2019 年第 5 期。

刘海旭等:《长江经济带城市人居环境空间格局研究》,《长江流域资源与环境》2019 年第 12 期。

刘树林等:《中国高技术产业技术创新三阶段特征及其演变》,《数量经济技术经济研究》2015 年第 7 期。

刘迎春:《中国战略新兴产业技术创新效率实证研究——基于 DEA 方法的分析》,《宏观经济研究》2016 年第 6 期。

柳卸林、高太山:《中国区域创新能力报告》,科学出版社 2014 年版。

唐未兵等:《技术创新、技术引进与经济增长方式转变》,《经济研究》2014 年第 7 期。

滕堂伟等:《长江经济带科技创新与绿色发展的耦合协调及其空间关联》,《长江流域资源与环境》2019 年第 11 期。

王敏、黄滢:《中国的环境污染与经济增长》,《经济学(季刊)》2015 年第 2 期。

王亲等:《中国城市环境治理效率评估及其时空变异研究》,《世界地理研究》2012 年第 4 期。

王业强等:《科技创新驱动区域协调发展:理论基础与中国实践》,《中国软科学》2017 年第 11 期。

严翔、成长春:《长江经济带科技创新效率与生态环境非均衡发展研究——基于双门槛面板模型》,《软科学》2018 年第 2 期。

余淑均等:《环境规制模式与长江经济带绿色创新效率研究——基于 38 个城市的实证分析》,《江海学刊》2017 年第 3 期。

周海涛、张振刚:《政府科技经费对企业创新决策行为的引导效应研究——基于广东高新技术企业微观面板数据》,《中国软科学》2016 年第 6 期。

Hansen Bruce, "Threshold Effects in Non-dynamic Panels: Estimation, Testing, and Inference", *Journal of Econometrics*, Vol 93, No. 2, June 1999.

长江经济带自贸区高质量发展研究报告*

李 酣 张玲慧**

摘 要：本报告对长江经济带自贸区的建设现状和正在实施的制度创新进行考察，然后利用实证方法检验了自贸区的设立和制度创新对于区域经济高质量发展的影响。本报告首先选用词频分析的文本分析方法，总结和分析自贸区建设过程中的制度创新，其次运用双重差分方法检验这些制度创新对区域经济发展的影响和作用机制。研究结果表明：①长江经济带自贸区建设在制度创新和科技创新等方面已经取得了显著成效；②长江经济带自贸区的制度创新对区域经济高质量发展发挥了显著促进作用；③长江经济自贸区的制度创新在人才和产业集聚等方面仍存在短板。本报告认为，为切实提高长江经济自贸区的制度创新成果和高质量发展，需要强化一系列政策支撑：①进一步扩大制造业和服务业的对外开放；②制度创新要进一步对接国家战略和"一带一路"倡议；③强化与产业转型升级和高质量发展相关联的具体制度创新措施。

关键词：长江经济带 自由贸易区 高质量发展 制度创新 文本分析

---

* 基金项目：国家社科基金项目"促进我国产品质量提升的企业责任机制研究"（15BJL022）；中央高校基本科研业务费专项资金项目"人力资本与技术结构的动态匹配与我国制造业产品质量提升关系的实证研究"（2018QN058）。

** 作者简介：李酣，经济学博士、公共管理学博士后、武汉大学质量发展战略研究院副教授；张玲慧，武汉大学质量发展战略研究院硕士研究生。

一 引言

2008年国际金融危机后，世界经济进入长期性增长停滞阶段，而2018年以来，美国对中国发起的贸易战愈演愈烈。另外，随着中国自身的经济增长进入新常态阶段，经济增长的速度、增长方式和动力源泉都发生了深刻转变。一方面，以美国为首的发达国家在WTO的自由贸易框架体系之外谋求设定更高标准的贸易和投资协定，这对中国当前的对外开放战略和格局提出了新的要求。另一方面，支持国内生产和国际贸易竞争优势的人口数量红利已经消失，中国亟须发展方式的转变，但内需市场还未充分打开，科技创新仍处于积累期。这样，中国经济发展面临的外部环境和自身经济增长动力的改变对进一步实现高质量发展带来了挑战。

在这样的历史背景下，中国开始积极探索对外开放的新方向、新模式和新政策，在不同区域建设自由贸易试验区（后文简称自贸区）就成为其中非常重要的一个实验和实践举措。党的十九大报告明确指出，要"促进自由贸易区建设"，强调要"赋予自由贸易试验区更大改革自主权"，为自贸区建设的目标、前景和路径设定了基调。

作为一个发展中大国经济体，中国经济的增长和发展具有明显的区域不平衡性特征，具体表现在东中西部和东北地区的经济增长随时间渐次推进，但中部和西部的整体经济发展距离东部还有较大差距。中国不同区域之间的融合和收敛，以及这些区域内部各个组成部分的趋同，也是中国未来经济增长和实现高质量发展的重要动力。长江经济带发展战略规划的出台和实施就承担着这一重要的历史使命。作为占全国经济总量超过四成的区域，长江经济带的高质量发展是中国经济整体上实现高质量发展不可或缺的组成部分。

与全国的经济增长和高质量发展一样，长江经济带的发展也需要全新而宏大的改革开放新格局的驱动，通过自贸区的制度改革创造出更大的制度红利来推动，是当前至关重要的一环。本报告总结并分析长江经济带自贸区建设的现状、特征、制度创新的成果，及其对区域经济增长和发展指标的影响。同时，通过提炼其经验和不足，以期对长江经济带自贸区的下一步发展，乃至对全国自贸区的高水平建设和宏观经济高质量发展提供政策建议。

二 文献综述

针对自贸区的设立如何扩大进出口贸易并吸引外商投资，部分学者给出了一定解释。在自贸区如何促进区域经济增长的机制分析上，学者认为吸引外资是非常重要的方面。Yao 和 Whalley（2015）主要针对资本账户自由化、投资汇率利率市场化以及发展离岸金融等探讨了上海自贸区的建设对我国经济发展的影响效果与程度。Siroën 和 Yücer（2014）指出，自贸区的设立之所以能够增加进出口贸易量，是通过减轻贸易保护壁垒实现的，自贸区所在国家或地区作为零部件和原材料的进口国，通过设立自贸区加大了世界其他地区的贸易出口量。

叶修群（2018）利用省一级的季度数据构建面板数据，检验结果发现，成立自贸区显著提高了自贸区所在地区的 GDP 增长率，不过自贸区的经济增长促进效应存在明显滞后。应望江、范波文（2018）从设立沪津闽粤四大自贸区的政策效应评估中证明，中国实施的自贸区政策对实施地的区域经济增长具有积极的促进作用。刘秉镰和吕程（2018）选取中国 31 个省份的月度面板数据，通过对比自贸区挂牌成立前后各地区经济变量的实际值与合成控制地区经济变量的"反事实"估计值之差，证明了自贸区的建设会推动贸易自由化，而这些区域与国际市场进一步接轨，都能够促进经济增长。王鹏和郑靖宇（2017）以广东自贸区为例，测算自贸区的设立对于不同贸易方式的处理效应，发现自贸区的设立能提升一般贸易所占比重，降低加工贸易的比重，自贸区的设立对推动地区贸易方式转型升级具有重要作用。

至于自贸区驱动区域经济发展的路径，成艳萍和王浩（2020）利用 2009—2017 年省级面板数据，分析了自贸区的设立对地区进出口增长的正向影响。梁双陆等（2020）从理论上分析自贸区推动区域产业结构转型升级的路径，并使用合成控制法检验北美、欧洲、东盟、中国—东盟、南美五个区域自贸区，结果发现北美、欧洲、东盟、中国—东盟自贸区的成立存在产业结构的转型升级效应。魏蓉蓉和李天德（2020）

以不同地区相继实施的自贸区战略为准自然实验，运用多期双重差分法考察发现自贸区政策能够显著提高地区经济高质量发展水平。黄启才（2017）对福建省实施自贸区政策的溢出效应进行评价，发现实施自贸区政策对福建省 GDP 产生正向的溢出效应，这种溢出效应在建立自贸区的一年以后更为显著。自贸区的设立不仅为地区带来经济效益，还能产生外溢效应，如 Jayanthakumaran（2003）认为，建设自由贸易港区的东道国可以获得经济效益、提升国际影响力和竞争力，还能通过外溢效应，为其他国家带来先进知识和技术。

从长江经济带的自贸区建设与区域经济增长关系的文献来看，由于各地区的自贸区设立时间不一，尤其是江苏和云南片区到 2019 年年底才开始新设，所以当前的主要研究聚焦到上海这一长江经济带自贸区的龙头进行分析。上海自贸区成立时间较早，政策实施带来的经济效应基本已经形成，因此选取上海自贸区作为研究对象的文献偏多。陈琪和刘卫（2014）从制度经济学的角度出发，以制度红利理论与新经济地理的服务业集聚理论为依据，分析了上海自贸区产生正效应和负效应的可能性。滕永乐和沈坤荣（2014）则考虑了时间维度，提出上海自贸区短期会对江苏省各市区吸引外资产生一定外溢效应，长期伴随着区域产业分工转移、经验技术扩散效应也会率先在长三角区域产生正向联动效应。杨留华（2017）以上海自贸区为例，指出建设自贸区对于我国的国际贸易存在扩大贸易规模、改进贸易发展方式、增进国际经贸合作以及优化国际贸易环境四个方面的影响。谭娜等（2015）、殷华和高维和（2017）、王利辉和刘志红（2017）采用反事实政策效应评估法，分析了上海自贸区成立的经济影响，认为自贸区建设显著促进了上海市 GDP、投资、进出口的增长。项后军和何康（2016）通过将上海自贸区的设立视为一项自然实验，并通过合成控制法等定量分析上海自贸区设立后资本等流动情况，结果表明设立自贸区能明显拉动对外投资。

值得注意的是，部分学者也对国外自贸区的发展进行分析对比，试图从中找出中国自贸区发展的可借鉴路径。付亦重和杨嫣（2016）认为，美国内陆自贸区的建设经验可以指导我国内陆地区通过强调企业的主体地位、实施宽松的监管模式、加强区域之间协调发展等措施更好地发展自贸区。高增安等（2018）通过对巴西马瑙斯、美国孟菲斯、印度诺伊达三大自贸区的发展特点进行案例分析,认为完善的交通干线、高效的管理模式、差异化产业结构、特色化的法制和创新政策是内陆自贸区获得成效的关键因素。

不仅全国自贸区设立的时间次序不一,而且长江经济带不同省份的自贸区成立的时间也并不统一,尤其是2019年才相继在同属长江经济带的云南和江苏设立自贸区,学术界对于长江经济带自贸区短期内的制度建设和创新成果还没有进行系统的梳理,并且制度创新对区域经济增长和结构转型的成效还没有被量化分析,所以当前对长江经济带自贸区建设整体状况的文献还较为缺乏。对制度创新成果进行系统性总结,进而检验长江经济带自贸区建设对本区域经济发展的效应,这是本报告的主要研究内容,也是后续系列研究可以进一步深化分析的视角和领域。

三 长江经济带自贸区建设现状和制度创新

(一) 全国自贸区建设状况

中国自贸区建设自2013年从长江的龙头上海市启动,到2019年年末已经扩展到全国18个省市。这里需要指出的是,2020年9月,中国又新成立了三个自贸区,而且安徽和湖南这两个自贸区还属于长江经济带区域。不过,由于这三个区域的成立时间较晚,制度创新成效还未显现,也缺乏用于本报告研究的相关数据,所以研究对象限定在2020年之前设立的18个自贸区。这些自贸区的建设目标各有侧重,同时由于建设时间的长短不一,取得的多方面成效各有差异。但是,前期不同自贸区建设取得的经验,无疑为后续的自贸区,以及全国的进一步对外开放积累了丰富的实践经验。

表1 中国自贸区地域分布和核心建设目标

省份	自贸区区域范围	成立时间	建设目标
上海	外高桥保税区、外高桥保税物流园区、洋山保税港区和上海浦东机场综合保税区、金桥出口加工区、张江高科技园区、陆家嘴金融贸易区	2013年9月27日	在投资贸易便利程度、货币兑换自由化、高效的监管和规范的法制环境诸方面达到国际水准

续表

省份	自贸区区域范围	成立时间	建设目标
广东	广州南沙新区片区、深圳前海蛇口片区、珠海横琴新区片区	2015年4月20日	不同片区有不同的核心建设目标。南沙新区聚焦在集聚国际高端生产性服务业要素，成为世界领先的综合服务枢纽；前海蛇口片区旨在建设重要的世界性服务贸易基地和港口，并成为金融业对外开放的示范性窗口；横琴新区片区着力于文化教育开放，大力发展国际商务服务和休闲旅游
天津	天津港片区、天津机场片区、滨海新区中心商务片区	2015年4月20日	在贸易自由、投资便利、集聚高端产业、金融服务、法制环境和监管效率等维度达到国际一流水平；通过辐射带动效应引领京津冀协同发展，以及全国的经济转型
福建	福州片区、厦门、平潭片区	2015年4月20日	重点在投资贸易便利化、金融创新、监管高效化以及法制环境规范化
辽宁	大连片区、沈阳片区、营口片区	2017年3月31日	在集聚高端产业、便利投资贸易、完善金融服务、高效监管、法治环境等方面达到高标准；引领东北地区实现经济发展方式的转变
浙江	舟山离岛片区、舟山岛北部片区、舟山岛南部片区	2017年3月31日	除了投资贸易便利化、高端产业、法治环境、金融、监管等方面的要求之外，突出了全球配置以油品为核心的大宗商品，以及对周边区域的辐射带动作用
河南	郑州片区、开封片区、洛阳片区	2017年3月31日	在投资贸易、高端产业、交通物流、监管和辐射带动等方面达到高标准，同时能够引领内陆经济发展方式的转型
湖北	武汉片区、襄阳片区、宜昌片区	2017年3月31日	在投资贸易规则、高端产业集聚、创新和创业、金融服务、高效监管等方面看齐国际高标准；带动实施中部崛起战略和长江经济带的发展
重庆	两江片区、西永片区、果园港片区	2017年3月31日	在投资贸易、高端产业、高效监管、金融服务和法治环境等方面进行制度创新；通过建成国际物流枢纽和口岸，服务和带动"一带一路"建设和长江经济带；辐射带动西部地区城市的全方位开放和西部大开发战略

续表

省份	自贸区区域范围	成立时间	建设目标
四川	天府新区片区、青白江铁路港片区、川南临港片区	2017年3月31日	着力法治环境、投资贸易、创新、监管等维度的制度创新；要形成内陆开放型经济高地，并且示范和推进西部大开发和长江经济带发展
陕西	中心片区、西安国际港务区片区、杨凌示范区片区	2017年3月31日	在国际投资贸易规则、营商环境、高端产业、金融服务、人文交流、监管法治等方面达到高标准；引领并推动"一带一路"倡议和西部大开发战略的实施
海南	海南岛全岛	2018年10月16日	重点是投资贸易、法治、金融、监管和生态环境等领域；为海南自由贸易港建设提供政策和制度基础
山东	济南片区、青岛片区、烟台片区	2019年8月2日	制度创新成果达到国际先进水平。经济发展实现质量、效率和动力的三大变革
江苏	南京江北新区、苏州工业园区、连云港经济技术开发区	2019年8月2日	在贸易投资、高端产业、金融服务、监管等领域实现高质量的制度创新成果
广西	南宁片区、钦州港片区、崇左片区	2019年8月2日	在贸易投资、金融服务和监管等方面进行创新；带动和引领中国和东盟的开放与合作
河北	雄安片区、正定片区、曹妃甸片区、大兴机场片区	2019年8月2日	在贸易投资、高新产业、金融服务，政府质量和区域协同发展等维度实现高质量
云南	昆明片区、红河片区、德宏片区	2019年8月2日	在贸易投资、交通物流、要素流动、金融服务、监管、生态环境等方面达到高标准
黑龙江	哈尔滨片区、黑河片区、绥芬河片区	2019年8月2日	着力营商环境、贸易投资、产业集聚、服务体系、监管的制度建设

资料来源：根据中国政府相关文件整理。

表1显示，到2019年年底，中国的自贸区已经经历了四次扩容。2013年我国首个自由贸易实试验区——中国（上海）自贸区成立，随后又相继设立了第二批的广东、天津、福建自贸区，以及辽宁、浙江等第三批自贸区。2014年12月28日国务院确定天津、广东、福建三个

省份进行第四批自贸区的设立,其主旨是加速改革和对外开放,而其核心是政府集中建立制度创新体系,同时实现与国际的对接,突出政府职能的转变以及对负面清单的管理是该批自贸区设立的重点目标,另外实现在投资和贸易领域更高质量的管理。2016 年第三批自贸区正式设立(包括辽宁、陕西等 7 个省份),重点是在其中 5 个内陆省份(河南、陕西、湖北、重庆、四川)建设内陆自贸区。在 2019 年 8 月,国务院又决定设立山东、江苏、广西、河北、云南、黑龙江 6 个自贸区。从我国目前自贸区的覆盖面看出,主要还是集中在沿海地区,在内陆地区设立的自贸区数量有限。但是,为数不多的内陆自贸区当中,集中在长江经济带区域相对较多,如湖北、四川、重庆和云南。长江经济带的自贸区已经设立在了上游、中游和下游地区,除了少数几个省份,基本实现了全流域的覆盖。这种区域分布本身就体现了国家把长江经济带作为一个整体的规划,希望通过区域性自贸区的建设和发展,以及通过自贸区的制度改革,推动长江经济带整体实现高质量发展,并进一步拉动整个中国经济实现高质量发展。

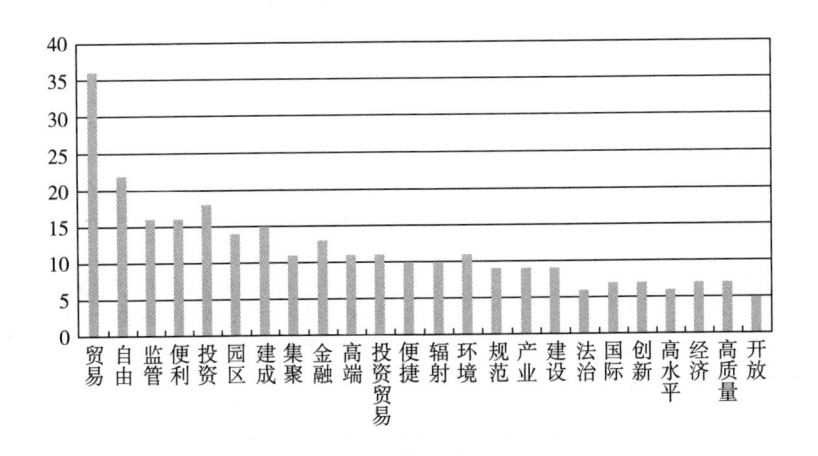

图 1　自贸区建设目标词频统计

本报告在文本分析的过程中,对中国各个自贸区的建设目标中的一些关键词进行词频统计,看自贸区是否存在建设目标的一致性。从建设内容和目标来看,自贸区建设目标在制度改革上确实具有一致性。

表2　　　　　　　　　　自贸区建设的共同目标

建设目标	投资贸易便利	产业集聚	金融服务完善	监管高效便捷	法制（法治）环境规范	辐射带动	高标准园区
频率	17/18	9/18	12/18	10/12	9/18	10/18	13/18

根据各个自贸区目前已公开的建设目标的政策文本，用词频统计的方法选取一些关键词，这些词汇表明了自贸区建设的方向，而且其中存在一些共同的用语。词频统计结果显示在我国现有的18个自贸区当中，既有在贸易投资方面建设方面进一步便利化的目标，也有金融市场的服务，政府监管效率的提升，法治环境的完善等制度环境的改革措施，还有通过产业集聚实现经济增长的具体路径设计。同时，半数以上的自贸园区都有向周边地区辐射、拉动近邻经济区域的经济增长的政策设计目标。例如，在辽宁设立的自贸区就特别强调了"引领整个东北地区转变经济发展方式"，而陕西的自贸区则负有"推动'一带一路'建设和西部大开发战略的深入实施"的任务。

然而，对自贸区建设目标的文本分析显示，不同的自贸区在制度改革上还存在异质性。例如，广东自贸区强调了在其内部的不同片区，分别赋予金融业对外开放窗口、全球服务贸易枢纽、文化教育开放、商务服务和休闲旅游等制度创新和建设的任务。河南自贸区提出了交通物流通达的要求，是区位优势和自贸区建设导向的协调一致。另外，河北自贸区强调了政府治理的包容审慎等。这些不同的建设目标是国家根据自贸区制度改革的整体部署、各个自贸区所在区域经济发展的特征和需要而确定的。就当前各地自贸区的制度建设实施效果而言，各个自贸区已经出台了一系列的发展措施和行动方案，设立了一批具体的制度改革政策手段。

表3　　　　　　　　自贸区改革实施方案和具体措施

自贸区	措施和方案	制度和政策改革
天津	《关于支持中国（天津）自贸区创新发展措施》；《中国（天津）自贸区创新发展行动方案》	重点是在放开外资在金融领域的准入限制，同时在法律、医疗、教育和电信等服务领域取消各种限制

续表

自贸区	措施和方案	制度和政策改革
重庆	《中国（重庆）自贸区条例》	从贸易便利、金融创新、优化营商环境等多个方面进行规划，为重庆自贸区未来的建设提供了法律保障，也明确了创新的责任
山东	《中国（山东）自贸区济南片区金融改革试点实施方案》	采用具体措施吸引外资金融机构、强化金融服务的供给，健全和防范金融风险等
江苏	《上海江苏浙江自贸区联动发展战略合作框架协议》	共同打造制度创新高地、推进产业发展、开展科技创新、促进金融服务一体化、加强对外投资合作、推进数据互联互通、推动政务服务一体化、开展交流学习八个方面内容

资料来源：根据公开资料收集整理。

除各个自贸区形成的改革措施和创新方案之外，近年来，国务院五次集中发函推广已有的自贸区试点制度改革的经验和成果，国务院有关部门也总结了三批次的"最佳实践案例"，并提供给各地区借鉴。这样，先行的自贸区形成的经验能够被及时地总结，并且得到推广和学习，自贸区的制度改革成果也通过这些举措形成了"干中学"效应。

（二）长江经济带自贸区的建设目标和发展现状

长江经济带自贸区的建设目标和全国自贸区建设的目标有共性，但也存在较大的差异。另外，无论是在长江经济带区域中设立时间最早的上海自贸区，还是2019年新近设立的这些自贸区，有些已经在制度改革领域取得了一些成效。

1. 长江经济带自贸区基本状况

目前全国批准建设自贸区的省份总共18个，其中设立在长江经济带的省份和直辖市的自贸区就有七个（上海、浙江、湖北、重庆、四川、云南、江苏），占比接近40%。这样，到2019年年底，长江经济带11省份，仅剩贵州、江西、安徽和湖南四省没有设立自贸区。这七大自贸区联结了整个长江经济带，也贯穿了中国的东中西三个区域。根据中国国家统计局的数据计算得出，2019年设立了自贸区的七个长江经济带省市的GDP总量、固定资产投资、对外贸易额占长江经济带相应指标的比重分别达到47.0%、42.0%和58.8%。长江经济带打造全方位的对外开放格局的现有成效，离不开自贸区在长江经济带对外开放的制度改革和实践。自贸区立足上中下游地区对外开放的不同基础和优势，按照各自定位，大力建设自贸区。自贸区的建设实现了国内与国际贸易的一体化，形成长江经济带的开放大格局。上海自贸区的改革探索的渐趋深入，更是使以上海带动长江全流域发展、以武汉带动中游、以重庆带动上游的格局初步形成。

2. 长江经济带自贸区建设目标

本报告收集并整理了长江经济带各省市已经设立的自贸区的建设目标（见表1），分析各个自贸区的建设目标的一致性和异质性，并更进一步对这些建设目标影响区域经济增长目标的可能路径进行探讨。

就整体而言，长江经济带各自贸区的设立和建设目标已经开始融入国家重大战略部署，进一步对标国际化的高标准经济贸易规则，并且充分发挥各地的要素禀赋以及区位优势，已经形成各具特色、各有侧重的发展格局，位于长江经济带的自贸区积极服务长江经济带的整体发展战略，将制度创新作为核心带动力引领区域的经济高质量发展。

长江经济带自贸区同样肩负着重要的制度创新和实践的使命。总体而言，长江经济带内各省的自贸区在不同层次实践了制度创新。首先，都注重了投资领域的制度创新，制定并完善了负面清单管理制度。其次，在政府职能创新上，各自贸区均将政府职能由注重事前审批转为注重事中事后监管转变。然后，在贸易方式转型升级上，各个贸易区试图培育新型贸易方式，探索高技术贸易、文化贸易，参考和借鉴了上海自贸区实施的通关监管服务模式。最后，在金融领域创新上，长江经济带自贸区探索了与本区域自贸试验区相适应的本外币账户管理制度，并在便利跨境投融资和贸易等方面出台了一系列有效的政策措施。

进一步地，通过搜集长江经济带各个自贸区的管理条例，从中提取制度创新相关关键词并制成关键词词表，通过词频统计的方法得到长江经济带各自贸区的制度创新范围。此外，引入 TF－DF 特征提取指标，通过对关键词 TF－DF 权重的比较确定各个自贸区的制度创新具体内容和实践。

从表4可以看出，长江经济带自贸区建设的制度创新在各个不同维度都有所体现。整体来看，长江经济带的自贸区已经完成一套完整制度创新体系的建立。首先，各自贸区都进行了以准入前国民待遇和负面清单管理为核心的市场准入制度的改革。其次，推进了贸易便利化的管理制度安排。最后，实施了以自由贸易账户为核心的金融创新和监管体制。

表4　长江经济带自贸区的制度创新范围

自贸区	制度创新领域	制度创新具体内容
上海	1. 投资管理制度创新 2. 监管制度创新 3. 金融制度创新 4. 政府管理创新 5. 法制环境建设	监管高效便捷、知识产权保护、法治改革、贸易便利、政府职能转化、营商环境建设、税收管理改革、反垄断、电子政务建设
浙江	1. 以油品全产业链为核心推进国家能源保障安 2. 大宗商品投资便利化贸易自由化 3. 提升大宗商品全球配置能力和贸易自由化	投资开放、贸易自由、大宗商品贸易、高端产业促进、带动"一带一路"沿线国家发展、长江经济带区域经贸合作、金融服务、财税管理、综合监管、环境保护准入制度
湖北	1. 政府职能转变 2. 投资领域改革 3. 贸易转型升级 4. 金融领域创新 5. 创新驱动发展	投资开发、贸易便利、金融服务、创新驱动、服务长江经济带、法制环境建设、创新行政管理方式
重庆	1. 建设法治化国际化便利化营商环境 2. 扩大投资领域开放 3. 推进贸易转型升级 4. 深化金融领域开放创新 5. 推进"一带一路"和长江经济带联动发展 6. 推动长江经济带和成渝城市群协同发展	法治化、国际化、便利化营商环境、投资开放、贸易转型升级、金融领域开放创新、"一带一路"和长江经济带联动发展、成渝城市群协同发展、事中事后监管、内陆开放

续表

自贸区	制度创新领域	制度创新具体内容
四川	1. 转变政府职能 2. 统筹双向投资合作 3. 推动贸易便利化 4. 深化金融领域改革 5. 实施内陆与沿海沿边沿江协同开放战略 6. 激活创新创业要素	转变政府职能、政务服务、投资促进、贸易便利、金融创新、内陆与沿海沿边沿江协同开放战略、创新创业
江苏	1. 加快转变政府职能深化投资领域改革 2. 推动贸易转型升级 3. 深化金融领域开放创新 4. 推动创新驱动发展 5. 积极服务国家战略	转变政府职能、投资领域改革、贸易转型升级、金融领域开放创新、创新驱动、服务国家战略
云南	1. 加快转变政府职能 2. 深化投资领域改革 3. 推动贸易转型升级 4. 深化金融领域开放创新 5. 创新沿边经济社会发展新模式 6. 加快建设我国面向南亚东南亚辐射中心	转变政府职能、投资领域改革、贸易转型升级、金融领域开放创新、创新驱动、创新沿边经济社会发展新模式、南亚东南亚辐射中心

资料来源：根据公开资料收集整理。

长江经济带自贸区在以"放管服"为核心的政府职能转变方面取得了显著成果。形成了以先照后证和市场准入负面清单为标志的现代商事登记制度，以及以"双随机一公开"抽查制度等为依托的事中事后监管制度。其中，上海自贸区已经形成了面向全国的可复制、可推广的经验与案例。上海自贸区试运行一年之后，就由国家商务部、上海市和中央其他部委一起进行阶段性总结，在2015年形成了28项在全国范围内复制推广的改革事项和若干在海关特殊监管区复制推广的改革事项。此外，国务院在2015年推广了自贸区的8个"最佳实践案例"，其中就包括上海自贸试验区推行国际贸易"单一窗口"这一项贸易便利化的具体有效措施，以及推进信用信息应用加强社会诚信管理这一事中事后监管实践案例。

各个自贸区依据所处区域，立足当地实际需求，也形成了各具特色的创新内涵。例如，上海自贸区的制度创新还体现了法制建设的重要性，不仅制定了《中国（上海）自贸区条例》，而且对所涉及的制度创新内容和具体改革措施进行全面法制性规范。浙江自贸区将油品全产业链作为核心发展要务，在利用报税单融资、货币结算等方面进行业务创新，同时提供价格指数体系和保税商品交易的场所，打造了完整的大宗商品市场体系。湖北自贸区重视战略新兴产业的大力发展，积极推动中部地区以及长江经济带的产业合理化，同时对生态环境质量有明确要求，探索在自贸试验区内建立生态环境硬约束机制，以求实现绿色发展。重庆自贸区在物流体系方面，通过多种联运，构建与"一带一路"倡议沿线国家之间安全和便利的供应链。四川自贸区探索形成有利于高端制造业和现代服务业向自贸试验区集聚集群发展的体制机制，构建长江经济带区域内部各地之间空、铁、公、水联运的综合物流服务体系。江苏自贸区也在推动"一带一路"交会点建设以及长江经济带和长江三角洲区域一体化发展。云南自贸区根据区位优势，通过构建连接南亚、东南亚的国际开放大通道，从而建设我国面向南亚、东南亚的辐射中心。

3. 长江经济带自贸区所在地区进出口和经济增长特征

从长江经济带自贸区所在省市近10年进出口以及经济增长情况来看，设立自贸区的省份国际贸易发展整体向好，而且最近两三年的进出口总额还在加速增长。自2016年起，各自贸区的进出口总额上升幅度较为迅猛，其中以江苏、上海以及浙江为代表的沿海省份，进出口总额远远超过内陆型省份。从进口以及出口总额的变化趋势来看，上海市以及浙江省近年来进口总额总体上升，而出口则有所下降，江苏省的进口以及出口则均呈现上升趋势，总体来看，各自贸区的进出口绩效自2016年起都有了一定幅度的上升。

从图5可以看出，在这些设立了自贸区的长江经济带省份中，GDP的总量基本都呈现持续上升的增长态势。另外，图6当中的数据表明，最近几年来，这些省份在人均GDP这一更能体现经济发展成效指标的增长速度上面，出现了一定幅度的提升。

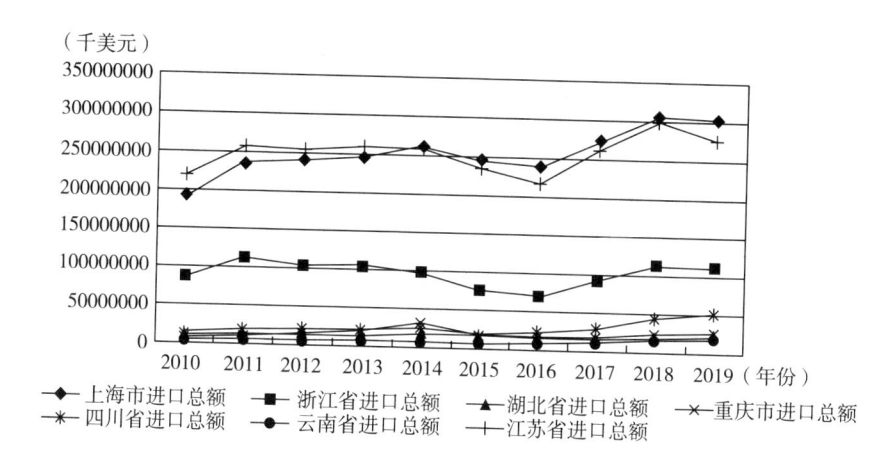

图2 长江经济带自贸区进口总额变化趋势

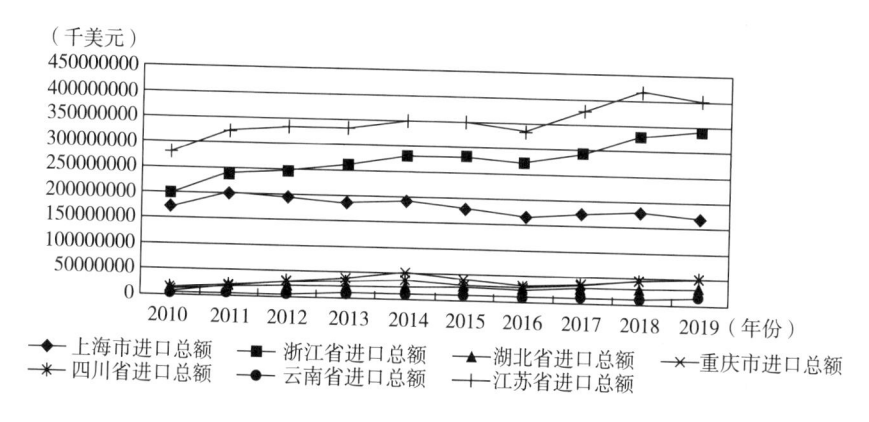

图3 长江经济带自贸区出口总额变化趋势

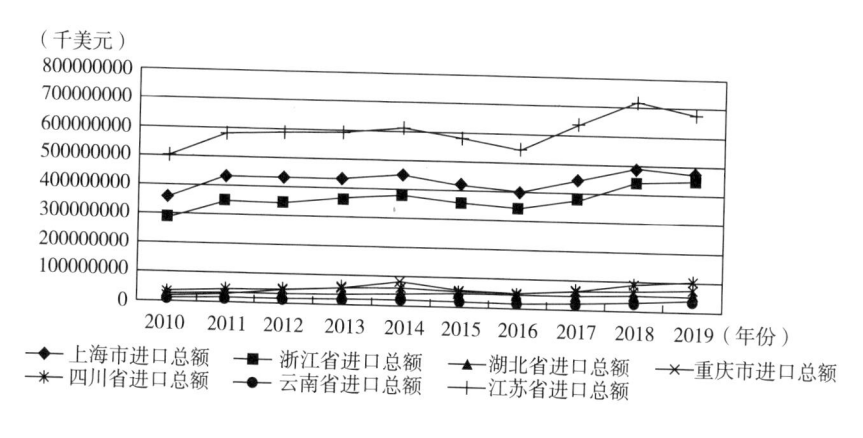

图4 长江经济带自贸区进出口总额变化趋势

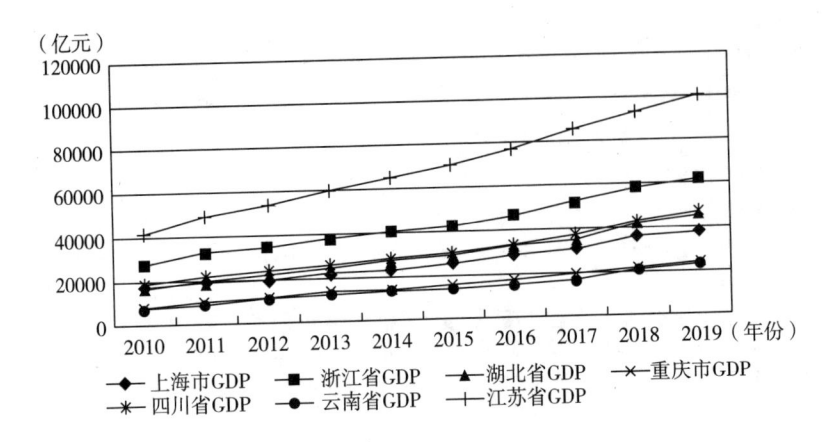

图5 设立自贸区的长江经济带省市经济增长状况

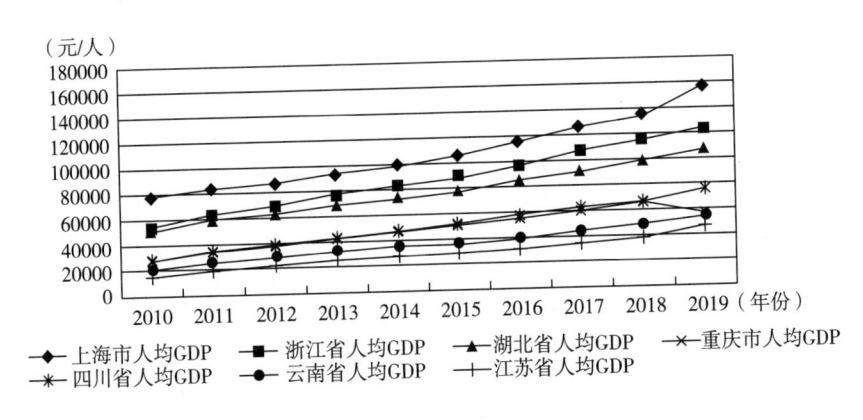

图6 长江经济带自贸区人均GDP变化趋势

（三）小结

我国自贸区的建设从地处长江经济带龙头的上海开始，又历经扩充，延展到长江经济带的不同区域。这一发展趋势显示出国家力争借助于自贸区的建设和发展，驱动长江经济带整个区域的经济增长，并进而助推我国实现宏观经济高质量发展的战略构想，以及通过试点和实践，步步推进这一战略部署的达成。

制度创新是自贸区的主要改革目标，长江经济带各个自贸区在建设过程中所采取的措施也对应了这一核心目标。与全国其他自贸区一样，长江经济带的自贸区已经在贸易和投资的便利化、金融监管和政府职能的优化等领域进行了制度创新,或者实践了制度改革的成果。同时,长江经济带所在区域的自贸区在长江经济带的整体协同开放、绿色创新和绿色发展等领域开展了新的制度改革和创新。

整体而言,长江经济带各省市自贸区的设立和实践,与本区域的经济增长同步相向而行。甚至在本区域的自贸区设立之后,自贸区所在省市的人均GDP等经济发展指标还呈现出加快增长的态势。这些都表明了,自贸区的设立、多领域全方位的制度创新与区域的经济增长和经济发展之间存在相关性。然而,自贸区的建设与经济发展之间的因果关系的验证,还需要进行进一步深入的计量检验。

四 自贸区建设对经济发展影响的实证研究

自贸区的建设无论是扩大进出口,还是实施不同维度的制度变革,最终的目的是推动所在区域的经济增长,进而有助于中国整体的经济高质量发展。本部分内容安排如下:首先对比分析长江经济带所属各个省份在成立自贸区前后,在不同的经济发展指标维度呈现的差异情况;然后运用计量经济学方法估计和检验长江经济带地区自贸区的设立,尤其是随后进行的制度改革,对自贸区经济发展的影响。

(一)理论分析和计量假设

中国进行自贸区建设,首先就是为了促进进出口贸易的增长,以及应对日益激化的贸易冲突和随之而来的贸易政策不确定性。其次,自贸区承担了重要的制度改革任务,而且并不局限于单一的贸易领域,中央有系统性的安排,从不同试点区域进行差异性制度改革任务实施,逐步形成统一的实践范例和方案,再进一步推广到全国。最后,自贸区建设的根本目的还是促进该自贸区所在地区的增长,并通过外溢和带动作用,助力于周围地区乃至整个中国宏观经济的高质量发展。

自贸区的建设可以从几个不同的维度促进经济的增长。首先,贸易,尤其是出口贸易作为我国改革开放之后拉动经济增长的"三驾马车"之一,自贸区促进贸易总量的增长和进出口产品质量的提升,自然有利于宏观经济增长。自贸区成立后,通过适当削减进出口关税减少了贸易壁垒,对外贸易程序不断简化,大力推进诸如国际贸易单一窗口等具体的贸易便利化措施，使贸易进一步实现自由化和便利化。此外，自贸区的设立对外商投资的吸引也会逐步增强，通过吸引外商直接投资，间接获得技术溢出效应以及知识溢出效应，拓宽国际贸易渠道，从而进一步促进进出口贸易的成长和宏观经济增长。

其次，制度是经济增长的动力和源泉（诺斯，1991）。自贸区建设的重要任务之一是探索制度改革的路径，形成系统性的、可推广的制度改革方案，从而也有助于区域和全国经济增长。中国改革开放创造出的制度红利不断释放，驱动经济已经实现了40多年的快速发展，但中国经济已经步入高质量发展的新阶段，也必然对制度改革和创新提出了新要求。利用制度变革推进经济社会的进一步发展是这一时期党中央不断追求的国家治理思路。建立自贸区的直接的政策目标就是减少贸易相关行政审批程序，降低政府对市场的干预程度，以求市场经济的优势能得到充分的发挥。当前，已经设立自贸区的各省市，颁布或者实施了各项贸易便利化、贸易自由化措施，为对外贸易的进一步增长提供一系列优惠政策和制度创新。诸如实施"一线放开""二线安全高效管住"的通关监管服务模式，打造国际物流运输体系等措施，使得进出口企业面对的贸易营商环境不断改善，极大地降低了资本、劳动力等很大一部分生产要素的贸易成本，而且合理有效地减少企业的生产交易成本。此外，通过便捷高效的贸易流通程序，企业间的交易效率不断提高。因此，自贸区的设立能够产生制度效应，为经济发展释放出新鲜的制度红利。

最后，自贸区在金融、产业集聚、要素配置和创新等方面发挥了引领作用，优化了驱动经济增长的要素投入和配置，提升了要素转化为产出的效率，这些对于经济的增长以及高质量发展的实现都起着重要作用。自贸区在其发展的进程之中不断吸纳外商的直接投资，而且伴随而来的技术和知识溢出效应，更是促进了本土企业的创新和发展。这些外商直接投资更是强化了市场竞争的压力，驱动本土企业进一步加大研究开发力度，进行技术革新创造，从而提高自身产品与服务质量，以期获得可持续的比较优势。因此，自贸区的设立，以及在外资企业的冲击推动之下，本土企业对已形成的溢出效应进行吸收并实现新一轮的技术进步，对当地科技发展水平以及人力资本水平的提高也具有相当的促进作用。

综合以上分析，自贸区的成立使得贸易流程简化、通关效率不断提高，从而能够吸引外商直接投资，促进进出口贸易快速增长，由于贸易是经济增长的"三驾马车"之一，自贸区的设立通过促进贸易的发展，进而能够促进经济增长。另外，外资的逐渐渗透对本土企业的生存带来很大的压力，即使这种冲击是暂时性的，但是为了企业的长期可持续发展，本土企业还是需要选择技术改良、科技创新等方式提高产品质量，形成核心竞争力以应对外资企业的技术溢出效应和知识溢出效应带来的冲击。从长期来看，自贸区使得地区人力资本水平同样得到一定的提升，从而促进经济发展。总体而言，自贸区的重要任务之一是要探索制度改革的新途径，自贸区设立创造出良好的营商环境，从金融创新、投资贸易等方面进行的制度创新均使自贸区贸易更加便捷高效，企业交易成本不断下降。由于制度是增长的动力，自贸区带来的制度红利持续释放，为经济发展创造新动力，迎来新的经济增长点。

因此，构建用于计量检验的两个基本假设：

假设1：自贸区的成立有利于区域经济增长。

假设2：自贸区的成立会通过进出口贸易增长、制度创新、产业集聚和创新等机制，进一步驱动区域的经济增长。

在长江经济带区域范围内，最早成立的上海自贸区是2013年9月由国务院批准设立的，并于2015年4月20日扩展了上海自贸区的实施范围。2017年3月31日，国务院批复成立中国（浙江）自贸区、中国（湖北）自贸区、中国（重庆）自贸区、中国（四川）自贸区共4个自贸区。2019年8月2日，国务院批复同意设立中国（江苏）自贸区、中国（云南）自贸区。三批自贸区的设立均为省级层面，该政策可视为准自然实验，本报告将利用双重差分法（difference – in – difference，DID）评估长江经济带自贸区对于经济高质量发展的影响效果。

在这一分析框架下，本报告首先将2013年以及2017年设立的自贸区省份作为实验组，非自贸区省份则定义为控制组，并构建了两个虚拟变量：首先，依据是不是自贸区省份划分的虚拟变量du，将自贸区省份定义为1；非自贸区省份定义为0。其次，依据政策实行时间划分的虚拟变量dt，对2013年、2017年的两批自贸区省份，政策当年及以后年度定义为1；政策前年度定义为0。本报告采用的样本数据均来自省级层面。

在虚拟变量设定过程中，注意到第二批自贸区省份的设立时间比较晚，因此实验组的数据样本涉及的年限范围较窄，本报告仅能对该政策产生的短期影响做出分析。

由以上分析，本报告设定的 DID 方法回归模型如下：

$$rGDP_{it} = \alpha_0 + \alpha_1 du * dt + \sum_{i=1}^{N} b_j X_{it} + \varepsilon_{it} + \mu_i + \gamma_t \tag{1}$$

$$TFP_{it} = \alpha_0 + \alpha_1 du * dt + \sum_{i=1}^{N} b_j X_{it} + \varepsilon_{it} + \mu_i + \gamma_t \tag{2}$$

$$TLP_{it} = \alpha_0 + \alpha_1 du * dt + \sum_{i=1}^{N} b_j X_{it} + \varepsilon_{it} + \mu_i + \gamma_t \tag{3}$$

$$IS_{it} = \alpha_0 + \alpha_1 du * dt + \sum_{i=1}^{N} b_j X_{it} + \varepsilon_{it} + \mu_i + \gamma_t \tag{4}$$

其中，$rGDP$ 为经济总量增长水平，TFP 为全要素生产率，TLP 为全员劳动生产率，IS 为产业结构发展水平。X 为相应模型的控制变量向量，本报告将控制影响高质量发展水平的相关变量，系数 α_1 衡量自贸区建设对经济高质量发展的总效应。μ 控制了省份固定效应，γ 控制了时间固定效应，ε 为扰动项。模型（1）（2）（3）（4）为经济发展效应基准模型，用以研究长江经济带自贸区对于地区经济高质量发展的作用，本报告所采用的控制变量有人力资本、金融发展水平、人口密度、人均消费水平、资本存量以及外贸依存度。

为研究长江经济带自贸区对经济高质量发展水平的影响，本报告选取人均 GDP、全要素生产率、全员劳动生产率以及产业结构发展水平作为本报告的被解释变量，其中人均 GDP 通过地区生产总值与地区常住人口数量比值计算得到，全要素生产率利用 DEA–Malmquist 方法计算求得，全员劳动生产率通过工业增加值与从业人员数量的比值计算得到，产业结构发展水平通过第三产业增加值与第二产业增加值的比值计算得到。

同时，本报告将以下变量设计为影响经济高质量发展的控制变量：

人力资本：用该地区的人均受教育年限来表示。在索洛增长模型中，技术创新对于经济增长的作用体现在其能引发经济更深层次更大规模的增长效应，另外，技术进步与创新又依赖于地区人力资本的积累程度，从而人力资本积累是地区经济可持续发展的智力基础。

金融发展水平：用金融机构各项贷款占 GDP 比重表示。经济发展需要易于获得的资本，而融资渠道依赖于金融市场的发育情况、公开性、透明度等方面的影响，因此金融发展水平有助于提高地区经济高质量发展的资本基础。

人口密度：用每平方公里的人数表示。劳动力禀赋在经济高质量发展中起着重要作用，与人口密度相关，人口密集的地区拥有较高的劳动力禀赋以及廉价易得的劳动力，因此人口密度是地区经济高质量发展的劳动力基础。

人均消费水平：用年均每人占有的物质生活资料和服务数量表示。人均消费水平代表了经济在发展过程中的市场潜力，消费作为驱动经济增长的"三驾马车"之一，消费者购买能力的增强进一步促进了区域经济更强劲地发展。

资本存量：用固定资产投资额表示。驱动经济发展的因素之一就是投资水平，资本存量的提升能够有效促进经济增长。

外贸依存度：用进出口总额占 GDP 的比率进行测度，同时对进出口总额的数据用人民币兑美元平均汇率进行了统一的换算。在微观层面，对外开放程度的提高能够为很多企业带来更多更优质的资源要素，从而促进企业不断发展，获得更高利润；从国家层面而言，更加开放的贸易环境带来的知识外溢效应也可以吸纳更多外商直接投资进而推动技术变革，从而经济高质量发展。

（二）数据和统计描述

本报告所采用的数据来自 2010—2019 年《中国统计年鉴》，部分省市或部分年份存在数据缺失，本报告利用平均增长率方法将其补齐。另外，由于 2019 年成立的云南、江苏自贸区成立时间较晚，政策持续时间较短，样本期间政策虚拟变量只有一年为 1，其他年份均为 0，无法较好地甄别其政策效应，并且引入成立时间较晚的自贸区样本还可能存在着样本选择偏误，对 DID 基准回归结果产生影响，故作删除处理，最终得到 2010—2019 年中国 29 个省市 10 年的平衡面板数据。

为使数据更加平稳，减少非正常值对样本的影响，本报告以 2010 年为基年，对以货币计量的宏观经济指标进行平减处理，对本报告涉及相关变量的描述性统计结果如表 5 所示。

表5　描述性统计

全样本

变量名称	平均值	标准差	最小值	最大值	观测值
人均GDP（千元）	49.69	26.03	13.12	174.5	290
全要素生产率	0.369	0.214	0.0625	1.053	290
全员劳动生产率	2.975	1.665	0.229	11.52	290
产业结构高级化	1.172	0.673	0.537	5.169	290
人均受教育年限	9.029	1.196	4.222	13.22	290
金融发展水平	1.364	0.487	0.595	3.083	290
人口密度（人/平方千米）	472.3	717.4	2.445	3832	290
人均消费水平（千元）	23.18	9.681	10.76	68.66	290
固定资产投资额（亿元）	13.76	10.02	0.463	50.80	290
外贸依存度	0.250	0.279	0.0113	1.457	290

实验组

变量名称	平均值	标准差	最小值	最大值	观测值
人均GDP（千元）	48.90	27.86	21.18	131.19	50
全要素生产率	0.45	0.12	0.27	0.63	50
全员劳动生产率	3.29	1.44	1.43	6.49	50
产业结构高级化	1.20	0.46	0.68	2.69	50
人均受教育年限	9.30	0.99	7.64	12.20	50
金融发展水平	1.48	0.40	0.83	2.19	50
人口密度（人/平方千米）	1028.83	1395.02	165.66	3832.35	50
人均消费水平（千元）	26.76	11.43	13.46	55.04	50
固定资产投资额（亿元）	16.29	8.13	4.66	28.84	50
外贸依存度	0.43	0.14	0.08	1.46	50

控制组

变量名称	平均值	标准差	最小值	最大值	观测值
人均GDP（千元）	49.86	25.69	13..12	174.48	240
全要素生产率	0.35	0.23	0.06	1.05	240
全员劳动生产率	2.91	1.70	0.23	11.52	240
产业结构高级化	1.17	0.71	0.54	5.17	240
人均受教育年限	8.97	1.23	4.22	13.21	240
金融发展水平	1.34	0.50	0.59	3.08	240
人口密度（人/平方千米）	356.36	380.94	2.44	1324.12	240
人均消费水平（千元）	22.44	9.13	10.76	68.66	240

续表

变量名称	平均值	标准差	最小值	最大值	观测值
固定资产投资额（亿元）	13.24	10.30	0.46	50.80	240
外贸依存度	0.21	0.22	0.01	1.27	240

根据描述性统计结果，被解释变量人均GDP在实验组均值为48.9千元，小于控制组的人均GDP 49.86千元，这说明自贸区的设立对地区人均GDP的发展并无促进作用，甚至产生了抑制效应，使实验组均值小于全样本均值49.69，与本报告预期相矛盾，然而从全要素生产率、全员劳动生产率以及产业结构高级化指标来分析，实验组的平均值高于全样本以及控制组的平均值，在一定程度上证明了自贸区的设立对于地区经济高质量发展具有促进作用。对于人均GDP与预期结论相反的情况，可能由实验组样本数量相对较少导致，由于不同组别的样本数量差距较大产生了统计上的偏差，使描述性统计的初步结果产生矛盾。

在实验组和控制组对照的描述性统计结果中，发现其余控制变量生成的结果均与预期相符。实验组的人均受教育年限、金融发展水平、人口密度、人均消费水平、资本存量以及外贸依存度水平均高于控制组，这大致说明自贸区的成立对于以上变量的正向发展有一定促进作用。

（三）实证结果分析

1. 基准回归结果

将自贸区设立与否与自贸区设立时间的交乘项作为解释变量，将人均GDP、全要素生产率、全员劳动生产率以及产业结构作为被解释变量进行基准回归，结果如表6所示。模型（1）以人均GDP作为被解释变量，模型（2）以全要素生产率作为被解释变量，模型（3）以全员劳动生产率作为被解释变量，模型（4）以产业结构作为被解释变量，均未加入任何控制变量，模型（5）至模型（8）是加入所有控制变量后的回归结果。

从基准回归结果中可以看出，在未加入任一控制变量时，自贸区的设立对于人均GDP以及产业结构高级化指标在1%的水平下有着显著的正向促进作用，然而从自贸区设立对全要素生产率以及全员劳动生产率指标的影响效应来看，回归系数为负且并不显著，与本报告预期相反。

在加入控制变量后，自贸区的设立对于全要素生产率的影响在10%的水平下显著为负，对于人均GDP、全员劳动生产率以及产业结构的作用效果并不显著。

对于这一回归结果，有两种解释，首先由于第二批长江经济带自贸区成立时间较晚，政策实施时间较短，导致政策效应难以发挥，使回归结果并不显著。另外，对于经济高质量发展的影响因素较多，在控制变量的选取上可能存在遗漏缺失或不合理之处，导致对基准回应结果产生一定影响。

表6　　　　　　　　　　　　基准回归结果

	（1）	（2）	（3）	（4）	（5）	（6）	（7）	（8）
DID	0.311***	-0.006	-0.029	0.417***	0.012	-0.028*	-0.267	0.016
	(0.020)	(0.004)	(0.448)	(0.092)	(0.039)	(0.015)	(0.266)	(0.075)
人均受教育年限					-0.063	-0.020	0.118	-0.052
					(0.045)	(0.021)	(0.370)	(0.060)
金融发展水平					0.076**	-0.005	0.412	-0.301**
					(0.037)	(0.011)	(0.279)	(0.131)
人口密度					-0.001*	0.000	0.005	-0.001
					(0.000)	(0.000)	(0.003)	(0.000)
人均消费水平					0.002	0.002**	0.027	0.022***
					(0.005)	(0.001)	(0.049)	(0.005)
固定资产投资额					-0.006	0.001	0.077***	-0.016***
					(0.004)	(0.001)	(0.020)	(0.005)
外贸依存度					-0.017	-0.002	3.431	-0.460
Year	Y	Y	Y	Y	Y	Y	Y	Y
Province	Y	Y	Y	Y	Y	Y	Y	Y
常数项	3.768***	0.369***	2.977***	1.145***	4.122***	0.494***	-3.219	1.889***
	(0.001)	(0.000)	(0.029)	(0.006)	(0.477)	(0.151)	(4.419)	(0.621)
N	290	290	290	290	290	290	290	290
r2_a	0.066	-0.002	-0.003	0.086	0.867	0.115	0.282	0.770

注：括号内为标准差，*表示在10%的水平下显著、**表示在5%的水平下显著、***表示在1%的水平下显著；下同。

2. 平行趋势检验

以人均 GDP 作为被解释变量，从图 7 中可以看出，在自贸区政策实施前后并无显著差异，平行趋势检验并未通过。

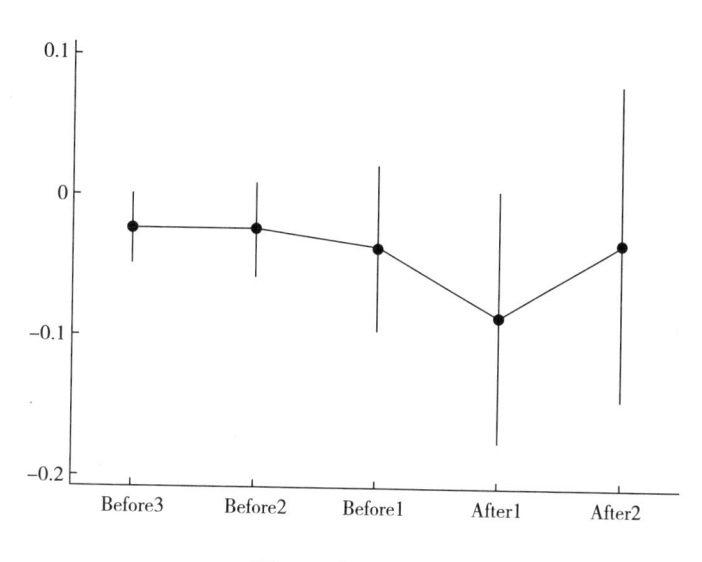

图 7　平行趋势检验

基于 2010—2019 年中国 29 个省份的年度面板数据，考察长江经济带自贸区的建设对于经济高质量发展影响机制，将 2013 年上海自贸区和 2017 年湖北、浙江、重庆、四川自贸区的成立视为准自然试验，并尝试运用 DID 方法对其影响效应进行检验。从基准回归模型来看，自贸区的成立在未加入控制变量时，对人均 GDP 的发展和产业结构升级有显著的促进作用，在加入控制变量之后，这种促进作用不再显著。另外，对于全要素生产率、全员劳动生产率而言，自贸区的成立对其有一定负向影响，但该影响并不显著，另外，在加入控制变量之后，自贸区的成立对于全要素生产率的作用在 10% 的显著性水平下为负。

为进一步利用 DID 方法进行分析，本报告首先进行了平行趋势检验，从图 7 中可以大致看出平行趋势检验并未通过，因此没有意义进行后续的双重差分方法的回归分析。针对本报告的研究结果，给予一定解释，首先由于 2019 年及以前年度部分数据缺失，本报告以年平均增长率作为依据，将面板数据补充使其平衡，可能导致数据具有一定偏误，加上第二批自贸区成立时间过短，成立后的时间段仅有 2018 年、2019 两年时间，导致对回归结果产生影响。另外，影响区域经济高质量发展的因素较多，本报告对于控制变量的选取在很大程度上存在遗漏或不合理的问题，从而导致回归结果不显著。

3. 机制分析

基于前文的理论分析和相关文献的研究，在长江经济带各省市设立自贸区可能通过区域进出口的增长、制度创新带来的制度红利，外资引进和人力资本集聚对技术创新的推动，自贸区经济增长向区外的溢出效应等路径带动自贸区所在省市，以及整个长江经济带经济增长绩效的增长。利用区域的面板数据对以上机制进行计量检验。

首先，进出口数量的增长，自贸区建设可以通过贸易便利化增加自贸区的进出口总额，进而推动自贸区的经济增长。为了检验进出口增长效应的存在性，本报告将自贸区政策虚拟实施的虚拟变量与进出口总额变量 S 的交互项 DID×S 作为核心解释变量，添加至模型（1）中。模型设定如下：

$$rGDP_{it} = \alpha_0 + \alpha_1 DID + \alpha_2 S + \alpha_3 DID \times S + \sum_{i=1}^{N} b_j X_{it} + \varepsilon_{it} + \mu_i + \gamma_t \quad (5)$$

回归结果如表 7 所示。其中模型（1）对应于总体进出口总额变量的检验结果，模型（2）—模型（7）分别对应于依次加入不同控制变量的检验结果。观察发现，模型（1）—模型（7）中的核心解释变量 DID 的估计系数至少在 5% 的水平下显著为正，说明自贸区建设对经济增长的促进作用稳定存在。同时，模型（1）—模型（7）中的进出口总额变量的估计系数，除模型（6）以外，均至少在 10% 的水平下均显著为正，说明无论从总体层面还是个体层面，进出口总额产生的机制效应都能有效推动自贸区的经济增长。另外，模型（4）、模型（5）、模型（7）中的进出口总额变量及其与自贸区政策虚拟变量的交互项系数在 10% 以上的水平下均显著为负，其余模型的交互项系数并不显著，说明自贸区通过贸易便利化这一项制度创新带来的进出口总额的增加对经济增长的作用不明显。以上结论在一定程度上能够证明假设 2 中"自贸区的设立通过增加进出口总额从而影响该自贸区的经济发展"的假设。

表7　　　　　　　　　　进出口增长机制分析结果

	（1）	（2）	（3）	（4）	（5）	（6）	（7）
S	0.00*	0.00***	0.00***	0.00***	0.00	0.00**	0.00***
	(0.00)	(0.00)	(0.00)	(0.00)	(0.00)	(0.00)	(0.00)
DID	0.12**	0.12***	0.21***	0.24***	0.17***	0.13***	0.29***
	(0.05)	(0.04)	(0.02)	(0.03)	(0.05)	(0.04)	(0.03)
DID×S	-0.00	-0.00	-0.00	-0.00*	-0.00**	-0.00	-0.00***
	(0.00)	(0.00)	(0.00)	(0.00)	(0.00)	(0.00)	(0.00)
Control	Yes	Yes	Yes	Yes	Yes	Yes	Yes
Year	Yes	Yes	Yes	Yes	Yes	Yes	Yes
Province	Yes	Yes	Yes	Yes	Yes	Yes	Yes
常数项	2.08***	0.43	2.78***	2.76***	3.02***	3.14***	3.54***
	(0.43)	(0.34)	(0.14)	(0.37)	(0.14)	(0.11)	(0.13)
N	310	310	310	310	310	310	310
F	37.95	65.17	329.45	58.25	33.62	61.82	64.59
R^2	0.79	0.56	0.60	0.25	0.67	0.40	0.36

其次，制度改革形成的制度红利。自贸试验区对于制度创新的鼓励，包括金融体制改革、税收政策改革、贸易便利化配套政策的实施、建立开放型区域文化、促进区域对外开放等，对促进经济社会的和谐发展有着纵深影响。

为了检验制度红利效应的存在性，参考王家庭、曹清峰（2014）等的做法，以政府投入作为制度红利的解释变量，在实证模型（1）中添加制度红利变量 I 及其与自贸区政策虚拟变量的交互项 DID×I 作为核心解释变量，模型设定如下：

$$rGDP_{it} = \alpha_0 + \alpha_1 DID + \alpha_2 I + \alpha_3 DID \times I + \sum_{i=1}^{N} b_j X_{it} + \varepsilon_{it} + \mu_i + \gamma_t$$

（6）

回归结果如表8所示。其中模型（1）对应于总体技术创新变量的检验结果，模型（2）—模型（7）依次对应于依次加入不同控制变量的检验结果。观察发现，除模型（5）外，模型（1）—模型（7）中的核心解释变量 DID 的估计系数至少在 5% 的水平上显著为正，说明自贸区建设对经济增长的促进作用稳定存在。同时，模型（2）、模型（3）、模型（4）、模型（6）、模型（7）中的制度红利变量的估计系数均至少在 1% 的水平下显著为正，说明在一定程度上无论从总体层面还是个体层面，制度红利产生的机制效应都能有效推动自贸区的经济增长。另外，模型（2）、模型（3）、模型（4）、模型（6）中的制度红利变量及其与自贸区政策虚拟变量的交互项系数在 1% 的水平下均显著为负，其余模型的交互项系数并不显著，且系数符号有所差异，说明更深层次的制度红利对于自贸区经济增长的作用不明显。以上结论在一定程度上证明了本报告假设 2 中自贸区的设立通过产生制度红利从而影响该自贸区的经济发展。

表 8　　　　　　　　　　制度红利机制检验结果

	（1）	（2）	（3）	（4）	（5）	（6）	（7）
	m1	m2	m3	m4	m5	m6	m7
I	0.00	0.00***	0.00***	0.00***	0.00	0.00***	0.00***
	(0.00)	(0.00)	(0.00)	(0.00)	(0.00)	(0.00)	(0.00)
DID	0.10**	0.18***	0.27***	0.30***	0.10	0.22***	0.22***
	(0.04)	(0.05)	(0.03)	(0.05)	(0.07)	(0.05)	(0.08)
DID×I	-0.00	-0.00***	-0.00***	-0.00***	0.00	-0.00***	-0.00
	(0.00)	(0.00)	(0.00)	(0.00)	(0.00)	(0.00)	(0.00)
Control	Yes	Yes	Yes	Yes	Yes	Yes	Yes
Year	Yes	Yes	Yes	Yes	Yes	Yes	Yes
Province	Yes	Yes	Yes	Yes	Yes	Yes	Yes
常数项	2.14***	0.87**	3.01***	3.33***	3.07***	3.36***	3.77***
	(0.44)	(0.33)	(0.12)	(0.32)	(0.12)	(0.08)	(0.07)
N	310	310	310	310	310	310	310
R^2	0.79	0.59	0.61	0.34	0.67	0.46	0.40

最后，技术创新发挥的作用。长江经济带自贸区在建设过程中多次提及知识产权保护，如上海自贸区在实施条例中关于知识产权的表述涉

及 9 次，四川自贸区涉及 7 次，浙江自贸区涉及 8 次，湖北自贸区涉及 15 次，重庆自贸区则涉及 10 次，由此可以看出长江经济带自贸区在建立时对于知识产权的保护重视程度较高。知识产权保护水平越高，则正式的技术交易越多，更能有效促进该地区对于技术的引进和自主研发。因此长江经济带自贸区重视知识产权的保护和自主创新将能在一定程度上促进当地的经济增长。

为了检验技术效应的存在性，在实证模型（1）中添加 R&D 研发投入变量 R 及其与自贸区政策虚拟变量的交互项 DID×R 作为核心解释变量，模型设定如下：

$$rDGP_{it} = \alpha_0 + \alpha_1 DID + \alpha_2 R + \alpha_3 DID \times R + \sum_{i=1}^{N} b_j X_{it} + \varepsilon_{it} + \mu_i + \gamma_t$$

（7）

回归结果如表 9 所示。其中模型（1）对应于总体技术创新变量的检验结果，模型（2）—模型（7）依次对应于依次加入不同控制变量的检验结果。观察发现，除模型（2）外，模型（1）—模型（7）中的核心解释变量 DID 的估计系数至少在 10% 的水平下显著为正，说明自贸区建设对经济增长的促进作用稳定存在。同时，模型（2）、模型（3）、模型（4）、模型（7）中的技术创新变量的估计系数均至少在 5% 的水平下均显著为正，说明在一定程度上无论从总体层面还是个体层面，技术创新产生的机制效应都能有效推动自贸区的经济增长。另外，模型（5）中的技术创新变量及其与自贸区政策虚拟变量的交互项系数在 5% 的水平下均显著为负，其余模型的交互项系数并不显著，且系数符号有所差异，说明自贸区通过对知识产权的保护产生的技术创新增加对经济增长的作用不明显。以上结论在一定程度上证明了本报告假设 2 中自贸区的设立通过增加技术创新从而影响该自贸区的经济发展。

表 9　　　　　　　　　　技术创新机制检验

	(1)	(2)	(3)	(4)	(5)	(6)	(7)
	m1	m2	m3	m4	m5	m6	m7
R	0.00	0.00 **	0.00 **	0.00 ***	0.00	0.00	0.00 **
	(0.00)	(0.00)	(0.00)	(0.00)	(0.00)	(0.00)	(0.00)

续表

	(1) m1	(2) m2	(3) m3	(4) m4	(5) m5	(6) m6	(7) m7
DID	0.08*	0.05	0.19***	0.22***	0.15***	0.16***	0.23***
	(0.04)	(0.04)	(0.03)	(0.05)	(0.05)	(0.05)	(0.04)
DID×R	0.00	0.00	−0.00	−0.00	−0.00**	−0.00	−0.00
	(0.00)	(0.00)	(0.00)	(0.00)	(0.00)	(0.00)	(0.00)
Control	Yes	Yes	Yes	Yes	Yes	Yes	Yes
Year	Yes	Yes	Yes	Yes	Yes	Yes	Yes
Province	Yes	Yes	Yes	Yes	Yes	Yes	Yes
常数项	2.06***	0.70*	2.94***	3.25***	3.06***	3.41***	3.65***
	(0.42)	(0.38)	(0.13)	(0.29)	(0.12)	(0.08)	(0.10)
N	310	310	310	310	310	310	310
F	45.00	36.05	229.43	67.01	28.74	47.39	259.89
r2_a	0.79	0.55	0.64	0.26	0.67	0.35	0.26

（四）小结

通过对自贸区政策的解读提出两个理论假设：①自贸区的成立有利于区域经济增长；②自贸区的成立会通过进出口贸易增长、制度创新、产业集聚和创新等机制，进一步驱动区域的经济增长。利用双重差分方法进行实证研究，在基准回归结果中，自贸区的设立对于全要素生产率的影响在10%的水平下显著为负，对于人均GDP、全员劳动生产率以及产业结构的作用效果并不显著。另外，本报告对自贸区的建立对经济增长可能产生机制效应进行验证，机制分析的回归结果验证了本报告提出的假设。

长江经济带各省市的自贸区成立时间不同，且批次之间年份相差较大，尽管本报告已将2019年成立的自贸区剔除，但2017年成立的自贸区成立时间仍然较晚，政策实施时间较短，导致政策效应难以发挥。对于机制分析中得以验证的理论假设，本报告认为，长江经济带自贸区的建立从理论角度上对于地区的高质量发展有着不可忽视的正面意义，无论是通过影响进出口总额的增长或是在金融、外贸、投资等方面的制度红利，或是对知识产权保护带来的技术创新，均能够有效地促进当地的经济发展。

五 研究结论和政策建议

(一) 研究结论

(1) 长江经济带自贸区的建设在制度创新、产业集聚和科技创新等方面取得了良好的成绩。长江经济带自贸区建设推进制度创新。经济带内各省市立足当地实际需求，在投资领域、政府职能、贸易方式转型等方面形成了各具特色的制度创新体系，其中包括制定与完善负面清单管理制度、形成了以先照后证和市场准入负面清单为标志的现代商事登记制度与以"双随机一公开"抽查制度为依托的事中事后监管制度、培育新型贸易方式、探索高技术贸易、文化贸易。而在金融领域创新上，长江经济带自贸区探索建立与自贸试验区相适应的、便利化的贸易物流体系和资金结算体系。长江经济带自贸区建设先行者上海自贸区也形成了面向全国的可复制、可推广经验与案例，阶段性总结了在全国范围内复制推广的改革事项和在海关特殊监管区复制推广的改革事项，进一步促进了我国自贸区建设制度的创新。总而言之，金融创新、投资贸易等方面的制度创新使自贸区的对外经贸交流更加便捷高效，企业交易成本不断下降，交易效率持续提高，制度红利持续释放，为经济发展创造新动力，迎来新的经济增长点。

(2) 长江经济带自贸区自身的设立和已经进行的制度创新和实践取得了成效，地域壁垒逐渐消融、产业合作更加紧密，产业链不断融合，产业和市场的一体化不断增强，长江经济带各部分的经济增长向区外的溢出效应更加显著。另外，长江经济带内部已经形成了自我强化的产业集聚机制，在中低端，同时也在高端产业不断催化和发展。长江经济自贸区的设立带来了各种良性循环，不仅使本土企业对已形成的溢出效应进行充分吸收，而且对自贸区的科技发展和人力资本的提高都有一定的促进作用。

(3) 长江经济带自贸区的建设，以及自贸区推行的制度创新，还存在一些"短板"。例如,从当前长江经济带自贸试验区建设的总体方案和深化方案来看,投资贸易便利化制度改革主要集中在货物贸易监管领域,在服务业对外开放方面,自贸区主要依赖于"负面清单",但是与"负面清单"配套的体制机制尚未建立起来,"负面清单"外的产业落地较为困难。除"负面清单"作为产业的准入参考标准外,还应建立起与"负面清单"相配套的货币汇兑政策、自然人出入境政策、外国人员,尤其是高端服务业人才在自贸试验区执业政策和社会保障政策等。目前全球发展较为成熟的自贸试验区,对外资在金融、保险、证券、电信等领域的投资,具有明确的审查标准和清晰的操作流程。在当前世界贸易以服务贸易和跨境投资为发展趋势的背景下,我国若不能主动对接国际贸易与投资新规则,可能存在被边缘化的风险。

(二) 政策建议

(1) 扩大产业,尤其是服务业的对外开放。我国是全球贸易大国,但对外贸易大而不强,一个突出特征体现在服务贸易发展滞后于当前世界经济已进入的以服务贸易为重点的全球化新阶段,大力发展服务贸易是我国深度融入经济全球化进程、参与全球竞争的重要途径。因此,扩大服务业的对外开放仍将引领当前以及未来一段时间内的自贸区建设方向,长江经济带自贸试验区应由原来注重货物贸易向大力发展服务贸易转变。其中需要注意对接国际标准规则,创新服务贸易管理体制机制。与此同时,数字技术的发展也为长江经济带自贸区的建设提供了机遇,应大力发展数字经济,提高服务的可贸易性。

(2) 自贸区的制度创新应该进一步对接国家战略和"一带一路"倡议。作为我国改革开放的新一代的"制度试验田",自贸试验区通过制度创新不断在投资、贸易、金融、服务、营商环境、治理等领域追赶,甚至是引领国际先进水平。此外,长江经济带自贸试验区大多位于地理位置优越、经济基础雄厚、经贸往来频繁的发达区域,对承接国家区域战略、对接"一带一路"倡议可以起到强有力的支撑作用,应发挥自贸区平台支撑作用深化区域合作,进一步发挥自贸区制度创新作用,促进"'一带一路'沿线国家制度融通"。

(3) 进一步强化自贸区改革实现的制度创新对产业转型升级,以及对宏观经济高质量发展的重要促进作用,真正实现制度改革的"红利"。通过这一系列的制度改革措施和方案，聚集国内外各种先进的生产要素，引导高端制造业和服务业的进入，优化配置各种资源，推动自贸区、自贸区所在区域经济发展方式的转型，引领全国的高质量发展。

参考文献

付亦重、杨嫣：《美国内陆自由贸易区监管模式及发展研究》，《国际经贸探索》2016年第8期。

高增安等：《内陆自贸区建设发展影响因素研究》，《西南交通大学学报》（社会科学版）2018年第2期。

黄启才：《自贸区设立对地区经济发展的促进效应——基于合成控制法研究》，《福建论坛》（人文社会科学版）2018年第9期。

梁双陆等：《自贸区的成立能否推动区域产业结构转型升级？——基于国际数据的合成控制法研究》，《当代经济管理》2020年第8期。

刘秉镰、吕程：《自贸区对地区经济影响的差异性分析——基于合成控制法的比较研究》，《国际贸易问题》2018年第3期。

聂飞：《自贸区建设促进了制造业结构升级吗？》，《中南财经政法大学学报》2019年第5期。

盛斌：《中国自贸区的评估与展望》，《国际贸易》2017年第6期。

谭娜等：《上海自贸区的经济增长效应研究——基于面板数据下的反事实分析方法》，《国际贸易问题》2015年第10期。

项后军、何康：《自贸区的影响与资本流动——以上海为例的自然实验研究》，《国际贸易问题》2016年第8期。

邢孝兵、雷颖飞：《自由贸易区的地区经济增长效应：开放还是改革？》，《国际商务研究》2019年第4期。

王家庭等：《制度创新对国家综合配套改革试验区经济增长的影响研究》，《区域经济评论》2014年第2期。

王利辉、刘志红：《上海自贸区对地区经济的影响效应研究——基于"反事实"思维视角》，《国际贸易问题》2017年第2期。

王鹏、郑靖宇：《自贸区的设立如何影响贸易方式转型——基于广东自贸区的实证研究》，《国际贸易问题》2017年第6期。

魏蓉蓉、李天德：《自贸区设立与经济高质量发展——基于FTA建设的准自然实验证据》，《商业经济与管理》2020年第5期。

杨经国等：《我国经济特区设立的经济增长效应评估——基于合成控制法的分析》，

《经济学动态》2017年第1期。

杨立卓:《重庆自贸区的建设基础、功能定位和发展策略——与上海自贸区的比较研究》,《西部论坛》2018年第4期。

叶霖莉:《中国自贸区的经济增长效应评估——基于沪津闽粤自贸区的实证研究》,《国际商务研究》2020年第3期。

殷华、高维和:《自贸区产生了"制度红利"效应吗?——来自上海自贸区的证据》,《财经研究》2017年第2期。

Graham E. M. , "Do Export Processing Zones Attract FDI and its Benefits", *International Economics & Economic Policy*, Vol. 1, No. 1, 2004.

Kankesu Jayanthakumaran, "Benefit - Cost Appraisals of Export Processing Zones: A Survey of the Literature", *Development Policy Review*, Vol. 1, No. 21, 2003.

Siroën J. M. , Yücer A. , "Trade Performance of Free Trade Zones", *DIAL (Développement, Institutions et Mondialisation) Working Papers*, 2014.

Yao D. , Whalley J. , "The China (Shanghai) Pilot Free Trade Zone: Background, Developments and Preliminary Assessment of Initial Impacts", *World Economy*, Vol. 1, No. 39, 2016.

长江经济带文旅融合高质量发展研究报告*

钟 晟 高 为 付文绮**

摘 要：文旅融合是推进高质量发展的重要举措。长江是中华民族的母亲河，长江文明是具有世界价值的文化符号，长江经济带具有良好的文旅融合发展的生态基础、文化基础和经济基础。长江经济带沿线各省市制定了较完善的促进文旅融合发展政策，在文化遗产保护与旅游融合、文化事业与旅游融合、文化产业与旅游融合以及旅游业与文化融合等方面都形成了一系列典型发展模式，不断开拓文旅融合的新业态、新模式和新产品。"十四五"期间，应进一步推进长江国家文化公园的规划建设，传承弘扬长江文明，通过文旅融合形成长江经济带新的发展优势，促进长江经济带高质量发展，彰显长江文化软实力和影响力。

关键词：长江经济带 文旅融合 高质量发展

一 高质量发展语境下的文旅融合

党的十九大报告指出，我国经济已由高速增长阶段转向高质量发展阶段，正处在转变发展方式、优化经济结构、转换增长动力的攻关期。

---

* 基金项目：国家社科基金艺术学重大项目"促进文化和旅游融合政策创新研究"（20ZD01）。

** 作者简介：钟晟，管理学博士，历史学博士后，武汉大学国家文化发展研究院文化规划中心主任、副研究员，湖北省文化和旅游政策研究中心副主任；高为，武汉大学新闻与传播学院博士生；付文绮，武汉大学信息管理学院硕士生。

文旅融合逐步成为推进高质量发展的重要举措。自 2009 年 8 月，文化部、国家旅游局发布《关于促进文化与旅游结合发展的指导意见》以来，经过十余年的融合发展探索，我国文旅融合发展已经进入全面深度融合的发展阶段。在新时代建设文化强国的战略指引下，文化和旅游部全面统筹文化和旅游融合工作。文旅融合更好地满足人民对美好生活的需求，不断提高国家文化软实力和中华文化影响力，已经成为国家经济社会发展的主战场，在国家重大战略中的地位和作用日益重要，在实现高质量发展目标中扮演着日益重要的角色。

2018 年 3 月，原文化部和国家旅游局合并组建为文化和旅游部。2018 年 12 月，时任文化和旅游部部长雒树刚出席 2018 旅游集团发展论坛引述习近平总书记对于文旅融合的指示："旅游集物质消费与精神享受于一体，旅游与文化密不可分。旅游业发展与精神文明建设密切相关，相辅相成、互相促进。"在 2019 年全国文化和旅游厅局长会议上，雒树刚部长就文化和旅游融合，提出了"宜融则融，能融尽融，以文促旅，以旅彰文"的融合理念，并指出了"理念融合、职能融合、产业融合、市场融合、服务融合、交流融合"的融合路径。2019 年 8 月 12 日，国务院办公厅颁布了《关于进一步激发文化和旅游消费潜力的意见》，明确提出了促进产业融合发展，到 2022 年建设 30 个国家文化产业和旅游产业融合发展示范区，产业融合水平进一步提升。

推进文旅融合的具体内涵是文化事业、文化产业和旅游业融合发展，促进文化和旅游与相关产业的融合发展，找准文化和旅游工作的最大公约数、最佳连接点，推动文化和旅游工作各领域、多方位深度融合，实现政策、资源、市场、产业、管理等方面共享互补、协同并进，为文化建设和旅游发展提供新引擎、新动力，形成发展新优势。

表 1　　　　我国近年来关于文旅融合的主要政策

文件名	发布机构、时间	政策要点
《文化部、国家旅游局关于促进文化与旅游结合发展的指导意见》	文化部、国家旅游局，2009 年	落实中央扩大内需的战略部署，推进文化与旅游协调发展，满足人民群众日益增长的文化消费需求

续表

文件名	发布机构、时间	政策要点
《国家旅游局关于进一步加快发展旅游业促进社会主义文化大发展大繁荣的指导意见》	国家旅游局，2011年	深入贯彻落实党的十七届六中全会精神，发挥好旅游业在促进社会主义文化大发展大繁荣中的积极作用
《关于促进旅游业改革发展的若干意见》	国务院办公厅，2014年	加快旅游业改革发展，是适应人民群众消费升级和产业结构调整的必然要求，坚持融合发展，更加注重文化传承创新
《关于积极发挥新消费引领作用加快培育形成新供给新动力的指导意见》	国务院办公厅，2015年	以消费升级引领产业升级，以制度创新、技术创新、产品创新增加新供给，满足创造新消费，形成新动力
《国务院办公厅关于进一步促进旅游投资和消费的若干意见》	国务院办公厅，2015年	通过改革创新促进旅游投资和消费，对于推动现代服务业发展，增加就业和居民收入，提升人民生活品质，具有重要意义
《"十三五"时期文化旅游提升工程实施方案》	国家发改委，2017年	提高文化旅游发展质量和效益，充分发挥文化旅游在开展公民教育、促进地方经济结构转型升级、带动革命老区、民族地区、贫困地区经济社会发展等方面的积极作用
《关于进一步激发文化和旅游消费潜力的意见》	国务院办公厅，2019年	到2022年建设30个国家文化产业和旅游产业融合发展示范区，产业融合水平进一步提升
《关于促进消费扩容提质加快形成强大国内市场的实施意见》	国家发改委、中宣部、文化和旅游部等23部门，2020年	重点推进文旅休闲消费提质升级，丰富特色文化旅游产品，构建文旅多产业多领域融合互通的休闲消费体系，培育新型文化和旅游业态

资料来源：作者整理。

二 长江经济带文旅融合发展的政策基础

2014年9月12日,国务院印发了《关于依托黄金水道推动长江经济带发展的指导意见》,指出要"充分发挥长江沿线各地独具特色的历史文化、自然山水和民俗风情等优势,打造旅游城市、精品线路、旅游景区、旅游度假休闲区和生态旅游目的地,大力发展特色旅游业,把长江沿线培育成为国际黄金旅游带","探索建立沿江国家公园"。

为落实长江经济带发展的国家战略,2017年文化和旅游部编制《长江国际黄金旅游带发展规划纲要》(以下简称《纲要》)。作为"我国首部流域性旅游开发的战略性、综合性、基础性规划",规划范围涵盖长江沿线11个省市,是推动长江国际黄金旅游带建设的纲领性文件,是凝聚各方面力量、推动形成长江国际黄金旅游带发展强大合力的行动指南。由"重大区域发展战略"成为"关系国家发展全局的重大战略",新时代的长江经济带应当成为中国经济高质量发展的一个样板,成为构建现代化经济体系的一个新引擎,成为建立现代化国家治理体系的实践阵地。

2018年4月,习近平在武汉主持召开深入推动长江经济带发展座谈会并发表重要讲话。9月25日,文化和旅游部召开长江国际黄金旅游带发展推进会。会议再次强调,要准确把握长江国际黄金旅游带发展的总体要求,强化高质量发展和优质旅游发展理念,坚持综合带动和示范引领,围绕中心服从大局,充分发挥文化和旅游在长江经济带建设进程中的重要作用。

《纲要》印发后,沿线各省市积极推进落实,跨区域文化旅游合作势头良好。各沿线省市根据《纲要》一方面积极落实国家顶层设计,另一方面结合自身特色与优势,不断实践与积累经验,统筹谋划,系统部署,整合资源,协调行动,凝聚文化和旅游发展新合力,整合区域文化旅游资源,纷纷出台具体应对举措,涌现了很多新的发展特点和亮点。

(一)长三角地区文旅融合发展政策

长三角地区包括上海、江苏、浙江、安徽四省市,是我国经济发展活跃、开放程度高、创新能力强的代表区域，一体化程度高，地缘相近，人文相亲，往来密切，交织一体。长三角四省市紧扣"一体化""高质量"两个关键，构建包括文化标识、传统根源与精神凝聚力在内的长三角文化发展共同体，同时基于各自明确的发展定位进行差异化发展，彰显每个区域特色文化和特色产业，从不同维度构建长三角地区文旅融合发展的丰富内涵。

2018年，苏浙皖沪四省市建立了长三角旅游合作联席会议，并轮流主办，签署了长三角地区共建高品质世界著名旅游目的地战略合作协议，联合开展以长江国际黄金旅游带为主要内容的主题产品宣传推广，联合制定乡村旅游、全域旅游等方面的建设标准和服务规范，建立长三角区域旅游质监执法合作机制。2019年5月，中共中央政治局会议通过了《长江三角洲区域一体化发展规划纲要》（以下简称《规划纲要》），标志着长三角一体化发展上升为国家战略。《规划纲要》指出要在新的起点上谋划新发展，推动文化旅游合作发展，共筑文化发展高地，共建世界知名旅游目的地，开创文化和旅游工作新局面。2019年5月，长三角地区三省一市签署《长三角文化和旅游高质量发展战略合作框架协议》，明确"进一步深化长三角文化和旅游合作与协同发展"。

表2 长三角地区落实《长江三角洲区域一体化发展规划纲要》的文旅融合政策举措

省份	文件名、时间	主要举措
浙江	《推进长三角区域一体化行动方案》，2019年6月	结合浙江实际，合力建设长三角生态文化旅游圈，开展浙皖闽赣生态旅游协作，打造杭黄世界级自然生态、文化旅游廊道和环太湖生态文化旅游圈，依托大运河诗路文化带、钱塘江诗路文化带等打造特色旅游精品线路
安徽	《安徽省实施长江三角洲区域一体化发展规划纲要行动计划》，2019年7月	高标准建设皖南国际文化旅游示范区，创建国家全域旅游示范区，推动示范区生态、文化、体育、旅游、科技融合互动，全面提升文化旅游发展质量和国际化水平；深化与沪苏浙旅游合作，联合打造跨界文旅精品；形成以生态旅游、徽文化、大健康、绿色食品等为主导的生态经济产业体系

续表

省份	文件名、时间	主要举措
上海	《上海市贯彻长江三角洲区域一体化发展规划纲要实施方案》，2020年1月	打造一批彰显文化特征的示范点和城市文化地标，加快构建现代文化产业体系，协同共建一批资本化、数字化、平台化重大创意产业和文化项目，培育一批文化龙头企业
江苏	《长江三角洲区域一体化发展规划纲要》（江苏实施方案），2020年4月	坚持传承好、保护好、利用好的原则，建设大运河文化带，突出文化为魂和生态优先，大力推进创造性转化、创新性发展，提升经济、社会、文化、旅游、生态效益，成为展示"吴韵汉风""水韵书香"江苏文化和旅游的鲜明标志和闪亮名片

资料来源：作者整理。

（二）长江中游地区文旅融合发展政策

长江中游地区包括湖北省、湖南省、江西省，自古以来山水相依、文化交融，经济文化交流密切。长江中游三省严格按照党中央的要求，在保护长江沿岸生态环境过程中，努力实现文旅融合新作为，注重处理好总体与局部、对内与对外、一般与重点、基础与提升的关系，积极探索在长江旅游带中如何定位、如何发展、如何协作路径，主动融入长江经济带国家战略，努力打造长江经济带文旅融合的新增长极。

2018年7月，湖北省旅游委办公室根据《建设长江国际黄金旅游带核心区实施方案》《湖北省服务业提速升级行动计划（2018—2022）》制定发布《建设长江国际黄金旅游带核心区 推进旅游服务业提速升级工作方案》，通过实施十项行动，具体包括：旅游规划引领、优化发展布局，旅游基础设施建设，长江游船产品升级，乡村旅游振兴，旅游品牌创建，全域旅游示范创建，旅游形象推广，旅游市场拓展，服务质量提升，智慧旅游创新，推动旅游高质量发展。2018年8月，湖北省发布湖北长江经济带绿色发展十大战略性举措工作方案，"建设长江国际黄金旅游带核心区"就是十大举措之一。湖北省组织编制《湖北长江旅游带发展规划》，统筹规划长江沿线旅游资源，打造集生态化、特色化、品牌化为一体的长江旅游目的地体系，着力推进"多规合一"，实现旅游规划与其他规划高度融合。

湖南省文旅厅公布了 2019 年下半年包括谋划和推动文旅融合高质量发展等在内的全省文化和旅游系统 10 项重点工作，发布了《关于推动文化和旅游深度融合　促进湖南高质量转型发展的实施意见》，将融合发展作为文化和旅游自身提质增效及相关传统产业提质升级的新动能，促进经济和社会高质量发展。2019 年 12 月长沙市发布《关于进一步激发文化和旅游消费潜力创建国家文化和旅游消费示范城市的实施意见》，提出推动科技创新，促进产业融合发展，特别是促进文化、旅游与科技融合，推进文化旅游消费试点示范，支持文旅消费品牌建设。

2019 年 6 月，江西省印发了《关于进一步支持文化产业发展的若干意见（试行）》的通知，提出实施"文化＋"战略，促进文化与科技、互联网、旅游等深度融合，培育文化新业态、新商业模式。为切实推动文化和旅游产业融合高质量发展，全力推进文化强省和旅游强省建设，2020 年 3 月江西省政府网印发了《江西省文化和旅游产业融合发展示范区（点）创建办法（试行）》。4 月，发布了《江西省人民政府关于进一步激发文化和旅游消费潜力的实施意见》，提出了"创新推动产业融合发展"等主要任务，重点打造新型文化和旅游产品。6 月，印发了《江西省旅游产业高质量发展三年行动计划（2019—2021 年）》，提出了"实施产品大提升行动、实施资源大整合行动"等 4 大行动，具体涉及"做深文化旅游""做旺新业态游""丰富旅游要素链"等多个方面。

在长江中游地区省际合作方面，2019 年 6 月，湘赣两省签署了《湘赣边红色旅游合作框架协议》，推动组建湘赣边红色文化旅游共同体，联合打造湘赣边红色文化旅游融合发展创新区。

（三）长江上游地区文旅融合发展政策

长江上游地区包括四川、重庆、云南、贵州四省市。生态文化和民族文化是长江上游地区最有地方特色和发展潜力的文化旅游资源，以自然和文化生态保护为前提的文旅融合是长江上游省市的政策重点。2014 年文化部、财政部发布《藏羌彝文化产业走廊总体规划》，是我国第一部国家层面的区域文化产业发展专项规划，明确了"促进文化与旅游等产业深度融合，推动特色文化产业成为藏羌彝文化产业走廊支柱型产业，建设具有较强影响力、传播力和竞争力的西部地区特色文化产带"的指导思想，提出了"推进文化与生态、旅游的融合发展，把藏羌彝文化产业走廊建设成为世界级文化旅游目的地"的发展目标。

四川省是长江上游重要的生态屏障，具有丰富的自然与人文资源底蕴。2016年5月，四川省发布了《四川省长江经济带旅游发展规划》，要求在文化上，"深入挖掘长江及其主要支流文化，形成金沙江水系藏彝走廊、岷江水系藏羌走廊、成都为中心的天府水文化体系"等文化品牌。2018年11月，发布了《藏羌彝文化产业走廊四川行动计划（2018—2020年）》，在文旅融合发展方面，提出了"积极开发民族地区文化资源，提升民族地区文化资源开发利用效率；深度开发特色文化旅游精品，丰富文化旅游产品体系"等政策举措。2019年4月，颁发《关于大力发展文旅经济 加快建设文化强省旅游强省的意见》，包括实施一批文旅融合发展重点工程，扶持一批"文化+""旅游+"融合创新重点产业，做强一批文旅经济发展主体等主要内容。

重庆市位于长江三峡地区，是长江巴文化的汇聚地，大力推动长江三峡地区文旅融合发展和塑造三峡文化大品牌是重庆文旅工作的施政重点。2016年，重庆市政府发布《关于推进长江三峡旅游金三角一体化建设的实施意见》，旨在"提升长江三峡旅游品牌的知名度和影响力"。2018年，重庆市组建新的文化和旅游发展委员会，是全国省级文化和旅游行政部门中唯一设立的"委员会"。2020年4月，重庆市发布《关于新形势下推动服务业高质量发展的意见》，重点提出推动成渝共建巴蜀文化旅游走廊，用好三峡、人文等旅游资源，打响"大都市""大三峡""大武陵"等旅游品牌。

贵州省拥有优美的自然风光，丰富的民族文化和历史文化资源。贵州省自2012年出台《贵州生态文化旅游创新区产业发展规划（2012—2020）》，提出"加快把贵州建成国家公园省"以来，以国家公园省为引领的自然和文化生态保护、文旅融合发展取得了显著成效。2017年8月，贵州成为全国全域旅游示范省创建单位之一。2019年出台《强化文旅融合系统提升旅游产品供给三年行动方案》，提出深入挖掘全省红色文化、历史文化、民族文化、生态文化、"三线建设"文化、阳明文化、屯堡文化、国酒文化、沙滩文化等特色文化，以旅游产品和旅游线路为载体，提升旅游文化内涵。2020年3月又出台了《支持文化旅游业恢复并高质量发展十条措施的通知》，支持创建国家文化和旅游融合发展示范区、国家文化和旅游消费示范城市。

云南省位于长江上游、西南边陲，拥有丰富多彩的自然景观和民族文化，旅游业在国民经济中占有重要地位。2018年8月，云南省政府发布了《关于促进全域旅游发展的实施意见》，提出培育建设文化旅游等新产品新业态，"重点建设10个以上文化旅游产业园区、主题文化游乐园和红色文化旅游区，打造20条以上民族文化休闲街区"等具体内容，"把云南建设成为世界一流旅游目的地"。2020年4月印发了《关于促进夜间经济发展的指导意见》，要求充分依托当地特色资源优势，聚焦旅游城市、特色小镇，坚持以文化为灵魂、以旅游为带动，培育夜间经济发展载体，挖掘夜间消费新动能，鼓励消费业态多元化发展，进一步提升夜间经济对消费增长的拉动作用。5月，发布了《云南省支持文旅产业应对新冠肺炎疫情加快转型发展若干措施》，明确提出加快推进文旅业态升级举措，鼓励企业围绕"文化、健康、教育、体育……+旅游"，推出文旅新产品。

三 长江经济带文旅融合发展的现状和特色模式

（一）长江文化遗产保护与旅游融合发展

长江是中华民族的母亲河，长江文明是具有世界价值的文化符号，是中华文明的重要源头。长江流域文化资源富集，分处上、中、下游的羌藏文化、巴蜀文化、荆楚文化与吴越文化等地域文化各具特色。

长江流域自然与人文遗产丰富灿烂，流域内列入世界遗产名录的项目占全国的48%，不仅有九寨沟、三江并流、武陵源、神农架等壮美的自然遗产，中国大运河、土司遗址、大足石刻、武当山、庐山等厚重的文化遗产，还有昆曲、古琴、南京云锦、安徽宣纸等人类非物质文化遗产代表作，是我国重要的文化宝库（见表3）。通观中华文明发展史，从巴山蜀水到江南水乡，长江流域人杰地灵，陶冶历代思想精英，涌现无数风流人物。传承和弘扬长江文明是构建中华文化共同体，推动中华文明永续发展的重要支撑。

表3　　　　　　长江经济带沿线各省市文化资源状况

省份	世界自然遗产	世界文化遗产	国家级文物保护单位	省级文物保护单位	国家历史文化名城	国家历史文化名镇	国家历史文化名村	国家级历史文化街区
上海	0	0	29	238	1	11	2	1
江苏	1	3	224	645	13	31	12	5
浙江	1	3	230	—	10	27	44	4
安徽	1	3	129	915	5	11	24	1
江西	2	1	128	949	4	13	37	0
湖北	1	3	148	825	5	13	15	1
湖南	2	1	183	1139	4	10	25	1
重庆	1	1	55	385	1	23	1	1
四川	4	4	262	1165	8	31	6	1
贵州	3	1	70	650	2	8	16	0
云南	3	2	131	—	6	11	11	1

资料来源：根据公开发布各项统计资料整理（截至2019年年底）。

文化遗产是弥足珍贵的精神财富，又是具有独特内涵的文化资本。文旅融合是对文化遗产积极的保护传承方式，是实现优秀传统文化创造性转化、创新性发展的重要手段。长江下游、中游与上游地区拥有各具特色的地域文化底蕴和丰富多彩的文化遗产资源，形成了一系列具有代表性和示范效应的文化遗产保护与文旅融合发展模式。

长三角地区依托丰富的文化遗产资源和繁荣的经济社会发展条件，文化遗产资源保护和文旅融合发展总体上呈现规模化、多样化和丰富性等特点，让文化资源进入旅游消费的各项要素中，让鲜活的文化遗产展现在游客面前，全方位吸引游客参与体验，增强旅游产品的文化内涵。例如，浙江杭州良渚古城遗址在推动遗产保护与文旅融合发展取得了重要的示范价值。2019年7月6日，浙江良渚古城遗址获准列入世界文化遗产名录。良渚遗址在发掘、传承、弘扬古代文明的基础上，积极创新文化遗产服务于社会经济发展的路径，积极借鉴西湖和大运河的保护方式，充分运用良渚古城遗址及其周边区块人文底蕴深厚的资源禀赋，因地制宜，打造良渚国家考古遗址公园，具有遗址保护、展示、教育、科研、游览、休闲等功能,实现了文化和旅游在资源保护基础上的融合发展。

长江中游地区位于我国腹地,自古以来湖北、湖南、江西三省山水相连、人文相亲,自古以来就有着特殊的文化渊源,孕育出了以荆楚文化、湖湘文化、赣鄱文化等为代表的区域亚文化体系,蕴含着丰富的文化遗产。例如,在推动楚文化的保护、传承与创新方面,湖北荆州纪南生态文化旅游区是春秋战国时期楚国国都纪南城遗址所在地,20位楚王在此建都411年,是我国楚文化遗产、遗址、文物最密集的区域。纪南文旅区依托大遗址文化资源,规划建设荆州华夏历史文化科技园、楚王宫景区、荆楚文化大观园等文旅融合项目,通过多手段、多视角、多层面的文化旅游项目开发,集观光、休闲、度假、娱乐体验等产品类型于一体,打造大遗址保护示范和文化创新的典范。

长江上游地区地处我国西部,集高原、山地、盆地、河谷等地貌于一身,生态环境良好,拥有较多富有特色的自然景观和民族文化,包括多处世界自然遗产与文化遗产,是我国世界遗产最集中的地区之一,文化资源丰富,并且包含独具特色的巴蜀文化、藏羌文化和西南少数民族文化等地域文化体系,民族形态丰富多彩,是西南文化产业的特色和优势所在。例如,贵州民族村寨生态博物馆模式,是少数民族文化活态保护和展现的重要形式。梭戛生态博物馆是亚洲第一座民族文化生态博物馆,随后逐渐形成了包括梭嘎在内的具有独特自然环境和文化遗产的中国贵州生态博物馆群。生态博物馆既包括自然生态,也包括人文生态,打破了传统博物馆的"展馆+藏品"的模式,以村寨社区为单位,依托原汁原味的少数民族居住的寨子,活态传承少数民族文化技艺、生活习俗、文化信仰等,例如,将当地苗族居民的蜡染和刺绣发展成家庭作坊,由博物馆负责销售和挖掘市场,积极探索发展民族特色文化产业和旅游业,推动文旅融合,已经成为西南少数民族村寨实现文化传承、产业发展和人民富裕的发展路径。

(二)长江经济带文化事业与旅游融合发展

博物馆、文化馆、图书馆、艺术院团等文化事业单位是我国公共文化服务的主阵地。在新时代文旅融合的新语境下,文化事业单位逐渐发展成为文化旅游融合的重要载体和参与主体,兼具艺术观赏、科学研究、教育推广和文化旅游等多方面的价值与功能。近年来，不断繁荣的文化和旅游消费市场需求催生了文化事业与旅游业融合新的热潮，如博物馆"以展带会"，延长了文化旅游产业链条；图书馆嵌入景区，拓展了公共文化服务边际；音乐厅设置游客开放日，带来了更多的文化旅游服务。

根据《中国文化文物统计年鉴2018》整理的2017年数据显示（见表4），从文化事业投入来比较，浙江、江苏和上海投入最高，四川次之，均在4亿元人民币以上；其次是湖北、湖南和云南，处于2亿—3.4亿元，贵州、江西和安徽稍微落后。从图书馆数量上来看，四川省以204个遥遥领先，其次是云南省151个和湖南省139个。就博物馆数量而言，江苏和浙江独领风骚，分别以322个和308个占据第一位、第二位，再次是四川255个。总体来看，长江三角洲地区对于文化事业的投入力度最大；中西部地区除四川省外，文化事业投入与长三角地区有较大差距，有必要进一步加强文化事业投入。

表4　　长江经济带沿线各省市文化事业发展状况（2017年）

省份	文化事业费（万元）	图书馆机构数（个）	群艺馆/文化馆机构数（个）	艺术表演团体机构数（个）	博物馆机构数（个）
上海	438826	24	238	199	98
江苏	578084	115	1394	628	322
浙江	593470	101	1472	1410	308
安徽	183018	124	1561	2639	196
江西	152603	113	1873	425	139
湖北	343992	116	1406	473	199
湖南	277967	139	2573	534	120
重庆	207405	43	1066	1283	94
四川	413220	204	4785	697	255
贵州	193288	98	1694	137	84
云南	241003	151	1593	316	125

资料来源：根据《中国文化文物统计年鉴2018》整理。

作为公共文化服务的核心载体，博物馆是连接文化和旅游的纽带和桥梁，日益成为文旅融合发展的主阵地。例如，苏州博物馆是首批国家一级博物馆，位于历史文化名城苏州古城的中心，毗邻世界文化遗产拙政园，由著名华裔建筑设计大师贝聿铭设计，是一座集传统与现代、传承与创新为一身的现代化园林式博物馆，是苏州古城重要的文化旅游"打卡"地，也是苏州历史文化体验中心。苏州博物馆从富有苏州园林特色的建筑景观设计，到创意开发的文创产品，再到数字化的传播，通过市集形式将时空打通，让博物馆文化及苏州传统江南文化符号与文旅消费者相遇，增强了文旅消费的体验感和场景感。苏州博物馆不仅为苏州古城景区赋能，也充分展现了苏州江南文化特色，是博物馆事业与旅游融合发展的典范。

以艺术院团和演出剧场为主体的文化演艺事业是我国公共文化事业的重要组成部分。2018年3月，国务院发布《关于促进全域旅游发展的指导意见》，提出推动剧场、演艺等产业与旅游业融合开展文化体验旅游。演艺与旅游结合，丰富旅游体验业态是文化旅游发展升级的选择，对演艺本身也有很强的带动作用。例如，武汉文化旅游新名片，长江首部漂移式多维体验剧——《知音号》，就是以推进体验导向型新场景革命为抓手，利用沉浸式、互动性演出形式推出的文旅融合创新发展新业态、新产品的典范。《知音号》创新了观演形式——码头、船即剧场，观众即演员，从20世纪二三十年代的老汉口切换到现代都市大武汉，给观众最大的自由度，实现了现实与梦境的行为漂移。《知音号》自2017年5月公演以来，场场爆满、一票难求。至2018年年底已累计演出560余场，接待游客约30万人次，外地游客超10万人次，占观众人数的42%，节假日更是超过60%，接待的外宾近2万人次，衍生产业各板块的非门票收入达到全年总收入的47%。

基层公共文化设施的服务主要针对其所在地的城乡居民。在文旅融合的大背景下，亟须将旅游公共服务设施纳入文化公共服务设施统筹考虑，并立足于满足居民和游客的美好生活需要来提供更优质的公共文化服务。在一些旅游热点区域，融合发展公共旅游服务和公共文化服务，延伸基层公共文化设施的旅游服务功能。例如，云南和顺图书馆位于云南省腾冲县和顺古镇，是中国最大的乡村图书馆之一。2003年11月，和顺政府委托柏联集团整体打造和顺文化旅游景区。和顺图书馆作为和顺旅游的首要景点，得到了全国各地游客的青睐。旅游业的发展促进了和顺图书馆的建设和保护，许多游客自愿来到此地从事志愿者工作，在一定程度上弥补了公共文化建设中人员匮乏的不足。在地方政府和旅游文化公司的大力支持下，一部分的旅游收入用于图书馆的修缮和保护，通过基层公共文化设施的文旅融合发展，不仅保护了珍贵的历史文化遗产，也提升了和顺古镇的旅游形象。

（三）长江经济带文化产业与旅游融合发展

长江经济带文化产业发展基础较好，2017年文化产业增加值达16478亿元，占全国文化产业增加值的47.5%。其中，上海市、江苏省、浙江省的文化产业增加值占GDP的比重超过全国平均水平（见图1）。长江经济带拥有国家级文化产业示范园区4家，国家级文化产业试验园区3家，文化产业示范园区资格4家（见表1），分别占全国的40%、50%、40%。长江经济带是我国文化产业的重心和活力所在，文化科技实力和自主创新能力位居全国前列，拥有国家级文化和科技融合示范基地16家，占全国的47%。

图1 长江经济带沿线各省市文化产业发展情况（2017年）

资料来源：根据各省市公布数据整理。

表5 长江经济带国家级文化产业示范（试验）园区（截至2019年）

所在省市	园区名称	示范/试验园区	获批年份
上海	张江文化产业园区	示范园区	2010年
湖南	长沙天心文化产业园区	示范园区	2012年

续表

所在省市	园区名称	示范/试验园区	获批年份
四川	成都青羊绿洲文化产业园区	示范园区	2012年
安徽	蚌埠大禹文化产业园	示范园区	2015年
江苏	南京秦淮特色文化产业园	试验园区	2015年
湖北	武昌长江文化创意设计产业园	试验园区	2015年
浙江	衢州儒学文化产业园	试验园区	2015年
浙江	杭州市白马湖生态创意城	示范园区资格	2017年
江西	景德镇市陶溪川文创街区	示范园区资格	2017年
湖南	湘潭昭山文化产业园	示范园区资格	2017年
云南	建水紫陶文化产业园区	示范园区资格	2017年

资料来源：笔者整理。

在长江经济带沿线11省市中，上海市、江苏省、浙江省是我国文化产业发展的第一梯队，文化产业增加值、文化产业增加值占GDP的比重、人均文化娱乐消费、文化及相关产业专利授权数、文化及相关产业固定资产投资、文化及相关产业企业数量多位居全国前列。湖南省、湖北省、安徽省、四川省4省文化产业发展位于第二梯队，文化产业增加值均突破1000亿元，综合实力较强。江西省、重庆市、贵州省、云南省4省市文化产业整体实力相对较弱，但发展潜力较大。

长三角地区依托文化产业发展基础优势，联通对外文化交流合作，同时加强对中上游地区文化产业梯度转移与辐射带动作用。重点发展文化科技产业、文化传媒产业、创意设计产业、动漫游戏产业、文化旅游产业、文化装备制造业等业态，不断促进文化和旅游的产业深度融合。例如，浙江杭州白马湖生态创意城地处白马湖核心腹地，创意城湖山环抱，是杭州高新区自然禀赋最为优越、生态环境最为秀美的区域之一。近年来，作为之江文化产业带重要增长极、杭州打造全国文化创意中心的主平台，白马湖生态创意城依托区域内优越的山水生态公园和文化旅游资源，努力绘就一幅生态与产业相得益彰，人文与创意相互交织的美丽画卷。

长江中游地区充分发挥承东启西的战略地位与区位优势，通过传统产业与新兴产业并举，夯实文化产业发展基础，推进文化产业与关联产业融合发展，重点发展新闻出版产业、影视传媒产业、创意设计产业、文化旅游产业、文化装备制造业等产业业态。例如，江西景德镇陶溪川文创街区创新性开发陶瓷工业遗产，大力发展陶瓷文化创意产业，致力于城市文创产业内容供应和运营，发展了商业贸易、酒店餐饮、文化创意、艺术交流、会展博览、文化旅游、休闲娱乐等业态。街区独具时代风格的锯齿状"包豪斯"厂房、高耸的烟囱、水塔、煤烧时代的老窑炉，以及墙上的老标语、口号等，保存原汁原味，留住时代信息与印记。建筑风格的独特性、转型升级的示范性、文化艺术的国际化，是江西省推进文旅融合的典型案例。

长江上游地区以多元民族文化特色和优美的自然环境为基础，积极发展特色化、差异化、多元化的文化内涵与产业形态，充分依托西南地区地缘优势，成为联结"一带一路"、藏羌彝文化产业走廊、辐射印缅的重要区位节点。重点发展工艺美术产业、文化旅游产业、文化养生产业、文化艺术品业等具有浓郁民族和地域特色的文旅融合产业。例如，重庆洪崖洞大力推动互联网数字文化产业和文化旅游消费融合，充分发挥"网红"效应。洪崖洞的独特建筑由于与《千与千寻》动画中"汤屋"的形象接近，在网络上通过抖音等社交媒体爆红。从2016年开始，洪崖洞的新IP助推其关注超越了解放碑、朝天门等重庆传统旅游地，开始了新IP的预热之旅，洪崖洞作为重庆的著名景点之一也随之走红，也将重庆打造成为著名的"网红"城市。

（四）长江经济带旅游业与文化融合发展

旅游能否发展为一个独立的产业，学术界对此争议不断。在我国现行的《国民经济行业分类与代码》中，并没有旅游产业的说法，世界各国、各地区、各组织设立相关旅游产业的部门也各有特色，但统一的是，社会上真实存在一个经济系统，为旅游者的旅游活动提供食、住、行、游、购、娱等综合性服务，旅游业实际上是通过旅游消费的纽带联结起来的，以旅游活动为中心而形成的配置产业。一般认为，涉及与旅游活动有关的食、住、行、游、购、娱等方面的餐饮业、饭店业、交通业、景区业、商业、娱乐业、旅行社业等行业即为旅游产业的主要行业范围。

长江经济带集中了我国东部、中部、西部地区旅游业最为发达的省份，它既是我国重要的国际旅游目的地，也是主要旅游客源发生地。长江旅游在中国旅游业发展中占有重要地位，是中国旅游业改革发展的先行示范区、旅游业对外开放的前沿区。2018年，文化和旅游部印发《长江国际黄金旅游带规划纲要》，启动长江国家黄金旅游带建设。该纲要指出，以建立流域性共建共享机制为保障，充分发挥旅游业的综合带动和先行先导作用，全面推进流域旅游业联动协同发展，将长江旅游带建设成为具有全球竞争力和国际知名度的黄金旅游带。近年来，长江经济带各省市旅游业发展迅速，产业规模持续增长，旅游经济总量不断壮大，旅游业在促进长江经济带经济转型发展过程中发挥出日益重要的作用。

表6　　长江经济带沿线各省市旅游接待情况（2018年）

	国内游客（亿人次）	增速（%）	旅游总收入（亿元）	增速（%）
上海	3.4	6.70	4477.15	11.20
浙江	6.9	8.70	10006	11.90
江苏	8.14	9.60	12851.3	13.60
安徽	7.21	15.20	7241	16.80
江西	6.9	19.70	8145.1	26.60
湖南	7.5	12.50	8255.1	16.50
湖北	7.27	13.80	6344.33	15.00
重庆	5.97	10.13	4344.15	31.32
四川	7	4.90	10012.7	13.30
云南	6.81	20.24	8991.44	29.89
贵州	9.69	30.20	9471.03	33.10

资料来源：根据各省份公开数据整理。

表7　　长江经济带沿线各省市旅游业发展情况（截至2017年年底）

省份	星级饭店（家）	旅游景区总数（家）	5A级旅游景区（家）	4A级旅游景区（家）
上海	223	99	3	50
江苏	514	630	23	190

续表

省份	星级饭店（家）	旅游景区总数（家）	5A级旅游景区（家）	4A级旅游景区（家）
浙江	585	700	16	195
安徽	294	586	11	188
江西	281	357	10	121
湖北	364	371	10	130
湖南	366	389	8	99
重庆	188	223	8	83
四川	323	492	12	208
贵州	232	255	5	95
云南	518	231	8	71

资料来源：根据《中国旅游统计年鉴》整理。

长三角地区上海、江苏、浙江、安徽四省市大力推进长三角地区旅游一体化合作，大力推进文旅融合，促使旅游产品向观光、休闲、度假并重转变，旅游服务向优质高效提升。长三角地区注重文化精品酒店发展，将城市文化、遗产建筑和高品质旅游服务相融合，近年来打造了一系列精品酒店品牌。例如，杭州法云安缦文化精品酒店，坐落于西湖天竺古村的一侧，北高峰之麓，毗邻灵隐寺和永福寺。这里的住宅可追溯至百年以前，如今以传统做法和工艺修缮一新，砖墙瓦顶，土木结构，屋内走道和地板均为石材铺置。整个酒店古色古香，粉墙黛瓦，青石涓流，通过文化内涵的极致表现使该酒店成为蜚声中外的著名文化精品酒店。

长江中游地区旅游资源丰富，有悠久的历史和灿烂的文化，拥有一批国家级历史文化名城、国家级风景名胜区、国家5A级旅游区和国家级旅游度假区，文旅融合发展基础较好。例如，湖北荆州方特东方神画是以中华历史文化传承为主题，而选址于历史文化底蕴极其厚重的古城荆州，综合运用激光多媒体、立体特效、微缩实景、虚拟现实等科技表现手段，将文化、科技、旅游深入融合，形成旅游产品、丰富旅游体验，展现荆楚历史文明精粹的灿烂画卷。2019年9月，荆州方特东方神画主题公园盛大开园，是目前湖北省规模最大、档次最高的历史文化主题乐园。

长江上游地区地域辽阔、山河壮美、秀水纵横、风光迤逦，景区资源得天独厚，历史文化古朴厚重，名胜古迹为数众多，民族风情绚丽多姿，具有独特的风土人情、地方文化和民族文化，旅游资源十分富集，旅游业在促进高质量发展的过程中功不可没。例如，成都宽窄巷子位于成都市中心，由宽巷子、窄巷子和井巷子三条平行排列的老街及其间的45个四合院落群组成，是老成都百年原真建筑格局的最后遗存。历史文化名城保护街区宽窄巷子是"最成都"代表，也是天府文化的有力传播者。2017年国庆、中秋"超级黄金周"期间，成都游客接待量持续稳步增长，累计接待旅游总人数达1463.4万人次，同比增长7.3%，游客最多的是宽窄巷子，达68.2万人次。

四 推进长江经济带文旅融合高质量发展的建议

（一）推进长江国家文化公园建设，传承弘扬长江文明

国家文化公园其核心内涵是以保护传承和弘扬具有国家或国际意义的文化资源、文化精神或价值观为主要目的，兼具爱国教育、科研实践、娱乐休闲、国际交流等文化服务功能，是经国家有关部门认定、建立、扶持、管理的特殊区域。2017年，中共中央办公厅、国务院办公厅印发的《国家"十三五"时期文化发展改革规划纲要》明确提出，我国将依托长城、大运河、黄帝陵、孔府、卢沟桥等重大历史文化遗产，规划建设一批国家文化公园，形成中华文化的重要标识。

长江与黄河是中华文明的两大象征，"江河互济"形成了中华文明的宏伟气象，共同建构了中华民族的精神家园。自东周以降，黄河—长江双峰并峙，"风—骚"竞辉，"儒—道"相济，构造了中华文化"和而不同"的多元一体格局。2019年9月，习近平总书记在郑州主持召开黄河流域生态保护和高质量发展座谈会上指出："千百年来，奔腾不息的黄河同长江一起，哺育着中华民族，孕育了中华文明。"2020年2月，河南省已先期启动黄河国家文化公园的规划建设工作。

长江是中华民族的符号象征，长江流域蕴含了深厚的文化底蕴，也是重要的旅游载体、旅游通道和旅游吸引物。从本质上看，文旅融合是

文化主体与旅游者客体在文化旅游体验与消费过程中实现的主客交融统一。长江经济带的文旅融合高质量发展，既是通过文旅融合建构文化旅游产业体系，同时更重要的是彰显长江文明核心价值，强化长江文化的凝聚力和认同感，建构中华民族的精神文化家园。因而，建议在"十四五"期间，大力推进长江国家文化公园建设，通过长江文明的精神纽带作用，通过对文化旅游产业的培育，成为推进长江经济带高质量发展的强劲动力。

（二）宜融则融、能融尽融，促进文旅全面深度融合

长江经济带横跨长江流域上中下游的不同文化区，文化底蕴和文化遗产丰富，文化旅游事业和产业发展均较为成熟，在全国文化和旅游发展版图中占有十分重要的地位。长江经济带文旅融合高质量发展要坚持"宜融则融、能融尽融"原则，找到文化和旅游工作的最大公约数、最佳连接点，推动文化和旅游工作各领域、多方位、全链条深度融合。

一方面要推动文化和旅游的全面融合。一是促进文化遗产保护与文化旅游创新发展的融合，充分挖掘并展现长江文化遗产的历史和文化价值，通过文旅融合促进优秀传统文化的创造性转化和创新性发展。二是促进文化事业与旅游的融合，让文化事业不仅服务于当地居民，同时服务于外来游客，不仅具有事业功能，同时发展产业属性，重构公共文化和旅游服务体系。三是促进文化产业与旅游融合，通过市场化机制的产业融合不断创新文化旅游的新业态、新形态和新产品。四是促进旅游业与文化融合，通过文化内涵、文化符号的深度融合，不断提升旅游业态和旅游产品的文化内涵、文化价值和文化体验。

另一方面要促进文化和旅游深度融合。一是文化内涵的深度融合，通过文化符号和文化价值的植入，提升文化旅游产品和体验的深度价值。二是产业价值链的深度融合，通过文化与旅游相互赋值，实现文化和旅游在产业价值链上的深度整合，打造文化旅游产业。三是政策和管理的深度融合，通过行政机构的整合，推动文化旅游产业促进政策和管理的深度融合，打破文化和旅游行政管理的隔阂。四是理论和理念上的深度融合，建立跨学科交叉的文旅融合理论研究体系，形成文旅融合的学术共同体，通过理论创新逐步打破"文化为体、旅游为用"的体用分开的理念隔阂，树立文旅互为体用的深度融合理念，为文旅融合发展

奠定坚实的理论基石。

（三）以文塑旅、以旅彰文，提升文旅融合发展质量

长江流域拥有深厚的文化底蕴，丰富多样的文化资源，在悠久的多元文化竞存、融合发展历史进程中形成了博大精深的长江文明体系，是中华文明的重要组成部分。推进长江经济带文旅融合高质量发展的过程中，要深入挖掘长江文明底蕴，坚持"以文塑旅、以旅彰文"原则，文化和旅游相辅相成，相互促进，和合共生，提升文旅融合发展质量。

一是以文塑旅，将文化作为旅游发展的灵魂底蕴，同时通过文化创意促进旅游产品的创新。基于对长江文化符号价值和长江地域文化内涵的挖掘与彰显，通过文化价值赋值、文化资源转化、文化创意引领，不断提升旅游品位、创新旅游业态、丰富旅游体验、增强旅游魅力。二是以旅彰文，旅游是文化建设的重要动力，是文化传播的重要载体，是促进文化交流和文明互鉴的纽带。充分发挥长江经济带旅游产业化和市场化的发展基础，通过文旅融合丰富文化产品供给方式、供给渠道和供给类型，进一步彰显长江文化价值、传播长江文化品牌、繁荣长江文化产业。三是确立文旅和合共生的理念，文化和旅游相互支撑、优势互补、协同共进，通过文旅融合形成长江经济带新的发展优势和新的增长点，促进长江经济带高质量发展，彰显长江文化软实力和文化影响力。

参考文献

钟晟：《旅游产业与文化产业融合发展研究》，中国社会科学出版社 2015 年版。

傅才武：《论文化和旅游融合的内在逻辑》，《武汉大学学报》（哲学社会科学版）2020 年第 2 期。

国务院：《关于依托黄金水道推动长江经济带发展的指导意见》，中国政府网，2014 年。

国务院：《关于推进文化创意和设计服务与相关产业融合发展的若干意见》，中国政府网，2014 年。

国务院：《长江三角洲区域一体化发展规划纲要》，中国政府网，2019 年。

国家发改委：《长江中游城市群发展规划》，国家发改委网，2015 年。

文化部、财政部：《藏羌彝文化产业走廊总体规划》，中国政府网，2014 年。

长江经济带"双一流"高校教育对外开放研究报告*

刘晓黎 周 烨**

摘 要：以科技创新为核心的全面创新是引领长江经济带高质量发展的核心动力。长江经济带高等教育资源富集，拥有的"双一流"高校数量在全国首屈一指。扩大高等教育对外开放不仅是促进长江经济带"双一流"高校高质量发展的重要政策支点，而且是汇聚中外优质智力资源、实现创新要素加速集聚、助推创新驱动发展的内在要求。分析高等教育对外开放助推长江经济带高质量发展的现实需求与政策背景；调研长江经济带"双一流"高校教育对外开放状况，包括中外合作办学、学生出国境交流、国际学生培养、国际科技合作基地等；对浙江大学海宁国际校区、昆山杜克大学、四川大学国际暑期学校等典型性项目进行案例分析；总结长江经济带"双一流"高校进一步推进教育对外开放的策略。

关键词：长江经济带 "双一流"高校 教育对外开放

党的十八大以来，习近平总书记亲自谋划、亲自推动长江经济带高质量发展，提出了一系列重要论述。长江经济带集聚的人口和创造的地区生产总值均占全国40%以上，进出口总额约占全国40%。长江经济

---

* 基金项目：中国高等教育学会引智分会课题"'双一流'建设高校国际化人才培养质量评价体系研究"（2019SYLZD03）；武汉大学"十四五"规划前期研究课题"新时代武汉大学构建新型国际化治理体系初探——以优化国际化管理制度建设为分析视角"。

** 作者简介：刘晓黎，博士，武汉大学国际交流部外宣与项目推广办公室主任；周烨，武汉大学国际交流部国际交流服务中心主任，讲师。

带高质量发展要按照五大发展理念协调推进，以科技创新为核心的全面创新是引领长江经济带高质量发展的重要引擎。高校作为我国科技创新的重要策源地，在长江经济带高质量发展中理应发挥更积极的促进作用。

"双一流"高校是高等教育的"领头羊"，是培育创新人才的主战场和科技创新的制高点。教育对外开放在新时代对外开放中发挥着基础性与先导性作用，是高等教育实现高质量内涵式发展的必然要求，是世界一流大学和世界一流学科建设的内在逻辑。另外，高等教育对外开放可以汇聚中外优质智力资源，加速创新要素集聚，为长江经济带创新驱动发展提供更加强劲的动力。

一 高等教育对外开放助推长江经济带高质量发展的现实需求与政策背景

（一）高等教育是推动长江经济带高质量发展的重要创新力量

长江经济带创新资源富集，科研实力雄厚，人才优势明显。长江经济带11个省市集中了全国1/3的高等院校与科研机构，拥有国家重点实验室200余家，国家工程研究中心144个，国家级创新平台500多家，两院院士和科技人员数量占据了全国半壁江山，研发经费支出占全国46.7%；区域内拥有高等院校1131所，占全国43%。富集的高等教育资源，特别是众多学科实力强劲的"双一流"高校是长江经济带高质量发展的智力要素和创新要素。

以上海、杭州、南京为中心的长三角城市群，以武汉为中心的长江中游城市群，以重庆、成都为中心的成渝双城经济圈，集中了我国大部分优质高等教育资源。上海、合肥、杭州、南京、南昌、武汉、长沙、重庆、成都等城市，分布有国务院确定的第一轮"双一流"建设A类36所高校中的15所，一流学科建设高校95所中的41所（见表1）。第四轮学科评估中，全国入选"A+"学科的高校80所，位于长江经济带的高校就有34所；全国206个"A+"学科中，属于长江经济带高校就有71个；在最新一轮的ESI学科排名中，长江经济带高校共有47个学科进入世界前1‰。

表1　　　　　　长江经济带"双一流"建设高校数量

省份	一流大学建设高校数量	一流学科建设高校数量	总数
上海	4	9	13
江苏	2	13	15
浙江	1	2	3
安徽	1	2	3
江西	0	1	1
湖南	2	1	3
湖北	2	5	7
重庆	1	1	2
成都	2	6	8

资料来源：整理自教育部、财政部、国家发展改革委颁布的《关于公布世界一流大学和一流学科建设高校及建设学科名单的通知》。

《长江经济带教育发展规划纲要》明确提出，"加强高等教育跨区域合作，联合开展协同创新，联合推进学科建设"。教育部高度重视长江经济带教育对外开放资源的利用和挖掘，规划了以"四点一线一面"为重点的战略布局。其中，"一点"便着眼于长三角教育发展一体化，提出在长江经济带范围内建设"长江教育创新带"，通过教育创新带汇聚优质高等教育资源，从而助力长江经济带高质量发展。2019年3月，教育部党组书记、部长陈宝生主持召开长江经济带（长三角城市群）改革发展座谈会时强调，在新常态背景下，长江经济带智力共建、技术创新和产业升级相融合的发展范式已经成为区域发展的关键问题。在调研成渝城市群时，陈宝生部长谈到，"要发挥教育的基础性、先导性、战略性作用，实行存量和增量改革创新并举，以培养和聚集高素质人才、优化配置优质教育资源为重点的发展思路和工作任务"。

（二）扩大教育对外开放是高校加快"双一流"建设的重要支点

高质量的教育对外开放是高校加快"双一流"建设的重要支点，是实行增量改革、优化教育资源配置、推动区域创新发展的重要政策支撑。2015年，中央全面深化改革领导小组会议审议通过《统筹推进世界一流大学和一流学科建设总体方案》，明确将"推进国际交流合作、加强与世界一流大学和学术机构的实质性合作、加强国际协同创新、切实提高我国高等教育的国际竞争力和话语权"作为五项改革任务之一。时任教育部国际交流与合作司许涛司长指出："'双一流'改革方案共5点，其中3点都与国际合作直接相关，包括：培养、引进一流科学家及创新团队、培养拔尖创新人才、建设国际一流学科。"

党的十八大以来，"扩大教育对外开放"多次被党中央、国务院列入重要纲领性文件，且不断充实概念内涵。2010年，国务院制定《国家中长期教育改革和发展规划纲要（2010—2020年）》，"扩大教育开放"首次以单独成章的形式被写入《规划纲要》。2015年，国务院制定《国家教育事业发展"十三五"规划》，在第六部分单独论述"统筹推动教育开放"，提出"优化教育对外开放布局""打造区域教育对外开放特色""提升教育开放层次和水平""积极参与全球教育治理""统筹推进中外人文交流""深化内地和港澳、大陆和台湾地区教育合作交流"等重要内容。2016年，中共中央办公厅、国务院办公厅制定《关于做好新时期教育对外开放工作的若干意见》，对做好新时期教育对外开放工作进行了重点部署，涵盖六大方面：加快留学事业发展，打造"留学中国"品牌；完善体制机制，提升涉外办学水平；加强高端引领，开展高水平人才联合培养和科学联合攻关；丰富中外人文交流；促进教育领域合作共赢；实施"一带一路"教育行动，促进沿线国家教育合作。2019年，中共中央、国务院颁布《中国教育现代化2035》，将"开创教育对外开放新格局"列为十大战略任务之一，并明确了未来教育对外开放的总体思路和实践路径。

2020年受新冠肺炎疫情影响，我国的国际环境发生重要变化。部分西方国家持续抹黑中国，对华展开舆论战，提出"阴谋论""污名化"等论点。中国与美国等西方发达国家文化交流逆差进一步增大。习近平总书记指出，"做好较长时间应对外部环境变化的思想准备和工作准备"。在这种背景下，2020年6月，《教育部等八部门关于加快和扩大新时代教育对外开放的意见》正式印发，要求"坚持教育对外开放不动摇，主动加强同世界各国的互鉴、互容、互通，形成更全方位、更宽领域、更多层次、更加主动的教育对外开放局面""建立健全多部门协调联动机制，加大保障力度，加强智力支撑，有效防范化解风险，广泛调动社会力量支持教育对外开放工作。"2020年9月，习近平总书记主持召开中央全面深化改革委员会第十五次会议并发表重要讲话，要求"推动更深层次改革，实行更高水平开放，为构建新发展格局提供强大动力""推动形成同中西部开发开放格局相匹配的高等教育体系"。

党和国家对教育对外开放所做的重要部署，是指导当前乃至今后一个时期教育对外开放的根本遵循，成为高校对外开放的行动指南。例如，培养拔尖创新人才、非通用语种人才、国际组织人才、国别和区域研究人才、来华杰出人才五类人才；完善准入制度，改革审批制度，开展评估认证，强化退出机制；重点围绕国家急需的自然科学与工程科学类专业建设，引进国外优质资源，全面提升合作办学质量，稳妥推进境外办学；借鉴世界名校先进管理经验，完善内部治理结构，加快建设具有中国特色的现代大学制度；建设一批高水平国际合作联合实验室、国际联合研究中心，面向全球引进高层次科技创新人才，促进高校科技国际协同创新；促进民心相通，讲好中国故事、传播好中国声音等。

二 长江经济带"双一流"高校教育对外开放现状

教育对外开放有几个较为重要的衡量维度：中外合作办学情况、本科生出国境交流学习情况、国际科技合作基地数量、国际学生培养情况等。本部分重点围绕上述维度进行横向比较分析。

（一）长江经济带中外合作办学情况

中外合作办学是外国教育机构与中国教育机构在中国大陆合作办学，是需要接受教育部审批、监管以及质量监控的重要涉外办学形式，是教育对外开放的最高形式。其办学水平、规模、层次和质量是衡量教育对外开放程度的重要参考指标。具体包括三种模式：独立法人中外合作办学机构、非独立法人中外合作办学机构和中外合作办学项目。

长江经济带，特别是长三角地区，是中国高水平中外合作办学最汇聚的地区。截至2019年12月，长江经济带在全国10家独立法人中外合作办学机构中占5席，占比50%；在82所非独立法人机构中占46所，占比57%；在1938个中外合作办学项目中，占996个，占比51.4%。在中外合作办学的三个子类别分布中，长江经济带均超全国半数以上。特别是对于中外合作办学的最高层次——中外合作办学机构而言,长江经济带特别是长三角地区具备办学时间早、合作院校水平高、办学起点高、引进学科较为前沿交叉等显著特征。不仅是中国中外合作办学的旗舰地区,而且在全国中外合作办学中发挥着重要的示范引领作用。

表2显示出区域发展不平衡问题较为突出:

表2　　　　　　长江经济带中外合作办学数量

省份	独立法人中外合作办学机构数量	非独立法人中外合作办学机构数量	中外合作办学项目数量
上海	1	13	86
江苏	2	11	102
浙江	2	8	67
安徽	0	0	17
江西	0	0	25
湖南	0	1	34
湖北	0	6	57
重庆	0	3	28
成都	0	5	18
总计	5	47	434

资料来源:中华人民共和国教育部中外合作办学监管工作信息平台。

(1) 独立法人的中外合作办学机构类别,目前均较为集中在长三角地区,中部和西部均为零。

(2) 非独立法人的中外合作办学机构类别中,长三角地区仍遥遥领先,共计24个。中部地区表现较弱,仅为6个,其中,湖北占5席,甚至低于西部地区的数量(8个)。

(3) 中外合作办学项目类别中,长三角地区仍保持领先,总计255个;中部地区为76个;西部地区则为46个。西部地区总数量低于中部,但是考虑到成渝城市群的总体量,可以推断出西部地区中外合作办学蓬勃发展的势头和潜力。区域间不同国际化吸引力和教育对外开放程度也可见一斑。

鉴于独立法人中外合作办学和非独立法人中外合作办学的创新性，本报告进一步聚焦分析长江经济带独立法人中外合作办学机构和非独立法人中外合作办学机构。

独立法人中外合作办学机构和非独立法人中外合作办学机构在长江经济带呈现出数量多、转型快、具有示范意义等特点，特别是在长三角地区，受益于经济开放程度较高且较早，中外合作办学的最高层次——独立法人中外合作办学机构在这一区域较为集中。

如表3所示，全国已正式获得教育部审批的独立法人中外合作办学机构共10所，其中，位于长三角地区的有5所，另有一所独立法人中外合作办学机构"中法航空大学"已在中法两国元首见证下签署合作谅解备忘录，计划成立，且聚焦国家战略性发展领域。

表3　　　　　长江经济带独立法人中外合作办学机构情况

	学校名称	地点	正式成立时间	备注
1	宁波诺丁汉大学	浙江宁波	2005年	
2	西交利物浦大学	江苏苏州	2006年	
3	上海纽约大学	上海	2012年	
4	昆山杜克大学	江苏昆山	2013年	
5	温州肯恩大学	浙江温州	2014年	
6	中法航空大学	浙江杭州	待批准	2018年，习近平主席和法国马克龙总统见证签署合作办学备忘录
7	北京师范大学—香港浸会大学联合国际学院	广东珠海	2005年	
8	香港中文大学（深圳）	广东深圳	2014年	
9	深圳北理莫斯科大学	广东深圳	2014年	
10	广东以色列理工学院	广东汕头	2016年	
11	香港科技大学（广州）	广东广州	2019年	

资料来源：整理自"中华人民共和国教育部中外合作办学监管工作信息平台"。

如表4所示，在82所非独立法人中外合作办学机构中，长江经济带占半数以上，且沿线上游、中游、下游区域许多"双一流"建设高校均拥有示范级高水平办学二级机构。这些机构瞄准国家经济发展战略性新兴产业，紧密结合学科优势，有力地促进了"双一流"建设，为长江经济带科技创新提供优质人才储备。

表4　　长江经济带部分高水平非独立法人中外合作办学情况

	学校名称	开始招生时间	外方承办高校	开设专业
1	上海交通大学密歇根联合学院	2001年	美国密歇根大学	机械工程、电子与计算机工程、材料科学与工程
2	东南大学—蒙纳士大学苏州联合研究院	2012年	澳大利亚蒙纳士大学	环境科学与工程、交通运输工程、土木工程、应用经济学、生物医学工程、机械工程、动力工程及工程热物理、信息与通信工程、管理科学与工程、工业设计、国际商务、翻译、计算机技术、交通运输工程、生物医学工程、动力工程、电子与通信工程、金融
3	浙江大学爱丁堡大学联合学院	2016年	英国爱丁堡大学	生物医学、基础医学、生物学、生物信息学
4	华中科技大学中欧清洁与可再生能源学院	2012年	法国国立巴黎高等矿业学校	新能源科学工程
5	电子科技大学格拉斯哥学院	2016年	英国格拉斯哥大学	通信工程、微电子科学工程、生物医学工程

资料来源：中华人民共和国教育部中外合作办学监管工作信息平台。

特别值得一提的是两个亮点：

一是自2012年起教育部与江苏省苏州市独墅湖科教创新区共建高等教育国际化示范区。苏州独墅湖科教创新区内目前已批准设立了西交利物浦大学等具有独立法人资格的中外合作办学机构2所，中国人民大学中法学院等中外合作设立二级学院3所，独立设置的研究院3所，区域内中外合作办学与科研项目已达30余个，被教育部誉为"当前国内中外优质高等教育资源相对集中、获教育部批准设立中外合作办学机构和项目较多、高等教育国际化发展最具活力的区域之一。"

二是2019年12月中共中央、国务院印发了《长江三角洲一体化发展规划纲要》，指出："加强与国际知名高校合作办学，打造浙江大学国际联合学院、昆山杜克大学等一批国际合作教育样板区。"

（二）长江经济带本科生出国境交流情况

随着教育对外开放程度的不断提升，近几年，各重点"双一流"高校非常重视本科生出国境人数和比例，该数值已成为衡量一所高校对外开放程度和人才培养国际化水平的首要参考指标。众多高校校长都公开表达个人对推动本科生出国境的愿景，例如，复旦大学在2010年就提出"希望在校本科生都有出国交流学习1个学期的机会"。

由表5可见，长江经济带"双一流"建设高校本科生出国境比例与中国其他区域的代表性高校，如位居东北的吉林大学、华南的中山大学等相比，明显普遍要高出许多，存在代差。在长江经济带内部，下游地区本科生出国境比例比中上游地区"双一流"高校也普遍要高出许多，存在倍差；中游地区"双一流"高校和上游地区"双一流"高校平分秋色，没有实质性区别。

表5　2019年部分"双一流"高校本科生出国境交流比例比较

区域	学校名称	本科生出国境交流比例（%）
长江下游"双一流"高校	复旦大学	50.10
	同济大学	—
	上海交通大学	56.00
	华东师范大学	—
	南京大学	40.49
	东南大学	—
	浙江大学	87.00
长江中游"双一流"高校	武汉大学	23.50
	华中科技大学	23.80
	中南大学	—
长江上游"双一流"高校	四川大学	27.00
	电子科技大学	22.36
	重庆大学	23.60
部分非长江经济带"双一流"高校	中山大学	14.59
	吉林大学	7.64

资料来源：整理自笔者对各高校国际合作处调研成果。

为进一步激发本科生出国潜力，提升本科生国际化视野和能力，各高校均陆续推出"本科生出国境交流学习奖学金"，且设有多种层次专项奖学金，如世界名校学习奖学金、贫困生出国奖学金、学院自主出国境交流奖学金等。以武汉大学为例，该校采取鼓励性非竞争导向，大力鼓励本科生出国境交流。本科生出国境交流经费是该校校级财力列支的国际化经费中额度最高、力度最大的专项，也是该校推动国际化工作的最重要抓手之一。从2016年开始启动该奖学金以来，评选次数从一年一次改为自2018年起一年两次；资助总额度从最初的365万元迅速增长到2019年逾1700万元。

（三）长江经济带国际学生培养情况

国际学生数量既是衡量区域对外开放程度不可或缺的指标，也是高校国际化重要组成部分。依据教育部国际司2018年统计数据，长江经济带高校内部呈现出较为明显的际差，如表6所示。

长江下游地区的高校，如复旦大学、上海交通大学、华东师范大学、浙江大学等，特别是上海高校，其总体数据直逼中国目前已进入世界大学排行榜前50的两所代表性高校——北京大学、清华大学，甚至超过清华大学。

表6　　2018年长江经济带"双一流"部分高校国际学生培养情况

	院校	合计	学历生	非学历生	学历生占比（%）
北京大学、清华大学	北京大学	7793	3269	4524	42
	清华大学	6379	3926	2453	62
长江下游"双一流"高校	复旦大学	7057	2748	4309	39
	上海交通大学	7412	3637	3775	49
	华东师范大学	6472	1688	4784	26
	同济大学	4454	1948	2506	44
	浙江大学	7193	4479	2714	62
	南京大学	3354	1144	2210	34
长江中游"双一流"高校	华中科技大学	3680	2643	1037	72
	武汉大学	3561	2774	787	78
长江上游"双一流"高校	四川大学	3872	2140	1732	55
	重庆大学	1718	650	1068	38

续表

	院校	合计	学历生	非学历生	学历生占比（%）
非长江经济带部分高校	西安交通大学	2845	2194	651	77
	中山大学	2559	1660	899	65
	南开大学	3198	1127	2071	36

资料来源：整理自中华人民共和国教育部国际合作与交流司《2018年来华留学生简明统计》。

通过区域国际学生总量峰值对比分析可知，上海交通大学以7412人位居长江下游高校第一，华中科技大学以3680人位居长江中游高校第一，四川大学以3872人位居长江上游高校第一。长江下游峰值为长江中游峰值的一倍，长江上游峰值超过长江中游。但是长江上游的四川大学与该区域另一所高校重庆大学相比，四川大学为重庆大学总量的一倍。

另外，近些年来，教育部呼吁提高国际学生生源质量，提升国际教育层次和水平，提高"学历生"（来华攻读学位的国际学生简称）在国际学生总数中的占比，打造"留学中国"品牌，培养知华、友华人士。基于此，学历生招生总量是衡量国际学生招生质量的重要指标。

比较表5中学历生占比可知：长江上游和中游"双一流"高校学历生占比普遍高于长三角地区高校，长江经济带学历生占比最高值为武汉大学的78%，同城的华中科技大学以77%的微小差距居于长江经济带第二位。长三角地区高校的国际学生总量遥遥领先，由此可以推断出：长三角地区短期项目的国际学生招生情况要远好于长江经济带其他区域。同时，也可看出，以理工科见长的高校，例如，上海交通大学、同济大学、华中科技大学，以及区域外的西安交通大学、中山大学学历生比例均较高。究其原因，主要为两点：其一，理工农医等学科实力较强的高校对于"一带一路"沿线国家学生来华攻读学位吸引力较强；其二，理工农医实力较强高校的国际联合科研程度会比综合性院校或以人文社科见长学校高，师资国际化程度会更高，由此形成良性循环。

值得一提的是，浙江大学作为综合性大学，其国际学生总量接近全国峰值北京大学，同时，其学历生占比超过北京大学20%，领先于长三角地区高校。

（四）长江经济带国际科技合作基地数量

国际科研合作是重点高校实现高质量发展和提高国际学术影响力的重要推动力，是教育对外开放在科学技术领域的高端呈现。通过高水平国际科研合作，凝聚海内外科研创新团队，配合国家重点学科和重点实验室建设，培育国家重大项目和重点专案，与知识成果转化和区域产业转型升级相结合，对社会发展产生直接作用力，是长江经济带"双一流"高校服务区域高质量创新发展的重要途径。

2016年，教育部在《高等学校"十三五"科学和技术发展规划》中提出，"大力加强高水平国际科技和创新合作，以建设世界一流国际合作联合实验室为牵引，造就一批具有卓越国际声誉的科学大师、领军人才和创新团队，瞄准世界一流标准，培育一流人才，产出一流成果，引领一流学科建设"。

国际联合实验室是目前对国际联合科研最重要的评价模式，分为国家级和省部级。其中，"科技部国际科技合作基地"和"教育部国际合作联合实验室"是最重要的两个参考系数，而"科技部国际科技合作基地"则代表该领域的国家级水平。

由表7中可知，国际科技合作基地/实验室的分布并没有呈现出区域的差异性，没有因位居长江下游而数量更多或者位居长江上游和中游而减少，更多地则代表着高校学科实力。例如，在国字号实验室一项，以理工科见长的上海交通大学和同济大学的数量比同样位居上海但以人文社会科学见长的复旦大学多，位居中部的华中科技大学和位居西部的四川大学可以与上海交通大学相匹敌。而在教育部部属平台维度上，高校之间的区分度均不大。

表7　　　　长江经济带国际科技合作基地数量

学校名称	科技部国际科技合作基地数量	教育部国际合作联合实验室数量
上海交通大学	5	1
同济大学	4	2
复旦大学	0	1
华东师范大学	1	1

续表

学校名称	科技部国际科技合作基地数量	教育部国际合作联合实验室数量
南京大学		
东南大学		
浙江大学	5	0
华中科技大学	5	2
武汉大学	0	2
中南大学	4	1
四川大学	5	0
电子科技大学	0	0
重庆大学	3	2

资料来源：整理自各高校官方网站。

综合以上分析可知，长江经济带的教育对外开放区域发展不均衡、不充分问题较为突出，多项维度存在际差。各自所处发展阶段与重点不同，开放的程度、层次、规模之间还有较大差距，多层次教育对外开放水平同时并存。

例如，长三角城市群因地处东部、经济开放开发较早，教育对外开放发展相对成熟，层次高、规模大，不仅在整个长江经济带高校中处于领跑位置，而且远远引领长江中游城市群和成渝城市群教育对外开放。长三角城市群因拥有诸多项旗舰性项目，例如，昆山杜克大学、上海纽约大学、浙江大学海宁校区、苏州独墅湖高等教育创新区等，使得长三角城市群乃至在全球也具有一定影响力。而长江中游城市群和成渝城市群因分布在中西部，不具有先发优势，也尚在处于快速发展时期，发展程度与长三角城市群相比有较大差距，且两大城市群的教育对外开放也具有不同的侧重与特色。

三 长江经济带高等教育对外开放典型案例

在服务"双一流"建设，打造对外开放品牌项目方面，长江经济带已涌现出许多具有全国影响力的示范性项目，如长江下游浙江大学海宁国际校区、中游武汉大学和美国杜克大学共建昆山杜克大学、上游四川大学建设暑期学校等。特别是浙江大学海宁国际校区和武汉大学昆山杜克大学项目，因其开创性和高层次性被列入《长三角区域一体化发展规划纲要》，"打造国际教育样板区"。

（一）浙江大学海宁国际校区

根据教育部官方网站信息，浙江大学遴选综合排名世界前20位或学科排名世界前5位的合作伙伴，建设海宁国际校区，目前已成立浙江大学—爱丁堡大学联合学院和浙江大学—伊利诺伊大学香槟校区联合学院2个非独立法人中外合作办学机构，共开设生物医药、机械工程、电子与计算机工程等6个专业。成立浙江大学国际联合商学院，开设国际工商管理硕士项目。设立国内首个中国学本科专业、首个中国学硕士点，共招收来自世界50多个国家和地区的国际学生500余人。目前，国际校区办学领域覆盖医、工、信、商等多个学科，实行学术事务学校统一管理、行政事务授权管理、配套服务社会化承担的管理模式。

该校区设立人才引进基金，制定并完善长聘制教师职务评聘制度，按照国际通行标准和程序进行人才招聘、遴选、管理和考核，目前已建成一支由合作伙伴和浙江大学派出教师、全球招聘教师组成的高水平师资队伍。

该校区在探讨建设中外融合式人才培养体系的过程中，达到了外方高校要求的教学质量标准，同时，也建设了具有中国特色的中外合作办学学术思政教育新模式，保障了"立德树人"教育目标的实现。制定《关于进一步完善国际联合学院（海宁国际校区）思想政治教育体系的意见》，明确将思想政治理论课和形势政策课列入中外合作办学机构本科生人才培养方案，采用"4+0"培养模式，即大学四年在国际校区学习，开展全英文授课，实行中外学术培养过程统一标准，授予两校学士学位。与英国帝国理工学院共同设立应用数据科学联合实验室，于2014年初启动的联合培养项目已派出研究生104人。目前，国际校区在校生达1087名，初步形成国内国际学术兼有、本硕博层次齐全的办学格局。

在国际化校园建设上，浙江大学也按照国际标准建设了硬件设施，提供全英文校园环境，引进并建设运转高校的教学教务系统和课程平台。

（二）武汉大学与美国杜克大学、昆山市政府共建昆山杜克大学

根据昆山杜克大学网站可知，昆山杜克大学是 2013 年 9 月经教育部批准正式成立的一所独立法人中外合作办学机构，由武汉大学与美国杜克大学和江苏省昆山市合作创办。昆山杜克大学是目前拥有独立法人资格的 10 所中外合作大学中引进资源最优质的一所，也是目前唯一一所由美国排名前十的大学通过中外合作办学方式授予学士学位的大学。目前，学校共有 17 个本科专业、5 个硕士项目，聘用 85 名全职教师，来自杜克大学、慕尼黑大学、普林斯顿大学、耶鲁大学等世界知名高校。

该校从研究生教育起步，并于 2018 年开始招收本科生，共开设 17 个本科专业，包括生物科学、材料科学与工程、环境科学、全球健康学、数学与应用数学等。学生毕业后颁发杜克大学学士学位和昆山杜克大学学士学位与毕业证书。

另外，昆山杜克大学设有全球健康理学、医学物理学、管理学、环境政策、电子与计算机工程 5 个硕士项目，课程设置兼顾核心课程学习和课外实践考察。其中，全球健康理学硕士项目共开设 12 门课程，学制 1.5—2 年；医学物理学硕士项目 16 门课程，学制 2 年；管理学士项目 15 门课程，学制 1 年；环境政策硕士项目 16 门课程，学制 2 年。所有参加项目的学生在一、二年级间隙的暑期可前往美国杜克大学学习。

另外，学校先后成立了 11 个高水平研究中心，如全球健康研究中心、区域臭氧中美合作研究中心、环境研究中心、应用自然科学与工程研究院、大数据研究中心、武大—杜克研究院和中美科创中心等。并以大数据研究中心和新成立的祖冲之数学与计算科学中心为枢纽，连接辐射电子和计算机工程、全球健康、环境科学、当代中国研究和人文艺术等若干学科，同时与本科研究生教学相结合，激发在新兴交叉领域的创新。

2019 年 4 月，教育部部长陈宝生在教育部会见合作办学三方代表，美国杜克大学校长普莱斯校长、武汉大学校长窦贤康院士、昆山市副市长李辉、昆山杜克大学校长冯友梅等。陈宝生部长会见时肯定并勉励昆山杜克大学建设再上新台阶，并指出："昆山杜克大学的成立创造了美国顶尖高校进入中国办学的先河，具有重要的典型示范意义。同时，很高兴看到，昆山杜克大学不断稳步发展。自2018年开始，本科项目开始招生，这标志着这所学校在中国大地办学真正地立起来了。昆山杜克大学的建立和发展大大超过了各方预期。"

（三）四川大学国际暑期学校

目前，各个重点高校均利用暑期，在校内开设面向中外学生共同参与、中外教师共同授课的国际暑期学校。其中，规模最大、影响力较大的国际暑期学校当属四川大学的"国际课程周"。

四川大学国际课程周于2011年开始举办，每年6月底举行，为期两周。截至2019年，川大共邀请了1000多位国际知名教授和2500多名国外留学生参加，为川大学子开设了1000多门全英文课程。

2019年，来自哈佛大学、牛津大学、斯坦福大学、芝加哥大学、宾夕法尼亚大学、日本东北大学等31个国家和地区的144所世界一流大学的184位教授和600名海外学生，与上万名川大师生共同参加了该活动。国外专家为川大师生开设200余门全英文国际课程和多场学术讲座，内容涵盖文理工医多个学科门类。既有专业前沿资讯，也有通识课程。同时，自2019年起，川大还邀请了来自北京大学、清华大学、复旦大学的院士和知名教授参加，并新增"名师讲堂"为学生开设讲座。学校还开展一系列丰富多彩的国际交流项目。近600余名国际学生与川大万名学子交流互动，该课程周已成为川大一年一度的全校性盛事。因规模较大，川大的国际暑期学校已成为全国高校筹建该类国际学校的重要样板。

四 长江经济带"双一流"高校教育对外开放典型经验

高校教育对外开放通常有两个使命：其一，服务国家外交大局；其二，服务"双一流"建设。长江经济带沿线"双一流"高校通过模式协同化、合作机制化、服务精细化等，无论是在服务国家外交战略，落实《推动共建"一带一路"教育行动》，还是服务学校中心工作，为学科建设提供强大支撑，高质量完成"两个服务"的任务，呈现出系统性、广泛性、聚焦学科建设等特点，为全国其他地区高校的教育对外开放积累了丰富的经验。

（一）模式协同化，注重国际化顶层设计

随着"双一流"建设的深入，并在高校综合管理体制改革的推动下，长江创新带各重点高校普遍高度重视国际化顶层设计，不仅制订了国际化战略和扩大教育对外开放方案，而且启动目标—任务管理模式，制定国际化评估体系，加强体制机制建设，优化绩效考核等，实现国际化顶层设计从理念过渡到执行，上升为"国际化2.0"版本。部分高校依托国际化战略和治理模式实现部门高度协同，引领国际化发展，实现了资源配置专业化。

以上海交通大学为例，该校基于全面分析学校国际化办学现状和潜力，于2018年发布了国际化战略，包括持续推进战略合作伙伴计划，扩大与世界一流大学联授博士项目，推进种子基金合作学校的布局和评价考核机制等。

在学校层面上，该战略包含五大举措：推进四个海外中心建设、拓展学校国际影响；以科研合作为抓手，发展战略合作伙伴；强化学生海外深度访学、落实扩大学位联授项目；搭建海外访问学者"金字塔"构架，促进学科发展；建设国际文化中心，增强国际校园氛围。为落实战略实施，学校不仅积极配套政策与资源，在学校层面启动"联合科研种子基金"，定向加强与部分固定的世界一流大学合作，而且支持院系制定各具特色的国际化发展战略，资助学生海外深度访学，本科生海外深度访学列入直升考虑因素，重点推进的双学位项目名额给予配套支持，资助全英文课程建设，资助实验室进一步面向国际生科研实习开放等。同时，该校制定了基于客观数据和主观评价指标的年度国际化考核指标体系，监测和评估各个学院国际化战略的实施效果。

（二）特色学科"走出去"，注重科教融合

在服务国家外交大局，特别是响应"一带一路"教育行动倡议方面，本报告选取武汉大学为例：

武汉大学依托测绘遥感、水利水电、全球健康等特色专业，重点建设了一批与"一带一路"地区开展国际联合科研的平台，如"诗琳通地球空间信息科学国际研究中心""一带一路水资源研究院""一带一

路健康研究院"和"中俄国际法研究院"等。

武汉大学诗琳通地球空间信息国际研究中心由泰国科技部和武汉大学共同组建，旨在推进两国在卫星遥感数据及处理应用方面的交流与合作。2007年4月，在泰国公主诗琳通的见证下，武汉大学与泰国科技部签署了《中华人民共和国武汉大学和泰王国科学技术部共建"诗琳通地球空间信息科学国际研究中心"的谅解备忘录》。2010年，该中心迁往武汉东湖新技术开发区，由开发区与武汉大学共同建设。2012年，被纳入武汉大学地球空间信息科学协同创新中心建设框架，与中国航天科技集团等单位开展广泛深入合作，其职能和作用进一步扩大和增强。在中心的发展框架下，武汉大学、泰国东方大学和泰国科技部地理空间信息与技术发展署于2017年4月签署了硕士项目合作协议，从联合科研发展到人才培养。硕士项目依托泰国东方大学和我校在相关学科领域的教育优势，以及泰国地理空间信息与技术发展署的资源优势，为泰国及其他东南亚国家和地区培养高水平的国际化专业技术人才。该项目也成为武汉大学第一个境外办学学位项目。

"武汉大学一带一路健康研究院"成立于2018年，虽然成立时间不长，但是由于受到国家支持"中国中医药走出去"政策、"一带一路"地区公共卫生能力较弱等因素的叠加影响，该研究院的合作进展发展较快。目前，已与外方联合开展"尼泊尔医院院感及抗生素耐药性疾病负担研究"科研课题、完成"尼泊尔大学生抗生素知识、态度、行为"问卷调查、赴斯里兰卡开展学术交流1次、发表6篇中英文论文、派遣2批40余名学生赴赞比亚实习、获批英国国际发展部支助课题1项、获批国家外专局项目1项等。并且，应北京大学邀请，研究院已加入中非民间商会成立的"中非医疗企业创新促进会"；应美国杜克大学邀请，部分学生加入中美对尼泊尔公共卫生调研团队。一篇政策咨询建议或国家领导人批复等。研究院也正与外方高校探讨双博士人才培养项目等。

（三）合作机制化，聚焦服务学科建设

在服务学校学科建设方面，本报告以浙江大学为例：浙江大学高度重视学科的国际合作，理念是"国际合作引领一流学科建设"，于2010年起提出"海外一流学科伙伴计划"，通过4年的建设，对接了32所海外高校的一流学科，并在 2013 年教育部 985 工程三期执行情况评估中，获得"6A"的最高级别评价。2015 年年底，该校将该计划升级为"海外一流学科伙伴提升计划"，立项支持学科个性化国际合作与交流，2016—2018 年为第一期，2015 年遴选并立项 27 个项目；2017 年，中期考核；淘汰 3 个项目；2018 年，阶段性总结，设立 A/B/C 三档。2019 年，启动第二期建设。对标 30 多所世界知名大学一流学科，集中优势力量，打造高端国际合作与交流平台、丰富品牌交流项目、建立全方位和稳定长效的国际合作机制。在该机制的支持下，该校光电科学与工程学院依托于美国罗彻斯特大学的合作，成立了"光电技术国际联合研究中心"，并推动该中心于 2016 年成功获批科技部国际合作基地。

（四）服务精细化，管理流程信息化

根据南京大学官网，2019 年 7 月，"南京大学海外学者服务中心"建设全面启动。该中心的功能主要是对接学校有关院系、职能部门和海外学者三方，为来该校工作的海外学者提供非学术性事务全流程管理与咨询服务。总体目标是通过服务流程再造和管理创新，深入研究海外高层次人才发展特点和规律，深入对接学校各院系单位的实际需求，打造一个集人才引进、人才服务和人才开发为一体的信息化、专业化服务平台，为海外学者专家来校开展交流与教研活动提供精细化服务，推动海外高层次人才"引得来、用得好、留得住"，中心建设体现"主动性、协同性、开放性"，形成与外界良性互动的开放式海外人才支撑体系。该项工作涉及校内十多个职能部门，如国际处、人力资源处、财务处、资产管理处、信息化建设管理服务中心、基建处、校医院、后勤服务集团、保卫处及工会等，需要多部门协同。

同时，江苏省教育厅也将该项工作作为年度重点工作，同步参与服务中心建设，并计划以南京大学为样本，为江苏省全面开展外国人才服务中心建设提供示范，营造吸引外国人才来苏创新创业的良好社会氛围。

另外，华中科技大学发挥学科优势，以建设"智慧华中大"为契机，谋划建设了"大外事智慧信息平台"，通过第一期及第二期建设，分步实现了学生出国境审批、国际学生注册登记选课、出国境奖学金申请及审批等所有服务业务的上线申请及在线审批等重要内容，而且还实

现了全校大外事数据实时联网录入，快捷查询管理、个性化分析统计等功能。其中，因公出国境"2.0计划"、智慧外事"2.0计划"等信息化建设工程有力推动了该校外事工作的高度信息化，并以此为基础，开展院系国际化在线排名工作，为大外事局面的形成提供了重要支撑。

五 后疫情时代长江经济带"双一流"高校扩大教育对外开放策略

2020年伊始暴发的新冠肺炎疫情在世界范围蔓延以来，部分西方国家持续抹黑中国，对华展开舆论战，提出"阴谋论""污名化"等论点，"逆全球化"思潮涌动，全球高等教育经受前所未有的时艰。疫情中断了世界高等教育界人才快速流动、信息全球共享的"高等教育国际化"的时代，人员双向流动停滞，校际合作暂停，境外人员安全风险增加，师资国际化进程减慢。

习近平总书记指出，"做好较长时间应对外部环境变化的思想准备和工作准备"，"'危'和'机'是同生并存的，克服了危即是机。要深入分析，全面权衡，准确识变、科学应变、主动求变，善于从眼前的危机、眼前的困难中捕捉和创造机遇。"危机育新机。后疫情时代，长江经济带"双一流"高校推进教育对外开放同时也面临着如下的机遇：

（1）中外人文交流地位更加凸显。在与美西方国家政治互信、经贸往来情况恶化的情况下，中外人文交流在服务大国外交中发挥的作用将更加重要，也是长江经济带"双一流"高校积极拓深加宽国际交流合作、推动公共外交的契机。2020年6月，《教育部等八部门关于加快和扩大新时代教育对外开放的意见》印发，要求"坚持教育对外开放不动摇"，"形成更全方位、更宽领域、更多层次、更加主动的教育对外开放局面"。

（2）线上交流和线上教育兴起。自新冠肺炎疫情发生以来，线上交流和线上教育已成国际教育的新趋势。自2020年3月以来，长江经济带"双一流"高校纷纷应邀与国外高校或医疗机构开展视频连线，与国际友人共同分享抗疫经验。例如，武汉大学不仅与国外高校连线20余场，交流医疗抗疫的直接经验，而且，2020年4月21日，校长窦贤康与美国俄亥俄州立大学校长迈克尔·德雷克（Michael V. Drake）视频连线，分享学校在抗击新冠肺炎疫情过程中所取得的经验与成果。该交流被外交部新闻发言人耿爽在新闻发布会上提到。2020年6月10日，校长吴朝晖应邀出席世界经济论坛全球大学校长"云端"对话，并与英国、菲律宾等合作高校交流抗疫经验，与荷兰瓦赫宁根大学举行"云"签约等。另外，目前，国（境）外高校广泛采用的线上直播课程，为学生接受国际优质的教育资源开启了新的模式。长江经济带的许多"双一流"高校陆续开设暑期线上项目，并授予学生与线下课程同等学分。例如，南京大学开设美国加州大学欧文分校暑期科研课程线上项目等。

（3）临床医学国际合作成为新热点。抗击疫情为临床医学的国际合作提供了新契机。例如，受新冠肺炎疫情暴发地因素影响，武汉大学在与国外特别是与美国高校探讨合作时发现，推动临床医学领域的合作，较之其他领域更易与外方高校达成一致。该校与哈佛医学院的合作具有较好的前景，哈佛医学院在2019年疫情暴发前计划开展合作的基础上，追加与该校危重科学的合作，如与武汉大学合作建设危重医学临床大数据平台、武大—哈佛远程ICU、危重医学体系建设培训等。

（4）区域国别研究重要性上升。由于国际关系的变化，目前我国高等教育积极推进与"五眼联盟"（美、英、澳、加、新西兰）国家的交流存在一定的障碍，开辟"第二战场""第三战场"成为国内国际交流新的趋势。推动与"一带一路"沿线国家合作，并以教育部"区域国别研究基地"为抓手推动教育对外开放工作受到国内兄弟院校的重视。

长江经济带"双一流"高校应坚持扩大教育对外开放的方针不动摇，按照中央要求，以更加主动的姿态，调整国际合作布局，做到三个"转变"，寻求新的突破：

（1）转变工作布局，开拓第二战场。根据国家外交战略的调整，调整规划国际交流合作的布局，重视与"一带一路"沿线国家的合作，并以区域国别研究基地为抓手，搭建国际化研究和人才培养高端平台，服务高校对外开放工作的"提质增效"。

（2）转变工作方式，创新人才培养模式。在学生国际化培养的过程中，突破单一依赖出国（境）交流学习的传统方式。以提供优质的国际教育资源为导向，在实施出国（境）交流学习项目的同时，积极引进国（境）外知名高校的线上直播课程，扩大引进知名高水平外国专家开展线上授课，为学生提供优质的国际教育资源，助力学生国际化培养。

（3）转变工作组织形式，确立以学者为主体的国际合作模式。疫情使从组织层面推进国际交流工作存在诸多障碍，传统国际交流主管部门主导的国际合作模式需要快速转变，但是广大拥有广泛深入个人学术联系的学者却应是中外人文交流的第一前锋。转变工作组织形式，挖掘中外交流资源，发挥学者的首创精神，为学者创设平台，这即后疫情时期国际合作转型的内在要求，也符合长期以来发达国家重视合作基础，倡导务实合作的文化传统。

参考文献

习近平：《在深入推进长江经济带发展座谈会上的讲话》，《求是》2019年第17期。

陈希：《高等教育创新发展助推长江经济带高质量发展的路径探索》，《改革与开放》2019年第23期。

许涛：《中国教育国际合作与交流新趋势》，《中国高等教育》2017年第8期。

徐莉等：《高等教育、技术创新与产业升级耦合协同效应——以长江经济带为例》，《教育文化论文》2018年第1期。

张梦琦、刘宝存：《新时代我国开创教育对外开放新格局的政策走向——基于〈中国教育现代化2035〉的解读》，《中国电化教育》2020年第1期。

刘思亮、夏泉：《联合实验室——构建高水平科研平台》，《实验室研究与探索》2015年第10期。

刘念才：《从声誉到绩效：世界一流大学的挑战》，上海交通大学出版社2017年版。

中华人民共和国教育部国际合作与交流司：《2018年来华留学生简明统计》。

国家教育发展中心：《教育部教育发展研究中心赴四川重庆开展"谋划建设长江教育创新带"专项调研》，http：//www.ncedr.edu.cn/jygc/201901/t20190108_30485.html。

教育部：《陈宝生调研长江经济带（成渝城市群）教育工作》，http：//www.moe.gov.cn/jyb_xwfb/gzdt_gzdt/moe_1485/201904/t20190401_376301.html。

教育部：《浙江大学探索推进高水平国际化人才培养》，http：//www.moe.cn/

jyb_xwfb/s6192/s133/s192/201912/t20191226_413544.html。

刘晓黎：《武汉大学连线俄亥俄州立大学分享抗疫经验》，https://news.whu.edu.cn/info/1002/59776.html。

浙江大学：《校长吴朝晖出席世界经济论坛全球大学校长"云端"对话》，http://www.zju.edu.cn/2020/0611/c33483a2153691/page.html。

教育部：《教育部与苏州独墅湖科教创新区共建高等教育国际化示范区》，http://www.moe.gov.cn/jyb_xwfb/gzdt_gzdt/moe_1485/201212/t20121225_146104.html。